Friedrich Wilhelm Bornemann (1798–1864)

Rechtshistorische Reihe

Band 337

Peter Lang
Frankfurt am Main · Berlin · Bern · Bruxelles · New York · Oxford · Wien

Benjamin Schleyer

Friedrich Wilhelm Bornemann (1798–1864)

Eine Juristenkarriere im Preußen des 19. Jahrhunderts

Peter Lang
Europäischer Verlag der Wissenschaften

Bibliografische Information Der Deutschen Bibliothek
Die Deutsche Bibliothek verzeichnet diese Publikation in der Deutschen Nationalbibliografie; detaillierte bibliografische Daten sind im Internet über <http://dnb.ddb.de> abrufbar.

Zugl.: Kiel, Univ., Diss., 2006

Die vorliegende Arbeit wurde von
Prof. Dr. Hans Hattenhauer zur Aufnahme
in die Reihe empfohlen.

D 8
ISSN 0344-290X
ISBN 3-631-55260-2

www.peterlang.de

Meinen Eltern

Bornemann im Urteil seiner Zeitgenossen

„Seine großen Verdienste um die preußische Rechtswissenschaft und Rechtspflege sind bekannt. Seinen durch und durch redlichen und offenen, milden und liebenswürdigen Charakter habe ich bei hundert Gelegenheiten kennen gelernt. Konnte man ihm etwas vorwerfen, so war es nur, daß er zu milde und zu wenig energisch war.“[1]

J. D. H. Temme[2], preußischer Richter, Schriftsteller und Freund Bornemanns

„Wir aber wollen in pietätsvoller Erinnerung und Dankbarkeit für das viele Gute, welches wir dem heimgegangenen großen Rechtsgelehrten schulden, der freudigen Hoffnung leben, daß, wie seine übrigen Werke ihn überdauern werden, so auch sein letztes Vermächtniß dem Vaterlande unverloren bleibe.“[3]

Heinrich v. Friedberg[4], preußischer Justizminister

„Ein scharfer, wissenschaftlich durchgebildeter Jurist, neigte er zu einer gewissen Opposition gegen die historische Schule und hing mit seiner Seele dem Streben nach, eine enge Verbindung zwischen dem von ihm hochverehrten Landrecht und der gemeinrechtlichen Wissenschaft herzustellen.“[5]

Adolf Stölzel[6], Geheimer Justizrat und Schriftsteller

---

[1] Born, Stephan [Hrsg.], Erinnerungen von J.D.H. Temme, Leipzig 1883, S. 231 f.

[2] Vgl. zu Temme: Jodocus Deodalis Hubertus Temme, Augenzeugenberichte der Deutschen Revolution 1848/49. Ein preußischer Richter als Vorkämpfer der Demokratie, neu herausgegeben von Michael Hettinger, Darmstadt 1996

[3] Friedberg, Heinrich, Zum Gedächtniß an Ferdinand Wilhelm Ludwig Bornemann, Vortrag, gehalten vor der Juristischen Gesellschaft zu Berlin 1864, S. 14.

[4] Vgl. zu Friedberg; Kuhn/Hattenhauer, Deutsche Justizminister 1877-1977, Köln 1977, S. 38 f.; NDB Bd. 5, S. 444.

[5] Stölzel, Adolf, Brandenburg-Preußens Rechtsverwaltung und Rechtsverfassung, Band II, Neuauflage hrsg. von Jürgen Regge, Vaduz 1989, S. 550 f.

[6] Vgl. zu Stölzel, NDB 22, S. 82.

Vorwort

Die vorliegende Arbeit wurde im Oktober 2005 abgeschlossen und der Rechtswissenschaftlichen Fakultät der Christian-Albrechts-Universität zu Kiel im Wintersemester 2005/06 als Dissertation vorgelegt.

Bei ihrer Erstellung bin ich von vielen Seiten unterstützt worden. Nennen möchte ich die Mitarbeiter des Geheimen Preußischen Staatsarchivs Berlin, des Landesarchivs Berlin, der Staatsbibliothek Berlin, des Max-Planck-Instituts für Europäische Rechtsgeschichte in Frankfurt a.M. sowie der Landes- und Universitätsbibliothek Düsseldorf. Dank gilt zudem meinen Freunden, die mir stets mit Rat und Tat zur Seite standen. Hervorheben möchte ich an dieser Stelle Dr. Stefan Burghard, Frau Wiebke Grotelüschen sowie Dr. Jan Kohlmann, die mich mit wertvollen Anregungen unterstützt haben.

Mein besonderer Dank gilt meinem verehrten Doktorvater Professor Dr. Hans Hattenhauer. Er hat mich auf das Thema aufmerksam gemacht und meine Arbeit in vorbildlicher Weise begleitet und gefördert.

Herrn Professor Dr. Werner Schubert danke ich für die Übernahme und zügige Anfertigung des Zweitgutachtens.

Mein größter Dank gebührt meinen Eltern, die mir nicht nur in der Zeit meiner Promotion jede Unterstützung zukommen ließen.

Düsseldorf, im Juli 2006 Benjamin Schleyer

Inhaltsverzeichnis

Abkürzungen und Siglen

a.a.O.	am angegebenen Ort
AAZ	Augsburger Allgemeine Zeitung
Abs.	Absatz
Abtl.	Abteilung
ADB	Allgemeine Deutsche Biographie
ALR	Allgemeines Landrecht für die Preußischen Staaten
Art.	Artikel
Best.	Bestand
Bd.	Band
Bl.	Blatt
BPH	Brandenburg-Preussisches Hausarchiv
ders.	derselbe
D.Z.	Deutsche Zeitung
f.	folgende
ff.	fortfolgende
HA	Historisches Archiv
HBd.	Halbband
Hrsg.	Herausgeber
hrsg.	herausgegeben
GStA PK	Geheimes Staatsarchiv Preußischer Kulturbesitz
HA	Hauptarchiv
Jg.	Jahrgang
NDB	Neue Deutsche Biographie
Nl.	Nachlass
Nr.	Nummer
Prot.	Protokolle
Rep.	Repositur
sog.	sogenannte (n)
Sten. Ber.	Stenographischer Bericht
Tit.	Titel
u.a.	unter anderem
UAG	Universitätsarchiv Greifswald
vgl.	vergleiche
VL	Vereinigter Landtag
ZfS	Zeitschrift für die gesamte Staatswissenschaft
ZWAK	Zentralverein für das Wohl der arbeitenden Klassen

Einleitung

Friedrich Wilhelm Bornemann hat, wenn man seiner Nachwelt Glauben schenken mag, keine tiefen Spuren hinterlassen. In der rechtshistorischen Literatur fehlt bisher eine umfassende Darstellung von Leben und Werk des langjährigen Zweiten Obertribunalpräsidenten und ehemaligen preußischen Justizministers.[7] Diese Lücke soll nun mit der vorliegenden Arbeit geschlossen werden. Sein Schattendasein verwundert, denn Bornemann lebte nicht nur in einer der bewegendsten Epochen der preußischen und deutschen Geschichte, sondern leistete während dieser Zeit in unterschiedlichen Ämtern und Funktionen einen heute unterschätzten und vielen unbekannten Beitrag. Dies mag viele Gründe haben, sei es seine oppositionelle Stellung gegenüber v. Savigny, Bornemanns unauffällige bürgerliche Erscheinung oder sein eher unpolitischer Charakter.

Alles dies macht eine Auseinandersetzung mit ihm und seinen Zeitgenossen trotz der schlechten Quellenlage erforderlich. Die vorliegende Arbeit will daher die bestehenden Quellen auswerten, um das Leben und Wirken Friedrich Wilhelm Bornemanns umfassend auszuleuchten und ihm den Platz einräumen, den er verdient. Bei dieser Gelegenheit soll auch auf die Geschichte des preußischen Zensurwesens eingegangen werden und am Beispiel Bornemanns, dem ersten Präsidenten des 1843 geschaffenen Oberzensurgerichts aufgezeigt werden, wie sich die Zensur in Preußen stetig verrechtlicht hat.

Die Hauptquellen der Arbeit sind zum einen der im Jahre 1864 vor der Juristischen Gesellschaft zu Berlin anlässlich des Todes Bornemanns gehaltene Gedächtnisvortrag des Justizministers Heinrich v. Friedberg. Zum anderen bildet der Aufsatz *„Svarez, Bornemann und Koch – die Männer des preußischen Rechts"* aus der *„Monatsschrift"* von 1875 eine wichtige Grundlage. Der Autor ist anonym, wobei allerdings einige Indizien dafür sprechen, dass es sich ebenfalls um Friedberg handelt.[8] Schließlich orientiert sich die vorliegende Arbeit an

---

[7] Nicht erwähnt etwa bei Wieacker, Franz, Privatrechtsgeschichte der Neuzeit, Göttingen 1967; Wesenberg, Gerhard / Wesner, Gunter, Neuere deutsche Privatrechtsgeschichte, Lahr 1985; Schlosser, Hans, Grundzüge der Neueren Privatrechtsgeschichte, Heidelberg 1993; Kroeschell, Karl, Deutsche Rechtsgeschichte 3, Opladen 1989; Rückert, Joachim, Idealismus, Jurisprudenz und Politik bei Friedrich Carl von Savigny, Ebelsbach 1984; Neue Deutsche Biographie (NDB).

[8] So auch Landau, Peter, Ferdinand Wilhelm Ludwig Bornemann und die Tradition des preussischen Rechts, in: Quaderni Fiorentini per la storia del pensiero guiridico moderno, Band 23 (1994), S. 58.

Stölzels umfassenden Werk *„Brandenburg-Preußens Rechtsverwaltung und Rechtsverfassung"*.[9]

Insgesamt ist die archivalische Quellenlage dürftig. So stellte Hofmann, der sich mit der Regierungszeit des Ministeriums Camphausen beschäftigte[10], fest, die Aktenbestände der infrage kommenden Archive wiesen für den Zeitraum von März bis August 1848 erhebliche Lücken auf.[11] Auch Adolf Stoll klagte in seiner Savigny-Biographie, dass es keine Darstellung Bornemanns in der ADB gebe und überhaupt anscheinend nur ein 14 Seiten füllender Nachruf von Heinrich Friedberg vorhanden sei. [12]
Dagegen enthalten die oben erwähnten gedruckten Quellen wichtiges Material zu den großen Herausforderungen, vor denen Bornemann stand.

---

[9] Stölzel, Adolf, Brandenburg-Preußens Rechtsverwaltung und Rechtsverfassung, Band II, Neuauflage hrsg. von Jürgen Regge, Vaduz 1989.

[10] Vgl. Hofmann, Jürgen, Das Ministerium Camphausen-Hansemann, Berlin 1981; ders., Die Innenpolitik der Regierung Camphausen-Hansemann, in: Bourgeoisie und bürgerliche Umwälzung in Deutschland 1789-1871, Berlin 1977.

[11] Hofmann, Jürgen, Die Innenpolitik der Regierung Camphausen-Hansemann, S. 300, FN 6, in: Bourgeoisie und bürgerliche Umwälzung in Deutschland 1789-1871, Berlin 1977.

[12] Stoll, Adolf, Friedrich Karl v. Savigny. Ministerzeit und letzte Lebensjahre 1842-1861, Dritter Band, Berlin 1939, S. 20.

Erster Teil: Herkunft, Jugend und Ausbildung (1798-1825)

I. Die Familie

1. Friedrich Wilhelm Bornemann und seine Geschwister

Friedrich Wilhelm Ferdinand Bornemann[13] wurde am 28. März 1798 in Berlin als drittes von acht Kindern der Eheleute Johann Wilhelm Jakob und Henriette Friederia Bornemann[14] geboren. Fünf seiner Geschwister[15] verstarben bereits in jungen Jahren. Lediglich zwei seiner Brüder und er selbst überlebten ihren Vater. Die Familie Bornemann stammte aus der altmärkischen Kleinstadt Gardelegen, in der zahlreiche ihrer Vorfahren als Bürgermeister und Kaufleute gewirkt hatten.[16]

Bornemanns Bruder Adolph Heinrich war der zweitälteste Sohn der Familie und zwei Jahre jünger als Friedrich. Er studierte Pharmazie im schlesischen Liegnitz[17], das 1763 preußisch geworden war. Nach Abschluss seines Studiums widmete er sich jedoch nicht einer seiner akademischen Ausbildung entsprechenden Tätigkeit, sondern errichtete in Liegnitz eine „Jahnsche Turnanstalt", der er auch vorstand. Darüber hinaus betätigte er sich als überzeugter Demokrat in der Politik. So ist er im Wahlkreis Liegnitz zum Abgeordneten des Vereinigten Landtags gewählt worden. In dieser Funktion sollte es im Jahre 1848 zu ei-

---

[13] Der Vorname Bornemanns findet sich in den Quellen und der Literatur in vielfältigsten Abwandlungen. Sein korrekter Vorname ist nicht eindeutig zu ermitteln. So steht auf der Prüfungsakte des Kammergerichts [GStA PK, I. HA, Rep. 97 A, Nr. 185 (Obertribunal/Personalakte Bornemann) Bl. 1] oder auf dem Entlassungsschein des Kriegsministeriums vom 14. November 1815 [GStA PK, I. HA, Rep.97 A, Nr.185, Bl. 7] der Name „Friedrich Wilhelm Ferdinand". Auch seine Bestellung zum Zweiten Präsidenten des Obertribunals ist auf den Vornamen „Friedrich Wilhelm Ferdinand" ausgestellt [vgl. GStA PK, I. HA, Rep. 97 A, Nr. 142, Bl. 76]. Das Kirchenbuch Berlins dagegen nennt ihn zunächst „Ferdinand Wilhelm Ludwig", trägt später jedoch als Vater seiner Kinder den Namen „Friedrich Wilhelm Ludwig" ein.

Ernst Landsberg gibt den Vornamen Bornemanns in seiner „Geschichte der deutschen Rechtswissenschaft", Bd. III/2 [München/Berlin 1910] S. 609 f., mit „Friedrich Wilhelm" wieder, Walther Schönfeld in seiner „Grundlegung der Rechtswissenschaft" von 1951 auf S. 385 wiederum mit „Ferdinand Wilhelm Ludwig". Der Verfasser hält sich an die Vornamen „Friedrich Wilhelm".

[14] Über seine Mutter Henriette Friederia Bornemann, geborene Hoffmeistern, ist nichts bekannt.

[15] Er hatte drei Schwestern und zwei Brüder.

[16] Held, Otto, Johann Jacob Bornemann, in: Mitteldeutsche Lebensbilder, 3. Band Lebensbilder des 18. und 19. Jahrhunderts, Magdeburg 1928, S. 253.

[17] Euler, Carl, Friedrich Ludwig Jahn, Stuttgart 1881, S. 428.

nem „amtlichen Zusammentreffen" mit seinem Bruder Friedrich Wilhelm kommen.[18] Im Übrigen widmete er sich besonders der Malerei.
Bornemanns jüngster Bruder war Carl Friedrich. Er studierte wie jener die Rechtswissenschaften und war zunächst als Divisions-Auditeur beim Garde-Corps der Regierung zu Potsdam[19], später als Justizrat tätig.[20]
Alle Geschwister verband ihre Liebe zum Turnwesen, die vom Vater Johann und dem diesen freundschaftlich verbundenen Turnvater Jahn geweckt worden war.

2. Der Vater Johann Wilhelm Jakob Bornemann

Johann Wilhelm Jakob Bornemann (1766-1851)[21] war ein vielseitig begabter Mann. Er galt als einer der Begründer der deutschen Turnbewegung, Erfinder des Männerchorgesangs, schuf als Dichter plattdeutsche Lieder und war insbesondere für seine märkische Heimat als Jäger und Naturforscher von Bedeutung. Er wird als charakterlich fest und ein wenig bieder beschrieben.[22] Als die prägende Figur hat er wesentlich zum Lebensweg seines Sohnes Friedrich Wilhelm beigetragen.
Bereits früh hatte es Johann Bornemann aus der Enge der Kleinstadt nach Berlin vertrieben. Nach dem Besuch des Berliner Gymnasiums „Zum Grauen Kloster" studierte er in Berlin, Breslau und Halle Theologie. Allerdings ließ ihn die mangelnde Aussicht auf ein Pfarramt und die herrschende starre kirchliche Richtung das Studium, nach bestandener Prüfung als Predigtamtskandidat, aufgeben.[23] Stattdessen zog es ihn in den preußischen Staatsdienst, in den er als Sekretär der Königlichen Lotterie-Administration eintrat. Friedrich Wilhelm berichtete in einem undatierten Brief, sein Großvater sei *„ein anfänglich wohlhabender, später durch Unglücksfälle zurückgekommener Kaufmann"* gewesen, der für seinen Sohn Johann nur wenig tun konnte:

---

[18] Siehe S. 130.
[19] Handbuch über den Königlich Preußischen Hof und Staat für das Jahr 1844, Berlin 1844, S. 299.
[20] Landesarchiv Berlin, F Rep. 241, eigenhändiger Brief Bornemanns an einen unbekannten Empfänger; Datum ebenfalls unbekannt.
[21] Vgl. zu Johann Jakob Bornemann, NDB 2 (1955), S. 469.
[22] Held, Otto, Johann Jacob Bornemann, in: Mitteldeutsche Lebensbilder, 3. Band Lebensbilder des 18. und 19. Jahrhunderts, Magdeburg 1928, S. 254.
[23] Brandenburgisches Biographisches Lexikon, hrsg. von Friedrich Beck und Eckart Henning, Berlin und Potsdam 2002, S. 60; Undatierter Brief von Friedrich Wilhelm an einen unbekannten Empfänger. Landesarchiv Berlin Rep. 241, keine Blattangabe.

„Er [Johann] mußte sich auf der Schule [...] zum Grauen Kloster und auf der Universität Halle, wo er Theologie studierte, kümmerlich durchhelfen, wodurch aber sein Charakter eine gediegene Festigkeit und Selbständigkeit erhielt".[24]

Johanns Treue und Eifer dem preußischen Staate gegenüber waren vorbildlich. Er hatte Verbindungen zur königlichen Familie, die seine Sanges- und Dichtkunst zu schätzen wusste. Als er 1807 im Gefolge des Monarchen in Memel weilte, wurde er von der königlichen Familie nach Tauerlauken an die russische Grenze gebeten. Dort sangen russische Soldaten zu Ehren Friedrich Wilhelms III. Dieser fragte Bornemann, der seit 1802 Mitglied der Berliner Singakademie war, nach seinem Urteil über die Sangeskunst. Jener erwiderte mit dem Vorschlag, man solle die oft anstößigen preußischen Soldatenlieder gelegentlich der anstehenden Heeresreform durch besseren Militärgesang ersetzen. Der König stimmte dem zu und befahl, man solle die Russen nach Berlin kommen lassen und Karl Friedrich Zelter[25], Direktor der Singakademie, solle sich der Sache annehmen. Dieser konnte sich jedoch nicht vorstellen, dass Männerchöre ohne instrumentale Begleitung gut klingen könnten. Erst Bornemann wagte den Versuch, der entgegen aller Erwartung gelang.[26] Zelter war begeistert und schlug nun die Stiftung einer „Liedertafel" vor. Diese sollte der Wiederbelebung alter deutscher Mythen nach dem Vorbild der Sage vom Ritter Artus dienen.[27]
Ende 1808 erfolgte unter Zelter als Meister und Bornemann als Tafelmeister die Gründung der Tafel, an der man sich bei einem Mahle und einem Trunk mit gefälligen Gesängen vergnügen sollte. Die von Zelter sehr detailliert ausgearbeitete Organisationsform stellte eine Art verkleinertes Abbild des preußischen Staates dar. Man traf sich durchaus nicht nur zu trautem Gesange, sondern pflegte auch vaterländisches Gedankengut und freimaurerische Ideen in Worten und Tönen. Es verwundert, dass nach der tiefen Demütigung Preußens im Krieg von 1806/07 und dem anschließenden Verlust der Hälfte seines Gebietes und seiner Bevölkerung, eine solche Vereinigung in Preußen entstehen und gedeihen konn-

---

[24] Landesarchiv Berlin, F Rep. 241, eigenhändiger Brief Bornemanns an einen unbekannten Empfänger; Datum ebenfalls unbekannt.

[25] Karl Friedrich Zelter (1759-1832), Maurermeister und Komponist, 1800-1832 Direktor der Berliner Singakademie, 1809 zum Professor der Musik ernannt, Privatmusiklehrer von Felix Mendelssohn-Bartholdy; Zelter war eng mit Goethe befreundet, der die Vertonung seiner Gedichte denjenigen Schuberts und Beethovens vorzog.

[26] Held, Otto, Johann Jacob Bornemann, in: Mitteldeutsche Lebensbilder, 3. Band Lebensbilder des 18. und 19. Jahrhunderts, Magdeburg 1928, S. 253.

[27] Die Glaubwürdigkeit dieser Erzählung ist von Otto Elben und Ernst Starcke angezweifelt worden. Demnach habe sich die Tafelrunde aus der Singakademie selbst entwickelt, da dort bereits vor 1807 in Männerquartetten gesungen worden sei. Vgl. Elben, Otto, Der volkstümliche deutsche Männergesang. 2. Auflage, Tübingen 1887 u. Kuhlo, Hermann, Geschichte der Zelterschen Liedertafel von 1809 bis 1909, Berlin 1909, S. 21.

te. Und doch musste diese Stiftung einem zentralen Bedürfnis der Zeit entgegengekommen sein: der umfassenden Reorganisation des Staates.[28]
Auch Goethe, den mit Zelter eine enge Freundschaft verband, dichtete für die „Liedertafel“[29] und nahm regen Anteil an den geselligen Zusammenkünften. Er verfolgte mit Interesse ihr Wachsen und Gedeihen und schöpfte daraus die Anregung, in Weimar selbst einen kleinen Sängerkreis zu versammeln, um die Zelterschen Kompositionen aufzuführen.[30] Für insgesamt 29 Kompositionen der Liedertafel dichtete Goethe die Texte.[31]
Im Jahr 1822 erfreute sich der König an einem *„hervorragenden Konzert“*[32], das Bornemann angeregt und betreut hatte. Den König begeisterte insbesondere Bornemanns Schaffenskraft. Schon 1786 war er einer der wenigen Privilegierten, die am Grab König Friedrichs des Großen die Trauerode singen durften.[33]
Bornemann war der eigentliche Dichter der Tafelrunde und der wichtigste Mitstifter neben Zelter. In seiner letzten Tafelrunde, die ihm gewidmet war, hieß es:

> *„Jeder in der heutigen Versammlung war sich klar bewußt, daß der Name Bornemann und seine Werke so innig mit der Tafel verbunden sind, mit allem, was die Zeltermuttertafel Gutes und Schönes besitzt, daß der Name der Zelterschen Liedertafel ohne ein dankbares Andenken an Bornemann nicht gedacht werden kann“*[34]

Neben seiner 50 Jahre währenden Mitarbeit an der Berliner Singakademie wandte Johann Wilhelm Bornemann viel Zeit auf plattdeutsche Mundartdichtung. Obwohl er mit 17 Jahren seine altmärkische Heimat verlassen hatte, pflegte er weiter deren Sprache. Seine Gedichte beschreiben das Bauern- und Handwerkerleben auf dem Lande, Natur- und Jagderlebnisse und geben patriotischen Gefühlen und geschichtlichen Ereignissen Raum.[35] So erlangte sein Jagdlied *„Im Wald und auf der Heide“* vom Jahre 1816 überregionale Berühmtheit. Er gilt wegen seiner erstmals 1810 veröffentlichten plattdeutschen Gedichte als ein Begründer

---

[28] Kuhlo, Hermann, Geschichte der Zelterschen Liedertafel von 1809 bis 1909, Berlin 1909, S. 15.
[29] Held, Otto, Johann Jacob Bornemann, in: Mitteldeutsche Lebensbilder, 3. Band Lebensbilder des 18. und 19. Jahrhunderts, Magdeburg 1928, S. 256 f.
[30] Kuhlo, Hermann, Geschichte der Zelterschen Liedertafel von 1809 bis 1909, Berlin 1909, S. 57.
[31] ebenda, S. 58.
[32] Held, Otto, Johann Jacob Bornemann, in: Mitteldeutsche Lebensbilder, 3. Band Lebensbilder des 18. und 19. Jahrhunderts, Magdeburg 1928, S. 257.
[33] ebenda, S. 254.
[34] Gedenkrede anlässlich Bornemanns letzter Tafel im Jahr 1851 in: Kuhlo, Hermann, Geschichte der Zelterschen Liedertafel von 1809 bis 1909, Berlin 1909, S. 94.
[35] Held, Otto, Johann Jacob Bornemann, in: Mitteldeutsche Lebensbilder, 3. Band Lebensbilder des 18. und 19. Jahrhunderts, Magdeburg 1928, S. 255.

der niederdeutschen Mundartdichtung. In dem Vorwort der nach seinem Tod letztmalig herausgegebenen Jagdlieder heißt es:

„Bornemanns Darstellungen tragen den unverkennbaren Stempel echter Originalität und innerer Wahrheit an sich, und wenn seine Sprache auch nicht gerade immer die des feinen Salons ist und er hin und wieder ein wenig echtes Jägerlatein nicht verschmäht, so wird der Jäger wie der Jagd= und Naturfreund ihn doch verstehen und gern mit ihm durch Wälder und Fluren dahinschweifen."[36]

Auch seinen Söhnen vermittelte er diese Naturverbundenheit und Friedrich Wilhelm wollte zu Beginn sein berufliches Glück in der vom Vater malerisch skizzierten Natur finden.[37]

Johann Wilhelms größte Leidenschaft gehörte jedoch dem Turnen. Als ein „*besonderer Gönner und Beförderer des Turnen und guter Patriot*" wird er von Carl Euler, einem Schüler Jahns, in dessen Biographie beschrieben.[38]

Im Spätherbst 1809 war Friedrich Ludwig Jahn[39] nach Berlin gekommen. Eigentlich hatte er Hochschullehrer an der Berliner Universität werden wollen. Jedoch zerschlug sich dieses Vorhaben, und so wurde er vorübergehend Lehrer am „Grauen Kloster". In dieser Zeit zeichnete sich bereits ab, dass es Jahn auf einen anderen Lebensweg zog. Von Berlin aus wollte er seine Pläne zur Rettung des „Deutschen Volkstums" vor der Fremdherrschaft der Franzosen verwirklichen, gegen die er das deutsche Volk zur Erhebung aufrief. Dabei suchte er nach Mitteln und Wegen, um die Voraussetzungen dafür zu schaffen. Vor allem in der schlechten körperlichen Verfassung der Bürger sah er den Grund, dass es zu der Katastrophe hatte kommen können. Das Turnwesen sollte dem entgegenwirken. So berichtete Johann Bornemann:

„Bereits 1809 machte Jahn kleine Luftwanderungen mit drei oder vier ihm sehr anhangenden Schülern, ihnen gelegentlich allerlei Kraft= und Gewandtheitsübungen zeigend"[40].

Im Vorwort seines Buches „Deutsche Turnkunst"[41] schreibt Jahn über seine Anfangszeit in Berlin:

„In schöner Frühlingszeit des Jahres 1810 gingen an den schulfreien Nachmittagen der Mittwochen und Sonnabende erst einige Schüler mit mir in Feld und Wald, und dann immer mehr

---

[36] Held, Otto, Johann Jacob Bornemann, in: Mitteldeutsche Lebensbilder, 3. Band Lebensbilder des 18. und 19. Jahrhunderts, Magdeburg 1928, S. 258.
[37] Vgl. S. 18.
[38] Euler, Carl, Friedrich Ludwig Jahn, Stuttgart 1881, S. 285.
[39] Vgl. zu Jahn (1778-1852), Euler, Carl, Friedrich Ludwig Jahn, Stuttgart 1881.
[40] Bornemann, Johann Jakob, Der Turnplatz in der Hasenheide, Berlin 1812, S. 24.
[41] Jahn, Friedrich Ludwig, Deutsche Turnkunst, Berlin 1816.

und mehr. Die Zahl wuchs und es wurden Jugendspiele und einfache Übungen vorgenommen. [...] [Es] sonderte sich ein Kern aus, der auch im Winter als Stamm zusammenhielt, und mit dem dann im Frühjahr 1811 der erste Turnplatz in der Hasenheide eröffnet wurde."

Waren es anfangs lediglich Schüler unterer Klassen gewesen, kamen bald auch Erwachsene zum Unterricht auf den Turnplatz in der Hasenheide. Auch Bornemann war von der Idee beseelt, dass auf den Turnplätzen eine neue Jugend heranzuziehen sei. So gehörten zu den Turnenden auch vier seiner Söhne, darunter Friedrich Wilhelm. Auch diente das bornemannsche Haus als Sammelplatz und Versammlungsort der Turnergemeinschaft.[42]

Jahn war mittlerweile als erster Freiwilliger dem im Frühjahr 1813 gebildeten „Lützowschen Freikorps" beigetreten, um an dem Befreiungskrieg gegen Napoleon teilzunehmen. Während der Zeit, die er zur Rekrutierung von Freiwilligen für das Korps in Berlin verbrachte, wohnte er bei den Bornemanns.

Aufgrund der kriegsbedingten Abwesenheit Jahns bestellte der Geheime Staatsrat Sack[43] für die Fortführung des Turnwesens und die Instandhaltung des Platzes in der Hasenheide einen Vertreter. Die Initiative hierzu war kurz nach Jahns Weggang von Bornemann ausgegangen, der über die Wiederaufnahme der Übungen mit jenem korrespondierte und den Turnbetrieb selbstständig wieder aufnahm.[44] Er äußerte am 16. April 1813 auch den Wunsch, dass Ernst Eiselen[45] die Leitung des Turnens in der Hasenheide übernehmen solle. Ihm selbst wurde die Fürsorge des Turnplatzes übertragen.

Diese Aufgabe nahm er sehr ernst. So stellte das Militärgouvernement auf Bornemanns Gesuch 105 gefangene Franzosen für Arbeiten am Turnplatz zur Verfügung.[46] Auch sammelte er Spenden, leistete Bürgschaften und hielt Kontakt zur Regierung.

So verfasste er am 14. März 1814 einen Bericht über das Turnen des vorangegangenen Jahres und ließ ihn dem Innenminister v. Schuckman[47] zukommen. Der Minister erwiderte, er verfolge seit langem aufmerksam die gymnastischen Übungen, deren Wichtigkeit er nicht verkenne und die er auch ferner nicht aus den Augen verlieren und so oft wie möglich zur „Volksbildung" einsetzen werde.

Zu dieser Zeit erschien eine Schrift Bornemanns mit dem Titel „Das Lehrbuch der von Friedrich Ludwig Jahn unter dem Namen der Turnkunst wieder erweck-

---

[42] Euler, Carl, Friedrich Ludwig Jahn, Stuttgart 1881, S. 285.

[43] Vgl. zu Sack; ADB, Bd. 30, S. 152-153.

[44] Euler, Carl, Friedrich Ludwig Jahn, Stuttgart 1881, S. 286.

[45] Der Bruder des neuen Turnlehrers Ernst Eiselen, Prof. Johann Friedrich Eiselen (1785-1865), heiratete eine Schwester von Friedrich Wilhelm Bornemann, vgl. Euler, Carl, Friedrich Ludwig Jahn, Stuttgart 1881, S. 285.

[46] Euler, Carl, Friedrich Ludwig Jahn, Stuttgart 1881, S. 392.

[47] Vgl. zu Schuckman (1755-1834); ADB, Bd. 32, S. 647 ff.

ten Gymnastik“. Minister v. Schuckman, dem sie gewidmet war, nahm sie freundlich entgegen und bestellte 50 Exemplare zur Verteilung in den Provinzen.[48] Allerdings sorgte das Werk auch für Missstimmung und Anfeindungen. Man warf Bornemann Anmaßung vor und unterstellte ihm, den Platz Jahns einnehmen zu wollen. Diese Auseinandersetzungen hatten Folgen.
So erwähnte Eiselen in seinen Tagebüchern Bornemann lediglich an einer Stelle, obwohl sie gemeinsam in den Jahren 1813-1815 das Turnwesen betreut hatten. Ebenso wenig gedachte Jahn selbst Bornemann, ohne dessen Hilfe, materielle Vorschüsse und Bürgschaften er seine Turneinrichtungen in der Hasenheide nicht hätte zustande bringen können.[49] Jedoch war er noch in den Jahren bis 1814 mit Bornemann befreundet, dessen Gastfreundschaft er bei seinen Aufenthalten in Berlin genoss und mit dem er in regem Briefwechsel stand. Einige Andeutungen zum Sinneswandel Jahns gegenüber Bornemann gibt Eduard Dürre (1796-1879), einer der engsten Vertrauten Jahns, in seinem Jahrbuch:

„[Bornemann] hat sich auf jede Weise als Protektor des Turnwesens benommen. Bei unserer Rückkehr aus dem Felde fanden wir ihn in seiner leitenden Thätigkeit, wurden aber durch seine Persönlichkeit wenig angezogen.[...] Mit einem Worte, wir junge Burschen hielten ihn für einen Schlaukopf, dessen Einfluss dem Geiste des Turnens Gefahr bringen könnte, dem wir jedenfalls unsere freie, Jahn geschenkte Zuneigung nicht zu übertragen im Stande wären.“[50]

Dürre unterstellte Bornemann weiterreichende Ambitionen:

„Wir hatten nämlich die Überzeugung dass Bornemann eine Oberleitungsstelle im Ministerium für das Turnwesen im Auge hatte und die Einmischung in das Berliner Turnen, sowie die Veröffentlichung seiner beiden Turnschriften in diesem Sinne ausbeuten wollte.“[51]

Dieser Verdacht scheint in der Rückschau unbegründet zu sein. So schrieb Euler in seiner Jahn-Biographie:

„[...] aus keiner Stelle des Schriftwechsels mit der Staatsbehörde [geht] auch nur die leiseste Andeutung hervor, dass Bornemann Jahn habe verdrängen wollen. Stets gedenkt er desselben und auch Eiselens mit großer Anerkennung; er betont wiederholt die Tüchtigkeit des Letzteren und dringt darauf, dass ihm, um ihn in der Turnsache zu erhalten, ein gesichertes und ausreichendes Einkommen zu Theil werde.“[52]

---

[48] Euler, Carl, Friedrich Ludwig Jahn, Stuttgart 1881, S. 393.
[49] ebenda, S. 428.
[50] Dürre, Christian Leopold Eduard, Neues Jahrbuch, Berlin 1859, S. 46 f.
[51] ebenda.
[52] Euler, Carl, Friedrich Ludwig Jahn, Stuttgart 1881, S. 430.

Zudem hatte Bornemann seine Tätigkeit im Turnwesen von Beginn an nur als eine vorübergehende angesehen. In einem Bericht vom 7. April 1815 schrieb er an v. Schuckman:

„In dem Turnbüchlein [S. 106] habe ich öffentlich erklärt, dass ich von der Mitwirkung bei dieser Anstalt abstehen würde, sobald Herr Jahn, zurückgekehrt aus dem Felde, sein Werk von Neuem selbst wieder führen und fortsetzen könne. [...] Es sind jetzt volle zwei Jahre, als die Zeitumstände mich der Anstalt zugestellten, denn es war im März 1813, als ich auf wiederholte Aufforderungen des Herrn Geheimen=Staats=Rath Sack, da kein anderer sich dazu finden und verstehen wollte, zunächst allein an die Spitze der Anstalt trat und bald darauf nach meinen schriftlichen Wünschen den Herrn Eiselen als praktischen Turnlehrer durch Veranstaltung des Herrn Jahn erhielt".[53]

Damit rechtfertigte Bornemann sein Vorgehen und die Veröffentlichung seiner Bücher, die dem Turnvater in dessen Vorhaben nicht hätten vorgreifen sollen:

„Meine Absicht war blos, dass meine Schrift einem größeren Werke des Herrn Jahn, wozu schon vor einigen Jahren mehrere einleitende Aufsätze entworfen waren, die Bahn brechen sollte. So wollte ich nur im Allgemeinen die Turnübungen empfehlen, in Maßen vor Augen stellen und zugleich dem Herrn Jahn öffentlich Gerechtigkeit widerfahren lassen [...]."[54]

So scheint die Entfremdung und Feindschaft zwischen beiden andere, unbekannte Motive gehabt zu haben. Jedenfalls wird aus den Dokumenten der Zeit nicht klar, wie es zu dem endgültigen Bruch hat kommen können.
Fest steht jedoch, dass Johann Wilhelm und auch seine Söhne nie aufgehört haben, durch Beispiel, Wort und Schrift der Turnsache zu dienen.[55]

Das Turnen und die Turner wurden von der Regierung zusehends misstrauisch beobachtet. Ein Grund dafür war, dass es nach den Befreiungskriegen innenpolitische Bedeutung bekam. Es hatte sich ein liberaler Nationalgeist innerhalb der Turnerschaft entwickelt, der schon die Freiwilligen, viele von ihnen aus dem Lager der Turner, in den Krieg geführt hatte. Jahn und seine Anhänger forderten nun vom Regenten die Einlösung seines Verfassungsversprechens von 1815. Für Metternich war das Turnen eine *„eigentliche Vorbereitungsschule zu dem Universitätsunfug"*. Auf Drängen der Turngegner stellte Staatskanzler Hardenberg im Januar 1819 das Turnen schließlich unter die Aufsicht der königlichen Regierung. Die Ermordung des Turngegners Kotzebue durch den Studenten und Tur-

---

[53] ebenda, S. 431.
[54] Eingabe an v. Schuckman vom 13. November 1815, in: Euler, Carl, Friedrich Ludwig Jahn, Stuttgart 1881, S. 432.
[55] Held, Otto, Johann Jacob Bornemann, in: Mitteldeutsche Lebensbilder, 3. Band Lebensbilder des 18. und 19. Jahrhunderts, Magdeburg 1928, S. 254.

ner Sand am 23. März 1819 führte schließlich zu einem Turnverbot und der Verhaftung Jahns in der Nacht vom 13. zum 14. Juli 1819.

Johann Wilhelm widmete sich nun wieder seinen Amtsgeschäften im Finanzministerium. Dort verwaltete er das preußische Staatslotteriewesen und sonstige staatliche Sonderaufgaben. So wurde er im Jahr 1818 vom Präsidenten der Hauptverwaltung der Staatsschulden und späteren Staatsminister Christian Rother[56] mit dem Entwurf neuer Kassenanweisungen, Anleihe-Obligationen und Prämienscheine betraut.[57] Der Staatshaushalt befand sich zu Beginn des Jahres 1818 in einer so angespannten Lage, dass kurzfristig Auswege gefunden werden mussten, um den Staatsbankrott abzuwenden. [58] Vor allem die Befreiungskriege hatten den preußischen Staatshaushalt in eine bedrohliche Lage gebracht. Auch die herrschende traditionelle Politik, nach welcher Staatsschulden in absehbarer Zeit abgetragen werden mussten, hatte feste Rückzahlungstermine bei zahlreichen Staatsverbindlichkeiten zur Folge.[59] Die Schuldenlast war mittlerweile auf rund 200 Millionen Taler angewachsen, und die Zinslast betrug bis zu 24 Prozent der Staatseinnahmen.[60] Deshalb sollten die kurzfristigen Schulden durch eine langfristige Staatsanleihe ersetzt werden.[61] Johann Jacob reiste 1818 und 1824 nach London, wo er Verhandlungen über eine Anleihe mit dem Bankier Rothschild aufnehmen sollte. Er vertrat die Angelegenheiten des preußischen Staats eifrig und pflichtgetreu,[62] so dass schließlich die erhoffte Anleihe mit dem Bankhaus zustande kam.

Johann Wilhelm Jacob war während seines langen Lebens stets ein treuer Verehrer und Anhänger der preußischen Monarchie und gab diese Gesinnung auch seinem Sohn Friedrich mit auf den Weg. Dies machte Heinrich Friedberg in seinem Gedächtnisvortrag[63] für Friedrich kurz nach dessen Tod im Jahre 1864 deutlich:

---

[56] Vgl. zu v. Rother (1778-1849), ADB, Bd. 29, S. 360.

[57] Brandenburgisches Biographisches Lexikon, hrsg. von Friedrich Beck und Eckart Henning, Berlin und Potsdam 2002, S. 60.

[58] Radtke, Wolfgang, Die Preußische Seehandlung zwischen Staat und Wirtschaft in der Frühphase der Industrialisierung, Berlin 1981, S. 59.

[59] Obenaus, Herbert, Finanzkrise und Verfassungsgebung, in: Preussische Reformen 1807-1820, hrsg. von Barbara Vogel, Königstein/Taunus 1980, S. 252 f.

[60] Ferguson, Niall, Die Geschichte der Rothschilds. Bd.1, Stuttgart München, 2. Auflage 2002, S. 154.

[61] Radtke, Wolfgang, Die Preußische Seehandlung zwischen Staat und Wirtschaft in der Frühphase der Industrialisierung, Berlin 1981, S. 59.

[62] Held, Otto, Johann Jacob Bornemann, in: Mitteldeutsche Lebensbilder, 3. Band Lebensbilder des 18. und 19. Jahrhunderts, Magdeburg 1928, S. 254.

[63] Friedberg, Heinrich, Zum Gedächtnis an Ferdinand Wilhelm Ludwig Bornemann, Vortrag gehalten vor der juristischen Gesellschaft zu Berlin am 20. Februar 1864, Berlin 1864.

„Denn solche Gesinnung war ihm von Kindheit an durch seinen Vater überkommen und eigen geworden, welcher von Nichts öfter und lieber erzählen mochte, als dass er noch den großen Friedrich gesehen, ja an seinem Sarge gestanden, der dann -fast ein Menschenalter später- in der unglücklichen Zeit unseres Vaterlandes, an den Grenzen des Reiches, wohin er nicht ohne eigene große Gefahren öffentliche Kassen vor dem Feinde gerettet hatte, dem König persönlich nahe gekommen war, und der in Memel das damals dort emporblühende junge Prinzen-Geschlecht viel um sich gesehen und in ihnen aufmerksame Zuhörer seiner launigen Gedichte gehabt hatte.“

Nach 50jähriger Tätigkeit im Staatsdienst wurde er 1849 als Erster Generaldirektor der Preußischen Staatslotterie[64], mit dem Roten Adler-Orden 2. Klasse mit Eichenlaub[65] ausgezeichnet, in den Ruhestand versetzt. Im Jahr 1851 starb Johann im Beisein seines ältesten Sohnes Friedrich Wilhelm *„nach kaum 5 Minuten langen Schmerzen“*[66] im Alter von 85 Jahren in Berlin.[67]

II. Jugend und Ausbildung

Mit siebzehn Jahren wurde der junge Friedrich Wilhelm vom Friedrich-Werderschen Gymnasium in Berlin mit dem Reifezeugnis entlassen. Dieses Gymnasium, an der Ober-Wasserstraße Nr. 10 gelegen[68], stand damals unter dem Zeichen der Aufklärung. Zudem führte es dem Turnwesen neben dem Friedrich-Wilhelm Gymnasium den meisten Nachwuchs zu.
Nach seinem Schulabschluss nahm Friedrich Wilhelm allerdings nicht sofort das Studium auf, sondern meldete sich als Freiwilliger zu dem im Frühjahr 1815 neu ausgebrochenen Krieg gegen Napoleon. Er diente sieben Monate lang als Volontair in der 1. Kompanie des Garde-Jäger-Bataillons.[69] Als Jäger nahm er zwar an dem Feldzug teil, der ihn bis in die französische Hauptstadt Paris führte, aber an Kampfhandlungen war er nicht beteiligt.[70] Immerhin war bereits die freiwillige Teilnahme mutig, da er eine sehr zarte Gesundheit besaß:

---

[64] GStA PK, I. HA, Rep. 151 (Finanzministerium), Nr.1992, Bl. 42.
[65] Vgl. Lehmann, Felix, Der Rote Adlerorden, Frankfurt am Main, 2002.
[66] Landesarchiv Berlin, F Rep. 241, eigenhändiger Brief Bornemanns an einen unbekannten Empfänger; Datum ebenfalls unbekannt.
[67] Sowohl in seiner Geburtsstadt Gardelegen als auch in Berlin sind Straßen nach ihm benannt worden.
[68] Adreß-Kalender für die Königlichen Haupt=und Residenz=Städte Berlin und Potsdam auf das Jahr 1819, Berlin 1819, S. 179.
[69] GStA PK, I. HA, Rep. 97 A, Nr.185 (Obertribunal/Personalakte Bornemann), Bl. 7.
[70] Friedberg, Heinrich, Zum Gedächtnis an Ferdinand Wilhelm Ludwig Bornemann, Vortrag, gehalten vor der Juristischen Gesellschaft zu Berlin 1864, S. 3.

„Er [war] von Jugend an zart und leidend, stählte seinen Geist in der Überwindung der Körperschwäche und ermattete nicht, wenn die Gesundheit während anstrengender Thätigkeit zu wanken drohte. " [71]

Nach Berlin zurückgekehrt, verließ er Mitte November, mit Entlassungsschein vom 16. Dezember 1815[72], den Militärdienst und immatrikulierte sich am 7. Dezember 1815 an der fünf Jahre zuvor gegründeten Friedrich-Wilhelms- Universität zu Berlin. Er ließ sich zunächst an der philosophischen Fakultät einschreiben[73], um das Studium der Kameralwissenschaften aufzunehmen. Diese Wahl traf er, weil er, inspiriert durch die Neigungen seines Vaters zur Jagd und Natur, Verwaltungsbeamter und Forstmann werden wollte.

So verbrachte er den größten Teil seiner Studienzeit in naturwissenschaftlichen Vorlesungen. Chemie, Physik, Technologie, Botanik, die Theorie des Ackerbaues und die Werthschätzung der Landgüter sind in seinem universitären Stundenplan verzeichnet.[74] Zudem hörte er Politikwissenschaften bei Schleiermacher. Ein ihn unterrichtender Oberforstmeister bestätigte:

„Mit Vergnügen bescheinige ich hierauf, dass der Herr Studiosus Bornemann meine Vorlesungen über die Holzzucht und die Forsttaxation im Jahre 1818 mit anhaltendem Fleiß gehört hat. "[75]

Wer den jungen Studenten bei seinen fleißigen Privatstudien im Zoologischen Museum beobachtete, *„mochte wohl am wenigsten in ihm den dereinstigen Juristen vermuthen"* [76].

Die Kameralwissenschaft war als Universitätsdisziplin am 23. Juli 1727 durch eine Kabinettsorder Friedrich Wilhelms I. eingeführt worden. Die Absicht des Monarchen, den Verwaltungsbeamten eine nicht-juristische akademische Vorbildung zukommen zu lassen, ist unübersehbar. Der Regent empfahl das Studium der ökonomischen Kameral- und Polizeiwissenschaften als akademische Ausbildung der Staatsdiener.[77] Er hoffte, ein kameralistisch geschultes Beamten-

---

[71] Anonym, „Svarez, Bornemann und Koch – die Männer des preußischen Rechts"; aus: Die deutsche Monatsschrift, 1875, S. 7.

[72] GStA PK, I. HA, Rep. 97 A, Nr.185 (Obertribunal/Personalakte Bornemann), Bl. 7.

[73] ebenda, Bl. 5.

[74] ebenda.

[75] ebenda, Bl. 4.

[76] Friedberg, Heinrich, Zum Gedächtnis an Ferdinand Wilhelm Ludwig Bornemann, Vortrag, gehalten vor der Juristischen Gesellschaft zu Berlin 1864, S. 4.

[77] Gasser, Simon Peter, Einleitung zu den Oeconomischen, Politischen und Cameral-Wissenschaften, Bd.1, Halle 1729. Die Bedenken Friedrich Wilhelm I. gegen eine Anstellung von Juristen in den Verwaltungsbehörden gipfelten 1727 in der Anweisung:" ich will kein

tum werde ein williges und fähiges Werkzeug im Kampf gegen die obstinaten Justizbehörden der ständischen Regierungen sein.[78] Die Errichtung der Kameral-lehrstühle bedeutete die akademische Gründung eines Wissenszweiges, der wie kein anderer mit der Ausbildung des modernen Verwaltungsstaates verbunden war. Er umfasste den gesamten Bereich staatlicher Verwaltung und alle Wissensgebiete, die für die Policey des absoluten Staates von Bedeutung waren.

Erst als Bornemann den größten Teil seiner Universitätszeit zurückgelegt hatte, wandte er sich der Jurisprudenz zu und besuchte rechtswissenschaftliche Kollegia. Grund hierfür war eine Königliche Verordnung, die auch den Studenten der Kameralwissenschaften das erste juristische Staatsexamen auferlegte. So belegte er die Institutionen- und Pandektenvorlesung bei Friedrich Carl v. Savigny, Kriminalrecht bei dem Gründungsdekan der juristischen Fakultät Prof. Biener und ein staatsrechtliches Kolleg bei dem ersten Rektor der Friedrich-Wilhelm Universität Prof. Schmalz. Dies sind die einzigen juristischen Vorlesungen, die sein Testierbogen aufweist.[79]
Vor diesem Hintergrund erscheint es verständlich, dass er in seinem Meldungsgesuch zum Examen am Kammergericht darum bat, man möge ihm die geringe Anzahl der Vorlesungen nicht anrechnen. Er sei von der neuen Pflicht zur Ablegung des ersten juristischen Staatsexamens am Ende seiner Universitätszeit überrascht worden:

„[Mir ist] darum nichts übrig geblieben, als durch häusliches Studium nachzuholen, was noch erforderlich gewesen. Ich denke mich dennoch in allen Zweigen der Jurisprudenz gehörig unterrichtet zu haben“. [80]

Damit sollte er Recht behalten. Seine Examinatoren attestierten ihm, dass er *„sich sehr gründliche Rechtskenntnisse erworben habe“* und *„seine Qualifikation zum Auskulator*[81] *unbedenklich sei“*[82]. Bevor er allerdings seine Examina ab-

---

Justiz colle : [gium] in die kris kamer anlegen sondern sie sollen ekonomisiren und die Revenuen kein Minus kommen“ (Acta Borussica. Denkmäler der Preußischen Staatsverwaltung im 18. Jahrhundert, hrsg. von der Preußischen Akademie der Wissenschaften. Serie: Die Behördenorganisation und die allgemeine Staatsverwaltung im 18. Jahrhundert, hrsg. von Gustav Schmoller u. Otto Hintze, Bd. IV/2, S. 278).

[78] Bleek, Wilhelm, Von der Kameralausbildung zum Juristenprivileg, Historische und Pädagogische Studien, Bd. 3, Berlin 1972, S. 32.

[79] GStA PK, I. HA, Rep. 97 A, Nr.185 (Obertribunal/Personalakte Bornemann), Bl. 5.

[80] Friedberg, Heinrich, Zum Gedächtnis an Ferdinand Wilhelm Ludwig Bornemann, Vortrag, gehalten vor der Juristischen Gesellschaft zu Berlin 1864, S. 4.

[81] Die Auskulatur war die erste Vorbereitungsstufe im Justizdienst, an die sich dann das Referendariat anschloss. Sie dauerte zwischen 15 Monaten und 4 Jahren. Die Dauer änderte sich mehrfach. 1869 wurde diese Stufe abgeschafft und es erfolgte unmittelbar nach dem Studium die Ernennung zum Referendar.

legte und die juristische Laufbahn einschlug, begleitete er seinen Vater auf dessen mehrmonatige Englandreise.

Dabei nutzte Johann Jakob den dienstlich veranlassten Aufenthalt, um noch mehrere Wochen lang durch das Vereinigte Königreich zu reisen.
Sein Sohn Friedrich Wilhelm war ihm als Gehilfe gegen *„billige Diäten"* an die Seite gestellt worden. Der Vater erinnerte sich in seinem Reisebericht:

„Beauftragt mit den Finalgeschäften der Preußisch=Englischen Anleihe wurde nicht bloß der lange genährte Wunsch mir gewähret, das hochberühmte Britanien zu betreten, sondern auch die Vergünstigung mir zu Theil, meinen ältesten Sohn, kundig der Englischen Sprache, als Beistand mit hinüber zu nehmen."[83]

Auf diese Weise kam Friedrich Wilhelm im Herbst des Jahres 1818 nach London, wo er bis Dezember blieb. Er selbst erachtete die Zeit in England als großen Gewinn, war es ihm so schon in jungen Jahren vergönnt, eine *„unmittelbare Anschauung von den Englischen Dingen zu gewinnen"*[84]. Hinzu kamen die ersten selbstverdienten *„schönen hundert Thaler"*.[85]

Von der Reise heimgekehrt, legte Bornemann sein erstes Staatsexamen mit ausgezeichneten Ergebnissen ab, die ihn für den Vorbereitungsdienst prädestinierten. Mit Schreiben vom 7. Januar 1819 wurde er von der Prüfungskommission beim Kammergericht an das Königliche Stadtgericht in Berlin überwiesen:

„Das Königliche Stadtgericht wird hierdurch angewiesen, den in seiner mündlichen Prüfung sehr gut bestandenen Kandidaten Friedrich Wilhelm Bornemann (Markgrafenstraße Nr.39) als Auskulator anzustellen, und zu den praktischen Geschäften anzuleiten."[86]

Nach seiner Ausbildung am Königlichen Stadtgericht und am Königlichen Vormundschaftsgericht wurde Bornemann vom Präsidium des Stadtgerichts zum Referendariats-Examen mit einem Testimonium vom 22. Juli 1820 überwiesen:

„Er [Bornemann] empfiehlt sich durch gute Rechtskenntniß, durch eine große Beurtheilungskraft, durch einen rühmlichen Fleiß, und durch ein musterhaftes Betragen. Zum Refe-

---

[82] GStA PK, I. HA, Rep. 97 A, Nr. 185 (Obertribunal/Personalakte Bornemann), Bl. 9.
[83] Bornemann, Einblicke in England, Vorwort.
[84] Friedberg, Heinrich, Zum Gedächtnis an Ferdinand Wilhelm Ludwig Bornemann, Vortrag, gehalten vor der Juristischen Gesellschaft zu Berlin 1864, S. 6.
[85] ebenda.
[86] GStA PK, I. HA, Rep. 97 A, Nr. 185 (Obertribunal/Personalakte Bornemann), Bl. 10.

rendariats-Examen ist er qualifiziert, da er auch bei dem hiesigen Vormundschafts-Gericht mit Beifall gearbeitet hat."[87]

Nachdem er durch Privatstudien seine theoretischen und durch die Reise nach England seine praktischen Kenntnisse erweitert hatte, und auch das Große Staatsexamen bestanden hatte, wurde er am 24. Januar 1823 als Assessor beim Kammergericht Berlin angestellt.[88] Zeitgleich wies man ihn dem Oberlandesgericht Stettin als Hilfsarbeiter zu. Schon bald gelang es Bornemann, sich durch *„Fleiß und die Gediegenheit"* seiner schriftlichen Arbeiten, die klare, fesselnde Art seines Vortrages in den Sitzungen sowie das treffende Votum bei der Debatte, den ältesten Mitgliedern im Kollegium ebenbürtig zu zeigen.[89] Die Auskulatoren und Referendare fühlten sich zu ihm hingezogen, weil er trotz seines Ansehens und seiner Stellung:

„auf dem Fuße kollegialischer Gleichheit mit ihnen zu verkehren liebte, und ihnen dabei mit seiner Zeit und vor allem mit seinem Wissen stets auf das Liebenswürdigste zur Hülfe kam"[90]

So bildete sich allmählich ein Kreis von jungen Praktikern um ihn, der sich gerne von ihm unterweisen und belehren ließ. Diese Belehrungen gestalteten sich nach und nach zu Vorträgen, die einen inneren Zusammenhang, ein System annahmen.[91] Die Bildung informeller Zirkel von überwiegend ehemals Freiwilligen aus den Befreiungskriegen war damals nicht unüblich. Es gab zahlreiche Zusammenschlüsse dieser Art. Verbindend wirkten nicht zuletzt die Enttäuschungen der politischen Erwartungen und die Hoffnung auf die nationale Einheit. So stellte Friedrich Ammon fest:

„Naturgemäß richtete sich der Blick der Jugend nach der thätigen Theilnahme an dem Kampfe [...] auf innere Freiheit, auf Einheit des ganzen deutschen Vaterlandes"[92].

Die Nichterfüllung des Verfassungsversprechens und das Scheitern der nationalen Einigung waren für einen großen Teil der Altersgruppe prägend. Die politische Zeitenwende belebte die Diskussion selbst bei dezidiert unpolitischen Zeit-

---

[87] GStA PK, I. HA, Rep. 97 A, Nr. 185 (Obertribunal/Personalakte Bornemann), Bl. 12.
[88] Anonym, „Svarez, Bornemann und Koch – die Männer des preußischen Rechts"; aus: Die deutsche Monatsschrift, 1875, S. 8.
[89] Friedberg, Heinrich, Zum Gedächtnis an Ferdinand Wilhelm Ludwig Bornemann, Vortrag, gehalten vor der Juristischen Gesellschaft zu Berlin 1864, S. 5.
[90] ebenda, S. 5.
[91] Friedberg, Heinrich, Zum Gedächtnis an Ferdinand Wilhelm Ludwig Bornemann, Vortrag, gehalten vor der Juristischen Gesellschaft zu Berlin 1864, S. 5.
[92] Ammon, Friedrich v., Wahrheit ohne Dichtung, Bonn 1878, S. 63.

genossen.[93] Bei vielen bekannteren Justizjuristen, die später im Revolutionsjahr zu den Liberalen hielten, wurde in dieser Zeit der Grundstein für eine oppositionelle Haltung gelegt. So auch bei Bornemann.

Allerdings war es zuerst Bornemanns scharfer Verstand und seine eindrucksvolle Rhetorik, die den Kreis zusammenkommen ließen.

III. Beginn seiner Juristenkarriere

Diese „Bornemannsche Vortragsreihe" trug für ihn auch insofern Früchte, als er seine Vorträge in einer ersten Monographie *„Von Rechtsgeschäften überhaupt und von Verträgen insbesondere"* [94] am 1. März 1825 mit weit reichenden Folgen veröffentlichte.[95]
Das Manuskript war zwar lediglich für jene „privaten" Vorträge bestimmt gewesen, durch Zufall aber in die Hände des Oberlandesgerichts-Rates Gerschow gefallen, der, selbst ein gelehrter, scharfsinniger und angesehener Jurist, erkannte, welch *„ein Schatz"* darin verborgen lag. Er drängte Bornemann zur Veröffentlichung, was ihm nur mit Mühe gelang, weil jener in seiner Bescheidenheit *„das der Arbeit gespendete Lob für übertrieben ansah und ihren Wert nur gering anschlug"*[96]. So schrieb er in der Vorrede zu der ersten Auflage:

> *„Ich habe darin versucht, die allgemeinen Grundsätze über dingliches und persönliches Recht, Rechtsgeschäfte und Verträge als ein Hülfsbuch für angehende Praktiker bei dem Studium des Landrechts zusammen zu stellen"*[97].

Das Äußerste, was der Autor von seinem Werk erhoffte, war, dass es diesem bescheidenen Zwecke genügen möge. Der Erfolg dieses Buches übertraf diese Erwartung allerdings bei weitem:

> *„Es ward ein bahnbrechendes Werk, und noch heute, nach vierzig Jahren, nachdem inzwischen viele und reiche Geister in strenger Arbeit denselben Boden bebaut haben, steht Bornemanns Werk als ein in vieler Beziehung noch immer unübertroffenes Muster für die Erforschung und die wissenschaftliche Bearbeitung unseres heimischen Rechtes da,"*

---

[93] Hodenberg, Christina v., Die Partei der Unparteiischen. Der Liberalismus der preußischen Richterschaft 1815-1848/49, Göttingen 1996 in: Kritische Studien zur Geschichtswissenschaft. S. 77 f.

[94] Diese Abhandlung ist 1833 in einer verbesserten zweiten Auflage erschienen.

[95] Landau, Peter, Ferdinand Wilhelm Ludwig Bornemann und die Tradition des preussischen Rechts, in: Quaderni Fiorentini, Band 23 (1994), S. 58.

[96] Friedberg, Heinrich, Zum Gedächtnis an Ferdinand Wilhelm Ludwig Bornemann, Vortrag, gehalten vor der Juristischen Gesellschaft zu Berlin 1864, S. 5.

[97] Bornemann, Friedrich Wilhelm, Von Rechtsgeschäften überhaupt und von Verträgen insbesondere, nach preußischem Rechte, Stettin 1825, S. 8.

erinnerte sich Heinrich Friedberg in einem Vortrag zum Gedächtnis an Bornemann am 20. Februar 1864.[98] Dieses Werk war es, welches den Ruf Bornemanns begründete, ihn zu größeren literarischen Schöpfungen ermutigte und seine großartige Laufbahn einleitete.[99]
Zu dieser Zeit befand sich das Allgemeine Preußische Landrecht (ALR) in einer tiefen Krise. Das ALR war als Ergebnis einer von Friedrich dem Großen eingeleiteten Justizreform[100] im Jahre 1794 als umfassendste und größte preußische Kodifikation[101] entstanden. Dieses Gesetzeswerk sollte sowohl ein Ersatz für die fehlende Konstitution sein als auch sämtliches öffentliches- und Verfassungsrecht beinhalten.[102] Auch wenn es in den Provinzen lediglich subsidiäre Bedeutung besaß, war dennoch ein Stück Rechtseinheit geschaffen worden. Es war eine Sammlung von Einzelgesetzen entstanden, die nicht mehr überall verstreut waren. Die Kodifikation wollte eine Gesamtschau der rechtlichen Ordnung eines Volkes geben.[103]
„Das Landrecht", bemerkte v. Savignys Schwager Achim v. Arnim, *„war für unser Volk in rechtlicher Hinsicht so wichtig wie Luthers Bibelübersetzung [...]".*[104] Ebenso wie bei der Bibel hatte man ein zwar umfassendes, aber dennoch anschauliches *„Nachschlagewerk"* geschaffen. Diesem lag der naturrechtliche Gedanke des Gesellschaftsvertrags zugrunde, wonach das Gemeinwohl die Durchsetzungskraft der subjektiven Rechte begrenzte und in einem sozial verträglichen Rahmen hielt.[105] Der Monarch bezog seine Legitimation nur aus der Wahrung der Rechte, die vom Naturzustand in die Gesellschaft eingebracht wurden.[106]

---

[98] Friedberg, Heinrich, Zum Gedächtnis an Ferdinand Wilhelm Ludwig Bornemann, Vortrag, gehalten vor der Juristischen Gesellschaft zu Berlin 1864, S. 6.
[99] Anonym, „Svarez, Bornemann und Koch – die Männer des preußischen Rechts"; aus: Die deutsche Monatsschrift, 1875, S. 7.
[100] Der sog. „Müller-Arnold-Prozeß" im Jahre 1779 machte schließlich den Weg für diese Reform frei. Vgl. Hattenhauer, Hans, Allgemeines Landrecht für die Preussischen Staaten von 1794, Textausgabe, 2. Auflage, Neuwied-Kriftel-Berlin 1994, S. 4.
[101] Der Umfang betrug annähernd 20.000 Paragraphen.
[102] Hattenhauer, Hans, Das ALR im Spiegel von Erwartung, Lob und Kritik, in: Gose/Würtenberger (Hrsg.), Zur Ideen- und Rezeptionsgeschichte des Preußischen Allgemeinen Landrechts, Stuttgart 1999, S.101.
[103] Thieme, Hans, Die preußische Kodifikation, in: Zeitschrift der Savignystiftung für Rechtsgeschichte, Germanistische Abteilung, Band 57, Berlin 1937, S. 367.
[104] Achim von Arnim, zitiert nach: Hattenhauer, Hans, Einführung zur Textausgabe des ALR, in: Hattenhauer (Hrsg.), Allgemeines Landrecht für die Preussischen Staaten von 1794, Textausgabe, Neuwied-Kriftel-Berlin 1994, S. 29.
[105] Willoweit, Dietmar, Die bürgerlichen Rechte und das gemeine Wohl, in: Ebel (Hrsg.), Gemeinwohl-Freiheit-Vernunft-Rechtsstaat. 200 Jahre Allgemeines Landrecht für die Preußischen Staaten, Berlin 1995, S.11.
[106] Koselleck, Reinhart, Preußen zwischen Reform und Revolution, Stuttgart 1975, S.29.

Allerdings war die Konzeption der Gesamtkodifikation bereits vor dem Zusammenbruch Preußens im Jahre 1806 aufgegeben worden. Für Friedrich Wilhelm II. war das ALR nicht mehr als ein Instrument zur Erleichterung der Rechtspflege und zur Rechtsbereinigung. Der König erließ unbekümmert weiter seine gesetzgeberischen Anordnungen und ließ sich von der Gesetzgebungstheorie des ALR nicht beeindrucken.[107] 1805 wurde schon verkündet, dass die allgemeinen Strafgesetze revidiert, aber nicht mehr einen Teil des ALR ausmachen sollten.[108] Das ALR blieb zwar formal als Gesamtkodifikation bestehen, doch verlor es zunehmend seinen Rang als abschließende Regelung durch Einzelgesetzgebung:

„Es wurde nicht durch Weiterführung der Reformen vor den Befreiungskriegen geistig erneuert, sondern blieb stehen – und es stand sogar dem Fortschritt entgegen."[109]

Der Erwerb der linksrheinischen, vormals von Frankreich in Besitz genommenen Gebiete schuf zudem eine neue Situation. Die politische Ermattung nach der staatlichen Reorganisation und dem Krieg, sowie die fehlende Entscheidungskraft des Königs und sein stetes Misstrauen gegen die Reformer, verhinderten die Wiederherstellung der Rechtseinheit innerhalb Preußens und die damit verbundene „Gesamtrevision" des ALR.[110]

Allerdings begriff Bornemann das Scheitern einer Revision des ALR als Möglichkeit, da das Scheitern einer Verjüngung des preußischen Gesetzbuchs den Weg zu einem deutschen Rechtsganzen erleichtere.[111]
Bornemann machte die Vielzahl von Einzelbestimmungen und das Fehlen der allgemeinen Rechtsgrundsätze als Hauptproblem des Landrechts aus, das der Entwicklung einer vaterländischen Rechtswissenschaft im Wege stand. Er stimmte in dieser Ansicht mit seinem Lehrer Friedrich Carl v. Savigny[112] überein, der in seiner berühmten Schrift „Vom Beruf unserer Zeit für Gesetzgebung und Rechtswissenschaft" über die Menge scheinbar unzusammenhängender Bestimmungen des Landrechts feststellte, dass sie:

---

[107] Hattenhauer, Hans, Das ALR im Widerstreit der Politik, in: Wolff (Hrsg.): Das Preußische Allgemeine Landrecht, Heidelberg 1995, S. 47.

[108] Vgl. hierzu Regge, Das Reformprojekt eines „Allgemeinen Criminalrechts für die Preußischen Staaten" (1799-1806), in: Hattenhauer/Landwehr (Hrsg.), Das nachfriderizianische Preußen 1786-1806, Heidelberg 1988, S. 189.

[109] Ramm, Thilo, Die friderizianische Gesamtkodifikation und der historische Rechtsvergleich, in: Wolff (Hrsg.): Das Preußische Allgemeine Landrecht, Heidelberg 1995, S. 22.

[110] ebenda, S. 22.

[111] Bornemann, Friedrich Wilhelm, Rechtsentwicklung, S. 63.

[112] Vgl. zu Savigny (1779-1861), Stoll, Adolf, Friedrich Carl v. Savigny, 3 Bde., Berlin 1927-39.

„vielfach weder die Höhe allgemeiner, leitender Grundsätze, noch die Anschaulichkeit des Individuellen erreichen, sondern zwischen beiden Endpunkten in der Mitte schweben[113].

Bornemann glaubte deshalb vor allem, die Frage aufwerfen zu müssen, „*wie der Jurist sich die Kenntnis der Prinzipien anzueignen vermöge*“. Mit eingehender Kritik an der bisherigen Literatur stellte er fest:

„[dass] die Kommentare und Handbücher, welche über das Landrecht geschrieben sind, keine Hülfe gewähren; denn die letzteren sind bloße Auszüge und die ersteren bestreben sich, grade als ob der Masse noch nicht genug wäre, hauptsächlich nur, an die einzelnen Paragraphen eine Menge nur einigermaßen anklingender Vorschriften zu reihen und, ohne an die Entwicklung allgemeiner Grundsätze zu denken, zweifelhafte Bestimmungen isoliert von dem Ganzen zu erklären“[114].

Bornemann begann das Landrecht wissenschaftlich zu durchdringen und „Svarez` philosophische Tendenz“ zu ergründen.[115] Er war der erste, der der Forderung nach einer vertieften wissenschaftlichen Behandlung des ALR in der Folgezeit nachkam. Er wollte zunächst die

„allgemeinen Grundsätze über dingliches und persönliches Recht, Rechtsgeschäfte und Verträge, nach einem andern Plane und als ein Hülfsbuch für angehende Praktiker bei dem Studium des Landrechts zusammen[...] stellen“[116].

Er äußerte in seinem Vorwort die Hoffnung, dass

„wenigstens ein Streben nach wissenschaftlicher Bearbeitung unseres Rechts daraus hervorleuchtet, und [...] daß dieses Werk dazu beitragen wird, manchen jungen Praktiker zu einem gründlichen Studium des Landrechts hinüberzuleiten“[117].

Der „andere Plan“, nach dem Bornemann im Gegensatz zu früher erschienenen Kommentaren vorgehen wollte, beinhaltete eine gänzlich neue Herangehensweise an den Rechtsstoff. So stellte er zunächst eine Einleitung und Begriffsbestimmung den jeweils kommentierten Rechtsinstituten voran. Nachdem er im ersten Kapitel über die Rechtsgeschäfte beispielsweise die wesentlichen Bestandteile eines Rechtsgeschäftes einzeln dargestellt hatte, ging er dazu über, deren drei Elemente – Essentialia, Naturalia und Accidentalia – umfassend zu er-

---

[113] Savigny, Friedrich Carl v., Vom Berufe unserer Zeit für Gesetzgebung und Rechtswissenschaft, in: Hattenhauer (Hrsg.), Thibaut und Savigny, 2. Auflage, München 2002, S. 153.
[114] Anonym, „Svarez, Bornemann und Koch – die Männer des preußischen Rechts“; aus: Die deutsche Monatsschrift, 1875, S. 19.
[115] ebenda, S. 20 f.
[116] Bornemann, Friedrich Wilhelm, Rechtsgeschäfte, S. 8.
[117] ebenda, S. 8.

läutern. Durch diese strukturierte und verständliche Darstellungsweise gelang es ihm, die Begriffsbestimmungen, die geltenden Rechtsvorschriften des Landrechts, allgemeine Rechtsgrundsätze und eine Vielzahl von praktischen Beispielen so miteinander zu verbinden, dass daraus ein Lehrbuch über die Rechtsgeschäfte entstand. Dabei griff er, der Forderung v. Savignys entsprechend, bei Auslegung der Rechtsinstitute stets auf die Motive des Landrechts zurück.

Für Bornemann war das Preußische Allgemeine Landrecht eine Weiterentwicklung und Systematisierung des römischen Rechts. Der Rechtswissenschaft erkannte er keine Bedeutung für die Entstehung des Landrechts zu. Diese Auffassung entsprach indes der Absicht des Gesetzgebers, dass in dem Landrecht das *„römische Recht in eine natürliche Ordnung und richtiges System deren dreyen Objectis iuris gebracht"*[118] werden sollte.

[118] Schröder, Rainer, Rechtsgeschichte, 5. Auflage, Münster 2000, S. 83

Zweiter Teil: Greifswalder Zeit, Beginn der Justizkarriere (1825-1840)

I. Berufung an das Oberappellationsgericht zu Greifswald

Der Ruf, den sich Bornemann mit seinem Erstlingswerk erworben hatte, begründete auch seine Justizkarriere. Als das Oberappellationsgericht zu Greifswald im Oktober 1825 einen tüchtigen und fähigen Hilfsarbeiter suchte, wurde er von dem Justizminister Graf Danckelman[119] höchstpersönlich vorgeschlagen und nach Greifswald abgeordnet. So kam Bornemann an den Gerichtshof, an dessen Vorgänger, dem Obertribunal zu Wismar, einst David Mevius gewirkt hatte.

Kurz vor dem Umzug heiratete er Karoline Amalie Juliane Blaese, und konnte sich so mit einer neu gegründeten Familie in Greifswald niederlassen.[120]

In dieser Zeit befestigte er seinen Ruf als Fachmann des preußischen Rechts. Anerkennend für seine fundierten Kenntnisse und Leistungen verlieh ihm die juristische Fakultät zu Greifswald bald darauf *„ob eximia de jure Borussico edita scripta et praeclaram in jure dicundo prudentiam“*[121] die Ehrendoktorwürde.
Um sich dieser Ehre würdig zu zeigen, habilitierte sich Bornemann daraufhin an der Greifswalder Fakultät.[122] Seine Lehre stand in den Folgejahren ganz im Zeichen des preußischen Landrechts.[123] Er nutzte die Greifswalder Jahre, um Wissenschaft und Praxis des ALR miteinander zu verbinden, was damals durchaus unüblich war. Dem widmete er sich zum einen als Richter am Oberappellationsgericht, nachdem er am 01. Juni 1827 mit nur 29 Jahren zum Oberlandesgerichtsrat ernannt worden war. Zum anderen trieb er die preußische Rechtswissenschaft in seiner Lehrtätigkeit als Privatdozent voran.
Auch privates Glück erfuhr das junge Paar Bornemann in Greifswald. Am 31.10.1827 wurde ihr erster Sohn Erdmann Rudolph Julius Waldemar geboren.[124]

---

[119] Vgl. zu Danckelman (1786-1830), NDB, Bd. 3, S. 504.

[120] Friedberg, Heinrich, Zum Gedächtnis an Ferdinand Wilhelm Ludwig Bornemann, Vortrag, gehalten vor der Juristischen Gesellschaft zu Berlin 1864, S. 7.

[121] ebenda, S. 6.

[122] Eine Habilitationsschrift war ebenso wenig wie eine Promotionsurkunde aufzufinden.

[123] Vgl. Arbeitverzeichnisse, Archiv der Ernst-Moritz-Arndt-Universität UAG R 447

[124] Aus der Ehe gingen insgesamt drei Kinder hervor. Nach einer Totgeburt folgten die Töchter Agnes Clara Elise am 20. Oktober 1833 und Anna Marie Pauline am 26. Mai 1836. Am 20. Januar 1848 erlitt Karoline Amalie erneut eine Totgeburt.

Zudem betätigte er sich als Schriftsteller weiter, indem er die das Lübische Recht betreffenden *„Urtheile des Ober=Appellations= und höchsten Gerichts zu Greifswald"* veröffentlichte.[125] Unter dem Titel *„Rechtsfälle und Rechtsbestimmungen gesammelt aus den Acten des Königl. Oberappellations= und höchsten Gerichts zu Greifswald"* gab er 1832 dazu ein *„Erstes Heft"* heraus. Bornemann hatte sich vorgenommen, sämtliche Rechtssprüche zum lübischen Recht der letzten fünfzig Jahre zu bearbeiten und systematisch zusammenzustellen. Bezugnehmend auf die *„Mevianischen Decisionen"* und andere Bearbeitungen der rechtlichen Entscheidungen des vormaligen Wismarschen Hohen Tribunals und jetzigen Oberappellationsgerichts Greifswald stellte er fest:

> *„[dass] diese Entscheidungen, die sich von Anfang an durch vorzügliche Gründlichkeit und Unpartheilichkeit ausgezeichnet haben, keine in den Archiven verborgene und höchstens den Gerichtsmitgliedern bekannte Schätze geblieben, sondern vielmehr ein Gemeingut der Provinz und des ganzen deutschen Rechts geworden [seien]"*[126]. *[...] [So haben die Entscheidungen] zur Begründung einer sicheren und festen Praxis innerhalb des Gerichtsbezirks des Tribunals ungemein beigetragen, [...] aber auch außerhalb dieses Bezirks [...] auf die Rechtspflege vieler anderen Gerichtshöfe einen bedeutenden Einfluß geübt."*[127]

Bornemann erklärte in seinem Vorwort:

> *„Diese neuen Rechtssprüche fallen nämlich in eine Zeit, in welcher eines Theils der erweiterte Verkehr viele bisher unbekannt gewesene Verhältnisse zu Sprache brachte, anderen Theils die Wissenschaft mit der Praxis in einen solchen Conflict gerieht, daß eine – den Zeitbedürfnissen möglichst entsprechende, das einmal Festgestellte weder willkührlich beseitigende, noch auch die wissenschaftlichen Forschungen und Anforderungen ignorierende – sichere und feste Rechtspflege überaus schwierig [war]"*[128].

Mevius, dessen Tradition er mit diesem Werk fortzuführen gedachte, habe bereits in der Auseinandersetzung mit dem lübischen Recht wahrgenommen,

> *„[dass] es diesem Rechte an einer reinen und sicheren Auslegung fehle, daß seine Anwendung ungleich und schwankend sei und daß die Mehrzahl derjenigen, welche mit seiner Anwendung befaßt sind, es nicht genügend beherrschen und verstehen [...].*[129]*"*

Hinzu komme, dass die Alten den Mangel ihrer Kenntnis der Prinzipien des lübischen Rechts durch Bestimmungen des römischen Rechts hätten ausfüllen

---

[125] Friedberg, Heinrich, Zum Gedächtnis an Ferdinand Wilhelm Ludwig Bornemann, Vortrag, gehalten vor der Juristischen Gesellschaft zu Berlin 1864, S. 6 f.

[126] Bornemann, Friedrich Wilhelm, Rechtsfälle und Rechtsbestimmungen, Berlin 1832, S. V.

[127] ebenda.

[128] ebenda, S. VII.

[129] Stintzing, Roderich v., Geschichte der Deutschen Rechtswissenschaft, Zweite Abteilung, München und Leipzig 1884, S. 125.

wollen, ohne zu bedenken, dass diese beiden Rechte vielfach auf ganz entgegen gesetzten Prinzipien beruhten.
So habe Mevius schließlich eine systematische Kommentierung zum Lübischen Stadtrecht entwickelt, der ersten wissenschaftlichen Behandlung eines überregionalen Rechtskreises und ab 1653 die Rechtsprechung des Wismarer Obertribunals ediert.[130]

Bornemann wollte nun mit seinen „Rechtsfällen und Rechtsbestimmungen" diese Rechtsprechungsedition fortführen. Die Rechtsprüche mussten schon deshalb mit einem großen Interessentenkreis rechnen, weil:

„sich aus ihnen die Art und Weise ersehen lässt, wie ein vorzüglich besetztes Collegium das römische und provinzielle Recht in neueren Zeiten aufgefaßt und zur Anwendung gebracht, wie ein solches Collegium die neu entstandenen Verhältnisse unter die vorhandenen Rechtsbestimmungen subsumirt, und wie dasselbe sich aus dem Conflict zwischen Wissenschaft und Praxis herausgefunden hat"[131].

Bornemann erkannte damit voll die Problematik des Verhältnisses von Theorie und Praxis, um die es ihm nun zeitlebens ging.
Er erreichte schließlich die angestrebte Systematisierung und Einordnung nach Materien der einschlägigen Rechtsfälle. In seiner Einleitung wies er darauf hin, dass er sich durch ein mehrjähriges Studium auf diese Aufgabe vorbereitet habe:

„[...] seit meiner Anstellung bei dem Oberappellationsgericht ist es mein eifrigstes Bestreben gewesen, mich nicht nur mit dem gemeinen Recht [...], sondern auch mir dem provinziellen und statutarischen Recht dieser Provinz möglichst vertraut zu machen.[132]

Nach einer Einleitung über den Gebrauch des lübischen Rechts in den Städten Neuvorpommerns nahm er eine Zweiteilung des gesammelten Materials vor. Zunächst behandelte er in einer *„Ersten Abtheilung"* die Rechtsfälle. Dem stellte er jeweils den geltenden Rechtssatz vorweg. Es folgte ein Sachverhalt, der mit dem entsprechenden Urteil und der Begründung des Obertribunals abschloss. In der *„Zweiten Abtheilung"*, die sich mit den Rechtsbestimmungen auseinander setzte, wurden die Absätze mit den jeweiligen Bestimmungen eingeleitet. Im Anschluss erfolgte deren Kommentierung unter Anstellung eines Rechtsvergleichs mit dem preußischen respektive gemeinen Recht.
Mit dieser Fallsammlung leistete Bornemann dem lübischen Rechtskreis einen bedeutenden Beitrag. Unterstützt von den Appellationsräten Gabriel Peter Ha-

---

[130] Otto, Jochen, David Mevius, in: Stolleis, Juristen, München 1995, 425.
[131] Bornemann, Friedrich Wilhelm, Rechtsfälle und Rechtsbestimmungen, S. IX.
[132] ebenda, S. X.

selberg[133] und Friedrich Hermann Sonnenschmidt[134], letzterem sollte er später am preußischen Obertribunal wieder begegnen, bot er im *„mevischen Sinne"* eine *„Synthese von rechtspraktischer Erfahrung und wissenschaftlicher Systematik"*[135]. Derartige Synthesen von Praxis und Wissenschaft sollte Bornemann auch in seinen kommenden Lebensjahren anstreben.
Friedberg resümierte die Greifswalder Zeit:

„Bis zu seinem Lebensabend haben jene Greifswalder Jahre, welche er in schöner, kurz zuvor begründeter, Häuslichkeit beginnen konnte, mir ihrer stillen Thätigkeit des Richters und Lehrers, dem regen, durch die Universität begünstigten Verkehr mit gelehrten und bedeutenden Männern, zu seinen liebsten Erinnerungen gehört, und keines der dort geknüpften freundschaftlichen Bande ist anderes, als durch den Tod gelöst worden."[136]

II. Mitwirkung an den „Beiträgen" Eduard Gans

Die im Jahre 1832 entstandene kritische Abhandlung „Über die wahrhaft geschichtliche Entstehung und Bedeutung des preußischen Rechts in materieller und formeller Hinsicht" veröffentlichte Bornemann in der von dem streitbaren Berliner Rechtsprofessor und Hegelschüler Eduard Gans[137] herausgegebenen Schriftenreihe *„Beiträge zur Revision der Preußischen Gesetzgebung"*, die zwischen 1830 und 1832 erschien.
Ziel war es, eine *„Rednerbühne für allerlei Stimmen"*[138] zu schaffen. Allerdings berichtete Gans im letzten Heft enttäuscht:

„Als ich vor zwei Jahren diese in Heften erschienene Schrift begann rechnete ich auf Zweierley, auf Unterstützung practischer Männer und auf vollkommene Freiheit im Aussprechen meiner Meinung. Doch der Sinn für öffentliches Leben und für die Theilnahme an den allgemeinen Angelegenheiten ist noch bei uns so sehr in seiner Kindheit, daß nur hin und wieder einige vortreffliche Männer an meinen Bemühungen Antheil nehmen wollten, und mich in meinen Arbeiten unterstützten."[139]

Insbesondere die Zensur habe ihn genötigt, das Vorhaben aufzugeben und lediglich einige bis 1832 verfasste Schriften zu veröffentlichen.

---

[133] Vgl. zu von Haselberg (1763-1838), ADB, Bd. 10, S. 731.
[134] Vgl. zu Sonnenschmidt (1801-1881), ADB, Bd. 34, S. 635 f.
[135] Otto, Jochen, David Mevius, in: Stolleis, Juristen, München 1995, 426.
[136] Friedberg, Heinrich, Zum Gedächtnis an Ferdinand Wilhelm Ludwig Bornemann, Vortrag, gehalten vor der Juristischen Gesellschaft zu Berlin 1864, S. 7.
[137] Vgl. zu Gans (1797-1839); Reissner, Hanns, Eduard Gans. Ein Leben im Vormärz, Tübingen 1965.
[138] Gans, Eduard, Beiträge zur Revision der Preußischen Gesetzgebung, Berlin 1832, S. III (Vorrede)
[139] ebenda.

Bornemann war einer dieser wenigen, die sich in den „Beiträgen“ kritisch mit der Zeit und dem zeitgenössischen Rechtszustand auseinander setzten. Verbunden fühlte er sich mit Gans nicht zuletzt in der Opposition zu der Historischen Schule v. Savignys[140] und der Nähe zur Hegelschen Rechtsphilosophie.
Bornemanns Aufsatz in der Gansschen Schriftenreihe war ein Vorgriff auf sein Standardwerk über das preußische Zivilrecht, das nur kurze Zeit später entstand. Er begann seine Abhandlung mit dessen historischer Herleitung:

„[Ich besitzte] die Überzeugung: 1) Dass das gemeine Recht das Ergebnis eines vielfach gehemmten und größtentheils unbewussten Strebens ist, den christlich=deutschen Sinn oder unsere Sittlichkeit gegen das eingedrungene Römische Recht geltend zu machen, und in dasselbe hineinzuarbeiten; 2) Dass die Redactoren des Preußischen Rechts sich bemüht haben, nicht sowohl etwas neues zu schaffen, als vielmehr das in dem gemeinen Rechte sich offenbarende Streben für Preußen zur Vollziehung zu bringen, dass dieses ihnen auch fast durchgängig in einem hohen Grade gelungen ist, und sie sonach dem Preußischen Staat ein, seiner Stellung und Entwicklung angemessenes, christlich=deutsches Gesetzbuch gegeben haben. Das Preußische Recht durchschneidet also die historischen Fäden keineswegs, sondern ist im Gegentheil die Blüthe einer seit Jahrhunderten zu ihm hinstrebenden geschichtlichen Entwicklung, und entspricht zugleich den Forderungen der Intelligenz, die für christliche Völker ein vom Christenthum durchdrungenes Gesetzbuch verlangt; hieraus aber folgt, dass [...] die begonnene Revision lediglich zu prüfen hat, ob und wie weit die Redaktoren nicht bloß für die damalige, sondern auch für unsere Zeit das richtig erkannte Ziel erreicht haben, und dem gemäß die frühere Redaktion beibehalten oder umgeschmolzen werden muss.“[141]

Damit wollte Bornemann beweisen:

„dass die Gegner des Preußischen Rechts in Irrthümern befangen sind, und namentlich den eigentlichen Grund und Zweck der Aufnahme des Römischen Rechts, die Bedeutung des gemeinen Rechts, die großartige Tendenz der Redactoren, und das Wesen eines christlich=deutschen Gesetzbuchs nicht erfasst, die Redaktoren dagegen ein solches wirklich geschaffen, und das vorgefundene Recht auf wahrhaft geschichtliche Weise fortentwickelt haben. Und da die von der historischen Schule über die Entstehung und Fortentwicklung der positiven Rechte verbreitete Ansicht die Wurzel aller ferneren Irrthümer und Missverständnisse ist, so werde ich mich vor allen Dingen auch darüber äußern, und so gewissermaßen ab ovo anfangen müssen.“[142]

Er stellte fest, dass sich in der vorgeschichtlichen Zeit eines jeden Volks eine eigentümliche Gestaltung insbesondere seines Rechts entwickelt habe:

---

[140] Vgl. Braun, Johann, „Schwan und Gans“. Zur Geschichte des Zerwürfnisses zwischen Friedrich Carl von Savigny und Eduard Gans, in: JZ 1979, S. 769-775.
[141] Bornemann, Friedrich Wilhelm, Ueber die wahrhafte geschichtliche Entstehung und Bedeutung des Preußischen Rechts –in materieller und formeller Beziehung; ein Wink für die Revisoren, in : Beiträge zur Revision der preußischen Rechtsgeschichte, Berlin 1832, S. 195.
[142] ebenda.

„Diese verdankt ihr Entstehen überall einer Thätigkeit der Volksglieder, die jedoch durchaus instinctmäßig, d.h. lediglich auf Befriedigung des augenblicklichen Bedürfnisses gerichtet ist, und daher ihren wesentlichen Wirkungen nach [...] den Individuen völlig unbekannt bleibt. Dieselben werden nämlich durch ihre sinnlichen und geistigen Triebe gezwungen, nicht nur in geschlechtliche und gesellschaftliche Verbindungen zu treten, und die Gegenstände der Natur sich anzueignen, sondern auch die Bedingungen und Formen, unter denen das geschehen und das Gewonnene behauptet werden kann, so zu bestimmen, dass die Handlung der Einzelnen mit dem von der Gesamtheit für bindend erkannten Sittengesetz, und den darauf gegründeten Ansprüchen Anderer nicht in Widerspruch gerathen. Die einseitigen Forderungen der Einzelnen, die sich freilich gegen eine Beschränkung ihrer Willkühr wiederholentlich stemmen, werden dem zu Folge nach einem mehr oder minder schweren Kampf durch das Uebergewicht der friedlich gesinnten Genossen und das mit ihnen streitende Sittengesetz zu einer gemeinschaftlichen Satzung, innerhalb welcher jedem Genossen die freie Bewegung oder der Frieden verbürgt wird, allmählig ausgeglichen.
Das Princip, welches den Individuen bei dieser instinctmäßigen Schöpfung eine solche Richtung giebt, dass die sämmtlich auf dasselbe, von der Schöpfung andere Völker mehr oder minder verschiedene, Resultat kommen, ist nun aber nicht ein von Gott ihnen mitgegebener und mit eiserner Nothwendigkeit sie zwingender Volkscharakter, sondern theils die allen Menschen gemeinsame Geistesbeschaffenheit, theils der Einfluß aller äußeren Umstände, unter denen die Individuen zusammen treten. Jene liefert allen Völkern ein gleichförmiges Schema der verschiedenen Rechtsmaterien, und giebt ihnen einen übereinstimmenden, durch das Gewissen sich kund gebenden, Sinn für Recht und Sittlichkeit;“[143]

Diese Herleitung offenbarte Bornemanns durch die von Gans geförderte hegelianische Prägung: Die Individuen können nur als Glieder eines Staates Objektivität, Wahrheit und Sittlichkeit erfahren. Für Hegel war es die Bestimmung der Individuen, ein allgemeines Leben zu führen. Es sei ihre höchste Pflicht Mitglieder des Staates zu sein.[144] Der Staat sei Selbstzweck.[145] Hegel sprach daher vom *„an und für sich seienden Göttlichen“*, von der *„absoluten Autorität und Majestät“* des Staates.[146] Die konkrete Freiheit im Staat solle darin bestehen, dass

„die persönliche Einzelheit und deren besondere Interessen sowohl ihre vollständige Entwicklung und die Anerkennung ihres Rechts für sich (im Systeme der Familie und der bürgerlichen Gesellschaft) haben, als sie durch sich selbst in das Interesse des Allgemeinen teils übergehen, teils mit Wissen und Willen dasselbe und zwar als ihren eigenen substantiellen Geist anerkennen und für dasselbe als ihren Endzweck tätig sind“.[147]

Bornemann sah in der *„instinctmäßigen Thätigkeit“* der *„Volksglieder“* die Voraussetzung für den Zusammenschluss einzelner Individuen respektive Ge-

---

[143] ebenda, S. 202.
[144] Hegel, Georg Friedrich, Grundlinien der Philosophie des Rechts, § 258, S. 399.
[145] Pauly, Walter, Hegel und die Frage nach dem Staat, in: Der Staat 39 (2000), S. 392.
[146] Hegel, Georg Friedrich, Grundlinien der Philosophie des Rechts, Berlin 1821, S. 400.
[147] ebenda, § 260, S. 406.

nossenschaften. So war er überzeugt, dass die Menschen, bevor sie in die Entwicklung einer Volksgemeinschaft beispielsweise durch rationale Regeln des Zusammenlebens eingreifen können, bereits durch ihren Instinkt, also weitestgehend unbewusst, eine *„reichhaltige Gestaltung des Lebens gewonnen"* hätten. Allerdings bestehe für die *„bis dahin gekommenen Völker"* die Gefahr, in ein Spannungsverhältnis von verschiedenen Kräften zu geraten, welches zur Auflösung der Volksgemeinschaft führen könne. Eine der auf die Gemeinschaft wirkenden Kräfte sei die *„Naturnothwendigkeit"*, eine Art von Gewohnheitsrecht, das die herkömmliche Gestaltung des Zusammenlebens begründe und in deren Abhängigkeit sich die Völker befänden. Dem widerstreite die Forderung nach *„ungebundener Willensfreiheit"*, die durch die *„Naturnothwendigkeit"* beengt würde. Schließlich komme noch das Bewusstsein hinzu, den göttlichen Willen rücksichtslos zu verwirklichen.[148]

Bornemann war ebenso wie v. Savigny der Überzeugung, dass die Rechtsordnung einen integralen Bestandteil der kulturellen Entwicklung einer Nation darstellt. Daher sah er auch einen organischen Zusammenhang des Rechts mit dem Wesen und Charakter des Volkes. Savignys „Volksgeist" bildet auch für Bornemann den Ursprung des Rechts, wobei beide sich in ihren Schlussfolgerungen grundlegend unterschieden.

Denn in der Auseinandersetzung zwischen der ererbten Gestaltung des Zusammenlebens und den neuen Bedürfnissen der Volksglieder lag für Bornemann der eigentliche Grund für die Notwendigkeit von Kodifikationen.

Die Volksglieder unterlägen einer Täuschung, wenn sie die in der Praxis entstandenen Regeln als Richtschnur für ihr Handeln in der Gemeinschaft anerkannten, so dass aus *„einem Inbegriff von Ausnahmen"* die eigentliche Regel werde:

> *„Denn alsdann wird die theoretische Fortdauer der allmählig abgestorbenen ursprünglichen Gestaltung eine verwirrende Lüge, und der von Geschlecht zu Geschlecht angehäufte Stoff des bloß praktisch Gültigen wächst zu einem solchen Chaos an, dass sich wenige ausschließlich darauf vorbereitete Personen [...]darin zurecht zu finden vermögen, und mit der Zeit alle davon beherrscht und erdrückt zu werden in Gefahr sind."*[149]

Die Volksglieder oder deren Organe müssten daher das vorhandene Rechtsmaterial endlich zusammenfassen und durch einen ausdrücklichen Ausspruch zur Regel erheben.

Dies könne ihnen aber umso weniger vollständig gelingen, je länger sie der stillschweigenden Fortentwicklung freien Lauf ließen und dadurch ihre mit der Masse des Stoffs wachsende Arbeit erschwerten.

---

[148] Bornemann, Friedrich Wilhelm, Ueber die wahrhafte geschichtliche Entstehung und Bedeutung des Preußischen Rechts, S. 204 f.

[149] ebenda, S. 210.

Ferner wies Bornemann auf den Unterschied zwischen heidnischen und christlichen Völkern hin. Die letzteren schöpften aus einer gemeinsame Quelle ein religiöses Grundprinzip, *„welches die höchste Blüthe des [...] rein menschlichen ist“*[150]. Dieses Prinzip sorge dafür, dass die *„christlichen Völker zuvörderst theils gegen ein halt= und bodenloses Zergehen in die Allgemeinheit, theils gegen die Gefahr der vorchristlichen Einseitigkeit“* gesichert seien. Allerdings bestehe ein Zwiespalt dieser Völker zwischen der *„vorchristlichen Naturnothwendigkeit oder Besonderheit und der christlichen Allgemeinheit“*. Es bestünden jedoch Gemeinsamkeiten dieser beiden Prägungen. So begünstige das Christentum auch eine vernünftige individuelle Freiheit.
Es sei möglich die anscheinend bestehenden Diskrepanzen zwischen der *„Naturnothwendigkeit“* und dem *„christlichen Grundprinzip“* dergestalt

„zur Versöhnung zu bringen, dass die einzelnen Potenzen nicht, wie bei den heidnischen Völkern, durch einander vernichtet, sondern die [Forderungen des geoffenbarten göttlichen Willens] in die [Naturnothwendigkeiten] allmählig hineingearbeitet, und dadurch [...] zu einer gottgefälligen vollkommenen Einheit mehr und mehr erhoben werden“[151].

Die Rezeption des Römischen Rechts bot für Bornemann die Möglichkeit, eine gemeinsame Grundlage für die christlichen Völkern zu schaffen und die vorchristliche Einseitigkeit zu überwinden. Das Römische Recht habe den germanischen Völkern dasjenige geben können, was im altdeutschen Recht gefehlt habe, nämlich die Anerkennung der Persönlichkeit und ausgebildetes Obligationenrecht, und sei daher *„von der Vorsehung“* für die germanischen Völker erhalten worden.[152] Bemerkenswert ist, dass Bornemann die Rezeption bereits vor dem 13. Jahrhundert in den geistlichen Gerichten beginnen lässt[153], also eine Vorstellung von der in der neuesten Forschung herausgearbeiteten Frührezeption hat.
Als die Juristen das Römische Recht in Deutschland einführten, habe es die unvollkommene *„deutsche Rechtssitte und das christliche Princip“* getroffen.[154] So sei zusammengekommen:

„1) eine Deutsche Rechtssitte, welche als Deutsche Naturnothwendigkeit den Volksgliedern sich eingewurzelt, und für einzelne Territorien, Landstriche, Orte eine mehr oder minder entwickelte, durch die hie und da obwaltenden besonderen Umstände verschiedenartig modificirte, Gestaltung gewonnen hatte; 2) eine durch die Juristen eingeführte fremde Gesetzgebung, welche das durchgebildete Resultat einer verstandesmäßigen Ausgleichung der abs-

---

[150] ebenda, S. 213.
[151] ebenda, S. 215.
[152] Bornemann, Friedrich Wilhelm, Systematischen Darstellung des Preußischen Civilrechts mit Benutzung der Materialien des Allgemeinen Landrechts, Band I, Berlin 1834, S. 65.
[153] ebenda.
[154] Bornemann, Friedrich Wilhelm, Ueber die wahrhafte geschichtliche Entstehung und Bedeutung des Preußischen Rechts, S. 229.

tracten Forderungen des individuellen Willens im Recht ist; 3) ein vom geistlichen Oberhaupt der Christenheit den Völkern aufgezwungenes kirchliches Recht, welches der abstracte Ausspruch dessen ist, was der geoffenbarte göttliche Wille [...] zu fordern schien."[155]

Nun komme es darauf an, diese abstrahierten Elemente in ein konkretes Ganzes zu verarbeiten, und dies hätten die Juristen „*bis zu einem gewissen Grade auf die [...] halb instinctmäßige und mechanische Weise*"[156] vollbracht.
Mit der Zeit habe sich aber ein aus allen Elementen zusammen gesetztes Rechtsgefühl bei den Juristen breit gemacht:

„*und wie sie in Folge desselben die Deutsche Rechtssitte romanisirten, so christo=germanisirten sie das Römische Recht [...]. Mit einem durch ihr allmählig sich läuterndes Rechtsgefühl eigenthümlich gerichteten Blick fassten sie nämlich die vorkommenden Fälle auf, drehten und wendeten die Römischen Gesetzstellen so lange, bis diese ihrer Einsicht entsprachen, und schoben die so gefundenen Bestimmungen in das theoretisch unangetastete Römische Recht als untergeordnetes practisches Gewohnheitsrecht ein*"[157].

Man habe übrigens nicht bemerkt, dass das Römische Recht mehrfach gewaltsam gebeugt und irrtümlich angewandt worden sei, um es für die deutschen Bedürfnisse gangbar zu machen. Auf diese Weise sei das Gemeine Recht geschaffen worden.
Dieses sei ein „*vielfach gehemmtes und unvollendet gebliebenes Streben, die oben erwähnten abstrahirten Elemente in einander zu verarbeiten*"[158].
So unterschied Bornemann einerseits zwischen denjenigen, die die Erforschung des Gemeinen Rechts betrieben, was sie jedoch nur als eine notwendige Vorarbeit ansähen - gemeint war hier die Historische Schule – und jenen, die ein „*den rein menschlichen Forderungen entsprechendes Recht auszustellen suchten (Lehre des ideellen Naturrechts).*"[159]

Beiden Strömungen liege eine konsequente Haltung zugrunde, indem sie jede gesetzgeberische Tätigkeit bis zur Vollendung ihrer Vorarbeiten für voreilig und Gefahr bringend erklärten. Die Historische Schule habe

„*nicht bloß für die wissenschaftliche Behandlung der abstrahirten Elemente des gemeinen Rechts ausgezeichnetes geleistet, [sondern] auch indirect die bessere Einsicht hervorgerufen und gefördert hat, indem selbst ihre entschiedensten Gegner durch sie genährt und vorbereitet worden sind*"[160].

---

[155] ebenda, S. 229 f.
[156] ebenda, S. 233.
[157] ebenda.
[158] ebenda, S. 235.
[159] ebenda, S. 236.
[160] ebenda, S. 237.

Zugleich kritisierte er jedoch die *„practische Richtung"* der Historischen Schule als verfehlt. Diese Schwäche in der praktischen Beherrschung der angehäuften Rechtsmaterialien habe sich an ihr selbst gerächt:

„Denn, ihr eigentliches Ziel vergessend [...] hat sie sich immer mehr in die Erforschung des Germanischen und Römischen Rechts vertieft, vorzüglich aber auf letzteres ihr Augenmerk gerichtet. Hiedurch ist sie allmählig dahin gekommen, mit ihrer eigenen Ansicht über die Fortentwicklung des Rechts in Widerspruch, unseren Rechtszustand hauptsächlich aus dem der Deutschen Volksthümlichkeit fremden Römischen Gesichtspunkt zu beurtheilen, und dem zu Folge die gemeinrechtlichen Modificationen des Römischen Rechts, welche das in der Form des Missverständnisses und Irrthums hervorgetretene Resultat des Strebens nach einem christlich=deutschen Rechts sind, nicht bloß als formelle, sondern auch als materielle Irrthümer darzustellen. Sie ist also selbst in einen höchst gefährlichen Irrthum verfallen, und hat durch die Verbreitung desselben die Practiker mit einer hochmüthigen Nichtachtung des Bestehenden und der Sucht dasselbe nach ihren Ansichten umzuformen erfüllt, dadurch aber der Willkühr, die sie gerade bekämpfen will, Thür und Thor geöffnet, und die Regierungen zu einer Feststellung des verwirrten Rechtszustandes durch Gesetzgebung wider ihren Willen getrieben."[161]

Auch das Christentum fordere die Völker zu gesetzgeberischer Tätigkeit, indem *„dadurch das Streben des gemeinen Rechts auf eine absichtliche, durchgreifende [...] Weise zur Vollziehung gebracht werden kann"*. Der Gesetzgeber müsse sich zunächst genaue Kenntnis des gesamten praktisch gültigen Rechts verschaffen und anschließend in sorgfältiger Betrachtung beurteilen, ob und wie das gemeine Recht den abstrakten Römischen Rechtsbegriff definiere respektive ausgestalte. Der so gefundene moderne Rechtsbegriff müsse danach formelle und materielle Anerkennung erlangen. Schließlich müsse untersucht werden, wie *„weit das gemeine Recht den Forderungen des Christenthums bereits entspricht oder noch nicht genügt"*[162].

Ein so zustande gekommenes Gesetzbuch müsse allgemein verständlich, öffentlich bekannt und jedermann zugänglich sein. Nur so sei die

„ersehnte Herrschaft über die in's Ungeheure angeschwollene Masse des Stoffs gewonnen, den Nichtjuristen das entzogene Bewusstsein des Rechts zurückgegeben, die Theorie und Praxis versöhnt, und überhaupt den Forderungen des Christenthums genügt".

Alle anderen Vorschläge wie die vertiefte Bildung der Juristen, die Entscheidung der Kontroversen in der Form provisorischer Anweisungen an die Gerichte, die Aufzeichnung des Gewohnheitsrechts seien hingegen ungenügende und verbrauchte Surrogate der Gesetzgebung,

---

[161] ebenda, S. 238.
[162] ebenda, S. 239.

„indem sie eben den Widerspruch zwischen dem theoretisch festgehaltenen und dem den einzelnen Rechtsbestimmungen zum Grunde liegenden Rechtsbegriff stehen lassen".

Urheber einer Kodifikation könnten nur die Gesetzgeber, mithin die Regierungen sein. Der Juristenstand sei dazu ungeeignet, da er seiner *„Arbeit eine öffentliche und allgemein anerkannte Sanction zu geben außer Stande"* [163] *sei.* Aufgabe der Wissenschaft und Praxis sei es vielmehr, den modernen Rechtsbegriff den Forderungen des Christentums entsprechend zu ergänzen und zu verbessern. Der Juristenstand werde durch die Gesetzgebung indes nicht entbehrlich gemacht, sondern sollte den dem Gesetzbuch zugrunde liegenden Rechtsbegriff verdeutlichen und richtig anwenden:

„An die Regierung aber geht die Pflicht und Befugnis über, dem von den Juristen neugeschaffenen Rechtsmaterial von Zeit zu Zeit den Stempel der Allgemeinheit aufzudrücken, damit die gewonnene Herrschaft über den Stoff nicht wieder verloren gehe".[164]

Auf diese Weise werde das Bewusstsein des Rechts zu einem angemessen verteilten Gemeingut aller Volksteile. Damit widersprach Bornemann v. Savignys 1814 entwickeltem Dogma, wonach das Rechtsbewusstsein von dem Volks- auf den Juristenstand übergegangen sei und die Juristen als Repräsentanten des Volkes tätig seien.[165] Waren sich v. Savigny und Bornemann noch in der Herleitung der Rechtsquellen aus dem Volksgeist einig, basierte Bornemanns Rechtsauffassung dann im Gegensatz zu v. Savignys auf Strömungen, die auf Transparenz und Bürgerbeteiligung abzielten. Der Despotismus der Juristen sei bei fortgeschrittener Zivilisation nicht mehr zeitgemäß; den Nichtjuristen müsse das entzogene Bewusstsein des Rechts zurückgegeben werden[166], und sie dürften nicht in Geistesknechtschaft und Abhängigkeit verbleiben.[167] Höhere Zivilisation verlange, dass durch die Gesetzgebung der moderne Rechtsbegriff an das Tageslicht gezogen werde.[168] Für Bornemann war das Preußische Recht das

„vom christlich=deutschen Geist durchdrungene und zu einem dem entsprechenden neuen Rechtsbegriff erhobene abstracte (Römische) Recht in einer für die Lage und Entwicklung Preußens angemessenen Gestaltung"[169].

---

[163] ebenda, S. 241.
[164] ebenda, S. 245.
[165] Savigny, Friedrich Carl v., Vom Beruf unserer Zeit für Gesetzgebung und Rechtswissenschaft, Heidelberg 1814, S. 11 f.
[166] Bornemann, Friedrich Wilhelm, Civilrecht I, S. 93.
[167] ebenda, S. 92.
[168] ebenda, S. 96.
[169] Bornemann, Friedrich Wilhelm, Ueber die wahrhafte geschichtliche Entstehung und Bedeutung des Preußischen Rechts, S. 246.

Das Allgemeine Preußische Landrecht sei ein „*gediegenes, dem neuen Rechtsbegriff und den Forderungen des Christenthums entsprechendes, Ganzes*"[170]. Die herausragenden Rechtskenntnissen seines Schöpfers, Carl Gottlieb Suarez[171], stellten für ihn die Grundlage dieser überzeugenden Kodifikation dar:

„sie [die Kodifikation] entspricht nicht bloß, wie die historische Schule einräumt, dem Sinn und der Einsicht jenes Zeitalters, sondern ist auch ein Muster für uns und alle Zeit".[172]

Das ALR sei ein „*in materieller Beziehung vortreffliches Werk*" und erscheine nur deshalb bisweilen unvollkommen, weil

„abgesehen von der menschlichen Schwäche einer unbedingten Verwirklichung des für wahr erkannten die Zeitverhältnisse wiederholentlich hemmend entgegen traten".

Der Historischen Schule fehle die Fähigkeit zu einem unbefangenen Urteil über dieses Werk, da man durch „*Abirrungen noch viel zu sehr befangen ist*".
Auch die Form und den Umfang des Gesetzbuches rechtfertigte Bornemann, indem er zu Bedenken gab, dass

„die Anwendung des neuen Gesetzbuchs in die Hände von Juristen fiel, welche in ihrer gemeinrechtlichen oder philosophischen Befangenheit nur durch eine detaillirte Auseinandersetzung gezwungen oder wenigstens angeleitet werden konnten, den hervorgehobenen und von den Forderungen des Christenthums durchdrungenen neuen Rechtsbegriff richtig anzuwenden, oder mit anderen Worten dem Willen des Gesetzgebers zu entsprechen"[173].

Nur durch diese von den Redaktoren gewählte Form sei das ALR vor der Zerrüttung zu bewahren gewesen.
Allerdings sei eine Revision mittlerweile durchaus zeitgemäß, jedoch

„nicht um eine neue Gesetzgebung zu veranstalten, sondern um erstens die Arbeit der Redaktoren nochmals zu prüfen, zweitens die in der Praxis oder zerstreuten Gesetzen vorliegende weitere Entfaltung des Rechtsbegriffs [...] zu concentriren, drittens die Forderungen der christlichen Sittlichkeit so weit dies noch nicht geschehen und nach den Umständen zulässig ist, nachträglich geltend zu machen, und viertens die etwa als unangemessen oder unbestimmt sich darstellende Form [...] zu verbessern"[174].

---

[170] ebenda, S. 248.
[171] Vgl. zu Suarez (1746-1798), Kleinheyer, Gerd/Schröder, Jan, Deutsche Juristen aus fünf Jahrhunderten, Heidelberg 1989, S.289 ff.; Wolf, Rechtsdenker, Tübingen 1963, S.424 ff.
[172] Bornemann, Friedrich Wilhelm, Ueber die wahrhafte geschichtliche Entstehung und Bedeutung des Preußischen Rechts, S. 249.
[173] ebenda, S. 252.
[174] ebenda, S. 254.

Dabei sei aber vor einem Missbrauch der Revision zu warnen, insbesondere vor einer

> *„Beurtheilung aus dem Gesichtspunkt des abgestorbenen und beseitigten Römischen Rechts [...], als die in einem gewissen Alter stehenden Practiker durch die historische Schule gebildet, von deren Ansichten daher mehr oder weniger befangen, und unseren Rechtszustand zurück zu romanisiren ziemlich geneigt sind"*[175].

Man könne die Revision überhaupt nur jemand anvertrauen, der frei von Vorurteilen, durch die Vernunft oder das Christentum geläutert und einen durch ein höchst entwickeltes Rechtsgefühl gegen Abirrungen gesicherten Zugang zum Preußischen Recht besitze.
Vorrangige Aufgabe der Revisoren sei es, den geltenden Rechtsbegriff mit dem inzwischen geschaffenen Rechtszustand und den gegenwärtigen Forderungen in Einklang zu bringen. In Ansehung der Form müssten die Revisoren beständig an dem Grundsatz festhalten, dass ein Gesetzbuch, um der Gegenwart zugänglich und auch künftigen Generationen genügend zu sein, eine genaue Darstellung des Rechtsbegriffs in dessen äußerlich hervortretenden Verzweigungen und Erscheinungen zu geben habe. Auch die Sprache müsse an einigen Stellen schärfer und bestimmter werden, damit das wiedererlangte Rechtsbewusstsein nicht verloren gehe.
Überdies müsse die revidierte Fassung des Gesetzeswerks sodann der Nation vorgelegt werden, um ihm den *„Stempel der Allgemeinheit"*[176] aufdrücken zu können. Es könne sinnvoll sein, die *„Revision, nachdem der nöthige Anstoß gegeben worden [sei], vorläufig liegen zu lassen, und die Wirkungen dieses Anstoßes abzuwarten [...]"*[177]
Bornemann machte deutlich, dass er den preußischen Gesetzgeber grundsätzlich sehr wohl berufen sah, die *„in's Ungeheure angeschwollene Masse"* von Rechtssätzen durch Kodifikationen beherrschbar zu machen. Die Notwendigkeit einer Kodifikation ergebe sich bereits aus den Lehren des Christentums, das die Völker zu einer gesetzgeberischen Tätigkeit auffordere. Das Preußische Allgemeine Landrecht sei ein vernünftiger und gelungener Beginn der Kodifizierung des Rechts, allerdings bestehe auch die Notwendigkeit einer Anpassung an das fortschreitende Rechtsbewusstsein. Diese sollten aber mit der äußersten *„Vorsicht und Besonnenheit"*[178] erfolgen, so dass die Revisoren keine Abänderungen ohne *„sorgfältige Prüfung des Vorgefundenen"* vornehmen dürften. Zudem sollte

---

[175] ebenda, S. 254.
[176] ebenda, S. 259.
[177] ebenda, S. 259.
[178] ebenda, S. 258.

„die vollendete Revision der ganzen Nation, die überdies in Folge des Christenthums ein Recht zur Mitwirkung hat, zur Beurtheilung vorgelegt, und dann erst dem nochmals revidirten Werk der Stempel der Allgemeinheit aufgedrückt werden."[179]

III. Systematische Darstellung des Preußischen Zivilrechts

Bornemann hatte sich, wie bereits dargestellt, frühzeitig mit dem ALR beschäftigt und Gefallen an ihm gefunden. In seiner Greifswalder Zeit setzte er sich intensiv mit ihm auseinander und begann mit einer wissenschaftlichen Fortbildung des Landrechts. Als Dozent hielt er Vorlesungen über das Landrecht und versuchte, seinen Studenten die Grundlagen des ALR zu vermitteln. In seinem Standardwerk zum preußischen Zivilrecht machte er bereits eingangs deutlich, dass das ALR das für Preußen angemessene Recht zur Geltung gebracht habe.[180] Er bezeichnete es als eine *„edle Frucht gewachsenen deutschen Rechtsbewußtseins"*[181]. Mit seinem sechsbändigen Kompendium der „Systematischen Darstellung des Preußischen Civilrechts mit Benutzung der Materialien des Allgemeinen Landrechts", das in den Jahren 1834-1839 erstmals und 1842-1845 in einer zweiten Auflage erschien, schuf Bornemann die erste wissenschaftliche Darstellung des preußischen Rechts auf dem Boden des ALR von 1794. Als Grundlage diente ihm sein Erstlingswerk der „Rechtsgeschäfte". Zu diesem Zweck wurden ihm vom Justizminister v. Kamptz sämtliche Quellen und Materialien überlassen, die die Gedankengänge und Reflexionen der Redaktoren offen legen konnten.

Bornemann widmete das Werk dem Justizminister und bemerkte:

„So kann und darf denn der Schleier, welcher so lange die wichtigste Quelle des preußischen Rechts bedeckt hat, endlich gehoben werden."[182]

Friedberg würdigte das Kompendium nicht ohne Bewunderung:

„Er, der Erste, knüpfte darin das kodifizirte Partikularrecht Preußens, dessen systematischen Zusammenhang er klar legte, wieder an das gemeine Recht an, und machte dadurch die Ergebnisse der Theorie und Praxis vergangener Zeiten, sowie die Rechtentwicklung im übrigen Deutschland auch für das Preußische Recht nutzbar."[183]

Seiner wissenschaftlichen Bearbeitung des Landrechts legte Bornemann ein eigenes System zugrunde und behandelte nach einem Allgemeinen Teil das Sa-

---

[179] ebenda, S. 258 f.

[180] Bornemann, Friedrich Wilhelm, Civilrecht I, S. 3.

[181] Bornemann, Friedrich Wilhelm, Rechtsentwicklung in Deutschland, Berlin 1856, S. 52.

[182] Bornemann, Friedrich Wilhelm, Civilrecht I, Widmungstext.

[183] Friedberg, Heinrich, Zum Gedächtnis an Ferdinand Wilhelm Ludwig Bornemann, Vortrag, gehalten vor der Juristischen Gesellschaft zu Berlin 1864, S. 8.

chen- und schließlich das Personenrecht. Das Sachenrecht unterteilte er in das Recht vom Besitz und Eigentum, das Obligationenrecht (oder die Lehre von den vorübergehenden Verbindungen) und in die Lehre von den dauernden Verbindungen. Das Personenrecht teilte er in Familien- und Erbrecht auf.[184] Er betonte, dass er überall von dem Römischen Recht als der abstrakten Basis des Rechtszustandes ausgegangen sei, dessen Umgestaltung im gemeinen Recht verfolge und sich bemüht habe, seine Überzeugung dadurch zu dokumentieren, dass das preußische Recht den im gemeinen Recht verborgenen Rechtsbegriff an das Tageslicht gezogen habe.[185] Die Durchführung seines Systems ergab, dass er die römische Grundlage des Landrechts in einem eigenartigen Sinne aufgefasst wissen wollte. *„Auf die Gefahr hin, für einen Mystiker gehalten zu werden"*, erklärte er, dass das Landrecht insofern eine selbstständige und freie Stellung einnehme, als dasselbe die neue Rechtsidee verkörpere, welche Religion, Sittlichkeit, Vernunft und Nationalkraft aus dem Römischen Recht herangebildet habe.[186]

Bornemann stellte seinen *„von berechtigtem Stolz auf Preußen und seine Leistung für Recht und Staat erfüllten"*[187] Systematischen Darstellungen zunächst eine geschichtliche Einleitung voran, die *„als kleine Philosophie des preußischen Rechts von hoher Warte aus betrachtet werden kann"*[188]. Wesentliche Gedanken dieser Einleitung hatte er bereits in seiner Abhandlung für die „Beiträge" Eduard Gans` entwickelt.[189] Diese Einleitung sollte das Verständnis für den Zusammenhang zwischen dem Allgemeinen Landrecht und der deutschen Rechtsgeschichte fördern und somit die Grundlage einer streng historischen Interpretation bilden, die er dann im einzelnen mit Hilfe der zur Verfügung gestellten Materialien durchführte. Bornemann vermerkte überzeugt:

> *„Das Preußische Recht durchschneidet also die historischen Fäden keineswegs, sondern ist im Gegentheil die Blüthe einer seit Jahrhunderten zu ihm hinstrebenden geschichtlichen Entwicklung".*[190]

Parallelen zu den Grundsätzen der Historischen Schule v. Savignys schienen deutlich zu werden. Savigny selbst hatte in seiner viel beachteten Schrift „Vom Berufe unserer Zeit für Gesetzgebung und Rechtswissenschaft" aus dem Jahr

---

184 Anonym, „Svarez, Bornemann und Koch – die Männer des preußischen Rechts"; aus: Die deutsche Monatsschrift, 1875, S. 20.
185 ebenda, S. 20.
186 ebenda, S. 21.
187 Schönfeld, Walther, Grundlegung der Rechtswissenschaft, Stuttgart 1951, S.385.
188 ebenda.
189 Vgl. Bornemann, Friedrich Wilhelm, Ueber die wahrhaft geschichtliche Entstehung und Bedeutung des preußischen Rechts; siehe S. 23.
190 ebenda, S. 195.

1814 die Verarbeitung der „Materialien“ als notwendige Grundlage für ein vollständiges Urteil *„über das Technische des Landrechts“* bezeichnet und bereits prophezeit, dass das Landrecht durch Auswertung der Materialien ein geschichtliches und literarisches Leben erhalten werde.[191] Allerdings sprach sich v. Savigny in seiner Streitschrift generell gegen Kodifikationen in vereinheitlichender, den Tendenzen der Zeit entgegenkommender Absicht aus. Deutlich kritisierte er nicht nur Methode und wissenschaftliche Qualität des ALR, sondern auch den *„Geist“*, aus dem heraus es entstanden war.[192] Bornemann hatte in seiner Abhandlung über das Rechtsgeschäft von 1825 noch den Leitsatz formuliert:

> *„daß wir weder durch das Studium der Philosophie überhaupt, noch des Naturrechts insbesondere, sondern allein durch ein gründliches Studium des römisch-justinianischen Rechts eine gehörige Vorbereitung zum Studium des Landrechts erlangen können.“*[193]

Wer so im römischen Recht zu Hause sei, der werde ohne das Landrecht angesehen zu haben, in den Besitz der meisten leitenden Grundsätze desselben gesetzt.[194] Er sprach dem Landrecht einen eigenen selbständigen *„Geist“* ab. Bornemann gab allerdings, nachdem er die „Materialien“ kennen gelernt hatte, diese Vorstellung auf und wurde zu dem *„eifrigsten Verteidiger des eigentümlichen Geists des Landerechts“*[195].

Durch seine Regelungsdichte und Konstruktion sollte das ALR nach Ansicht seiner Kritiker, insbesondere v. Savignys, einer wissenschaftlichen Bearbeitung und Weiterführung nicht zugänglich gewesen sein. Savigny sprach von dem *„Hauptübel unsres Rechtszustandes“* in Anbetracht der *„stets wachsenden Scheidung zwischen Theorie und Praxis“*[196] Obwohl sich gerade in den Jahrzehnten der Herrschaft der Historischen Schule die Entfremdung zu *„einem klaffenden Abgrund erweitert hatte“*[197] Bornemann wies die Kritik zurück:

> *„Es ist eine irrige Behauptung, daß die Wissenschaft das gegebene Princip im Einzelnen durchzuführen und zu befestigen habe. Gerade umgekehrt hat vielmehr die Wissenschaft das*

---

[191] Savigny, Friedrich Carl v., Vom Berufe unserer Zeit für Gesetzgebung und Rechtswissenschaft, Heidelberg 1814, S. 93 f.

[192] Vierhaus, Rudolf, Das allgemeine Landrecht als Verfassungsersatz ?, in: 200 Jahre Allgemeines Landrecht für die preußischen Staaten, Frankfurt 1995, S. 14.

[193] Bornemann, Friedrich Wilhelm, Von Rechtsgeschäften überhaupt und von Verträgen insbesondere, Berlin 1825, S. 6.

[194] ebenda, S. 6.

[195] Thieme, Hans, Die preußische Kodifikation, in: Zeitschrift der Savignystiftung für Rechtsgeschichte, Germanistische Abteilung, Band 57, Berlin 1937, S. 413.

[196] Savigny, Friedrich Carl v., System des heutigen Römischen Rechts, Band I, Berlin 1840, S. XXV.

[197] Landsberg, Ernst, Geschichte der deutschen Rechtswissenschaft, Bd. III/2, München/Berlin 1910, S. 232.

Wesen der äußerlich hervortretenden Erscheinungen aufzusuchen, für das Recht also das belebende Princip oder den Begriff, welcher dem im Gesetzbuch enthaltenen Stoff unterliegt, zu ergründen, und der Praxis zum weiteren Gebrauch mitzutheilen. Die Aufgabe der Praxis ist dagegen, das gegebene Princip im Einzelnen durchzuführen und mittels Anwendung auf die vorkommenden Fällen für das Leben zu befestigen."[198]

Bornemann entwickelte den Ehrgeiz, über die historische Rechtswissenschaft hinaus zu greifen, indem er die historische Einleitung mit rechts- und geschichtsphilosophischen Darlegungen verband, so dass im Ergebnis das ALR mit den Begriffen einer spezifisch preußischen Geschichtsphilosophie verstanden werden sollte. Bornemann verschmolz hierfür philosophische und historische Betrachtungsweisen zu einer Einheit.[199]

Nach dieser ausführlichen Einleitung würdigte er die Ziele und Leistungen der Historischen Schule und kam schließlich zu dem Ergebnis, dass *„die Historische Schule uns durch ihre Bemühungen direct keinen Schritt vorwärts, vielmehr nur zurückbringen konnte"*. Wenngleich sie dadurch

„den juristischen Blick nach und nach geschärft, und für die Ergründung des römischen Rechts oder der abstracten Grundlage unseres gegenwärtigen Rechtszustandes Vortreffliches geleistet hat".[200]

Allerdings seien die Erkenntnisse der Historischen Schule insofern unbefriedigend, als sie

„lediglich für Juristen, nicht für die übrigen Volksglieder berechnet sind, diese vielmehr fortwährend in der bisherigen Geistesknechtschaft und Abhängigkeit verbleiben lassen"[201].

Um diese zu befreien, müsse das Recht durch ein bestimmtes Einschreiten der dazu Berufenen aus seiner fremdartigen Umhüllung hervorgearbeitet werden, damit der *„Vervollkommnungstrieb der Völker"* nicht gewaltsam hervorbreche und alles über den Haufen werfe.
Bornemann sprach sich für ein jedermann verständliches Volksrecht aus. Er lehnte, wie schon Svarez ein abstraktes und schwer verständliches Spezialistenrecht ab. Svarez hatte bereits 1784 geschrieben:

„Von der Schreibart brauche ich nicht viel zu sagen. Man hat dabey Kürze und Deutlichkeit zu verbinden gesucht. Zusammengesetzt und verschlungne Perioden sind vermieden worden.

---

198 Bornemann, Friedrich Wilhelm, Civilrecht I, S. 161 f.
199 Landau, Peter, Ferdinand Wilhelm Ludwig Bornemann und die Tradition des preussischen Rechts, in: Quaderni Fiorentini, Band 23 (1994), S. 64.
200 Bornemann, Friedrich Wilhelm, Civilrecht I, S. 88
201 ebenda, S. 92.

Jeder Paragraph enthält einen einfachen Satz [...]. Auch auf Richtigkeit und Reinheit der Sprache ist die möglichste Aufmerksamkeit verwendet worden. Dadurch hat man bewürken wollen, daß jeder Einwohner des Staats, dessen Verstand nur einigermaßen durch Erziehung ausgebildet, und in gewöhnlichen Geschäften des bürgerlichen Lebens mit eignem Nachdenken und Ueberlegung zu verfahren gewohnt ist, künftig die Gesetze seines Vaterlandes selbst wird lesen, verstehn, und seine Handlungen dernach einrichten können."[202]

Nach dieser Auseinandersetzung mit der historischen Schule ging Bornemann in einer „*Characteristik des Preußischen Staats*" dazu über, die Frage zu erörtern, warum gerade Preußen im Allgemeinen Landrecht allen deutschen Landen in dieser Erziehungsarbeit mit gutem Beispiel vorangegangen sei. Zur Beantwortung führte er das zerstreute Staatsgebiet mit seinen vielen Provinzen an. Denn Preußen habe insofern jeder geschichtlichen Basis entbehrt, als es die Zusammenziehung vormals getrennter und auch jetzt noch zerrissener Volksteile und deshalb ein lediglich durch die Kraft des Gedankens zusammengehaltenes Gebilde sei, das erst noch ein wahres und lebendiges Ganzes werden müsse. Jedoch sei das preußische Recht „*nicht das Resultat einer ungeschichtlichen und nackten Willkühr*"[203].

Bornemann war indes kein unreflektierter Bewunderer des Landrechts:

„*Bei dem Allen ist das Landrecht nicht ohne Mängel, denen wir unsere Augen nicht verschließen dürfen.*"

Zunächst sah auch er die Unvollkommenheit der Kodifikation, die „*jedem menschlichen Werke anhaftet*". Darüber hinaus habe das Landrecht die römische Färbung in manchen Beziehungen noch nicht in dem Umfange abgestreift, in welchem das deutsche Rechtsbewusstsein solches fordere. Vor allem habe aber der Einfluss der absolutistischen Geisteshaltung zur Zeit der Entstehung des Svarez'schen Gesetzbuchs und die

„*damals aufgenommene irrige Auffassung des Verhältnisses der Rechtswissenschaft und Rechtsanwendung zur Gesetzgebung, einen nachtheiligen Einfluß auf den Inhalt und die Form des Landrechts gehabt.*"[204]

Daher sei es die Aufgabe von Wissenschaft und Praxis, das Gesetzbuch gemeinschaftlich zu ergänzen und zu verbessern. Dabei komme der Praxis eine besondere Stellung zu. Bornemann betonte, dass die Praxis aufgrund ihrer Erfahrung Fehlgriffe des Gesetzgebers korrigieren und Abirrungen der Wissenschaft von

---

[202] Svarez, Carl Gottlieb, Briefwechsel über die gegenwärtige Justiz-Reform in den Preussischen Staaten, nebst einem nach den Vorschriften der neuen Prozeß-Ordnung instruirten Acten Stück, Heft 3, Berlin 1784, S.116.

[203] Bornemann, Friedrich Wilhelm, Civilrecht I, S. IX (Vorrede).

[204] Bornemann, Friedrich Wilhelm, Rechtsentwicklung, S. 53.

der Wahrheit feststellen könne.[205] Er griff dadurch den später entwickelten Theorien vom Richterrecht vor.
Das Landrecht sei letztlich ein notwendiges Erzeugnis der Rechtskultur:

„Seinem innersten Wesen nach ist unser Landrecht kein Werk der Willkühr, sondern ein durch den Gang der Geschichte, insbesondere durch die Ueberdeckung unseres Rechts durch das römische Recht, nothwendiges Erzeugniß des allmählig erstarkten und geläuterten deutschen Rechtsbewußtseins.
Um fruchtbringend zu werden bedurfte und bedarf es aber der kräftigen und belebend wirkenden viva vox einer in seinen Geist eindringenden Rechtswissenschaft und Rechtsanwendung"[206].

Bornemann reichte aber das Landrecht in seiner kodifizierten Form nicht aus. Es sei notwendig, dass dieses Erzeugnis von der Rechtswissenschaft fortgebildet werde. Daher strebe er eine Vertiefung der Landrechtslehren an.

Er bestimmte seinen Rechtsbegriff vom Willen der Individuen her, die in einem Staat lebten und ihre natürliche Freiheit, die stets zum Konflikt und nackter Willkür führen müsse, in ein friedliches Zusammenleben mehrerer selbständiger Individuen überführten.[207] Die Rechtsordnung solle nicht im naturrechtlichen Sinne mittels eines Gesellschaftsvertrags ausgestaltet werden, sondern *„instinctmäßig"* –also im Sinne eines kollektiven Rechtsgefühls[208]- entstehen. Er lehnte wie Hegel eine Theorie des Gesellschaftsvertrags ab.

Bornemann ging hierbei von einem *„Rechtsgefühl"* aus, das auch nicht durch die Rezeption des römischen Rechts untergegangen sei:

„Wenn auch die römische Jurisprudenz den durch Lokalrechte nicht befestigten einheimischen Rechtszustand beseitigte, so konnte sie dennoch nicht eben so das nationale Rechtsgefühl vernichten. Dieses drängte sich vielmehr, geläutert und modificirt durch das Christenthum, wieder hervor, und machte sich in derjenigen Form, in welcher auch das römische Recht Eingang gefunden hatte, bei der Rechtsanwendung nämlich, mehr und mehr geltend."[209]

Bornemann machte zwei Ebenen dieses Rechtsgefühls aus: Zunächst sah er die *„rein menschliche Geistesbeschaffenheit"*, die allen Völkern als Grundlage die-

---

205 Bornemann, Friedrich Wilhelm, Civilrecht I, S. 164.
206 Bornemann, Friedrich Wilhelm, Rechtsentwicklung, S. 57.
207 Bornemann, Friedrich Wilhelm, Civilrecht I, S. 7.
208 Landau, Peter, Ferdinand Wilhelm Ludwig Bornemann und die Tradition des preussischen Rechts, in: Quaderni Fiorentini, Band 23 (1994), S. 66.
209 Bornemann, Friedrich Wilhelm, Civilrecht I, S. 2.

ne.[210] Hiervon unterschied er die äußeren Umstände, unter denen sich die Individuen zu einer Volksgemeinschaft zusammenschließen, die *„besondere Mitgift eines jeden Volkes"*. An dieser Stelle kam er den rechtsphilosophischen Ansichten Hegels erneut sehr nahe. Auch Hegel zeigte eine Antipathie gegen das Vorherrschen einer absoluten Rechtsidee, die den Staat nur als Rechtsband zwischen isolierten, durch alle sittlichen Gefühle unverbundenen Individuen zulasse[211]. Bornemann fasste schließlich seine Grundansicht in dem Satz zusammen, dass der Wille Boden und Gegenstand des Rechts sei, Prinzip des Rechts sei aber die Religion und das in derselben gegründete Sittengesetz eines jeden Volkes.[212] Schließlich rekurrierte auch v. Savigny in seiner berühmten Schrift *„Vom Beruf"* auf das allem zugrunde liegende Rechtsgefühl, das es zu ergründen gelte:

„[Die] leitenden Grundsätze [des Rechts] heraus zu fühlen, und von ihnen ausgehend den inneren Zusammenhang und die Art der Verwandtschaft aller juristischen Begriffe und Sätze zu erkennen, gehört eben zu den schwersten Aufgaben unsrer Wissenschaft, ja es ist eigentlich dasjenige, was unsrer Arbeit den wissenschaftlichen Charakter giebt."[213]

Die Subsidiarität des ALR im Verhältnis zum Staat war für Bornemann indes eine kluge Weichenstellung des Gesetzgebers. Er warnte vor einer Verdrängung des code civil in den rheinischen Gebieten, weil er zum einen den hohen Identifikationsgrad der Rheinländer zu dem französischen Recht sah und zum anderen überzeugt war, dass das napoleonische Gesetzbuch gleich dem ALR eine durch die Kraft des Gedankens hervorgerufene Allgemeinheit enthalte.[214] Diese beiden Gesetzbücher sollten nach seiner Ansicht in eine Art von intellektuellem Konkurrenzkampf treten.

Die Geschichtsbetrachtung Bornemanns mündete in der Feststellung, dass es sich bei dem ALR um ein Gesetzbuch von nationaler Bedeutung handele. Das Landrecht habe abstraktes römisches Recht in preußisches Nationalrecht transformiert, da es von den Forderungen der christlichen Sittlichkeit und des deutschen Geistes durchdrungen sei.[215] Preußen habe ein so vollkommenes Gesetzbuch geschaffen, dass es jetzt auf Gewohnheitsrecht als subsidiäre Rechtsquelle verzichten könne. Denn Gesetzgebung bedürfe nur bei Unvollkommenheit sonstiger Surrogate. Der preußische Staat habe die Aufgabe einer vollständigen und verständlichen Gesetzgebung zu erfüllen. Das Gesetz müsse deshalb ausschließ-

---

[210] ebenda, S. 8.

[211] Heller, Hermann, Hegel und der nationale Machtstaatsgedanke in Deutschland, Leipzig-Berlin 1921, S. 84.

[212] Bornemann, Friedrich Wilhelm, Civilrecht I, S. 20.

[213] Savigny, Friedrich Carl v., Vom Berufe unserer Zeit für Gesetzgebung und Rechtswissenschaft, Heidelberg 1814, S. 22.

[214] Bornemann, Friedrich Wilhelm, Civilrecht I, S. 126 f.

[215] ebenda, S. 134.

liche Rechtsquelle sein. Neben ihm dürfe auch das Natur- und Vernunftrecht keine Anwendung finden, weil die in der Naturrechtstradition entwickelten Sätze soweit in das ALR aufgenommen worden seien, als man sie in Preußen realisieren könne.
Insoweit erscheint Bornemanns Gedankengang auf einen preußischen Gesetzespositivismus hinzuführen, der allerdings durch die Hervorhebung der selbstständigen Rolle von Wissenschaft und Praxis bei der Fixierung des Geistes gegenüber dem Buchstaben des Gesetzes erheblich abgeschwächt wurde. Trotz der Verwendung von Ansätzen der Historischen Schule lag hier eine originelle Konzeption vor, die auch mit dem Gedankengut der militanten Germanisten seit Beseler nicht übereinstimmten. Die Begriffsbildung und das *„naiv optimistischen Geschichtsbild“*[216] Bornemanns machten den Einfluss Hegels offenbar. Dieses hegelianische Element war eine Besonderheit der preußischen Rechtskultur seit Gans und Bornemann, die sich auch in der Rechtsprechung des preußischen Obertribunals verfolgen ließ.
Das Gesetzespositivistische legte Bornemann im Laufe der Jahre ab. Seine richterliche Tätigkeit dürfte ihn wohl in seinem Umdenken unterstützt haben.

IV. Kammergericht, Finanzministerium und Mitglied der Examinationskommission

Nachdem Bornemann schon mit 29 Jahren am 1. Juni 1827 in Greifswald zum Oberlandesgerichtsrat ernannt worden war, wurde er am 5. Dezember 1831 zum Rat an das Berliner Kammergericht befördert:

„Und hier wusste er den mitgebrachten Ruf: eines bedeutenden Juristen, nicht nur zu bewähren und zu befestigen, sondern auch durch einen neuen, nämlich den eines ausgezeichneten Examinators, zu erweitern.
Auf dem ganzen Gebiete des Rechts gleichmäßig heimisch, und darum nicht auf den begrenzten Kreis einer blos dem vorliegenden Examen gewidmeten Vorbereitung angewiesen, verstand er es, auch an die von der Frage weitest abirrende Antwort des Examinanden leicht eine neue auf demjenigen Gebiete anzuknüpfen, in welchem die Antwort abgeirrt war, und so groß war hierbei seine sokratische Kunst, daß nur die wirkliche Unwissenheit zu Falle kommen konnte, bloße Schüchternheit aber, oder augenblickliche Verwirrung sich leicht wieder zurecht finden, und zur Sicherheit gelangen mußte.
In seinem Schlußurtheil freilich war er dann streng, und wo das beendete Examen ihm die Ueberzeugung gegeben hatte, daß der Geprüfte entweder nicht seine Schuldigkeit im Lernen gethan, oder daß er überhaupt der einem Juristen nothwendigen natürlichen Gaben ermangelte, da ließ er sich auch durch die ihm innewohnende Gutmüthigkeit und Milde nicht zur

---

216 Landau, Peter, Ferdinand Wilhelm Ludwig Bornemann und die Tradition des preussischen Rechts, in: Quaderni Fiorentini, Band 23 (1994), S. 78.

Nachsicht bestimmen, sondern wies den Geprüften mit gewissenhafter Strenge von der Schwelle der Justiz zurück.“[217]

Neben seiner Tätigkeit als Richter widmete sich Bornemann in der Zeit am Kammergericht insbesondere seinen Schriften zum preußischen Landrecht.
Nach sechsjähriger Tätigkeit unterbrach er 1837 seine Justizlaufbahn, weil ihn Finanzminister Graf Alvensleben als vortragenden Rat in sein Ministerium berief.[218] Dort zeichnete er für die zweite Abteilung verantwortlich, die für Steuerangelegenheiten zuständig war.[219] Rasch führte ihn die neue Funktion zu ersten Berührungen mit der preußischen Regierung. Am 24. Oktober 1837 nahm er erstmalig an einer Sitzung des Staatsministeriums teil, als ein Gesetzentwurf zur Regulierung der Rechtsmittel in den gerichtlichen Untersuchungen wegen Zoll- und Steuerdefraudation zur Beratung anstand.[220] Auch in den folgenden Jahren sollte er immer wieder zu steuerrechtlichen Vorhaben und Problemen in Sitzungen des Staatsministeriums gehört werden.[221]

Am 16. November 1840 wurde Bornemann zum Mitglied der Ober-Examinations-Kommission für höhere Verwaltungsbeamte ernannt.[222] Diese Prüfungskommission war am 12. Februar 1770 durch eine königliche Verordnung eingerichtet worden. Dabei hatte sich Friedrich der Große in Anlehnung an den seit 1755 bestehenden Prüfungsausschuss für das Justizwesen zum Ziel gesetzt,

„redliche und geschickte Leute zu haben, welche mit einer genauen Kenntniß des gantzen Finantz-Wesens und der deshalb nötigen Wißenschaften einen patriotischen Eifer für das Beste des Landes verknüpfen“[223].

Die Prüfungskompetenz dehnte sich bald auf den gesamten Finanzbereich aus und umfasste bereits 1818 zudem

[217] Friedberg, Heinrich, Zum Gedächtnis an Ferdinand Wilhelm Ludwig Bornemann, Vortrag, gehalten vor der Juristischen Gesellschaft zu Berlin 1864, S. 7.
[218] ebenda, S. 8.
[219] Handbuch über den königlich preußischen Hof und Staat, 1838, S.140.
[220] Rathgeber, Die Protokolle des Preußischen Staatsministeriums 1817–1934/38, Bd. 2: 6. Januar 1830 bis 2. Juni 1840, Hildesheim/Zürich/New York 2004, Nr. 363, S. 259.
[221] Nachweise bei Rathgeber und Holtz, Die Protokolle des Preußischen Staatsministeriums 1817–1934/38, Bde. 2, 3; Hildesheim/Zürich/New York 2000/2004.
[222] Friedberg, Heinrich, Zum Gedächtnis an Ferdinand Wilhelm Ludwig Bornemann, Vortrag, gehalten vor der Juristischen Gesellschaft zu Berlin 1864, S. 8.
[223] GStA PK, I. HA, Rep. 125, Prüfungskommission für höhere Verwaltungsbeamte, Nr. 1, Bl. 1.

„die Prüfung der Subjecte zu allen Raths- und den ähnlichen Stellen in den Ressorts aller Ministerien, dem Justiz Ministerio ausgenommen"[224].

Als Mitglied dieser Kommission nahm Bornemann sämtlichen Räten in den Geschäftszweigen der Ministerien des Inneren und der Finanzen die Laufbahnprüfungen ab. Kurze Zeit später wurde er zum Geheimen Oberfinanzrat befördert.

V. Bornemann und die „Zeitschrift für deutsches Recht"

Im Jahr 1839 gründete der Germanist und Staatsrechtslehrer August Ludwig Reyscher[225] nach einigen vergeblichen Versuchen[226] anderer Juristen eine germanistische Zeitschrift. Er erläuterte in der ersten Ausgabe der „Zeitschrift für deutsches Recht und deutsche Rechtswissenschaft" (ZDR) sein Anliegen:

„Zweck der Zeitschrift ist nicht bloß, einen Vereinigungspunkt für Untersuchungen im Gebiete des einheimischen deutschen Rechts abzugeben, sondern auch zur Beförderung eines nationalen Rechtsstudium und damit zur Begründung einer vaterländischen Rechtswissenschaft mitzuwirken".227

Letztere Aufgabe lag Reyscher besonders am Herzen. Er widmete ihr zwei Drittel seines Aufsatzes.[228] Die *„Natur des Gemeinwesens"*, das *„Bedürfnis der Gegenwart"* und die *„Hoffnung auf eine gute Zukunft"* forderten gleichmäßig die *„Einbürgerung unseres Rechts"*.[229] Was die Wissenschaft dafür zu leisten im Stande sei, solle in der neuen Zeitschrift besprochen und zugleich umgesetzt werden.[230] Die Pflege der Rechte deutschen Ursprungs sei nur der erste Schritt, das „heutige" Recht der *„Endzweck"*[231]. Zu dessen Erreichung seien drei Aufgaben zu erfüllen: Zunächst das Auffinden des einheimischen Rechts, das weiter gehe als *„die Lehr- und Handbücher des deutschen Rechts bis jetzt nachgewiesen haben"*[232]. Hiernach müsse die wissenschaftliche Begründung des heutigen

---

224 Handbuch über den königlich-preussischen Hof und Staat für das Jahr 1818, Anhang S. 10.

225 Vgl. zu Reyscher(1802-1880): Joachim Rückert, August Ludwig Reyschers Leben und Rechtstheorie. 1802-1880, Berlin 1974.

226 Bereits 1823 hatte Carl Joseph Anton Mittermaier angekündigt, eine Zeitschrift für deutsches Recht herauszugeben.

227 Reyscher, August Ludwig, Ueber den Zweck dieser Zeitschrift, in: Zeitschrift für deutsches Recht und deutsche Rechtswissenschaft, Bd. 1, Leipzig 1839, S. 3.

228 Rückert, Joachim, August Ludwig Reyschers Leben und Rechtstheorie. 1802-1880, Berlin 1974, S. 107.

229 Reyscher, August Ludwig, Ueber den Zweck dieser Zeitschrift, in: Zeitschrift für deutsches Recht und deutsche Rechtswissenschaft, Bd. 1, Leipzig 1839, S. 5.

230 ebenda, S. 5 f.

231 ebenda, S. 6.

232 ebenda.

Rechts in Deutschland erfolgen. Eine sorgfältige Erhebung der dem geltenden Recht zugrunde liegenden Rechtssätze dürfe dazu beitragen, das *„bestehende Schisma zwischen dem deutschen Rechte einheimischen und fremden Ursprungs aufzuheben"*[233]. Schließlich müsse das Schisma zwischen historischem und unhistorischem Recht beseitigt werden, denn *„die geschichtliche Behandlung reicht nicht hin zur Erkenntnis des bestehenden Rechts"*[234]. Damit widersprach er entschieden der Auffassung v. Savignys. Die Überwindung dieser Gegensätze erfolge durch das „Volksrecht". Diesen Begriff hatte zwar v. Savigny bereits 1814 verwendet; durch das Synonym *„practisches Recht"*[235] gab Reyscher ihm jedoch eine völlig andere Bedeutung, indem er eine *„jedem zu bearbeitendem Stoffe pragmatische Methode"*[236] forderte, zu deren Entwicklung die Zeitschrift beitragen solle.

Bornemann fand für die ZDR fast *„emphatische Worte"*[237]. In einem Beitrag für die Preußische Staatszeitung[238] 1839 pries er sie als eine *„hochwichtigen Erscheinung"*, die *„höchst wohltätig"* und *„ohne Ausnahme gediegen"* sei. Reyscher äußere *„über die Entstehung des Rechts überhaupt höchst Anziehendes"*[239]. Wichtig sei vor allem die zweite Aufgabe der Zeitschrift, der Reyscher bereits so viel Platz gewidmet hatte, nämlich der Begründung einer vaterländischen Rechtswissenschaft:

> *„Die wissenschaftliche Begründung des heutigen Rechts in Deutschland, die Beförderung eines darauf gerichteten Rechtsstudiums und die Mitwirkung zu einer unserer Nationalität immer mehr entsprechenden Gesetzgebung ist ihr Hauptziel."*[240]

Für Bornemann war dies eine *„praktische Tendenz"*. Es gehe um die *„unserem Nationalcharakter und unserer Bildungsstufe entsprechende Lösung des zwischen den Elementen unsres Rechtszustandes obwaltenden Conflicts"*. Für diesen entfalte die ZDR insofern *„versöhnende Kraft"*[241]. Bei der anzuwendenden Methode kam Bornemann zu einem pluralistischen Ansatz.

---

233 Reyscher, August Ludwig, Ueber den Zweck dieser Zeitschrift, in: Zeitschrift für deutsches Recht und deutsche Rechtswissenschaft, Bd. 1, Leipzig 1839, S. 7.

234 Rückert, Joachim, August Ludwig Reyschers Leben und Rechtstheorie. 1802-1880, Berlin 1974, S. 107.

235 Reyscher, August Ludwig, Ueber den Zweck dieser Zeitschrift, in: Zeitschrift für deutsches Recht und deutsche Rechtswissenschaft, Bd. 1, Leipzig 1839, S. 7.

236 ebenda, S. 7.

237 Rückert, Joachim, August Ludwig Reyschers Leben und Rechtstheorie. 1802-1880, Berlin 1974, S. 112.

238 Preußische Staatszeitung 1839; unverändert auch in der Augsburger Allgemeinen Zeitung 1839, Nr. 325, November-Beilage, S. 2543 f.

239 Augsburger Allgemeinen Zeitung 1839, Nr. 325, S. 2544.

240 ebenda.

241 ebenda.

„Weshalb auch nach Maßgabe des Stoffs, entweder der geschichtliche, oder der exegetische, oder der empirische, oder endlich der rationelle Weg eingeschlagen werden soll.“.

Er lobte, dass die Richtung *„nicht, wie die Vertiefung in das römische Recht, von der Gegenwart ab-führt, sondern derselben zu-führt“.*

Das Verständnis des Wesens der neuen Richtung, dessen Organ die ZDR sein solle, sei:

„uns eröffnet [...] [und könne] sonach besonders auf die jüngeren Praktiker, welche jetzt nicht selten mit einer dem geltenden Rechte abgewendeten Vorbereitung in die Praxis eintreten, höchst wohlthätig [einwirken]“[242].

Deutlich begrüßte Bornemann die Abkehr vom Schisma:

„Obwohl [die neue Richtung] aus der historischen Schule hervorgegangen, gehört sie so wenig dieser als der philosophischen Schule in der herkömmlichen Bedeutung dieser Bezeichnung an, ist vielmehr die dem Studium des germanischen Rechts zu verdankende Verschmelzung des Guten beider Schulen, was insbesondere in der Abhandlung von Reyscher 'über das Daseyn und die Natur des deutschen Rechts' klar hervortritt [...].“[243]

Bornemann sah wie Reyscher, bereits in seinem „Civilrecht“ von 1834, die Einheit stiftende Grundlage des Rechts in den *„einheimischen Rechtsgrundlagen“*, einem *„wahrhaft nationalen Recht“* und in der Erhebung des *„ganzen einheitlichen Rechtszustandes [...]von der deutschen Grundlage aus“*, in einer gewissen *„Germanisierung“*.[244]

Daher wünschte er der ZDR die Teilnahme vor allem jüngerer Praktiker und wagte die Behauptung, die *„Mehrzahl des juristischen Puplicums [neige] sich zu der durch sie repräsentierten Richtung hin“*[245].

---

[242] Augsburger Allgemeinen Zeitung 1839, Nr. 325, S. 2544.
[243] ebenda.
[244] Rückert, Joachim, August Ludwig Reyschers Leben und Rechtstheorie. 1802-1880, Berlin 1974, S. 113.
[245] Augsburger Allgemeinen Zeitung 1839, Nr. 325, S. 2544.

Dritter Teil: Preußischer Staatsrat und preußisches Zensurwesen (1840-1844)

Als Friedrich Wilhelm III. am 7. Juni 1840 nach längerer Krankheit im Berliner Schloss gestorben war, wurde dessen Sohn Friedrich Wilhelm IV. Thronfolger. Der Wechsel sorgte zunächst für Verwirrung im preußischen Staat, weil das Charakterbild des neuen Monarchen nicht sehr klar zu zeichnen war.[246] Schon äußerlich war er der vollkommene Gegensatz seines Vaters.[247] Sein Hang zur Romantik, seine Liebe zu den bildenden Künsten, das *„Künstlerisch-Feinfühlige"*[248], das Unsoldatische und das Wankelmütige in seinen Entscheidungen, all dies schien nicht in die preußische Monarchentradition zu passen. Aber dennoch Carl v. Canitz sagte über den neuen Regenten:

„Ein Hauptübel ist die Phantasie des Königs welche mit dem gefassten Gedanken auch die Ausführung als geordnet ansieht oder die Lücken und Anstöße übersieht, die zwischen der Absicht und dem geordneten Werk liegt."[249]

Friedrich Wilhelm IV. sah im Gottesgnadentum die Manifestation seiner mystisch verstandenen Sonderstellung:[250]

„Es giebt Dinge, die man nur als König weiß, die ich selbst als Kronprinz nicht gewusst und nun erst als König erfahren habe."[251]

Er wird beschrieben als ein intelligenter *„fürstlicher Psychopath"*, den alles *„Praktisch-Alltägliche"* langweilte.[252] So regte er zu Beginn seiner Amtszeit vieles an, wurde aber bei Klärung von Einzelheiten schnell ungeduldig und fühlte sich in seiner Bequemlichkeit durch das eigentliche Regieren gestört.[253]
Allseits wurde sein Regierungsantritt als eine Zäsur empfunden. Große Hoffnungen auf eine Liberalisierung des Staatslebens und besonders auf Bewegung in der Verfassungsfrage kamen zunächst auf.[254] Die Rehabilitierung einiger amt-

---

[246] Vgl. Bußmann, Walter, Zwischen Preußen und Deutschland: Friedrich Wilhelm IV., Berlin 1990.
[247] Eberty, Felix, Geschichte des Preußischen Staats, Bd. 7, Breslau 1873, S. 174 ff.
[248] Valentin, Veit, Geschichte der deutschen Revolution von 1848-49, Erster Band, Neudruck Aalen 1968, S. 31.
[249] Canitz und Dallwitz, Carl Ernst Wilhelm v., Denkschriften II, Berlin 1888, S. 53 ff.
[250] Kraus, Hans-Christof, Ernst Ludwig v. Gerlach, Politisches Denken und Handeln eines Preussischen Altkonservativen, 1. Teilband, Göttingen 1994, S. 300.
[251] Petersdorff, Herman v., König Friedrich Wilhelm der Vierte, Berlin 1900, S. 2.
[252] Valentin, Veit, Geschichte der Deutschen, Nachdruck Köln 1979, S. 390.
[253] Valentin, Veit, Geschichte der deutschen Revolution von 1848-49, Erster Band, Neudruck Aalen 1968, S. 31.
[254] Blasius, Dirk, Friedrich Wilhelm IV. 1795-1861, Göttingen 1992, S. 88.

senthobener Göttinger Professoren um die Brüder Grimm schien diese Hoffnung zu bestätigen. Am bedenklichsten sei jedoch seine *„schwer erklärliche Schwäche oder Unklarheit in bezug auf Personen"*, bemerkte sein Berater v. Radowitz.[255]

I. Der Preußische Staatsrat

1. Gründung des Preußischen Staatsrats

Am 6. März 1817 ließ Staatskanzler Hardenberg eine Verordnung über den Staatsrat kontrasignieren und legte sie dem König zur Unterzeichnung vor. Danach sollte der Staatsrat als die höchste beratende Behörde des Königs errichtet werden. Seine Hauptaufgabe war die Beratung neuer Gesetze. Er beriet gründlich die ihm vorgelegten Gesetzentwürfe, die aus den Beratungen des Plenums so verändert hervorgingen, dass sie als neue Entwürfe galten. Zuständigkeit besaß der Staatsrat auch bei den Entscheidungen über:

„diejenigen Gegenstände, bei welchen ein gemeinschaftliches Interesse verschiedener Ministerien, aber keine Vereinigung derselben stattfindet [...] [und bei] Beratungen über den Wirkungskreis aller Verwaltungsbehörden und über Streitigkeiten unter ihnen"[256].

Am 20. März 1817 unterzeichnete der König die Verordnung.[257] Zehn Tage später wurde der Staatsrat feierlich eröffnet.

Allerdings war der Staatsrat bis 1848, anders als der französische „conseil d`etat", ein Parlamentsersatz der Monarchie, um die Nichterfüllung des Verfassungsversprechens zu vertuschen. Er hatte jedoch einen besonderen Einfluss auf deren Gesetzgebung.[258] Die in der akribisch arbeitenden Institution entstandene Gesetzgebung war frei von Ressortzwängen. Der Staatsrat wirkte an den meisten Gesetzgebungsvorhaben dieser Zeitspanne mit und der Monarch entsprach in der Regel seinen Änderungsvorschlägen. Nie setzte der König einen Entwurf, den der Staatsrat abgelehnt hatte, in Kraft.[259]

---

[255] Hassel, Paul, Joseph Maria von Radowitz, Band I: 1797-1848, Berlin 1905, S. 74 ff.

[256] Haake, Paul; Die Einrichtung des preußischen Staatsrats im März 1817; in: Forschungen zur brandenburgischen und preußischen Geschichte, Band 27 (1914), S. 247 ff.

[257] Preußisches Gesetzsammlung 1817, S. 67.

[258] Bornhak, Preußische Staats- und Rechtsgeschichte, Berlin 1903, S. 379.

[259] Huber, Ernst Rudolf, Deutsche Verfassungsgeschichte, Band I, Stuttgart 1978, S. 158.

2. Bornemann wird Mitglied im Preußischen Staatsrat

Der Staatsrat setzte sich aus drei Gruppen zusammen: zunächst die Prinzen des Königlichen Hauses, die das 18. Lebensjahr erreicht hatten, ferner die Mitglieder kraft Amtes. Zu diesen gehörte ein eng begrenzter Kreis von Staatsdienern wie der Staatskanzler und die Chefs oberster Staatsbehörden, die Feldmarschälle und die sieben kommandierenden Generale, letztere jedoch *„nur dann, wenn sie besonders berufen werden"*[260]. Mit der gleichen Einschränkung waren die Oberpräsidenten Mitglieder im Staatsrat. Kraft Amtes gehörte ihm zudem der Staatssekretär an, dem die Geschäftsführung des Staatsrats oblag, und zwei dem König besonders nahe stehende Staatsdiener.[261]
Schließlich gehörten zum Staatsrat die Mitglieder „aus besonderem Vertrauen". Diese Gruppe machte die überwiegende Mehrheit aus.[262] Ein eigenes Verfahren bei deren Ernennung gab es nicht.
Bornemann war ein Mitglied der letzten Gruppe und wurde am 16. Mai 1842 berufen. Durch Kabinettsorder vom 7. Juni 1842 übernahm er von dem Geheimen Oberjustizrat Franz Duesberg[263] das Amt des Staatssekretärs. Als solcher war er der erste Gehilfe des Präsidenten bei der Erledigung der Geschäfte und hauptamtlich angestellter und fest besoldeter Vorsteher des Staatssekretariats.[264] Die Amtsbezeichnung „Staatssekretär" führte er bis 1848 allein, so dass er durch diesen Titel ersichtlich über die vortragenden Räte der Ministerien gestellt war.[265] Nachdem Bornemann das Amt zunächst kommissarisch ausgeführt hatte, wurde er mit Kabinettsorder vom 29. Mai 1843[266] endgültig zum Nachfolger Duesbergs bestellt. Neben Verwaltungsaufgaben kümmerte er sich um die Erledigung von Sachreferaten für die Abteilungen oder das Plenum, die Protokollführung während der Plenardebatten und um das Anfertigen der Immediatberichte des Staatsrats. Zudem stand er auch gelegentlich Sonderkommissionen vor.[267] In die nur zwei Jahre dauernde Amtszeit Bornemanns fielen eine Reihe wichtiger Gesetzgebungsvorhaben. 1842 begannen die Arbeiten an den hochpolitischen Disziplinargesetzen für Richter und Verwaltungsbeamte. Im folgenden Jahr fanden alleine 54 Plenarsitzungen statt. 33 davon behandelten die Reform des Ehescheidungsrechts, die übrigen waren mit Beratungen über die Disziplinargesetze, das Aktiengesetz, das Einführungsgesetz zum Strafgesetzbuch, eine

---

260 Berufungsorder abgedruckt bei: Botzenhart, Erich, Freiherr vom Stein, Bd. 6, Münster, Westfalen: Aschendorf 1936, S. 492.
261 Schneider, Hans, Der Preussische Staatsrat 1817-1918, München 1952, S. 111.
262 ebenda, S. 112.
263 Vgl. zu Duesberg (1793-1872), ADB Bd. 5, S. 450 f.
264 Schneider, Hans, Der Preussische Staatsrat 1817-1918, München 1952, S. 56.
265 ebenda.
266 GStA PK, I. HA, Rep. 90 a, Staatsministerium, Nr.887, ohne Seitenangabe.
267 Schneider, Hans, Der Preussische Staatsrat 1817-1918, München 1952, S. 97.

Defektenordnung und ein preußisches Staatsangehörigkeitsgesetz befasst.[268] Allerdings konnte Bornemann nicht lange in diesem Amt wirken. Schon zwei Jahre später wurde er als Direktor in das Justizministerium berufen. Man wollte so einen tüchtigen, den Ressortchefs aber unbequem gewordenen Mann aus dem Staatsrat entfernen und ihn auf die Seite der Ministerialbürokratie ziehen.[269] Vergeblich versuchte Staatsratspräsident Karl v. Müffling[270] den Wechsel zu verhindern. Verärgert schrieb er an Staatsminister v. Rochow:

„Alle diejenigen denen die Selbständigkeit des Staatsraths dem Staatsministerium gegenüber ein Gräuel ist und die in der Anstellung eines schlechten servilen Präsidenten und eines gleichartigen Staatssekretärs das sicherste Mittel sehen, den Staatsrath nach und nach zahm zu machen, konnten dem System der Entfernung Bornemanns nur beytreten.“[271]

Auch nach seinem Wechsel in das Justizministerium verblieb Bornemann noch bis 1854 als einfaches Mitglied im preußischen Staatsrat. Bereits im ersten Amtsjahr 1842 übernahm er eine wichtige Aufgabe als Mitglied der Strafrechtskommission und hatte erheblichen Anteil am Zustandekommen des neun Jahre später eingeführten preußischen Strafgesetzbuchs, einer Frucht mühevoller und langer Revisionsarbeit im Staatsrat.[272] Da es unmöglich schien, die Justizabteilung des Staatsrats mit der Strafrechtsreform alleine zu betrauen, wurde im Jahr 1838 eine besondere Immediatkommission gebildet, welcher neben dem Präsidenten v. Müffling zunächst noch Innenminister v. Rochow, die Staatsräte Sethe, Köhler, Eichhorn, Duesberg und v. Arnim angehörten. Im Jahr 1842 wurde auch Bornemann in die Kommission berufen und leistete bis zum Ende des Jahres wertvolle Unterstützung bei der Ausarbeitung des Entwurfs. Am 28. Dezember 1842 wurde der Entwurf mit einem Bericht dem König übergeben.[273]

Die Gesetzesrevision in Preußen war inzwischen nach den weitgehend misslungenen Versuchen v. Kamptz` das wichtigste Anliegen des Staatsrats geworden. Insbesondere das Bürgertum sah in einer Rechtsvereinheitlichung die Vorbereitung der politischen und nationalen Einheit. Der Stuttgarter Anwalt Friedrich Rödinger stellte fest:

---

268 Schneider, Hans, Der Preussische Staatsrat 1817-1918, München 1952, S. 95.

269 ebenda, S. 96.

270 Vgl. Kloosterhuis, Jürgen/Heckmann, Dieter (Hrsg.), Karl Freiherr von Müffling. Offizier-Kartograph-Politiker (1775-1851), Berlin 2003.

271 Schreiben v. Müfflings an v. Rochow vom 23. November 1844, zitiert nach: Schneider, Hans, Der Preussische Staatsrat 1817-1918, München 1952, S. 96, FN 3.

272 Schneider, Hans, Der Preussische Staatsrat 1817-1918, München 1952, S. 170.

273 ebenda, S. 171.

„Es ist wahr, die von Thibaut vertretene Ansicht, welche ein einheimisches Gesetzbuch in populärer Sprache verlangt, wurde immer allgemeiner und ist heutzutage [...] zum Lieblingsgedanken, ja zum feurigsten Wunsche der unendlichen Mehrzahl aller Deutschen geworden."[274]

Allerdings erkannte man bald, dass das ursprüngliche Ziel einer unfassenden Revision des Landrechts viel Zeit in Anspruch nehmen werde. Das Staatsministerium ging deshalb dazu über, neben der allgemeinen Revision Einzelgebiete vorzuziehen. Hierzu gehörte insbesondere das vom allgemeinen Zivilrecht abgetrennte Handelsrecht.

Im März 1843 begannen im Staatsrat die Verhandlungen über den revidierten Entwurf des Wechselrechts, der auf dem „Sondergesetzweg" im Justizministerium entstanden war.[275] Seine Grundlage war nicht mehr ausschließlich das ALR, sondern auch der französische Code de commerce.[276] Bereits vor Beginn der Beratungen im Staatsrat hatte eine umfassende Erörterung des Entwurfs zur Wechselordnung stattgefunden. Bornemann brachte einen eigenen Wechselordnungsentwurf in die Diskussion ein, der schließlich zur Grundlage der folgenden Kommissionsarbeit gemacht wurde.[277] An den Verhandlungen im Staatsrat nahm neben den Justizministern v. Savigny und Uhden auch Bornemann teil. Von Beginn an stand die Rechtsvereinheitlichung im Mittelpunkt der Überlegungen.

In den Vorbemerkungen zu den Erläuterungen des Entwurfs einer Wechsel-Ordnung nach den Beschlüssen einer Kommission des Königlichen Staatsrats von 1845 hieß es:

„Es tritt die Rücksicht auf den Verkehr mit anderen Staaten und das Bedürfniß hinzu auf eine größere Uebereinstimmung der Wechselrechte Deutschlands überhaupt hinzuwirken. Daß die vielen Verschiedenheiten im Wechselrecht dem Handel bedauerliche Hemmnisse bereiteten, bedarf nicht erst der Ausführung"[278]

Die Frage der wechselrechtlichen Vereinheitlichung besaß spätestens seit der Gründung des Deutschen Zollvereins im Jahr 1834 hohe Aktualität, da sie zu einer engeren wirtschaftspolitischen Anbindung der deutschen Staaten aneinander

---

[274] Rödinger, Friedrich, Nationale Rechtserzeugung und Rechtsbildung in Deutschland. Ein Vortrag für die Versammlung der Advokaten in Mainz bestimmt, Stuttgart und Tübingen 1844, S. 7.

[275] Entwurf einer Wechselordnung. Nach den Berathungen der Kommission des Königlichen Staatsraths, abgedruckt in: Schubert, Werner, Preußische Gesetzrevision, Abtl. II, Bd. 4/I, Vaduz 1983, S. 623 ff.

[276] Pannwitz, Kurt v., Die Entstehung der Allgemeinen Deutschen Wechselordnung, Frankfurt am Main 1999, S. 119.

[277] Schubert, Werner, Gesetzrevision II, Bd. 4/II, Vaduz 1983, S. 1019.

[278] ebenda, S. 667 f.

führte. Mit dem Zollverein war auch der Weg zur rechtlichen Einheit des Handelsrechts frei geworden und ein weiteres Argument für die Notwendigkeit gesamtdeutscher Kodifikationen geliefert.
Im diesem Sinne löste die Kommission zunächst das Wechselrecht aus dem ALR heraus, da dieses nur noch in einem Teil Preußens galt. Ziel war ein Entwurf für alle deutschen Staaten.

„[Es] hat sich die Überzeugung festgestellt, daß man bei einer bloßen Revision des Allgemeinen Landrechts und einer Annäherung an die andern in der Monarchie bestehenden Wechselrechte [...] nicht stehen bleiben dürfe, vielmehr unmittelbar auf ein gemeinsames Wechselrecht für die ganze Monarchie hinzuarbeiten sey."[279]

Das neue Wechselrecht sollte auf den Kern des Wechselgeschäfts beschränkt werden. Vor allem kam es darauf an, den Wechsel nach seiner Natur und Bestimmung unter Beachtung der wahren Bedürfnisse und Bräuche des Handels zu entwickeln.[280] Alleinige Grundlage des Wechselrechts sollte der Handelsbrauch sein.
Am 30.06.1845 fasste die Staatsratskommission den Beschluss, den revidierten Entwurf einer Sachverständigenkommission zur Begutachtung vorzulegen, über deren Ergebnis der Kommission berichtet werden sollte. Dieser Beschluss beruhte auf einem Vorschlag Bornemanns, den sich der Präsident des Staatsrats, v. Rochow, zu Eigen machte. Auf einer Konferenz mit den Sachverständigen im Dezember 1845 erfolgte eine weitere Umarbeitung des Entwurfes. Als Referent des Staatsratsvorsitzenden in dieser Angelegenheit war zunächst Bornemann vorgesehen worden, der aber von Justizminister Uhden nicht freigestellt wurde.[281]
Als es auf Einladung Preußens am 20.10.1847 zur Wechselrechtskonferenz nahezu aller Staaten des Deutschen Bundes in Leipzig kam, sprachen sich viele dafür aus, Bornemann als Vertreter Preußens nach Sachsen zu entsenden. Der spätere Handelsminister v. Patow, der nach Leipzig abgeordnet wurde, erklärte:

„[...] so muß ich den dringenden Wunsch aussprechen, daß das Commissorium auf den, durch thätige und erfolgreiche Theilnahme an den bisherigen Berathungen in dieser Materie so heimisch gewordenen Wirkl. Geh. Ober-Justiz-Rath Bornemann mit ausgedehnt [...] werden möge. [...] Aber jedenfalls wirken zwei Kräfte, zwei Stimmen mehr als eine, und dann liegt jedenfalls in der äußeren Stellung und in der literarischen Celebrität des Herrn Bornemanns etwas, was seine Stimme besonders schwer in die Waagschale fallen läßt. Ich hoffe hiernach, daß seine Sendung an sich als zweckmäßig anerkannt werden dürfte. [...] Ich stehe zu Herrn Bornemann [...] in einem solchen Verhältniß, daß Meinungsverschiedenheiten, [...] sich entweder vor den Conferenzen ausgleichen oder wenigstens in diesen niemals hervortre-

[279] Schubert, Werner, Gesetzrevision II, Bd. 4/II, Vaduz 1983, S. 667.
[280] ebenda, S. 668.
[281] Schubert, Werner, Gesetzrevision II, Bd. 4/I, Vaduz 1983, S. XXX.

ten werden. Das Recht, die Preußische Stimme zu führen, werde ich dem Herrn Bornemann niemals streitig machen."[282]

Das Staatsministerium entschied sich jedoch für v. Patow und Bischoff als Bevollmächtigte Preußens. Im Januar 1848 stimmte Bornemann mit den anderen Mitgliedern der Staatsratskommission für die unbedingte Annahme der Leipziger Wechselordnung, die im Wesentlichen mit dem preußischen Entwurf übereingestimmt hatte. 1850 trat schließlich die Allgemeine Deutsche Wechselordnung in Kraft.

Auch an den Verhandlungen über den Entwurf einer „Verordnung über das beim Kriminal- und Kammergericht einzuführende Strafprozessverfahren" war Bornemann maßgeblich beteiligt. Am 24. April 1846 leitete der Monarch den Entwurf der Verordnung der Kommission zur Revision des Strafrechts im Staatsrat zu. Anlass hierzu war der im Februar 1846 aufgedeckte Versuch polnischer Nationalisten, einen Aufstand gegen die dortige preußische Regierung zu unternehmen. Ziel der Rebellion war die Wiederherstellung Polens in den Grenzen von 1772. Insgesamt 254 Aufständische sollten daraufhin strafrechtlich zur Verantwortung gezogen werden.[283] Innenminister v. Bodelschwingh wandte sich ob der großen Anzahl der Angeklagten an Justizminister Uhden, weil eine nach dem geltenden Inquisitionsprinzip geführte Untersuchung sehr viel Zeit in Anspruch genommen hätte. Die öffentliche Meinung, die derzeit noch geschlossen den polnischen Aufstand verurteilte, drohte sich im Laufe des Prozesses zu Gunsten der Angeklagten zu verändern und jene als Märtyrer erscheinen zu lassen.[284] Gegenüber dem Justizminister machte v. Bodelschwingh deutlich, dass eine rasche Aburteilung notwendig sei, die mit Hilfe eines eigens zu erlassenden Spezialgesetzes, welches sich bei Wahrung des Rechtsschutzes der Angeklagten auf den Gegenstand des Verfahrens beschränke und eine schnelle Untersuchung ermögliche, zu erreichen sei.[285] Er schlug die Einführung des mündlichen und akkusatorischen Verfahrens vor. Der Staatsanwalt habe es dann in der Hand, *„alle diejenigen aus dem Verfahren auszuschließen, die nur geringfügig in die Sache impliziert sind."*[286] Bodelschwingh wollte die unbedingte Pflicht des Richters, bei Kenntnis einer Straftat eine Untersuchung einleiten zu müssen,

---

[282] Promemoria von v. Patow über die Teilnahme Preußens an der Konferenz, abgedruckt bei: Schubert, Gesetzrevision II, Bd. 4/I, Vaduz 1983, S. XXXVII.
[283] Holtze, Friedrich, Geschichte des Kammergerichts, Bd. 4, Berlin 1904, S. 163.
[284] Collin, Peter, „Wächter der Gesetze" oder „Organ der Staatsregierung", Diss. jur. Frankfurt am Main 2000, S. 83.
[285] Schreiben v. Bodelschwinghs an Uhden vom 21. März 1846 in: GStA PK, I. HA, Rep. 84a, Nr. 9768, Bl. 1 ff.
[286] ebenda, Bl. 4.

durch staatsanwaltliches Ermessen ergänzen.[287] Bornemann dagegen schlug mit Schreiben an den Innenminister vom 23. März 1846 eine entsprechende Verordnung für alle vor den Berliner Gerichten zu verhandelnden Strafprozesse vor.[288] Er sah darin die Möglichkeit, den Strafprozess grundsätzlich zu reformieren. Noch bevor eine Antwort des Ministers einging, erhielt der von Bornemann in das Ministerium berufene Friedberg den Auftrag, einen solchen Entwurf anzufertigen. Nach drei Tagen legte jener die in 96 Paragraphen gefassten „Grundzüge einer Verordnung über das in Berlin einzuführende Strafverfahren" vor.[289] Eine wesentliche Kürzung erhielt der Entwurf in einer dreitägigen Beratung Uhdens mit Bornemann. Inzwischen hatte Friedrich Wilhelm IV. durch Kabinettsorder vom 30. März dafür die formelle Grundlage geschaffen und Uhden und v. Bodelschwingh mit dem Entwurf der Spezial- oder Generalverordnung beauftragt.[290] Der Gesetzgebungsminister v. Savigny wurde indes nicht beteiligt, weil der Monarch die vorgenommene Maßnahme als eher administrativ denn legislativ einstufte.[291] Ohne dass v. Savigny es merkte, bereitete sich die vollkommene Loslösung von den Hauptprinzipien der alten Kriminalordnung vor. An die Stelle der Inquisitionsmaxime setzte der Entwurf des Justizverwaltungsministeriums den Anklageprozess und an die Stelle des schriftlichen Verfahrens trat das mündliche. Zudem wurde die Staatsanwaltschaft als Gegengewicht zu den als politisch unzuverlässig verdächtigten Gerichten eingeführt. An die Stelle der strengen Beweisregeln wurde die freie Beweiswürdigung des Richters gesetzt. Schließlich beendete die Öffentlichkeit der Verhandlung die alte als unangenehm empfundene Heimlichkeit und die lediglich aktenmäßige Behandlung der Straftaten.[292] Savigny hatte allerdings einige Jahre zuvor in einer Denkschrift ähnliche Vorschläge zur Revision des Strafprozesses gemacht, so dass er als Mitglied der Staatsratskommission nicht durch den Entwurf überrascht wurde.[293] Nachdem das Staatsministerium dem Entwurf im Wesentlichen zugestimmt hatte, folgte die Beratung der Staatsratskommission. Dank der Mitwirkung Bornemanns auch in diesem Gremium, war die Annahme des auch von ihm ausgearbeiteten Entwurfs eher möglich. Nach sechzehn Sitzungen machten sich die Kommissionsmitglieder die Prinzipien des Entwurfs zueigen und regten ledig-

---

[287] Collin, Peter, „Wächter der Gesetze" oder „Organ der Staatsregierung", Diss. jur. Frankfurt am Main 2000, S. 83.
[288] Stölzel, Adolf, Brandenburg-Preußens Rechtsverwaltung und Rechtsverfassung, Band II, Neuauflage hrsg. von Jürgen Regge, Vaduz 1989, S. 587.
[289] ebenda, S. 588.
[290] Schubert/Regge, Gesetzrevision I, Bd. 6/1, Vaduz 1996, S. 1477.
[291] Schreiben Friedrich Wilhelms IV. an Savigny vom 15. Mai 1846 in: GStA PK, I. HA, Rep. 84, Nr. 33, Bd. 2, Bl. 227.
[292] Holtze, Friedrich, Geschichte des Kammergerichts, Bd. 4, Berlin 1904, S. 163 f.
[293] Schubert/Regge, Gesetzrevision I, Bd. 6/1, Vaduz 1996, S. 1402.

lich kleinere Änderungs- und Ergänzungsvorschläge an. Am 17. Juli 1846 unterzeichnete der König das Gesetz.
In den folgenden Jahren schrumpfte die Bedeutung des Staatsrats zunehmend. Insbesondere während der revolutionären Stürme des Frühjahrs 1848 verlor er jeden Einfluss. Die Revolution ging über ihn hinweg.[294] Man hielt ihn für eine überlebte Einrichtung, die im konstitutionellen System keinen Platz mehr habe. Am 5. und 13. Januar 1848 hatten die letzten Beratungen des Plenums stattgefunden. Staatssekretär Bode wurde darüber in Kenntnis gesetzt, dass er zum 1. Oktober 1848 in den Wartestand versetzt werde.[295] In den folgenden Jahren kam es immer wieder zu Überlegungen über eine Reorganisation des Staatsrats. Schließlich befahl Friedrich Wilhelm IV. 1854 die unverzügliche Einberufung eines neuen Staatsrats. Am 4. Juli 1854 konnte der Regent die erste Vollversammlung der reorganisierten Körperschaft im Berliner Schloss eröffnen. Bornemann gehörte dem wiedereröffneten Staatsrat nicht mehr an.

II. Die Zensur in Preußen

1. Die Entstehung der Zensur

Wilhelm Traugott Krug, Lehrstuhlnachfolger Kants in Königsberg, stellte 1818 in seinem „Entwurf zur deutschen und Darstellung der englischen Gesetzgebung über die Preßfreiheit" fest:

„Wann und wo ist man zuerst auf dieses Mittel gegen den Missbrauch der Presse gefallen, und wer hat zuerst gewagt, fremde Geisteswerke vor der Bekanntmachung seiner Zensur zu unterwerfen? Dem Verfasser ist darüber nichts bekannt".[296]

Unstreitig war aber bereits damals, dass die Kirche als Wegbereiterin der Pressezensur gedient hatte.[297] Berthold v. Henneberg, Erzbischof von Mainz, erließ am 4. Januar 1486 eine Verordnung[298], welche die Einrichtung einer Zensurkommission für das gesamte Bistum zum Gegenstand hatte. Dieses Zensuredikt sollte den Buchdruck als Geschenk Gottes vor der Manipulation durch Ruhmsucht und Kommerzinteressen schützen. Der Erzbischof zielte aber vor allem gegen die Übersetzungen religiöser Texte ins Deutsche. Hierin liege eine Ver-

---

[294] Schneider, Hans, Der Preussische Staatsrat 1817-1918, München 1952, S. 207.
[295] ebenda, S. 208.
[296] Krug, Wilhelm Traugott, Entwurf zur deutschen und Darstellung der englischen Gesetzgebung über die Preßfreiheit. Der hohen deutschen Bundesversammlung ehrerbietigst gewidmet, Leipzig 1818, S. 7.
[297] Schneider, Franz, Pressefreiheit und politische Öffentlichkeit, München 1965, S. 16.
[298] Abgedruckt im Codex Diplomaticus Anecdotorum, Bd.4, Frankfurt und Leipzig 1758, S. 469 ff.

fälschung der antiken Klassiker. Im Übrigen fehle dem Laien ohnehin das Verständnis für die kanonischen Texte.[299]
Kurze Zeit später nahm auch Rom Einfluss auf die Zensurmaßnahmen in Deutschland. Die erste päpstliche Zensurverordnung ist in der Bulle Innozenz VIII. von 1487 enthalten. Im Jahre 1496 ordnete Papst Alexander VI. die Zensur zur Unterdrückung von ketzerischen Schriften an. Diese Vorschriften wurden 1501 in einer Bulle desselben Papstes und 1515 von Leo X. wiederholt und ausgeweitet. Das Tridentiner Konzil von 1545 bis 1563 bestätigte diese Zensurpraxis. Ziel war vor allem die Bekämpfung des reformatorischen Schrifttums.
Die Säkularisierung der Zensurbehörden zog sich bis weit in das 18. Jahrhundert hinein. Die Lösung der religiösen Verknüpfungen vollzog sich schrittweise. Zum einen durch den Übergang der Zensur in die Hände weltlicher Organe, zum anderen durch die substanzielle Verengung staatlicher Reglementierung auf rein gesellschaftliche oder staatliche Bereiche.
Die große Wende in der äußerlichen Entwicklung der Zensur bahnte sich erst gegen Ende des 18. Jahrhunderts an, als die Presse zum Kern der Auseinandersetzung zwischen der sich bildenden bürgerlichen Öffentlichkeit und der Hofpolitik einerseits und dem Menschenrecht „Freiheit" und dem absolutistischen Machtgebrauch andererseits geworden war. Erst durch die Auflösung dieser Gegensätze wurde die Pressefreiheit zu jenem Politikum, das sich später im Kampf um die verfassungsmäßige Verbriefung durchsetzte.
Das erste Mal fand die Pressefreiheit in dem preußischen Zensuredikt[300] vom 19. Dezember 1788 zumindest begrifflich ihren Niederschlag.
An diesem Tag war in Preußen das erneuerte Zensuredikt ergangen, das die Vorschriften der friderizianischen Zensurbestimmungen deutlich verschärft hatte.[301] Es betonte eingangs *„die großen und mannigfaltigen Vortheile einer gemäßigten und wohlgeordneten Pressfreiheit zur Ausbreitung der Wissenschaften und der gemeinnützigen Kenntnisse*" und regelte in den ersten elf Paragraphen das gesamte preußische Zensurwesen. Der königliche Wille war die Richtschnur, nach der die Pressefreiheit gewährt oder versagt wurde. Zwar eröffnete man einen Beschwerdeweg für Schriftsteller und Verleger, welcher *„bey den Verfügungen der zur Censur geordneten Behörden oder bey der von selbiger geschehenen Verweigerung der Erlaubniß zum Druck sich nicht beruhigen zu*

---

[299] Codex Diplomatius Anecdotorum, Bd.4, Frankfurt und Leipzig 1758, S. 469.
[300] Erneuertes Censur-Edict für die Preußischen Staaten exclusive Schlesien, Berlin 19. December 1788, N.C.C. tom. VIII, Nr. 95, Sp.2339-2350, in: Kleinheyer, Gerd, Zensur zwischen Polizei und Staatsschutz, S. 143.
[301] Birtsch, Günter, Religions- und Gewissensfreiheit in Preußen von 1780-1817, in: Zeitschrift für historische Forschung, 11. Jahrgang, Berlin 1984, S. 177-204; Schumann, Axel, Berliner Presse und Französische Revolution: Das Spektrum der Meinungen unter preußischer Zensur 1789-1806, Berlin 2001, S. 56.

können vermeint“[302], aber dennoch mussten grundsätzlich alle Bücher und Druckerzeugnisse einer Vorzensur vorgelegt werden. Ziel des Edikts war es:

„vornehmlich demjenigen zu steuern, was wider die allgemeinen Grundsätze der Religion, wider den Staat, und sowohl moralischer als bürgerlicher Ordnung entgegen ist, oder zur Kränkung der persönlichen Ehre, und des guten Namens anderer abzielet.“[303]

Die Regierung behielt sich die Zensur der Berliner Zeitungen und aller politischen sowie historischen Schriften und Erzeugnisse vor. Die Landes-Justiz-Collegia waren weiterhin für die übrigen Zeitungen zuständig.
Anders als in Frankreich wurde die Pressefreiheit in Deutschland erst im 19. Jahrhundert eine politische Tagesfrage. So formulierte Ernst Moritz Arndt 1818:

„Ja der einfältigste und ungebildetste Bauer und Bürger empfindet und versteht und spricht aus, was in allen Menschen als Wunsch und als Bedürfnis lebendig ist; ja wer nicht schreiben und lesen kann, versteht es doch und spricht es aus. Dahin ist es bei uns gottlob gekommen, soweit ist ein öffentlicher Sinn, ohne welchen ein Volk als Volk nichts wert ist, erwacht.[304]

Die Grundidee der liberalen Pressefreiheit fasste der Jenaer Historiker Heinrich Luden 1814 in seiner Zeitschrift Nemesis zusammen:

„Die Pressfreiheit, denken wir, ist da, wo ein jeder über gemeine oder gesellschaftliche Verhältnisse alles, was ihm beliebt, drucken lassen und durch Druck verbreiten darf, ohne von einer öffentlichen Gewalt Hemmung oder Ahndung befürchten zu müssen ... Ebenso muß die Hemmung oder Ahndung von einer öffentlichen Gewalt ausgehen, wenn von Presszwang die Rede sein soll.“[305]

Als am 23. März 1819 in Mannheim der russische Staatsrat, Günstling Metternichs und vermeintliche Denunziant im Dienste des Zaren, August Kotzebue ermordet worden war, sah sich Staatskanzler Fürst Metternich in seiner Auffassung über das revolutionäre Treiben von Geheimbünden bestätigt[306] und es kam 1819 zu einer bedeutenden Zäsur in der neuzeitlichen deutschen Buchhandels-, Presse- und Zensurgeschichte.

---

[302] § 6 des Erneuerten Censur=Edikt für die Preußischen Staaten exclusive Schlesien, de dato Berlin, den 19. Dezember 1788, abgedruckt in: GStA PK, I. HA, Rep. 9, Nr. F 2a, Fasz. 21, Bl. 2-7.
[303] § 2 des Edikts.
[304] Arndt, Ernst Moritz, Geist der Zeit, IV. Teil, Berlin 1818, S. 89.
[305] Luden, Heinrich, Nemesis, Bd. 2, 1814, 2. Stück, S. 215 f.
[306] Eisenhardt, Ulrich, Der Deutsche Bund und das badische Pressegesetz von 1832, in: Beiträge zur Rechtsgeschichte-Gedächtnisschrift für Hermann Conrad, Bonn 1979, S. 107.

Das von der Bundesversammlung verabschiedete Pressegesetz vom 20. September 1819[307] sah vor, dass Schriften, die in täglichen Blättern oder heftweise erschienen, desgleichen solche, die nicht über 20 Druckbögen stark waren, in keinem deutschen Bundesstaate ohne Vorwissen und vorangegangene Genehmigung der Landesbehörden gedruckt werden durften. Von jeder ohne Zensur erscheinenden Schrift musste 24 Stunden vor deren Verbreitung ein Exemplar bei der Polizeibehörde hinterlegt werden. Für die Befolgung dieser Vorschrift waren Verfasser, Verleger und Drucker verantwortlich. Alle anderen Schriften unterlagen der Nachzensur. Zunächst sollten diese *„Provisorischen Bestimmungen hinsichtlich der Freiheit der Presse"* gemäß § 10 des Gesetzes lediglich fünf Jahre Gültigkeit besitzen, diese wurden jedoch durch einen Beschluss der Bundesversammlung vom 16. August 1824 auf unbestimmte Zeit verlängert.[308]

Mit der „Verordnung wie die Zensur der Druckschriften nach dem Beschluss des Deutschen Bundes auf fünf Jahre einzurichten ist"[309] vom 18. Oktober 1819 setzte auch Preußen den Beschluss um und stellte praktisch alle Schriften unter Zensur. Es wurde das Ober-Zensur-Kollegium in Berlin eingerichtet, das die Durchführung des Zensurgesetzes überwachen, die Zensurinstruktionen der Ministerien weiterreichen und Beschwerden wegen Verweigerung der Druckerlaubnis bearbeiten sollte. Das Kollegium besaß zudem das Recht, Redakteure abzusetzen. Am 17. Dezember 1819 nahm es unter dem Vorsitz des Berliner Historikers Friedrich Raumer[310] seine Arbeit auf. Allerdings litt seine Arbeit an dem Einfluss und der Kompetenz des Innenministeriums, das oft nach eigenem Ermessen Druckverbote und Verweigerungen von Druckerlaubnissen erließ. Dies führte dazu, dass die Mitglieder des Kollegiums immer seltener und ab 1824 kaum noch zusammentraten, da die Ermittlungen gegen verdächtige Demagogen durch die „Ministerial-Untersuchungs-Kommission" geführt wurden, die sich aus dem Staatskanzler, drei Ministern und hohen Polizeibeamten zusammensetzte.[311] In dieser Kommission wurden polizeiliche Ermittlungsergebnisse zusammengetragen und an Sondergerichte weitergeleitet. Die Richter dieser Gerichte führten dann die Untersuchungen über die zumeist bereits verhafteten Verdächtigten weiter. Die Verfahren erfolgten in der Regel vor den als Sondergericht bestellten Oberlandesgerichten.
Die Justiz jedoch protestierte gegen diesen Zustand. Anlässlich der Verhaftung des Turnvaters Jahn 1819 fanden die Mitglieder des Kammergerichts Berlin

---

[307] Abgedruckt bei: Huber, Ernst Rudolf, Dokumente zur Deutschen Verfassungsgeschichte, Bd. 1, 3. Auflage, Stuttgart 1978, S. 102 f.
[308] Protokoll der deutschen Bundesversammlung von 1824, § 131.
[309] GStA PK, I. HA, Rep. 101 D Nr.1, Ober-Censurkollegium, Bl. 1-5.
[310] Vgl. zu von Raumer (1781-1873), ADB, Bd. 27, S. 403 ff.
[311] Hodenberg, Christina v., Die Partei der Unparteiischen. Der Liberalismus der preußischen Richterschaft 1815-1848/49, Göttingen 1996, S. 245.

deutliche Worte: Jede Untersuchung müsse *„im ordentlichen Rechtswege von der ordentlichen Obrigkeit"* geschehen. Verhaftungen der *„bisher beobachteten Art"* seien mit den bestehenden Gesetzen nicht vereinbar:

„Wir würden Gefahr laufen uns selbst zu compromittiren, wenn wir nicht alles anwenden wollten, unsern Gerichtsuntergebenen den Schutz der Gesetze zu verschaffen."[312]

Vorerst konnten sich die Justizjuristen mit ihrer Überzeugung nicht durchsetzten. Eine Flut von Kabinettsordern legte sehr bald offen, dass der Regent auf Seiten der Verwaltung und Polizei stand.

2. Die Zensur unter Friedrich Wilhelm IV.

Im späten Vormärz[313] war die Pressefreiheit nun endgültig zur drängendsten Forderung der immer aktiver werdenden liberalen Bewegung avanciert. Der Königsberger Arzt und liberale Schriftsteller Johann Jakoby formulierte in einer Flugschrift zu dem Zensurgebaren jener Zeit im Jahre 1841:

„Eine Censur aber, die also wie in unserem Vaterlande gehandhabt wird, hört auf eine reine präventive zu sein: sie wird zu einer anmaßenden Bevormundung, zu einer wahrhaften Unterdrückung der öffentlichen Meinung und führt endlich zu einer –höchst bedenklichen, dem Volke und dem König gleich gefährlichen Eigenmacht der Beamten. Wie es in einem Lande, wo man so peinlich jede der Regierung mißliebige Aeußerung bewacht, mit der Vertretung des Volkes stehe, lässt sich leichtlich errathen."[314]

Arnold Ruge, der einige Jahre später für die Demokraten in der Frankfurter Nationalversammlung sitzen sollte, stellte im gleichen Jahr fest,

„dass wir gar keine lebendige Zeitung im ganzen Lande, gar keine Nachricht, geschweige denn eine Discussion über unsere nächsten und wichtigsten Angelegenheiten, gar keine Kenntnis, geschweige denn Erkenntniß und Kritik unseres Staatslebens, unserer öffentlichen Charaktere, ihrer Thaten, Richtungen, guten und verfehlten Absichten haben."[315]

---

[312] Zitiert nach: Hodenberg, Christina v., Die Partei der Unparteiischen. Der Liberalismus der preußischen Richterschaft 1815-1848/49, Göttingen 1996, S. 246.

[313] Der Begriff „Vormärz" wird in dieser Arbeit in Übereinstimmung mit der in der neueren historischen Literatur vorherrschenden Epochenbezeichnung für den ganzen Zeitraum zwischen Wiener Kongreß und Märzrevolution (1815-1848) verwendet.

[314] Jakoby, Johann, Vier Fragen beantwortet von einem Ostpreußen, Mannheim 1841, S. 10 f.

[315] „Die Leipziger Allgemeine Zeitung und die öffentliche Meinung". In: Hallische Jahrbücher, Band 4 (1841), S. 151 f.

Nachdem Friedrich Wilhelm III. am 07. Juni 1840 verstorben war, setzte man große Hoffnungen in den Thronfolger Friedrich Wilhelm IV.[316], von dem insbesondere die Einlösung des Verfassungsversprechens seines Vaters vom 22. Mai 1815 und die nationale Einheit erwartet wurden.[317] Zudem erinnerte man sich an die in der Deutschen Bundesakte gegebene bundesverfassungsrechtliche Garantie der Pressefreiheit.[318] Dort war in Artikel 18 d bestimmt worden:

„d) Die Bundesversammlung wird sich bey ihrer ersten Zusammenkunft mit Abfassung gleichförmiger Verfügungen über die Preßfreyheit und die Sicherstellung der Rechte der Schriftsteller und Verleger gegen den Nachdruck beschäftigen.“[319]

Anlässlich der 400-Jahrfeier zur Erfindung der Buchdruckerkunst im Jahr des Amtsantritts Friedrich Wilhelms IV. entzündete sich erneut die Forderung nach umfassender Pressefreiheit. Dieser zeigte sich Friedrich Wilhelm IV. aufgeschlossen. Er hatte vor,

„der preußischen Presse innerhalb der Schranken des Bundesrechts eine freiere Bewegung zu gestatten und späterhin vielleicht den Bund selbst zur Abänderung seiner harten Gesetze zu bewegen“[320].

Der König betraute seinen engsten Ratgeber, v. Radowitz[321], damit, ein Gutachten anzufertigen. Nun begannen im Staatsministerium im Herbst 1841 langwierige Verhandlungen über ein neues Pressegesetz.

---

[316] Vgl. u.a. Bußmann, Walter, Zwischen Preußen und Deutschland: Friedrich Wilhelm IV., Berlin 1990, S. 111; Treitschke, Heinrich v., Deutsche Geschichte, Band V, Königstein 1981, S. 3 ff.

[317] Nipperdey, Thomas, Deutsche Geschichte 1800-1866. Bürgerwelt und starker Staat, München 1994, S. 396 f.

[318] Eisenhardt, Ulrich, Die Garantie der Pressefreiheit in der Bundesakte von 1815, in: Der Staat, 1971, S. 339 ff.

[319] Huber, Ernst Rudolf, Dokumente zur Deutschen Verfassungsgeschichte, Bd. 1, 3. Auflage, Stuttgart 1978, S. 90.

[320] Treitschke, Heinrich v., Deutsche Geschichte, Band V, Königstein 1981, S. 190.

[321] Radowitz (1797-1853), der engste Berater des Monarchen, verfasste bereits im Vorfeld ein Gutachten „Die Gesetzgebung über die Presse betreffend“. Einleitend stellt er fest: *„Bei nachstehenden Betrachtungen ist von der Überzeugung ausgegangen, daß das Censurwesen, wie es gegenwärtig besteht, nicht blos die allgemeine Stimme gegen sich habe, sondern daß es auch seinem Zwecke nicht entspreche“*, in: Stoll, Adolf, Friedrich Karl v. Savigny. Ministerzeit und letzte Lebensjahre 1842-1861, Dritter Band, Berlin 1939, S. 42.

a. Einrichtung des Oberzensurgerichts

Im November 1841 wurde Ernst Ludwig v. Gerlach[322] nach Berlin gerufen, um sich mit dem Zensurwesen vertraut zu machen. Es sollte ein neu organisiertes Oberzensurkollegium geschaffen werden, dessen Präsident v. Gerlach werden sollte. Dieser war darüber wenig begeistert. Später erinnerte er sich vor dem Hintergrund eigener Beeinträchtigung[323] durch die Zensur: *„Bisher Objekt der Zensur, sollte ich nun deren Subjekt werden.“*[324] Allerdings scheint er nicht gänzlich abgeneigt gewesen zu sein, denn er schrieb seinem Bruder Leopold am 25.11.1841:

„Die Berichte der Censur-Minister nehmen den Mund sehr voll über die hohe Wichtigkeit der Sache, die bedeutende Stellung des Obercensur-Collegiums, und ganz vorzüglich dessen Präsidenten, der ein ganz ausgezeichneter Mann seyn müsse, aber den innerhalb der Monarchie zu finden man doch die Hoff-nung nicht aufgeben dürfe. [...] An die Spitze eines solchen Collegiums [...] zu treten würde mich nur der qualificirte (-nicht der leichthin ausgesprochene-) Vertrauen involvirende, Wunsch des Königs bestimmen. Wohlfeil kann ich mich nicht verkaufen.“325

Jedoch gingen v. Gerlach die angedachten Reformen des Zensurwesens nicht weit genug. Die Einrichtung einer wie auch immer gearteten Zensurinstanz alleine konnte seiner Überzeugung nach dem pressefeindlichen Charakter des Zensurwesens nicht abhelfen. So forderte er die konsequente Abgrenzung der Kompetenzen und Vereinheitlichung der Verfahrensweise im Rahmen einer neu zu schaffenden Behörde. Diese müsse sich aus der Umklammerung und Abhängigkeit der für die Zensur zuständigen Ministerien (Innen-, Justiz- und Kultusministerium) lösen und allein dem König unterstellt sein.[326]
In seiner Kabinettsorder vom 10. Dezember 1841 stellte der Monarch die Hauptziele einer Reform des Zensurwesens dar. Zunächst solle die personelle Zusammensetzung des Oberzensurkollegiums verändert werden. Er dränge darauf, das Kollegium ausschließlich mit Rechtsverständigen zu besetzen.[327] Ferner müssten die über die Bundesbeschlüsse von 1819 und die Wiener Konferenzen von 1834 hinausgehenden materiellen Beschränkungen der Presse aufgehoben werden. Schließlich sollten Minister, Generale, Oberpräsidenten und andere

---

[322] Vgl. zu Ludwig v. Gerlach: Kraus, Hans-Christof, Ernst Ludwig v. Gerlach, 2 Bände, Göttingen 1994.
[323] Gerlach, Agnes v. (Hrsg.), Denkwürdigkeiten aus dem Leben Leopold von Gerlachs – nach seinen Aufzeichnungen, Band I, Berlin 1891, S. 277.
[324] Kraus, Hans-Christof, Ernst Ludwig v. Gerlach, Göttingen 1994, S. 305.
[325] ebenda.
[326] ebenda, S. 306.
[327] Stölzel, Adolf, Brandenburg-Preußens Rechtsverwaltung und Rechtsverfassung, Band II, Neuauflage hrsg. von Jürgen Regge, Vaduz 1989, S. 525.

höchste Beamten, sowie die Mitglieder der Akademien, Universitäten und oberen Landesbehörden, nicht nur insoweit privilegiert werden, als dass sie ihre Schriften zensurfrei herausgeben, sondern auch anderen Schriften die Druckerlaubnis erteilen dürften.[328] Mit einem Ministerialschreiben vom 24. Dezember 1841 ließ er die Provinzialbehörden wissen, dass er das Bedürfnis einer freimütigen, anständigen Publizistik anerkenne. Er forderte sie auf, die bestehenden Zensurgesetze milde zu handhaben. Zugleich werde die Presse väterlich ermahnt, sich aller frivolen Feindseligkeiten und Verdächtigungen zu enthalten. Auch solle sie ihre Leser nicht durch gehaltlose Tagesneuigkeiten und Klatschereien beeinflussen.[329]
Die Veröffentlichung des Erlasses löste trotz seines patriarchalischen Tons allgemeine Freude aus. Vor allem die durch die Zensur besonders gebeutelten Schriftsteller atmeten auf und sahen die lange geforderte Freiheit gekommen.

Ernst Ludwig v. Gerlach, den Friedrich Wilhelm IV. mit der grundlegenden Neuordnung des Zensurwesens beauftragen wollte, formulierte seine Vorstellungen von dem neuen Amt:

„Ich muß selbständig - namentlich gänzliche Unabhängigkeit vom Staatsministerium, - [...] fordern, d. i. eigentlich ein Censur Ministerium, der Sache nach, denn ich kann es nicht darauf ankommen lassen, daß ich in irgend eine Abhängigkeit von Rochow falle, oder sich dieser zwischen mich und den König stellt.“[330].

Allerdings fielen die Vorstellungen auf keinen fruchtbaren Boden, so dass v. Gerlach bereits im März 1842 entschlossen war, die angebotene Stellung abzulehnen.[331]

Am 28. Mai 1842 entfiel die Zensur aller Bilder, zumal die Bundesgesetze eine Bilderzensur nicht kannten. Dem folgte am 4. Oktober des Jahres die Freigabe aller Bücher, die einen größeren Umfang als 20 Druckbögen besaßen. Ferner wurden die Behörden angewiesen,

„unwahre Mittheilungen des schlechten Theils der Tagespresse augenblicklich in diesen Zeitungen selbst zu berichtigen: Eben da wo das Gift der Verführung eingeschenkt worden ist, muß es auch unschädlich gemacht werden... indem man die Redaktion zwingt, das Urtheil über sich selbst zu veröffentlichen“[332].

---

[328] Stoll, Adolf, Friedrich Karl v. Savigny. Ministerzeit und letzte Lebensjahre 1842-1861, Dritter Band, Berlin 1939, S. 38.
[329] Treitschke, Heinrich v., Deutsche Geschichte, Band V, Königstein 1981, S. 191.
[330] Gerlach-Archiv/Erlangen, Fasz. CR (Ernst Ludwig an Leopold von Gerlach, 10. Dezember 1941, zitiert nach: Kraus, Hans-Christof, Ernst Ludwig v. Gerlach, Göttingen 1994, S. 305.
[331] Kraus, Hans-Christof, Ernst Ludwig v. Gerlach, Göttingen 1994, S. 306.
[332] ebenda.

So erwartete man nun hoffnungsvoll ein umfassendes Pressegesetz. Diese Erwartungen wurden jedoch zunächst nicht erfüllt. Da sich ein Ende der Beratungen über ein neues Gesetz nicht abzeichnete, begnügte sich Friedrich Wilhelm IV. vorläufig mit Erlassen.
Am 30. Januar 1843 fand in Berlin eine Zensurkonferenz beim König statt, die unter dem Einfluss von v. Radowitz neue Ideen entwickelte. Teilnehmer war ein kleiner Kreis Vertrauter des Königs, zu dem neben v. Radowitz auch v. Stolberg, Graf Voß und v. Gerlach gehörten. Im Laufe der Beratungen reifte die Idee eines eigenständigen Zensurgerichtes, das allerdings auch an nicht publizierte Weisungen des Königs gebunden sein sollte. Diese Abhängigkeit löste bei v. Gerlach stärkste Bedenken aus, da dies kein Gericht mehr sei. Er erklärte daraufhin *„mit dem Freimut eines preußischen Richters“*[333], dass er sich zur Übernahme der Leitung eines so gearteten Gerichts nicht bereit finden könne.
Mit der *„Verordnung über die Organisation der Censurbehörden“* [334] vom 23. Februar 1843 wurde die Gründung eines Oberzensurgerichtes durch den König veranlasst. Dieser Verordnung stellt der König die Feststellung voran, dass *„die bisherige Einrichtung der Censurbehörden dem Bedürfnis nicht mehr vollständig entspricht“*. Nun hatten Schriftsteller, Zeitungsredakteure, Buchhändler und Verleger die Möglichkeit, gegen Maßnahmen der Zensoren zu klagen. Zu den Kompetenzen des Gerichtes gehörte die Entscheidung über Beschwerden gegen die von Zensoren oder Oberpräsidenten ergangenen Versagungen von Druckerlaubnissen. Zudem sollte das Kollegium über den Verlust von Privilegien oder Konzessionen der Zeitungen oder anderer Zeitschriften entscheiden, sowie über die Zurücknahme der dem Redakteur einer privilegierten Zeitung erteilten Bestätigung und über die Entlassung von Redakteuren einer konzessionierten Zeitung. Ferner oblag es seiner Entscheidung, in Fällen, in denen das Recht zum Betreiben eines Buchhandels oder einer Buchdruckerei wegen Verletzung des Zensurgesetzes entzogen worden war, diese wieder erteilen zu können.[335] Schließlich konnten so genannte Debitverbote gegen Schriften ausgesprochen werden, die nicht schon gesetzlich verboten waren und ausdrücklicher Verwarnung ungeachtet, gegen Verlags- und Kommissionsartikel einer ausländischen Buchhandlung, verwerfliche Schriften im Inland verbreitetet hatten.
Organisatorisch unterstand das Oberzensurgericht dem Justizministerium, wohingegen die gesamte Zensurverwaltung mit den Bezirks- und Lokalzensoren weiterhin dem Innenministerium unterstellt war. Auch der beim Gericht tätige Staatsanwalt war Beamter des Innenministers, der jederzeit auf seinen Antrag vom König entlassen werden konnte. Seine Funktion wurde in § 12 der Verordnung beschrieben:

---

[333] Treitschke, Heinrich v., Deutsche Geschichte, Band V, Königstein 1981, S. 204.
[334] GStA PK, I. HA, Rep. 101 J, Nr. 6, Oberzensurgericht, Bl. 31.
[335] Bergius, Carl Julius, Preußen in staatsrechtlicher Beziehung, Münster 1843, S. 114 f.

„Er [der Staatsanwalt] hat die Entscheidung des Ober= Censurgerichts in allen Fällen, wo das öffentliche Interesse es erheischt, zu beantragen und dieses Interesse bei den Verhandlungen zu vertheidigen. Das Gericht darf in keiner...Sache entscheiden, bevor nicht der Staats=Anwalt mit seiner Erklärung gehört worden ist. Die Entscheidungen des Gerichts sind ihm stets vollständig mitzutheilen und hat er von denselben dem Minister des Innern Anzeige zu machen. Auch hat er die betreffende Verwaltungs=Behörde zu benachrichtigen, wenn er von dem Erscheinen unzulässiger Schriften, von gesetzwidrigen Handlungen der Censoren oder von begangenen Censurvergehen Kenntnis erhält."[336]

Bemerkenswert an der Kompetenz des Staatsanwaltes war, dass er rechtswidriges Verhalten der Zensoren anzuzeigen hatte. Somit war das verwaltungsbehördliche Handeln der Kontrolle des Oberzensurgerichts unterworfen.
Der Instanzenzug war folgender: Das erstellte Manuskript wurde beim Zensor eingereicht, der sein Imprimatur erteilte oder versagte. Konnte im Falle einer Verweigerung auch nach Veränderungen des Manuskripts durch den Antragsteller kein Konsens erreicht werden, war als nächste Instanz das jeweilige Oberpräsidium zuständig. Letztinstanzlich entschied das Oberzensurgericht.[337] Der König erklärte zu dem neuen Gericht am 30. Dezember 1843 auf eine eingegangene ständische Petition, die unmissverständlich die uneingeschränkte Pressefreiheit gefordert hatte:

„Durch die Einsetzung des Ober=Censurgerichts ist eine gleichmäßige Sicherheit vor Zügellosigkeit der Presse sowohl als vor willkürlicher Beschränkung derselben gewährt."[338]

Das Gericht war allerdings bereits vor Aufnahme seiner Tätigkeit zum Scheitern verurteilt. Dies war dem Spannungsverhältnis der durch die gerichtlichen Entscheidungen Betroffenen und der Zensurverwaltung zuzuschreiben. Einerseits hofften die schreibende Zunft und ihre Verleger auf einen großzügigen Umgang mit der Zensur und auf Urteile, die der bis dahin herrschenden Willkür mehr Rechtssicherheit entgegensetzten. Auf der anderen Seite erwartete die Ministerialbürokratie eine Rechtsprechung, die im vollen Umfang die bislang betriebene Zensurpolitik bestätigen sollte.
Zu diesem Dilemma gesellte sich die noch offene Personalfrage. Nach der endgültigen Absage v. Gerlachs war nicht nur die Präsidentenstelle vakant, sondern die gesamte Besetzung des Gerichts. Trotz hoher Gehälter, in Aussicht gestellter Beförderungen und großzügiger Vergabe von Titeln, Orden und Brunnenkuren

---

[336] GStA PK, I. HA, Rep. 101 J, Nr. 6, Oberzensurgericht, vor Bl. 1.
[337] Fouquet-Plümacher, Doris, Jede neue Idee kann einen Weltbrand anzünden - Georg Andreas Reimer und die preußische Zensur während der Restauration, Sonderdruck aus dem Archiv für Geschichte des Buchwesens, Band 29, Frankfurt a. M. 1987, S. 15.
[338] GStA PK, I. HA, Rep. 89 Geheimes Zivilkabinett (jüngere Periode), Nr.15166, Bl. 331.

entzogen sich zahlreiche Rechtspraktiker der ihnen angetragenen Aufgabe.[339] Als Kandidat für das Amt des Oberzensurgerichtspräsidenten stand neben v. Gerlach bereits Bornemann von Beginn an in der engeren Wahl. Doch auch dieser widersetzte sich anfangs heftig, bis er schließlich der Übernahme des schwierigen Amtes zustimmte.[340]

b. Bornemann wird Präsident des Oberzensurgerichts

Nach der Gründung des Oberzensurgerichts durch die Kabinettsorder vom 23. Februar 1843, trat Bornemann am 29. Mai das Präsidentenamt an.[341] In einem Schreiben vom 26. April 1843 an den Gesetzgebungsminister v. Savigny bemerkte er, *„dass Jeder auf einer solchen Stelle seinen ganzen Ruf dem Staatsinteresse zum Opfer bringe“*. Damit brachte er zum Ausdruck, dass er die neue Tätigkeit keinesfalls als ehrenhaft und als ein angesehenes Amt erachtete. Er handelte vielmehr in Erfüllung seiner dem preußischen Staate gegenüber empfundenen Pflicht. In der Tat war er wegen seines verhassten Amtes bald überall als Reaktionär verschrien[342], obgleich er ein entschiedener Gegner der vorbeugenden Zensur war.

Neben Bornemann hatte man eine Reihe hoch qualifizierter Juristen, so die Geheimen Oberjustiz-Räte Eichhorn, Göschel, Mathis und Prof. Lancizolle, zum Oberzensurgericht abgeordnet. Sie sollten ihr Amt dort nebenamtlich verrichten:

> *„Bei der Einsetzung des Oberzensur-Gerichts ging man von der Voraussetzung aus, dass sehr wenige Beschwerden eingehen. Das Gegentheil dieser Voraussetzung hat sich immer mehr herausgestellt“,*

beschrieb Bornemann den Beginn seiner Präsidialzeit[343]. Am 12. Januar 1844, ein halbes Jahr, nachdem das Gericht am 1. Juli 1843 offiziell eröffnet worden war, erstattete er dem Justizminister v. Mühler über die 1843 eingegangenen Beschwerden Bericht. Demnach waren 78 Beschwerden wegen Versagung der Druckerlaubnis, 14 Anträge auf Erteilung der Debitserlaubnis und einige andere Anträge eingegangen[344]. So musste sich das Kollegium im ersten halben Jahr mit rund 100 Beschwerden und Anträgen befassen. Von den 78 Beschwerden

---

[339] Hodenberg, Christina v., Die Partei der Unparteiischen. Der Liberalismus der preußischen Richterschaft 1815-1848/49, Göttingen 1996, S. 255.

[340] Treitschke, Heinrich v., Deutsche Geschichte, Band V, Königstein 1981, S. 204.

[341] Ernennungsurkunde in: GStA PK, I. HA, Rep. 101 J (Oberzensurgericht) Nr. 6, Bl. 1.

[342] Treitschke, Heinrich v., Deutsche Geschichte, Band V, Königstein 1981, S. 209.

[343] GStA PK I. HA, Rep. 101 J (Oberzensurgericht), Nr. 8, Bl. 51.

[344] Schreiben Bornemanns vom 12. Januar 1843 an Justizminister v. Mühler, in: GStA PK, I. HA, Rep. 101 J (Oberzensurgericht), Nr. 4, Bl. 3.

wurden 15 wegen „*Inkompetenz des Gericht, mangelnder Legitimation des Beschwerdeführers oder unterlassener Beifügung des Originalzensurstücks*“[345] zurückgewiesen und 52 Fälle entschieden. In sieben Fällen konnte bereits nach dem Vortrag entschieden werden, drei Sachen hatten dem Staatsanwalt zur Erklärung vorgelegt werden müssen. Eine Druckerlaubnis wurde nachträglich erteilt. In 47 Fällen musste das Oberzensurgericht 289 Einzelprüfungen vornehmen. Bornemann merkte hierbei an, dass es sich bei der Anzahl der Einzelprüfungen um „*das Minimum*“ handele.[346]
Es stellte sich bald heraus, dass das Gericht unterbesetzt war. Bornemann forderte daher in mehreren Schreiben an den Justizminister die Verstärkung des Gerichts.[347] Allerdings wurde ihm zunächst eine Personalaufstockung verweigert, was auch auf das dem Gericht kritisch gegenüberstehenden Innenministerium zurückzuführen war.

Das Gericht stand unter starkem öffentlichen Druck, der einerseits von der Bevölkerung, den Verlegern und der schreibenden Zunft, andererseits vom konservativen Innenministerium ausging. Insbesondere die Verleger und Schriftsteller erwarteten von dem Kollegium eine grundlegende Verbesserung ihrer Lage und eine kritische Auseinandersetzung mit der Arbeit der Zensoren. Das Innenministerium hingegen, neben dem Kultus- und Außenminister hauptverantwortlich für das Zensurwesen, war besorgt um die Arbeit der Lokalzensoren, die ihr Amt in seinem Sinne ausübten. Wie sich das Innenministerium die Aufgabe der Zensoren vorgestellt hatte, wurde in einem Brief an das Königsberger Oberpräsidium deutlich:

> „*Die Censoren sind es, in deren Hand die Beseitigung des inneren Feindes zunächst und hauptsächlich liegt*“.[348]

Insbesondere der konservative Innenminister Adolf Graf Arnim (1803-1868)[349] befürchtete, dass die neuen Zensurrichtlinien vom Gericht unterlaufen werden könnten. So waren Auseinandersetzungen zwischen beiden Institutionen die Folge.
Bornemann sah die Aufgabe seines Kollegiums darin, der „*Presse einen Schutz unter Rechtsformen zu gewähren*“ und für das Publikum einen „*rechtlichen*

---

[345] Schreiben Bornemanns vom 12. Januar 1843 an Justizminister v. Mühler, in: GStA PK, I. HA, Rep. 101 J (Oberzensurgericht), Nr. 4, Bl. 4.
[346] ebenda, Bl. 5.
[347] Das letztes Schreiben datiert vom 11. Oktober 1844, in: Schreiben Bornemann vom 12. Januar 1843 an Justizminister v. Mühler, in: GStA PK, I. HA, Rep. 101 J (Oberzensurgericht), Nr. 4, Bl. 7.
[348] GStA PK, XX. HA, Rep 2 (I), Tit. 39, Nr.8, Bd.2, Bl. 357.
[349] Vgl. zu v. Arnim, ADB, Bd. 1, S. 558 ff.

Schutz gegen beschränkende Willkühr in jeder die Presse betreffenden Angelegenheit" darzustellen. Er verdächtigte die Zensurverwaltung allgemein, „*jeden nach Politik schmeckenden unbedeutenden Artikel streichen*"[350] zu wollen.
Das Oberzensurgericht konnte sich nicht gänzlich gegen die Verwaltungspraxis zur Wehr setzten. Insbesondere die Bindung des Gerichts an die Zensurinstruktionen verhinderte eine grundlegende Veränderung des Zensurwesens. Bornemann und seine Kollegen konnten nicht mehr tun, als die Bestimmungen der Zensurgesetzgebung „*nach ihren Ansichten milder*"[351] auszulegen und so durch ihre Spruchpraxis auf die Zensoren Einfluss zu nehmen. Beispielhaft hierfür ist der Fall Wilhelm Wolff. Dieser hatte über den Weber-aufstand einen Artikel veröffentlichen wollen. Nachdem ihm dies von dem Breslauer Zensor verboten worden war, genehmigte das Oberzensurgericht Wolffs Begehren. Schließlich kam es aber doch nicht zum Druck, da das Innenministerium während der Verhandlung „spezielle Anweisung" erteilte, der sich Wolff und Bornemanns Kollegium beugen mussten.[352] Überdies dauerte ein Prozess vor dem Zensurgericht in der Regel mehrere Wochen, was vor allem auf die Unterbesetzung und den Verfahrensablauf zurückzuführen war. Einem Zeitungsredakteur nutzte daher eine Klage gegen eine von einem Lokalzensor verhängte Zensur wenig, wenn er mit ihr erst Wochen später durchdringen konnte. Das Verhältnis von Zensoren und Zensurrichtern ließ das absehbare Scheitern der Zensurgerichtsbarkeit offensichtlich werden. So beschrieb der Berliner Journalist Theodor Mügge 1845:

> „*Kein Censor kehrt sich an den Geist der Milde welcher aus den Urtheilen des Obercensurgerichts leuchtet. Es ist für ihn nicht vorhanden, es hat keinen Befehl von ihm zu empfangen. Seine Vorgesetzten sind die Verwaltungsbehörden, das Ministerium des Innern, von dem er seine geheimen Instructionen und Verweise erhält, wenn er sich etwa nach Ansicht derselben zu nachgiebig erweist. [...] Wie soll nun wohl diese strenge Verwaltungsmaxime mit einem Rechtszustande sich vereinbaren lassen, den das Obercensurgericht hervorrufen will ?! [...] Das Gute, was der Gesetzgeber bezweckte, geht größtentheils in dem Zwiespalt der Censur zwischen Verwaltung und Gericht verloren.*"[353]

Bereits im April 1844 beriet das Staatsministerium über einen Kurswechsel in der Zensurpolitik. Der Innenminister v. Arnim drängte „*auf Veranlassung einiger Artikel in Schlesischen Zeitungen über Missbräuche der gutsherrlichen Ge-*

---

[350] Votum Bornemanns vom 16. April 1844 in: GStA PK, I. HA, Rep. 101 J, Nr. 1, Bl. 106.
[351] Mügge, Theodor, Die Censurverhältnisse in Preußen, Leipzig 1845, S. 24.
[352] Stein, Julius, Geschichte der Stadt Breslau im neunzehnten Jahrhundert, Breslau 1884, S. 167.
[353] Mügge, Theodor, Die Censurverhältnisse in Preußen, Leipzig 1845, S. 25 ff.

walt"[354] auf die Disziplinierung der Gerichtsräte.[355] Er warf ihnen vor, sie gäben *„Giftartikel"* frei und lähmten dadurch die lokalen Zensoren in ihrer Arbeit:

„Kein Zensor behält auf diesem Gebiete die nöthige Freiheit und Energie, wenn er alle Tage die unpolitische starrichterliche Auffassung des Gerichtshofes fürchten muß, die seine Entscheidung verwirft."[356]

Arnim gelang es zunächst, den König hiervon zu überzeugen. Jedoch verhinderte Staatsminister Thiele, ein enger Vertrauter des Königs, dass die Zensurgerichtsbarkeit ein vorschnelles Ende fand. Thiele führte dem Monarchen die Widersprüchlichkeit seiner Pressepolitik vor Augen und gab ihm zu bedenken:

„Aufdeckung von Missbräuchen einer verliehenen Gewalt wollen Seine Majestät der Presse gestatten, haben Sie selbst von ihr verlangt. [...] Man kann aber nicht ein Gericht für die Censoren haben wollen, und zugleich vermeiden wollen, dass es Censoren und Schriftsteller wie Partheyen behandle, die sich gegenüber stehen".[357]

Zwar war nun ein amtlicher Versuch, das Gericht zu entmachten, gescheitert, aber v. Arnim versuchte in der Folgezeit mehrfach die Kompetenzen des Gerichts zu beschneiden. So sprach er dem Gericht das Recht ab, über den Verlust von Zeitungskonzessionen zu entscheiden. Die entschiedene Mehrheit des Kollegiums, angeführt vom Präsidenten Bornemann, wollte jedoch den drohenden Kompetenzverlust nicht hinnehmen und wehrte sich erfolgreich dagegen. In einem Plenargutachten vom 15. August 1844 forderten sie:

„Die Verwaltung soll nicht Richter in eigener Sache seyn, vielmehr die Entscheidung [...] dem Richterspruch des Oberzensurgerichts unterwerfen"[358]

Insbesondere Bornemann wollte die Kompetenzausstattung des Gerichts mit aller Macht verteidigen. Dem Gericht wurde zunehmend deutlich, dass die Administration mit allen zur Verfügung stehenden Mitteln darauf drängte, seine Befugnisse zu beschneiden.

---

[354] Schreiben v. Arnims an Friedrich Wilhelm IV. vom 12.4.1844, in: Hodenberg, Christina v., Die Partei der Unparteiischen. Der Liberalismus der preußischen Richterschaft 1815-1848/49, Göttingen 1996, S. 256.

[355] Hodenberg, Christina v., Die Partei der Unparteiischen. Der Liberalismus der preußischen Richterschaft 1815-1848/49, Göttingen 1996, S. 256.

[356] ebenda.

[357] Schreiben Thieles an Friedrich Wilhelm IV. und Arnim vom 8.4.1844, in: Hodenberg, Christina v., Die Partei der Unparteiischen. Der Liberalismus der preußischen Richterschaft 1815-1848/49, Göttingen 1996, S. 256.

[358] GStA PK, I.HA, Rep. 101 J Nr.1, Bl. 155, 180.

So folgte kurze Zeit später ein weiterer Angriff v. Arnims auf die Zensurgerichtsbarkeit. Die Justiz dürfe nur in solchen Fällen gegen die Zensur vorgehen, in denen der *„Druck an sich“* [359] untersagt worden sei. Sei hingegen der Druck als konzessionswidrig eingestuft worden, ende die Zuständigkeit des Oberzensurgerichts, da es sich um eine Angelegenheit der *„Preßpolizei“*, also der Verwaltung, handele. Die Verwirklichung dieser Ansicht wäre für das Gericht verheerend gewesen. Unter dem Vorwand einer angeblichen Konzessionswidrigkeit hätte jede Anrufung des Gerichts ausgeschlossen werden können.
Dazu kam es jedoch nicht. Bornemann und seine Kollegen widersprachen entschieden dieser Auffassung als einer *„Lebensfrage“* des Gerichts. *„Schon aus politischen Gründen“*[360] sei vor diesen Tendenzen zu warnen. So prophezeite Bornemann in einem Bericht vom 20. April 1844:

„Die Errichtung eines Ober-Censur-Gerichts hätte vielleicht ohne alle Gefahr unterbleiben können; von dem Rütteln an demselben in einer reactionairen Richtung lässt sich nur Schlimmes erwarten.“[361]

Mit einer Verpflichtung des Gerichts auf entsprechende Zensurrichtlinien unternahm v. Arnim den nächsten Versuch, dessen Arbeit zu torpedieren. Die Spruchpraxis des Gerichts solle sich zumindest tendenziell an die vom Minister des Innern gewünschte Richtung halten. Doch auch hier blieben die Gerichtsräte standhaft. Sie wehrten sich gegen die Eingrenzung ihrer Urteilsgewalt und bestanden auf Prüfung jedes Einzelfalls bei ihren Entscheidungen.[362] Eine abstrakte von der Administration auferlegte Richtlinie wecke *„ihre großen Bedenken“*[363], weil sie den Rechtsschutz beeinträchtige. Arnim beharrte jedoch auf seiner Meinung und stellte neue Überlegungen an, wie er seine Lokalzensoren gegen Aufhebungen ihrer Zensurmaßnahmen schützen könne. So wollte er den Zeitungen den nachträglichen Abdruck der vom Oberzensurgericht freigegebenen Texte erschweren.[364] Diese wurden nach Freigabe durch das Gericht oft auf der ersten Seite der Zeitung abgedruckt. Arnim empfand diese Praxis als Provokation und sie stand in der Tat sinnbildlich für den Sieg der Presse über den Lokalzensor. Der Innenminister gab nun den lokalen Zensoren eine vorformulierte

---

[359] Das Votum v. Arnims in: GStA PK, I.HA, Rep. 101 J Nr.1, vol.1, Bl. 114 ff.
[360] Hodenberg, Christina v., Die Partei der Unparteiischen. Der Liberalismus der preußischen Richterschaft 1815-1848/49, Göttingen 1996, S. 257.
[361] Bericht Bornemanns in: GStA PK, I.HA, Rep. 101 J Nr.1, vol.1, Bl. 103, 107, 110 ff.
[362] Hodenberg, Christina v., Die Partei der Unparteiischen. Der Liberalismus der preußischen Richterschaft 1815-1848/49, Göttingen 1996, S. 257.
[363] Schreiben des Oberzensurgerichts vom 20. Juli 1844 in: GStA PK, I.HA, Rep 101 J Nr.1, vol.1, Bl. 101.
[364] Hodenberg, Christina v., Die Partei der Unparteiischen. Der Liberalismus der preußischen Richterschaft 1815-1848/49, Göttingen 1996, S. 257.

Begründung an die Hand, die die Streichung lückenhafter Passagen in ganzer Länge ermöglichen sollte.[365] Das Oberzensurkollegium reagierte erbost und stellte in einem Gutachten am 8. September 1844 fest:

„Es ist keineswegs gegen das Gesetz, Ungereimtes drucken zu lassen. [...] Jedenfalls können wir aber nicht zusichern, [...] die Druckerlaubnis jedes Mal für das Ganze um deswillen zu versagen, weil die Konstruktion gestört ist."[366]

Von diesem Streit profitierte in erster Linie die Presse. Beschwerden v. Arnims über missliebige Urteile beim Justizminister ließen die Richter unbeeindruckt. Auch dass der Minister den Monarchen regelmäßig freigegebene Artikel mit der Bemerkung vorlegte, dem Oberzensurgericht sei die Schuld für die *„Zügellosigkeit der Presse"* zu geben, brachte das Kollegium nicht auf Kurs.[367] Vielmehr reagierten die Räte auf die Bemühungen v. Arnims, *„einen Tadel gegen das Kollegium"* aussprechen zu lassen, mit dem unverminderten Beharren auf ihre richterliche Unabhängigkeit:[368]

„Wir müssen uns jede Art von Instruktion über Materialia unserer Entscheidung verbitten; die mögen für die Censoren passen"[369].

Zu dem Argument der richterlichen Unabhängigkeit trat noch ein weiteres, mit dem man sich gegen Angriffe aus der Ministerialbürokratie verteidigte. Es war der Hinweis auf die öffentliche Meinung. Jede geplante Schwächung der Gerichtskompetenz, jeder beabsichtigte Personalwechsel stieß auf den Einwand:

„Jede Einschränkung wird seitens des Publikums unzweifelhaft als der Beginn einer Reaction angesehen werden"[370],

betonte Bornemann. Auch sein Nachfolger Bode berief sich gegenüber dem Justizminister auf das *„so nothwendige Ansehen und Vertrauen in der öffentlichen Meinung"*.[371]

---

[365] ebenda.
[366] GStA PK, I.HA, Rep. 101 J Nr.1, vol.1, Bl. 190 ff.
[367] Bericht v. Arnims an den König vom 22. und 29. November 1844, zitiert nach: Hodenberg, Christina v., Die Partei der Unparteiischen. Der Liberalismus der preußischen Richterschaft 1815-1848/49, Göttingen 1996, S. 258.
[368] Hodenberg, Christina v., Die Partei der Unparteiischen. Der Liberalismus der preußischen Richterschaft 1815-1848/49, Göttingen 1996, S. 258.
[369] GStA PK, I. HA, Rep 101 J, Nr.1, vol.2, Bl. 36 f.
[370] Schreiben Bornemanns vom 28. August 1843 in: GStA PK I.HA Rep. 101 J Nr.1, vol.1, Bl. 9; vom 16. April 1844 in: GStA PK, I.HA, Rep. 101 J Nr.1, vol.1, Bl. 110.
[371] Schreiben Bodes vom 12. April 1846, in: GStA PK, I.HA, Rep. 101 J Nr.6, Bl. 106.

Allerdings hatten sich innerhalb des Oberzensurkollegiums unterschiedliche Fraktionen mit unterschiedlichen Ansichten gebildet. Im Arbeitsalltag, wie Bornemann eingestand, kam es zu „*wiederholten unangenehmen Reibungen*“[372]. In einem Bericht vom 22. Januar 1844 an den Justizminister v. Mühler bat er schließlich um die Entbindung von seinem Amt.[373] Das Gericht sei hoffnungslos überfordert mit einer Flut von Klagen, so „*daß ich mich geistig und körperlich nur aufreibe*“.[374]
Drei Wochen später wandte Bornemann sich erneut an v. Mühler und stellte frustriert fest:

„*Meine Stellung an dem Ober=Censur=Gericht ist unhaltbar geworden nicht durch die Schuld meiner Herren Collegen, sondern durch die Eigenthümlichkeit der Verhältnisse, denen ich nicht gewachsen bin*“[375]

Diese Eigentümlichkeit bestehe insbesondere in der personellen Unterbesetzung des Gerichts, aber auch in dem steten Konflikt mit dem Innenministerium. Als Wegbereiter des neuen Gerichts hatte Bornemann als dessen erster Präsident die Stellung des Gerichts festigen und den Weg zu einer zuverlässige Zensur ebnen wollen. Ihm habe die schwere Pflicht oblegen,

„*für eine höchst eigenthümliche Einrichtung die Bahn zu brechen. Jeder Nachfolger in meinem Amte hat den Vortheil, die ersten Hindernisse, welche zu Reibungen Veranlassung gegeben haben, hinweggeräumt zu finden, und dafür leichter auf der Bahn fortschreiten zu können.*“[376]

Im Dezember 1844 trat Bornemann von seinem Präsidentenamt zurück. Anlass dazu war ein Monate währender Streit um die Zensurbefehle, die eine ausgedehnte Berichterstattung über den Schlesischen Weberaufstand hatten verhindern sollen. Eine geheim gehaltene Kabinettsorder[377] hatte „*zur Verhütung weitern Unglücks*“ verfügt, dass die schlesische Presse kein Wort mehr über den Aufstand verlieren dürfe, um nicht „*die unteren Stände gegen die höheren, und die Armen gegen die Wohlhabenden*“ weiter aufzuhetzen. Dieser Befehl war sowohl für die Zensoren als auch die Oberzensurrichter verbindlich. Bornemann sah dadurch die richterliche Unabhängigkeit untergraben. Trotz der Zensursper-

---

[372] Bericht Bornemanns an den Justizminister v. Mühler vom 10. Februar 1844 in: GStA PK I.HA Rep 101 J Nr.6, Bl. 40 f.
[373] GStA PK, I. HA, Rep. 101 J, Nr. 6, Bl. 38 f.
[374] ebenda, Bl. 39.
[375] ebenda, Bl. 40.
[376] ebenda, Bl. 40 f.
[377] Kabinetts-Ordre vom 16. April 1844, GStA PK, I. HA, Rep. 89, Geheimes Zivilkabinett, Nr. 15132, Bl. 69.

re konnte sich eine breite Berichterstattung über die soziale Frage entwickeln, weil die aufgebrachten Oberzensurrichter die Zeitungsredaktionen stützten.[378] Bornemann machte, auch der zermürbenden Streitigkeiten unter den Gerichtsmitgliedern müde, sein Verbleiben im Amt von der Aufhebung dieser geheimen Order abhängig.[379] Er verlangte, dass *„künftig nicht ohne Anhörung des Ober-Census-Gerichts oder seines Präsidenten so wichtige Anordnungen getroffen werden"*.[380] Die Order wurde jedoch nicht zurückgenommen. Somit war Bornemanns Schicksal als Präsident besiegelt. Er trat zurück. Letztlich hatte die Regierung es durch die anschließende Berufung Bornemanns in das Justizministerium erreicht, einen unliebsamen und scharfsinnigen Gegner auf ihre Seite wechseln zu lassen. Kammergerichtsrat Holtze stellte anerkennend fest:

„Selbst als Leiter des Ober=Censurgerichts [war er] durch seine großsinnige, von kleinlicher Engherzigkeit und Chikane weit abliegende Haltung in der Lage gewesen [...], sich Achtung und Beliebtheit zu erwerben."[381]

Friedberg bilanzierte Bornemanns Gerichtstätigkeit:

„Wer den Entscheidungen des Gerichtshofes aus jener Zeit mit Theilnahme und Einsicht gefolgt ist, der wird es zu würdigen wissen, mit welch` bewunderungswerther Kunst er die anscheinend unvereinbare Aufgabe zu lösen verstand: an Censurstrich und Censurverbote den Maaßstab positiven Rechtes zu legen, und über die Entscheidungen der Censur im Rechtswege zu urtheilen."[382]

Sein Nachfolger Bode bemühte sich jenen Grundsätzen treu zu bleiben:

„Wir sollen die freie Entfaltung der literarischen Geistesthätigkeit, welche ein Recht der Individuen und Völker und selbst das Palladium der Fürsten ist, gegen fesselnde Eingriffe schützen"[383]

Allerdings wich das Gericht zunehmend von dieser Politik ab, die es zu Bornemanns Zeit mit allen Mitteln verteidigt hatte. Seine Urteile, die anfangs noch moderat ausgefallen waren, wurden *„seit Bornemann wieder ausgeschieden war, immer härter."*[384]

---

[378] Hodenberg, Christina v., Die Partei der Unparteiischen. Der Liberalismus der preußischen Richterschaft 1815-1848/49, Göttingen 1996, S.259.
[379] ebenda, S. 259.
[380] Schreiben Bornemanns an Rochow und Uhden, GStA PK, I. HA, Rep. 101 J, Nr.8, Bl. 51.
[381] Holtze, Friedrich, Geschichte des Kammergerichts, Bd. 4, Berlin 1904, S. 183.
[382] Friedberg, Heinrich, Zum Gedächtnis an Ferdinand Wilhelm Ludwig Bornemann, Vortrag, gehalten vor der Juristischen Gesellschaft zu Berlin 1864, S. 9.
[383] Treitschke, Heinrich v., Deutsche Geschichte, Band V, Königstein 1981, S. 210.
[384] ebenda.

Vierter Teil: Soziale Betätigung und Aufstieg im Justizministerium (1844-1848)

I. Die Gründung des Zentralvereins für das Wohl der arbeitenden Klasse

In der ersten Hälfte des 19. Jahrhunderts breitete sich die Armut in Deutschland erschreckend weit aus. Die Bevölkerungsexplosion und die Zerstörung der Subsistenzbasis der ländlichen Unterschichten durch Einhegung von Allmende und Wald löste eine Binnenwanderung in die Städte aus.[385] Im Pauperismus des Vormärz kam es zum Klassengegensatz zwischen Eigentümern und Nichteigentümern[386], Besitzbürgertum und Arbeiterschaft. Spätestens die Julirevolutionen von 1830 ließen unübersehbar den Ausbruch einer neuen Revolution befürchten.

Der Zentralverein für das Wohl der arbeitenden Klasse (ZWAK) entstand als ein Nebenprodukt der ersten großen Gewerbeausstellung des Deutschen Zollvereins[387]. Mit dessen Gründung zogen vor allem Vertreter des liberalen Bildungs- und Besitzbürgertums die Konsequenz aus den Erfahrungen des Jahres 1844. Zum einen entwickelte sich die preußisch-deutsche Industrie mittlerweile prächtig[388], wie es sich bei der genannten Ausstellung gezeigt hatte; zum anderen aber geißelte der bedrückende und zugleich bedrohende Pauperismus breite Bevölkerungskreise. Dieser war auch Auslöser der ersten größeren sozialen Unruhen in Preußen, vor allem des Aufstands der schlesischen Weber am 4. Juni 1844.[389]

Vermutlich während des königlichen Abschlussfestes der Gewerbeausstellung am 8. Oktober 1844 war es zwischen einigen Festteilnehmern zur Diskussion über ein Vorhaben gekommen, das beim Fest durch einen dort verteilten Aufruf erstmalig der Öffentlichkeit bekannt gemacht wurde: die Bildung eines „Centralvereins für das Wohl der Hand- und Facharbeiter". Dieser Aufruf[390], vom 07. Oktober 1844, nannte eine Reihe von Zielen und Bestrebungen des geplanten Vereins. Deren wichtigstes war die *„Verbesserung des sittlichen und*

---

[385] Simhart, Florian, Bürgerliche Gesellschaft und Revolution, München 1978, S. 110.
[386] ebenda.
[387] GStA PK, I. HA, Rep. 77 Tit. 1104 (Innenministerium, Vereine), Nr. 8 vol. 1, Bl. 2 f.
[388] Vor allem der Eisenbahnbau sorgte für den Beginn der industriellen Revolution. Die Berliner Maschinenfabrik August Borsig hatte bereits 1841 mit der Herstellung von Lokomotiven begonnen.
[389] Reulecke, Jürgen, Sozialer Frieden durch soziale Reform. Der Centralverein für das Wohl der arbeitenden Klassen in der Frühindustrialisierung, Wuppertal 1983, S. 45 f.
[390] GStA PK, I. HA, Rep. 120 D XXII/1 (Ministerium für Handel und Gewerbe), Nr.1 vol. 1, Bl. 40 f.

wirthschaftlichen Zustandes der Hand= und Fabrikarbeiter"[391]. Zum Unterzeichnerkreis gehörten 22 Personen, darunter vierzehn Unternehmer und acht höhere Beamte. Einer von ihnen war Bornemann. Die Festbesucher und alle weiteren interessierten Personen, die den Aufruf am nächsten Morgen in den Berliner Zeitungen lasen, wurden eingeladen, sich am Nachmittag des 9. Oktober um 16 Uhr im Berliner Hotel du Nord zur konstituierenden Generalversammlung des Vereins einzufinden.[392] Das Presseecho auf die Gründung war durchweg positiv. So lobte die Elberfelder Zeitung die Idee als *„glücklichen Gedanke[n]"*. Der Zweck des Vereins stehe *„mit den Interessen des deutschen Gewerbefleißes überhaupt in dem innigsten Zusammenhange*"[393] und ergebe sich organisch aus den Erfahrungen anlässlich der Gewerbeausstellung.

Die Idee war jedoch keineswegs neu. Schon 1844 bestand bereits eine Vielzahl an Vereinen, die in unterschiedlichen Formen wohltätige und humanitäre Ziele verfolgten. Allerdings konnten die Gründer des Zentralvereins darauf hoffen, dass ihr Plan königliche Unterstützung finden werde. Friedrich Wilhelm IV. hatte Ende 1843 zwei Vorstöße unternommen, die in die gleiche Richtung zu weisen schienen. Wenn sich auch nach ersten optimistischen Erwartungen anlässlich des Thronwechsels 1840 der neue König keineswegs als so konsequent offen und einsichtig erwies, deuteten einige seiner Äußerungen zur Lage der „niederen Volksklassen" doch darauf hin, dass er wenigstens Problembewusstsein besaß und insoweit Aktivitäten entfalten wolle. Die Sorge um das Wohl der ärmeren Schichten gehörte für ihn zu den Aufgaben eines von erneuerter Religiosität geprägten christlichen Staates, den er durch die Autorität der Krone und mit Hilfe einer Neufestigung der ständischen Gesellschaft stärken wollte.[394] Trotz völliger Ablehnung seiner sonstigen Politik bestätigten ihm zunächst seine schärfsten Kritiker in dieser Hinsicht einen *„unbezweifelt gutmütigen Charakter*"[395]. So erließ Friedrich Wilhelm IV. am 13. November 1843 eine Kabinettsorder an die Minister Eichhorn und v. Arnim, die als ein erster Schritt zur Bekämpfung der Armut zu sehen war:

---

[391] GStA PK, I. HA, Rep. 120 D XXII/1 (Ministerium für Handel und Gewerbe), Nr.1 vol. 1, Bl. 40 f.
[392] Reulecke, Jürgen, Sozialer Frieden durch soziale Reform. Der Centralverein für das Wohl der arbeitenden Klassen in der Frühindustrialisierung, Wuppertal 1983, S. 53.
[393] Elberfelder Zeitung vom 13.10.1844.
[394] Huber, Ernst Rudolf, Deutsche Verfassungsgeschichte seit 1789, Band II, Stuttgart 1988, S. 256.
[395] Engels, Friedrich, Friedrich Wilhelm IV., König von Preußen, in: Georg Herwegh (Hrsg.), Einundzwanzig Bogen aus der Schweiz, Zürich und Winterthur 1843, Wiederabdruck in: Marx-Engels-Werke, Bd.1, Berlin-Ost 1976, S. 446-453.

„Um den großen Übeln zu steuern, welche aus der Vernachlässigung der Jugend in den niederen Volksklassen, dem Pauperismus und der Hülfslosigkeit entlassener Sträflinge hervorgehen",

müsse man dafür Sorge tragen, dass die Behörden *„die Förderung und Unterstützung von Vereinen, die zu jenen Zwecken freiwillig zusammentreten, auf alle Weise sich angelegen sein lassen und dieses hinfür als eine ihrer Amtspflichten erkennen."*[396] Er erwarte Vorschläge, wie die Behörden am besten mit den Vereinen zusammenarbeiten könnten, und veranlasste, dass überall dort, wo solche Vereine noch nicht bestünden, sie durch *„Beispiel und Ermunterung"* bald gegründet würden.

Die vom König geforderte Bestandsaufnahme der Vereinslandschaft in den acht preußischen Provinzen offenbarte trotz aller Ungenauigkeiten, dass es im Jahre 1844 schon 1680 solcher Vereine in Preußen gab.
Zur Gründungsveranstaltung des Zentralvereins fanden sich am 9. Oktober 1844 etwa 65 Personen ein, im Wesentlichen Unternehmer, höhere Beamte und Literaten. Die bescheidene Zahl der Anwesenden war kein Anzeichen von öffentlichem Desinteresse, sondern vielmehr eine Folge der kurzfristigen Einladung. Den Vorsitz führte der Geheime Finanzrat Johann Georg Viebahn. Gegenstand der Debatte waren die Ziele und Maßnahmen, wie sie im Aufruf vom 7. Oktober formuliert worden waren. Davon hatte der Aufruf elf genannt.[397] Ausgehend von der Absicht, durch die Vereinsgründung zur *„Verbesserung des sittlichen und wirtschaftlichen Zustandes der Hand- und Fabrikarbeiter"* beitragen zu wollen (Punkte 1 und 2), wurde in Punkt 3 die angestrebte Organisationsstruktur erläutert. Vorgesehen waren drei Ebenen der Aktivität, auf denen jeweils selbstständige, aber in Verbindung miteinander und in ständigem Gedankenaustausch stehende Institutionen wirken sollten: Lokalvereine für Orte, Provinzial- und Bezirksvereine in den Provinzen oder Regierungsbezirken und der Zentralverein als Dachorganisation für das gesamte preußische Staatsgebiet.
Den Lokalvereinen wurde in den Punkten 2 bis 6 die Aufgabe zugewiesen, praktisch bewährte Mittel unter besonderer Berücksichtigung der örtlichen Verhältnisse in die Tat umzusetzen. Gedacht war dabei im Wesentlichen an die Errichtung von Spar- und Prämienkassen und von Kranken-, Sterbe-, Unterstützungs- und Pensionskassen. Außerdem wurde die Gründung von Fortbildungsschulen für Fabrikkinder und von Kleinkinder-Bewahranstalten genannt. Durch Vorträge und Schriften, vor allem von Vereinsmitgliedern, solle *„die Verbreitung gemeinnütziger Kenntnisse"* angestrebt werden. Bei alledem sollten die *„Hand-*

---

[396] GStA PK, I. HA, Rep. 76 II (Kultusministerium), Sekt. I, Gen. 1, Bd.1, Bl. 7.
[397] GStA PK, I. HA, Rep. 120 D XXII/1 (Ministerium für Handel und Gewerbe), Nr.1 vol. 1, Bl. 40 f.

und Fabrikarbeiter möglichst Theil nehmen und bei deren Verwaltung thätig mitwirken". Die notwendigen Geldmittel sollten durch Mitgliedsbeiträge und Spenden von Gemeinden oder Stiftungen aufgebracht werden. Im Bedarfsfall sollte auch der Zentralverein oder der zuständige Bezirksverein Gelder zuschießen. Die Provinzial- und Bezirksvereine waren als fördernde, vermittelnde und anregende Zwischeninstanzen geplant. Die Mitgliedschaft war hier an einen Betrag von mindestens einem Taler im Jahr gebunden. Eine besondere Aufgabe dieser Instanz war die Gründung einer Bezirkskasse, in die die Überschüsse der lokalen Sparkassen fließen sollten, um die Anhäufung größerer Kapitalien zu erzielen, die auch höhere Zinserträge einbringen würden.
Der Zentralverein (Punkte 8 und 9)[398], in dem man durch einen Jahresbeitrag von mindestens vier Talern Mitglied werden konnte, war als geistige Mitte gedacht. Er sollte die gesammelten Erfahrungen diskutieren und zum Gemeingut werden lassen, die Kommunikation zwischen allen Zweigvereinen herstellen – letzteres durch kostenlos zu beziehende Veröffentlichungen[399], aber auch durch öffentliche Veranstaltungen.

Über die weitere Zukunft des Zentralvereins wurden in den abschließenden Ziffern 10 und 11 Überlegungen angestellt. Die Unterzeichner des Aufrufs gingen voller Optimismus davon aus, dass der wohltätige Zweck des Vereins vielseitige Anerkennung finden und die finanzielle Basis des Vereins durch Vermächtnisse, Stiftungen und Schenkungen *„nach und nach bedeutend anwachsen"* werde. Schließlich wollte man die Generalversammlungen des Vereins stets in Verbindung mit den Gewerbeausstellungen der deutschen Zollvereinsstaaten stattfinden lassen.[400]

Bereits eine Woche später, am 16. Oktober 1844, fand im Börsen-Lokal die nächste Generalversammlung statt, auf der die Kommission den Entwurf eines Statuts für einen *„Central-Verein in Preußen für das Wohl der Fabrik- und Handarbeiter*" vorlegte.[401] Es entzündete sich daraufhin eine Kontroverse über den Vereinsnamen und die Kompetenzverteilung. Hieran beteiligten sich vor allem radikale Literaten. Die Einschränkung der Aktivitäten auf die „Fabrik- und Handarbeiter" wurde als zu eng abgelehnt. Man entschied sich schließlich für die umfassendere Bezeichnung „arbeitende Klasse", ohne sich jedoch um deren Definition zu bemühen.

---

398 GStA PK, I. HA, Rep. 120 D XXII/1 (Ministerium für Handel und Gewerbe), Nr.1 vol. 1, Bl. 42.
399 Wie hauptsächlich die „Mittheilungen aus dem Centralverein"
400 GStA PK, I. HA, Rep. 120 D XXII/1 (Ministerium für Handel und Gewerbe), Nr.1 vol. 1, Bl. 40.
401 Berichte u. a. in der Vossischen Zeitung vom 19.10.1844 und in der Kölnischen Zeitung vom 20.10. 1844.

Das Statut hatte im Wesentlichen Bornemann ausgearbeitet. Es hielt sich weitgehend an den Aufruf vom 7. Oktober und sah einen auf drei Jahre gewählten neunköpfigen Vorstand vor, dem ein Ausschuss von 36 Personen zur Seite stehen sollte. Mit der Annahme des Statuts endete die Gründungsphase des Vereins. Bis dahin hatten 110 Personen ihre Mitgliedschaft erklärt und Mitgliedsbeiträge zwischen vier und 50 Talern gezeichnet.[402]

Die Versammlung ermächtigte neun Mitglieder der Statutenkommission, als provisorisches Komitee den Verein bis zu dessen offiziellen Gründung nach außen zu vertreten und der Regierung die Statuten zur Bestätigung vorzulegen. Das Komitee wählte hierfür den Weg einer Immediat-Vorstellung an den König, die am 24. Oktober 1844 eingereicht wurde, und in der der Zentralverein um die Genehmigung seiner Statuten und um die Verleihung der Korporationsrechte sowie der Portofreiheit nachsuchte, zudem auch Friedrich Wilhelm IV. um die Übernahme des königlichen Protektorats bat.[403]
In den Wochen nach der Immediat-Vorstellung spielten sich die für die Zukunft des Zentralvereins wichtigsten Ereignisse ab: Eine rührige Öffentlichkeitsarbeit der Vereinsführung sorgte dafür, dass die Pläne des Zentralvereins in der Öffentlichkeit lebhaft diskutiert wurden. Zugleich beschäftigte sich das Innenministerium ausführlich mit dem Verein und seinen Statuten. Ferner traten an mehreren Orten im Laufe des Novembers Bürger spontan zusammen, um die Lokal- oder Bezirksvereine zu gründen. Erheblich gefördert wurde diese Entwicklung – zum Leidwesen des Innenministeriums - durch ein Ereignis, das jedermann überraschte. Noch ehe Friedrich Wilhelm IV. die offizielle Immediat-Vorstellung oder eine Stellungnahme seiner Minister in den Händen hatte, wies er Finanzminister Flottwell in einer königlichen Order vom 25.Oktober 1844 an, dem Zentralverein sein „großes und lebhaftes Interesse“ auszudrücken und ihm gleichzei-

---

402 Mitgliederliste, GStA PK, I.HA, Rep. 120 Ministerium für Handel und Gewerbe, Abt. D XXII Gen.1 Nr.1 Bd.1, Bl. 18f. Diese Mitgliederliste war aber nur vorläufig, da in den folgenden Wochen weitere Personen ihre Mitgliedschaft erklärten. Die Elberfelder Zeitung berichtete am 18.11.1844 von rund 260 Mitgliedern, die etwa 2000 Taler gezeichnet hätten, während die Kölnische Zeitung am 16.11.1844 234 Berliner und 45 auswärtige Mitglieder erwähnte, von denen rund 2300 Taler eingegangen seien.

403 GStA PK, I.HA, Rep. 120 Ministerium für Handel und Gewerbe, Abt. D XXII Gen.1 Nr.1 Bd.1, Bl. 47-48. Die Verleihung der Korporationsrechte beinhaltete die Rechte einer "moralischen" Person einschließlich des Rechts zum Grundstückerwerb. Fast zeitgleich (28.10.1844) schickte der Verein ein Schreiben an die Minister von Arnim und Flottwell (Original a.a.O., S. 34 f.), in dem er um die Genehmigung der inzwischen geringfügig veränderten Statuten bat und die Hoffnung ausdrückte, dass er bald zu einer
„fruchtbringenden Leitung der dem Wohle der arbeitenden Klassen günstigen Stimmung der Nation in den Stand versetzt“ werden möge.

tig eine Summe von 15.000 Talern für die Vereinszwecke zur Disposition zu stellen, dies unter der Voraussetzung,

„dass nicht die Errichtung von Spar-Prämienkassen ausschließlich von demselben für jetzt ins Auge gefasst, sondern seine Thätigkeit auch gleichzeitig den anderen von ihm beabsichtigten wohlthätigen Einrichtungen mit werde zugewendet werden“.[404]

Der König hoffte, dass der Zentralverein

„bald durch den Hinzutritt aller wahrhaft edlen Männer unter dem Gewerbestand zu einem Baum erwachsen [wird,], der seine Zweige über das ganze Vaterland breitet“.

Am 12. November 1844 berief der Zentralverein eine weitere Generalversammlung ein, um die bis dahin provisorisch agierende Vereinsführung abzulösen und einen neunköpfigen Vorstand sowie die Ausschussmitglieder zu wählen. Auf dieser Versammlung wurden die Beamten Bornemann, Patow, Knoblauch und Viebahn, die Kaufleute Carl, Dannenberger, Goldschmidt und Nobiling sowie der liberale Stadtrat Benda in den Vorstand gewählt.[405] Den Vorsitz übernahm Bornemann. Jedoch behielt er sich von Anfang an vor, jederzeit seinen Rücktritt einreichen zu können. In einem Schreiben an den Innenminister v. Arnim machte er deutlich, dass seine Zeit und Kräfte eigentlich nicht ausreichten, das *„große und schwierige Werk durchzuführen“.*[406] Kurz darauf führte Bornemann in einem Brief vom 2. Dezember 1844 an v. Arnim aus, er habe die Wahl im Wesentlichen deshalb angenommen, *„damit nicht von vornherein der Schein eines erkalteten Eifers gegeben werde“*[407]. Dieser Brief ließ zugleich eine sich wandelnde Stimmungslage erkennen. Deren Gründe waren vielfältig. Es waren insbesondere Unstimmigkeiten über die Zuständigkeit zwischen den Ministerien bezüglich des Zentralvereins. Während im Finanzministerium unter der Leitung Flottwells (1786-1865)[408] ein gemäßigt liberales Klima herrschte, verfolgte das Innenministerium eine reaktionäre Politik[409]. Zudem herrschte die Angst vor einem zu großen Einfluss des Vereins auf die arbeitende Klasse, eine nach Einschätzung des zuständigen Referenten Wenzel eine *„nach Zahl und Stärke*

---

[404] GStA PK, I. HA, Rep. 120 Ministerium für Handel und Gewerbe, Abt. D XXII Gen.1 Nr.1 Bd.1, Bl. 17.

[405] Bornemann erhielt 132 der 165 abgegebenen Stimmen.

[406] GStA PK, I. HA, Rep. 120 Ministerium für Handel und Gewerbe, Abt. D XXII Gen.1 Nr.1 Bd.1, Bl. 59; Brief Bornemanns an von Arnim vom 02.12.1844.

[407] GStA PK, I. HA, Rep. 120 Ministerium für Handel und Gewerbe, Abt. D XXII Gen.1 Nr.1 Bd.1, Bl. 59.

[408] Vgl. zu von Flottwell, ADB, Bd. 8, S. 280 ff.

[409] Nach Varnhagen (Tagebücher 2, S.355) soll Flottwell auf die Frage des Königs, wie er zu seinem Ministerkollege stehe, gesagt haben: *„mit Graf Arnim sehr schlecht, denn er ist ein ganz aristokratischer Mensch“.*

furchtbare Macht", wenn die Vereinsleitung einmal in die Hände *„böswilliger und leichtsinniger Männer"* gerate.[410] Demgegenüber hatte Bornemann durch ein liberales Statut um breite öffentliche Zustimmung geworben. Auch hoffte er, den König für die Ziele des Vereins zu gewinnen, um so die Hindernisse des Innenministeriums zu überwinden. Er sollte sich täuschen. Nach Übermittlung der Vereinsstatuten an das Ministerium wurden diese genauestens geprüft. Das Ergebnis der Prüfung waren zahlreiche Monita gegen einzelne Paragraphen. So sollte die auf drei Jahre begrenzte Amtszeit des Vorstandes ein äußerstes Minimum sein. Anträge der Mitglieder dürften nur schriftlich erfolgen und ein Recht des Vorstandes auf deren Zurückweisung sollte vorgesehen werden. Auch sollte die Einflussnahme dadurch minimiert werden, dass diese an den Versammlungen des Vorstandes und des Ausschusses nicht teilnehmen durften. Schließlich bedürfe jegliche Statutenänderung der ausdrücklichen behördlichen Zustimmung.[411] Diese Einwendungen zeigten das tiefe Misstrauen des Innenministeriums, das gegenüber der Vereinstätigkeit bestand.

Mit den Verfügungen vom 16. März 1845 und besonders vom 4. April 1845[412] war das Schicksal fast aller Vereine besiegelt, die im Anschluss an den Aufruf des Zentralvereins und unter dem Eindruck der königlichen Order seit November 1844 gegründet worden waren. Eine Beschränkung ihrer Statuten und Wirksamkeit auf einen derart eingeschränkten Rahmen ließen sich nur die wenigsten Vereine gefallen. Zudem war die Begeisterung der Mitglieder schon bald erlahmt, da sich eine langwierige und zähe Auseinandersetzung mit den Behörden abzuzeichnen begann. Am 24. Januar 1845 erging eine königliche Order[413], in der Friedrich Wilhelm IV. das Innenministerium beauftragte, die Statuten eines jeden Vereins genau zu prüfen. Damit ließ der König das zunächst mit Begeisterung begrüßte Unternehmen wieder fallen, ehe es überhaupt zu existieren begonnen hatte. Er teilte v. Arnims Bedenken gegen den Zentralverein und billigte dessen Absicht, die Bedingungen für eine Genehmigung der Statuten so zu formulieren, dass keine *„spätere Ausschreitung"*[414] möglich sei. Zugleich stimmte er dem Vorschlag zu, die in Aussicht gestellten 15.000 Taler auch bei Beschränkung der Vereinswirksamkeit auf das Sparkassenwesen anzuweisen. Mit dieser Ordre ging folglich die gesamte Entscheidungsmacht an das Innenministerium über. Dies war eine Entwicklung, die vor allem Bornemann hatte vermeiden wollen. Der Vorstand des Zentralvereins musste sich eingestehen, zu naiv und

---

[410] GStA PK, I. HA, Rep. 120 Ministerium für Handel und Gewerbe, Abt. D XXII Gen.1 Nr.1 Bd.1, Bl. 49 f.

[411] ebenda.

[412] ebenda, Bl. 135 ff.

[413] ebenda, Bl. 49 f., Bl. 62 f.

[414] ebenda, Bl. 126.

optimistisch, vor allem aber in völliger Überschätzung der politischen und psychologischen Wirkungen seines sozialreformerischen Vorstoßes gehandelt zu haben.

Der Vorstand des Zentralvereins scheint auf die Einwände des Innenministeriums vorbereitet gewesen zu sein. So arbeitete man schon vor der Antwort des Innenministers an Kompromissvorschlägen. Als diese dem Zentralverein zugestellt wurde, war dennoch vor allem Bornemann *„schmerzlich berührt"*.[415] Nach v. Arnim bedurfte der gewählte Vorstand des Vereins einer behördlichen Genehmigung. Mit einem solch starken Misstrauen hatte niemand gerechnet.
Der ausführliche Antwortbrief des Vorstands vom 10. Juni 1845 war deshalb auch von Enttäuschung geprägt. Sie gipfelte in dem Satz: *„Wir haben gehofft, dass in unserer Zusammensetzung Gründe liegen würden, uns einiges Vertrauen zu schenken."*[416] Wenn die Vorstandsmitglieder jene Forderung schon bei der Übernahme des *„ohnehin nicht leichten Auftrages"* gekannt hätten, wären sie zur Annahme der Wahl nicht bereit gewesen. Kurze Zeit später trat Bornemann vom Vorsitz zurück, verblieb aber vorerst im provisorischen Vorstand. Sein Nachfolger wurde Georg v. Viebahn.
Am 19. Dezember 1845 fand über ein Jahr später die erste von v. Viebahn geleitete Generalversammlung statt.[417] Hier berichtete der Vorstand über den enttäuschenden Verlauf der immer noch andauernden Verhandlungen mit dem Innenministerium über die Vereinsstatuten. Man beklagte den Aufwand an Zeit und Energie und, dass man den erschienenen Mitgliedern über die völlige Erfolglosigkeit der bisherigen Bemühungen berichten müsse.[418] Viebahn teilte schließlich den Versammelten den am 18. Oktober 1845 in einer Vorstandssitzung gefällten Rücktrittsentschluss des Vorstands mit und deutete die Möglichkeit an, den Zentralverein ganz aufzulösen. Doch die Versammlung verlief anders als erwartet, weil alle anwesenden Mitglieder mit einer Ausnahme die Auflösung entschieden ablehnten. Es wurde auf den Sinn des Vereins hingewiesen, dies vor allem angesichts des immer noch zunehmenden Pauperismus. Es müsse der entmutigende Eindruck in der Öffentlichkeit vermieden werden, den eine Auflösung nach sich ziehen würde. Der Vorstand revidierte schließlich seine Absicht und erklärte sich bereit, sein Amt bis zur Genehmigung der Statuten beizubehalten.

---

[415] Reulecke, Jürgen, Sozialer Frieden durch soziale Reform. Der Centralverein für das Wohl der arbeitenden Klassen in der Frühindustrialisierung, Wuppertal 1983, S. 113.
[416] GStA PK, I. HA, Rep. 120 Ministerium für Handel und Gewerbe, Abt. D XXII Gen.1 Nr.1 Bd.1, Bl. 165-178.
[417] ebenda, Bl. 219-222.
[418] Reulecke, Jürgen, Sozialer Frieden durch soziale Reform. Der Centralverein für das Wohl der arbeitenden Klassen in der Frühindustrialisierung, Wuppertal 1983, S. 118 f.

In der Folgezeit forderte der Vorstand den Innenminister mehrfach auf, endlich über die Statuten zu befinden, erhielt jedoch keine Antwort. Erst am 2. März 1847 beschloss die Generalversammlung einen abermals revidierten Statutenentwurf. Die Abstimmung hierüber wurde möglich, nachdem der zuständige Direktor im Innenministerium, Emil Ludwig Mathis (1797-1874), den entschärften Entwurf mündlich genehmigte. Arnim hatte Mathis mit der kritischen Begleitung der Vereinsbewegung beauftragt. Er sollte vor allem nach Argumenten suchen, die eine Genehmigung der Statuten nur in restriktiver Form erlaubten.
Als Vorsitzender des Zentralvereins bat v. Viebahn nun daraufhin am 21. März 1847 das Innenministerium um die offizielle „Allerhöchste Genehmigung" der Statuten, gleichzeitig auch um die Portofreiheit und die freie Disposition über die vom König gestifteten 15.000 Taler. Doch es sollte erneut zu Verzögerungen kommen. Nach einem weiteren halben Jahr legten Bornemann, v. Patow und der Fabrikant Dannenberger ihre Ämter endgültig nieder. Ausschlaggebend war letztlich ein Artikel in der Vossischen Zeitung, der die ironische Frage stellte, ob der Verein überhaupt noch existiere, wobei der Verfasser auf die überall bestehende Not und die Notwendigkeit eines umfassenden Eingreifens hinwies.[419]

Ergebnis der Bemühungen Bornemanns um den Zentralverein war das Scheitern seiner zunächst mit viel Begeisterung begonnenen und von breitem öffentlichem Wohlwollen getragenen Arbeit. Seine auf Bündelung der Sozialreform zielenden Ideen waren am Argwohn des Innenministeriums gescheitert.
Die Gründung des Zentralvereins war der erste Versuch einer vorsichtigen Antwort auf die sozialen innergesellschaftlichen Bedrohungen der einsetzenden Industrialisierung, die sich noch auswachsen sollten. Letztlich unterschätzten aber alle Gründungsmitglieder die Vielschichtigkeit der sozialen Frage.
Über die Motive Bornemanns, den Zentralverein im Jahr 1844 mitzugründen, kann mangels Quellen nur spekuliert werden. Denkbar ist, dass diese wesentlich den Erfahrungen seiner Präsidentschaft am Oberzensurgericht zu verdanken waren.

---

[419] Stiebel, Nora, Der Zentralverein für das Wohl der arbeitenden Klassen im vormärzlichen Preußen. Ein Beitrag zur Geschichte der sozialreformerischen Bewegung, Heidelberg 1922, S. 185 f.

II. Direktor im Justizministerium

1. Das Justizressort

Das Justizministerium als modernes Ressortministerium wurde erst im Jahre 1808 geschaffen.[420] Justizverwaltung und Gesetzgebung waren die beiden Aufgaben der Behörde.

Im Jahr 1816 hatte sich das Justizministerium eine Zuständigkeitsbeschränkung gefallen lassen müssen. Justizminister Kircheisen[421] hatte nach dem Sieg über Napoleon in den zu Preußen gekommenen Rheinprovinzen, die preußische Gerichtsverfassung einführen wollen. Es sollten auch dort Oberlandes- und Kreisgerichte geschaffen werden. Der Staatskanzler Hardenberg[422] stoppte jedoch Kircheisens Vorhaben und legte die gesamte Oberaufsicht über die Justiz der Rheinprovinzen in die Hände einer ihm persönlich unterstellten Kommission, die so genannte Rheinische Immediat-Justiz-Organisations-Kommission.

Im Jahre 1817 verfügte Hardenberg sodann eine Teilung des Justizministeriums. Neben dem Ministerium der Justizverwaltung unter Kircheisen wurde ein Ministerium zur Revision der Gesetzgebung und zur Justizorganisation in den rheinischen Provinzen unter Carl Friedrich Beyme[423] errichtet. Ihm musste Justizminister Kircheisen die Kompetenz der Vorbereitung von Gesetzgebungsvorhaben abgeben.[424]

Dieses Revisionsministerium bestand nur zwei Jahre. Nach der auf Betreiben Hardenbergs erfolgten Entlassung v. Beymes wurde es Ende 1819 aufgelöst. Das Justizministerium erhielt seine ursprünglichen Befugnisse zurück. Davon ausgenommen war nur das weiterhin ausgelagerte Organisationsgeschäft für die rheinischen Gebiete.

Im Jahr 1832 kam der Gedanke an eine erneute Teilung des Justizministeriums auf und zum Durchbruch. Für die umfangreiche drängende gesetzgeberische Arbeit wurde ein besonderes Departement für Gesetzesrevision unter dem Ersten Justizminister Karl v. Kamptz[425] geschaffen. In dieser Abteilung wurden zugleich die Justizministerialangelegenheiten der Rheinprovinzen bearbeitet, da die Revision des ALR mit der Abschaffung des französischen Rechts in den

---

[420] „Publicandum betreffend die veränderte Verfassung der obersten Staatsbehörden der preußischen Monarchie in Bezug auf die innere Landes- und Finanzverwaltung" vom 18. Dezember 1808, Gesetzes-Sammlung für den Königlich Preußischen Hof und Staat 1808, S. 361 ff.

[421] Vgl. zu Kircheisen (1749-1825), NDB Bd. 11, S. 638.

[422] Vgl. zu Hardenberg (1750-1822), NDB Bd. 7, S. 658.

[423] Vgl. zu Beyme (1765-1838), NDB Bd. 2, S. 208.

[424] Stölzel, Adolf, Brandenburg-Preußens Rechtsverwaltung und Rechtsverfassung, Band II, Neuauflage hrsg. von Jürgen Regge, Vaduz 1989, S. 448.

[425] Vgl. zu Kamptz (1769-1849), NDB Bd. 11, S. 95 f.

rheinischen Gebieten zusammenhing.[426] Eine zweite Abteilung des Ministeriums war für Justizverwaltungsangelegenheiten zuständig. Diese wurde von dem Zweiten Justizminister Mühlen geleitet.
Erst mit Beginn der Amtszeit des neuen Gesetzesrevisionsministers v. Kamptz 1832 kam die überfällige Revision des Allgemeinen Landrechts in Gang. Der mit profunden Rechtskenntnissen und einem großen Organisationsgeschick ausgestattete v. Kamptz konnte bis zu seinem Ausscheiden einige wichtige Reformvorhaben, wie etwa den ersten Entwurf eines Bürgerlichen Gesetzbuchs, vorlegen. Dennoch scheiterten sämtliche Vorhaben. Der Thronwechsel 1840 verhinderte endgültig die Vollendung der Revision, denn Friedrich Wilhelm IV. besaß eine tiefe Abneigung gegenüber dem Bürokraten v. Kamptz. Mit der Berufung v. Savignys im Jahre 1842 als dessen Nachfolger wurde seine Abteilung in ein selbstständiges Ministerium für Gesetzgebung umgewandelt.

2. Berufung in das Justizministerium

Die dringend notwendige und bislang unvollendet gebliebene Gesetzes-revision verlief unter dem neuen Minister v. Savigny zäh und war nur in Teilen erfolgreich. Der Dringlichkeit, mit der diese in der Öffentlichkeit gefordert wurde, konnte weder das Gesetzgebungsministerium unter v. Savigny noch das Justizverwaltungsministerium unter v. Mühler entsprechen. Dennoch schloss sich der König den Erwartungen der Öffentlichkeit nach schnellen Reformen an und verkündete anlässlich der Ernennung v. Savignys zum Staatsminister für Gesetzgebung am 28. Februar 1842:

„Was die Leitung der Gesetz-Revision betrifft, so will Ich:
1. dass dabei der schon in der Ordre vom 24. Juli 1826 aufgestellte Gesichtspunkt des praktischen Bedürfnisses überall festgehalten und hiernach der Umfang des Geschäftes dergestalt begrenzt werde, dass die Erlangung eines endlichen Resulls in nicht zu langer Zeit mit einiger Sicherheit erwartet werden kann [...]. [Es kommt darauf an] aus (dem Gesetzbuch) die durch neuere Gesetze aufgehobenen Bestimmungen auszusondern, an die Stelle der unpraktisch gewordenen oder in der Praxis nicht bewährt gefundenen Bestimmungen andere in Vorschlag zu bringen und die neuere Gesetzgebung mit dem Landrecht zusammenzustellen, um auf diesem Wege eine Uebersicht des bestehenden Rechtszustandes zu gewinnen.“[427]

Friedrich Wilhelm IV. war nach eingehenden Beratungen mit dem Gesandten in London, seinem Freund Christian v. Bunsen[428] zu der Entscheidung gelangt,

---

[426] Stölzel, Adolf, Brandenburg-Preußens Rechtsverwaltung und Rechtsverfassung, Band II, Neuauflage hrsg. von Jürgen Regge, Vaduz 1989, S. 503.
[427] Schreiben Friedrich Wilhelms IV. an Savigny vom 28.2.1842, abgedruckt in: Justiz-Ministerialblatt Nr. 21, IV. Jahrgang 1842, S. 182 f.
[428] Vgl. zu Bunsen (1791-1860), ADB Bd. 3, S. 541.

dass v. Savigny wohl der geeignetste Mann für das Reformvorhaben sei. Dies machte er gegenüber v. Savigny deutlich:

„Indem Ich hiermit das große Werk der Gesetz-Revision mit vollem Vertrauen in Ihre Hände lege, hoffe Ich, dass es Ihnen gelingen werde, den jetzt in der Rechtspflege oft vermissten Zusammenhang zwischen der Wissenschaft und der Praxis wieder herzustellen, und insoweit [...] für meine Unterthanen einen, ihre Wohlfahrt sichernden und dieselbe vermehrenden Rechtszustand, herbeizuführen."[429]

Es fehlte also nicht an hohen Erwartungen und üppigen Vorschusslorbeeren für v. Savigny.[430]

Bei alledem musste v. Savigny aber den Staatsrat an seinen Gesetzesvorlagen beteiligen. Dies führte zu erheblichen Reibungsverlusten und Stagnation. Nipperdey sprach von einer *„diskutierenden Verwaltung"* und stellte fest:

„Initiativen, Anfragen, Pläne, Gutachten, kritische Seperatvoten, Anti-Gutachten wanderten –auch jenseits des Dienstweges- zwischen den Ministerien, den Regierungen, ja den Landräten hin und her, alle äußerten sich erstaunlich unabhängig und liberal und mit der Tendenz zur wechselseitigen Belehrung; da war eine Vielzahl von Meinungen, ein permanentes Quasiparlament der relativ unabhängigen Instanzen, freilich ohne Öffentlichkeit und wegen der jahrelangen Dauer und Mühsamkeit des Verfahrens nicht unbedingt effektiv."[431]

Dieses *„Kompetenzwirrwarr"*[432] hatte letztlich drei Ursachen. So mangelte es zunächst an der notwendigen Koordination zwischen den Ministerien. Ein spezielles Problem war ferner die Existenz zweier Justizministerien, zwischen denen es immer wieder zu Überschneidungen und Missverständnissen kam.[433] Schließlich versagte in festgefahrenen Situationen auch der Regent, der gelegentlich noch weitere Instanzen hinzuzog:

„Es war überhaupt eine schwere Sache, bei diesem Könige Minister zu sein; denn dieser hatte unberechenbare Einfälle, machte plötzlich Einwürfe und Vorschläge, hielt sich an keinen Geschäftsgang, berief außer dem Kabinettsminister oft einen oder mehrere andere zu Vorträ-

---

429 Schreiben Friedrich Wilhelms IV. an Savigny vom 28.2.1842, abgedruckt in: Justiz-Ministerialblatt Nr. 21, IV. Jahrgang 1842, S. 183.
430 Hattenhauer, Hans, Die geistesgeschichtlichen Grundlagen des Deutschen Rechts, 4. Auflage Kiel 1996, S. 120.
431 Nipperdey, Thomas, Deutsche Geschichte 1800-1866. Bürgerwelt und starker Staat, München 1994, S. 332.
432 Blasius, Dirk, Bürgerliche Gesellschaft und Kriminalität. Zur Sozialgeschichte Preußens im Vormärz, Göttingen 1976, S. 111.
433 Arnswaldt, Wolf v., Savigny als Strafrechtspraktiker, Baden-Baden 2003, S. 89.

gen oder erschien unerwartet im Ministerrat; dann ließ er die angeregten Dinge wieder liegen und befolgte den eingeholten Rat nicht."[434]

Anfang Juni 1844 bestimmte der König, dass ihm alle Justizsachen nicht mehr von v. Mühler, sondern von dem Geheimen Oberjustizrat Graf Voß vorgetragen werden sollten.[435] Dieser Schritt leitete einen Wechsel an der Spitze des Ministeriums ein. Mühler beschloss, seiner bevorstehenden Ablösung zuvorzukommen und wieder in das Richteramt zurückzukehren. Hierzu bot die Pensionierung des Obertribunalpräsidenten Sack die passende Gelegenheit.

Ein Nachfolger fand sich in dem Geheimen Kabinettsrat Uhden[436] aus der unmittelbaren Umgebung des Königs.[437] Dieser wurde durch die Allerhöchste Kabinettsorder[438] vom 25. September 1844 ernannt. Der neue Minister entsprach in vielem dem Wesen Bornemanns. Im selben Jahr wie jener geboren, hatte Uhden in Berlin bei v. Savigny studiert und seine juristische Laufbahn am Kammergericht begonnen. Ein signifikanter Unterschied bestand jedoch in beider juristischen Qualifikation. Während Bornemann ein begabter und scharfsinniger Jurist war[439], urteilte Stölzel über Uhden, dass er

„für einen guten Juristen nie gegolten [hat], daß er aber mit praktischem Blicke zugreifen und die Wünsche des Königs mit Hülfe richtig ausgewählter Kräfte verstand, hat er während seiner verhältnismäßig kurzen Amtsführung im Gegensatze zu Savigny bewiesen440".

Die erste Amtshandlung Uhdens war die Berufung Bornemanns zum Direktor im Justizverwaltungsministerium. Nach der unliebsam gewordenen Tätigkeit am Oberzensurgericht stellte dieser sich nun voller Tatendrang der neuen Herausforderung. Neben ihm amtierte der rheinische Jurist Carl Ruppenthal (1777-1851), der für die rheinischen Angelegenheiten zuständig war, als Direktor im Verwaltungsministerium.

Die Berufung Bornemanns galt als äußerst ungewöhnlich. Es war bekannt, dass Bornemann liberale Ansichten vertrat. Nach Stölzel konnte man beobachten,

---

434 Stoll, Adolf, Friedrich Karl v. Savigny. Ministerzeit und letzte Lebensjahre 1842-1861, Dritter Band, Berlin 1939, S. 28.

435 Stölzel, Adolf, Brandenburg-Preußens Rechtsverwaltung und Rechtsverfassung, Band II, Neuauflage hrsg. von Jürgen Regge, Vaduz 1989, S. 565.

436 Vgl. zu Uhden, ADB, Bd. 39, S. 765 f.

437 Sonnenschmidt, Friedrich Hermann, Geschichte des Königlichen Ober-Tribunals zu Berlin, Berlin 1879, S. 403.

438 Gesetz-Sammlung 1844, Nr. 35.

439 Stölzel, Adolf, Brandenburg-Preußens Rechtsverwaltung und Rechtsverfassung, Band II, Neuauflage hrsg. von Jürgen Regge, Vaduz 1989, S. 550 f.

440 ebenda, S. 566.

„wie dieser [Bornemann] alsbald dazu überging, in Bahnen zu drängen, auf welchen Uhden seiner ganzen Neigung nach wenig Lust hatte zu wandeln. So bereitete sich das wunderbare Schauspiel vor, daß ein Ministerium, welches seiner besonders conservativen Richtung wegen seinen Vorgänger abzulösen berufen war, den Keim in sich trug, durch seine Thaten mehr und mehr der nach entgegengesetzter Seite hin treibenden Zeitströmung zu huldigen.“[441]

Bornemanns Ernennung erfolgte unter dem Datum des 6. Dezember 1844. Daher wurde er beiden Ministern, v. Savigny und Uhden, unterstellt, weil es im Gesetzgebungsministerium lediglich vortragende Räte und keine Direktoren gab. Dabei war Bornemanns Verhältnis zu v. Savigny bereits getrübt. Er trug ihm nach, dass jener ihm bei Überreichung seiner zweiten Auflage der „Rechtsgeschäfte“ im Jahr 1833, mit der herablassenden Bemerkung begegnet war:

„es sei ja ganz lobenswerth, wenn auch junge Herren aus der Praxis sich wissenschaftlich betätigten“[442].

Diese arrogante Behandlung hatte Bornemann nicht vergessen. Jedoch schien sich zunächst Kompromissbereitschaft zwischen beiden abzuzeichnen. Savigny hatte sich mit Uhden dahingehend verständigt, dass ihre gemeinschaftlichen Geschäfte nicht bloß formal durch schriftliche Mitteilungen, sondern *„auf dem lebendigen Wege mündlichen Verkehrs“*[443] erfolgen sollten. Er ging fest davon aus, in Bornemann die richtige Mittelsperson im Verhältnis zum Justizverwaltungsministerium zu haben, die er sich *„wegen seines vorzüglichen persönlichen Berufs zu Arbeiten der Gesetzgebung“*[444] dringend gewünscht hatte und jetzt als Direktor des Verwaltungsministeriums *„gerne sah“*. Von der Berufung erhoffte sich v. Savigny den *„ungemeinen Gewinn eines einfachen und natürlichen Weges der Verständigung“*, gegen *„die Nachtheile des gewöhnlichen schriftlichen Verkehrs zwischen den aufeinander angewiesenen beiden Justizministerien“*.[445] Diese Hoffnung zerschlug sich schon bald. Der als Vermittler auserkorene Bornemann wurde v. Savignys unbequemer Gegner. Hatten bisher zeitraubender Schriftwechsel und die fehlende Abstimmung der Ministerien Reibungsverluste erzeugt, so kam es nun zu feindlicher Lagerbildung zwischen beiden Ressorts.

---

[441] ebenda, S. 568 f.

[442] ebenda, S. 551.

[443] Schreiben v. Savignys an Uhden vom 23. Juli 1845, teilweise abgedruckt bei Stölzel, Adolf, Brandenburg-Preußens Rechtsverwaltung und Rechtsverfassung, Band II, Neuauflage hrsg. von Jürgen Regge, Vaduz 1989, S. 566.

[444] Schreiben Savignys an Bornemann vom 29. September 1845, zitiert nach: Stölzel, Adolf, Brandenburg-Preußens Rechtsverwaltung und Rechtsverfassung, Band II, Neuauflage hrsg. von Jürgen Regge, Vaduz 1989, S. 566.

[445] Stölzel, Adolf, Brandenburg-Preußens Rechtsverwaltung und Rechtsverfassung, Band II, Neuauflage hrsg. von Jürgen Regge, Vaduz 1989, S. 578.

3. Einleitung von Gesetzesrevisionen

Neben den Verwaltungsgeschäften des Ministeriums und der Leitung der umfangreichen Beschwerde-Instanz richtete Bornemann seine Aufmerksamkeit insbesondere auf die bevorstehenden Gesetzesrevisionen.

a. Kompetenz-Konflikt-Verfahren

Noch vor seiner Ernennung wurde Bornemann von Uhden mit der Aufgabe betraut, ein Verfahren für Kompetenzkonflikte zu entwerfen, um Streitigkeiten über die jeweilige Zuständigkeit zwischen Behörden und Gerichten zu regeln.
Nachdem 1827 die Entscheidung darüber dem Geheimen Obertribunal übertragen worden war, und man sich zugunsten der Rechtspflege entschieden zu haben schien, war es ein Jahr später zu einem grundlegenden Wandel gekommen. Das Misstrauen des Monarchen gegen die Gerichte und die Sorge, diese könnten die Verwaltung ihrer Kontrolle unterwerfen, war groß.[446] Eine Kabinetts-Order vom 30. Juni 1828[447] reformierte das Verfahren. Hiernach hatten, wenn eine Verwaltungsbehörde in einer bei Gericht anhängigen Sache, an der sie mittelbar oder unmittelbar beteiligt war, den Rechtsweg für unstatthaft erachtete und die richterliche Kompetenz bestreiten zu müssen glaubte, zwischen dem Justizminister und dem der Verwaltungsbehörde vorgesetzten Minister Verhandlungen stattzufinden.[448] Blieben diese erfolglos, behielt sich der König vor, selbst zu entscheiden oder die Entscheidung dem Geheimen Obertribunal zu übertragen.[449] Allerdings bot die unklar gefasste Order dehnbare Auslegungsmöglichkeiten. Mühler hatte bereits die Auffassung vertreten, nach einer Einigung zwischen dem Justizminister und einem Minister der Verwaltung, könne dieser durch Anweisung an das entsprechende Gericht den Rechtsweg ausschließen. Mit dieser Auslegung gelang es ihm, die Unabhängigkeit der Rechtspflege auf das empfindlichste zu erschüttern, da seine Entscheidung auch bereits ergangene Urteile kassieren konnte.
Nach der Thronbesteigung Friedrich Wilhelms IV. 1840 führten Bedenken im Staatsministerium zu einer Prüfung dieser Praxis. Widerstand machte sich auch in der Öffentlichkeit bemerkbar. Der Herausgeber des „Neuen Archiv für preußisches Recht und Verfahren" Johann Friedrich Sommer äußerte 1841 sein Missfallen an dem Zustand:

---

446 Loening, Edgar, Gerichte und Verwaltungsbehörden in Brandenburg-Preußen, Halle 1914, S. 217.
447 Gesetzes-Sammlung für den Königlich Preußischen Hof und Staat 1828, S. 86.
448 Schubert, Werner, Gesetzrevision II, Bd. 11/I, Vaduz 1983, S. XLIX
449 Loening, Edgar, Gerichte und Verwaltungsbehörden in Brandenburg-Preußen, Halle 1914, S. 218.

„Es macht keinen erfreulichen Eindruck, wenn ein bloßes Reskript des Justizministers genügt, die Erkenntnisse der höchsten Gerichte aufzuheben."[450]

Weitaus schärfere Kritiken schlossen sich dem an.[451]
Das Kabinett regte beim König die Prüfung der Frage an, ob die Entscheidung von Kompetenzkonflikten nicht bei Vorliegen rechtskräftiger Urteile auszuschließen sei. Mit der Kabinettsorder vom 30. Juli 1842 billigte der König diese Ansicht und v. Mühler ließ die Sache bis zu seinem Ausscheiden im August 1844 auf sich beruhen.[452]
Uhden wusste, wie sehr diese Angelegenheit, die mittlerweile seit zwei Jahren unbehandelt geblieben war, dem König am Herzen lag. Bornemann, zu dieser Zeit noch Staatssekretär im Staatsrat, legte bereits am 9. November 1844 einen umfassenden Bericht über das Verfahren bei Kompetenzkonflikten vor. Darin war ausgeführt, dass auch nach bisherigem Recht die Erhebung des Konflikts unstatthaft sei, und dass es sich empfehle, die Entscheidung über die Zulässigkeit des Rechtsweges in schwebenden Prozessen allein den Gerichten zu übertragen, notfalls eine Staatsratskommission damit zu betrauen.[453] Bevor weitere Schritte erfolgten, befahl der König am 27. Dezember 1844, den noch anstehenden Bericht des Staatsministeriums vorzulegen.[454] Das mit dem Bericht Bornemanns übereinstimmende Votum des Justizministers Uhden wurde sodann am 14. Februar 1845 allen Mitgliedern des Staatsministeriums übersandt, das ein Verfahren beschließen sollte.
Während der Erörterungen im Staatsministerium versuchte Uhden, der sich zuvor noch mit Bornemann beraten hatte, den Beweis dafür zu erbringen, dass die Aufhebung rechtskräftiger Urteile im Wege des Kompetenzkonfliktes rechtswidrig sei, wenngleich in einigen Fällen derartige königliche Entscheidungen erlassen worden seien.[455] In keinem Gesetz sei dieser Grundsatz jemals im Allgemeinen kodifiziert worden. Mit Verweis auf § 5 der Einleitung des Allgemeinen Landrechts und die Allgemeine Gerichtsordnung erklärte er:

„Das Grundprinzip unseres und des deutschen Rechts überhaupt ist, dass rechtskräftige Erkenntnisse unumstößlich sind. Dieses Grundprinzip, von dessen Aufrechthaltung die Autorität der Gerichte wesentlich mitabhängt, und welches mit Recht als ein Palladium der Untertanen

---

[450] Sommer, Johann Friedrich Joseph, Neues Archiv für preußisches Recht und Verfahren, sowie für deutsches Privatrecht, Bd. 7, Arnsberg 1841, S. 167.
[451] So u.a. Simon, Heinrich, Preußisches Staatsrecht, Bd. 2, Berlin 1844, S. 505.
[452] Loening, Edgar, Gerichte und Verwaltungsbehörden in Brandenburg-Preußen, Halle 1914, S. 223.
[453] Stölzel, Adolf, Brandenburg-Preußens Rechtsverwaltung und Rechtsverfassung, Band II, Neuauflage hrsg. von Jürgen Regge, Vaduz 1989, S. 567.
[454] Loening, Edgar, Gerichte und Verwaltungsbehörden in Brandenburg-Preußen, Halle 1914, S. 225.
[455] ebenda.

betrachtet wird, muss vor jeder Erschütterung bewahrt und darf daher auch dem Interesse der Verwaltung nicht geopfert werden."[456]

Diese Rechtsauffassung Uhdens entsprach jener Bornemanns. Die Rechtssicherheit und die Unabhängigkeit der Gerichte waren ihm unverzichtbare Pfeiler der Justiz. Uhden stellte nun den Antrag, die Entscheidung über die Zulässigkeit des Rechtsweges allein den Gerichten zu überlassen.[457] Die ganze Lehre vom Kompetenzkonflikt sei entbehrlich:

„Denn die Lehre von den Kompetenzkonflikten und von der Form der Verhandlung ist nicht deutschen Ursprungs. Ihr Vaterland ist Frankreich. In diesem Verfahren liegt ein Widerspruch, eine kaum zu rechtfertigende Inkonsequenz. Der Staat vertraut den Richtern nicht und will doch, dass andere ihnen vertrauen, die bei der Wahl und Anstellung der Richter keine Stimme haben. Im Interesse der Justizverwaltung muss ich daher zur Aufrechterhaltung der Würde und Autorität der Gerichte dringend wünschen, dass der Einwand der Inkompetenz durch den Richter in den zulässigen Instanzen entschieden werde"[458]

Uhdens Antrag fand ein geteiltes Echo. Immerhin sprach sich die Mehrheit der Staatsminister gegen die Aufhebbarkeit rechtskräftiger Urteile aus.[459] Einstimmig widersprach man jedoch dem Teil des Antrags, der die Entscheidung allein den Gerichten überlassen sollte.
Das ausführlichste und eingehendste Gutachten unter den Ministern zu dem Antrag Uhdens entwarf sein Kollege v. Savigny. In einer Niederschrift vom 25. April 1845 verteidigte er im Gegensatz zu Uhden und Bornemann die Lehre, dass ein gerichtliches Urteil, selbst wenn es Rechtskraft erlangt habe, im Wege des Kompetenzkonflikts jederzeit aufgehoben und für nichtig erklärt werden könne:

„Insofern der Richter über einen Gegenstand entschieden hat, der sich seiner Natur nach zur richterlichen Entscheidung nicht eignet, so liegt im wesentlichen die Sache ganz so, als sie liegen würde, wenn jemand, welcher überhaupt keine Jurisdiktion, also nicht die gesetzliche Befugnis hat, Streitigkeiten über Rechte und Eigentum zu untersuchen und zu unterscheiden, sich gleichwohl die Entscheidung anmaßt. Wenn nun von einem unter solchen Voraussetzungen ergangenen Erkenntnisse gesagt wird, dass es Rechtskraft erlangt hat, so kann nur zugegeben werden, dass dasselbe die äußere Form eines rechtskräftigen Erkenntnisses an sich trage, also nach den Regeln des Prozessrechts nicht weiter angefochten werden könne, es würde aber durchaus folgerichtig sein, ein solches Erkenntnis [...] für dergestalt nichtig zu erklären [...]."[460]

---

[456] ebenda, S. 225.
[457] ebenda.
[458] ebenda.
[459] ebenda, S. 225 f.
[460] ebenda, S. 227.

Immerhin musste v. Savigny aber einräumen, die Aufhebung rechtskräftiger Urteile wegen Unzuständigkeit des Gerichts liege nicht im Interesse der Justiz. Deshalb forderte v. Savigny die Einrichtung einer besonderen Behörde zur Entscheidung von Kompetenzkonflikten.[461]
Bornemann war überzeugt, dass die Zuständigkeit der Gerichte nicht Gegenstand eines Parteienstreits sein könne, sondern dass, sofern dieselbe zweifelhaft werde, es sich nur um Feststellungen des objektiven Rechts über den Wirkungskreis der Gerichte handele.
Es zeigte sich deutlich, welchen unterschiedlichen juristischen Generationen Bornemann und v. Savigny angehörten. Wurde v. Savigny noch von dem etablierten Misstrauen der Bürokratie und Verwaltung gegen die Judikative geleitet, das in seiner Vorstellung in einem auf Machtzuwachs ausgerichteten Gerichtswesen begründet war, vertrat Bornemann die Ansicht der Notwendigkeit einer umfassenden Unabhängigkeit der Justiz.
In dem Staatsministerium einigte man sich am 5. Juli 1845 darauf, dass gegen rechtskräftige Urteile der Kompetenzkonflikt nicht weiter zugelassen werden solle.[462] Im Übrigen solle eine besondere Kommission des Staatsrats bei Kompetenzkonflikten befinden.[463] Die Ausgestaltung des Verfahrens solle durch Gesetze geregelt werden. Am 28. Oktober 1845 legte Bornemanns Hilfsarbeiter Heinrich Friedberg einen Entwurf vor und Bornemann wie v. Savigny stimmten der Vorlage zu. Nachdem am 26. Juni 1846 der Entwurf dem Staatrat überwiesen worden war, erstattete dieser am 31. März 1847 dem König Bericht. Die wesentliche von ihm beantragte Änderung war, dass die Kommission zur Entscheidung von Kompetenzkonflikten den Namen „Gerichtshof zur Entscheidung der Kompetenzkonflikte“ tragen solle.[464] Es solle eine Abteilung des Staatrats, bestehend aus dem Präsidenten, dem Staatssekretär und neun weiteren Mitgliedern, über den Konfliktfall befinden. Am 8. April trat das Gesetz in Kraft und der neue Gerichtshof wurde nach französischem Vorbild als Abteilung des Staatsrats gebildet.[465]

b. Reform der Anwaltschaft

Die Spaltung der Ministerien hatte eine weitere dringliche Angelegenheit ans Licht gebracht: Die Reform der Anwaltschaft. Diese unterteilte sich im Vormärz

---

[461] ebenda.
[462] Holtz, Bärbel, Die Protokolle des Preußischen Staatsministeriums 1817–1934/38, Bd. 3, Hildesheim/Zürich/New York 2000, Nr. 323, S. 244.
[463] Loening, Edgar, Gerichte und Verwaltungsbehörden in Brandenburg-Preußen, Halle 1914, S. 229.
[464] Schubert, Gesetzrevision II, Bd. 11/I, Vaduz 1983, S. L.
[465] Loening, Edgar, Gerichte und Verwaltungsbehörden in Brandenburg-Preußen, Halle 1914, S. 230.

in „Advokaten“ und „Anwälte“. Während Advokaten für die Rechtsberatung der Bürger zuständig waren, beschäftigten sich die Gerichtsanwälte (Prokuratoren) mit dem Verfahrensablauf vor Gericht. Der Prokurator war berechtigt, Parteien im Termin zu vertreten und die Schriftsätze zu zeichnen. Der Advokat durfte vor Gericht nur unter Prokuratorenbeistand auftreten.[466]
Die Anwaltschaft war bereits seit dem 18. Jahrhundert eine leiderprobte Klasse. Friedrich II. hatte bereits die *„inkompetenten, trölerischen und pflichtvergessenen Advokaten“*[467] mit übelsten Beschimpfungen überzogen.
Die preußischen Advokaten hatten als „Assistenzräte“ und „Justizkommissare“ die Stellung gerichtlicher Hilfspersonen[468], denen die Rechtsanwaltschaft allein keine ausreichende materielle Existenzgrundlage bot. Honorarvereinbarungen waren verboten und die Gerichte kürzten häufig die Gebührentaxe. Folglich mussten sich die Advokaten Nebeneinkünfte, etwa in der Kommunalverwaltung oder Landwirtschaft, schaffen. Auch warf man ihnen vor, dass sie die Parteien in nutzlose Prozesse verwickelten und die gerichtlichen Verfahren verzögerten, den Richter hintergingen und mit dem Gegenanwalt im geheimen Einverständnis stünden.[469] Verstärkt wurde ihr Ansehensverlust durch so genannte Winkeladvokaten, die ohne Zulassung und ausreichende Ausbildung Mandanten berieten und die Prozessführung beeinflussten.[470] Die Advokaten waren zu *„Sündenböcken für alle Übel der Rechtspflege und gesellschaftlichen Missständen“*[471] gemacht worden.

Größtes Problem der Advokaten war das Fehlen einer ständischen Organisation, die ihnen auch berufliches Ansehen hätte verleihen können.[472]
Dazu sollte es nun kommen. Ausschlaggebend für die Einrichtung von Advokatenkammern war schließlich, dass die rheinischen Provinzen mit der französischen Gerichtsverfassung auch das Recht auf Einrichtung von Disziplinarräten behalten hatte. Hierbei handelte es sich um Ausschüsse, deren Mitglieder von den Advokaten vorgeschlagen und von der Regierung ernannt wurden. Sie übten zur Zufriedenheit der rheinischen Advokaten die Aufsicht und Disziplinarstrafgewalt über alle Anwälte aus.[473]

---

466 Weißler, Adolf, Geschichte der Rechtsanwaltschaft, Leipzig 1905, S. 424 ff.
467 Siegrist, Hannes, Advokat, Bürger und Staat, 1. HBd., Frankfurt am Main 1996, S.41.
468 Vgl. hierzu: Anonym, Von einem preußischen Rechtsanwalt, in: Preußische Gerichtszeitung 1861, S. 134 ff.
469 Döhring, Erich, Geschichte der deutschen Rechtspflege seit 1500, Berlin 1953, S. 113.
470 Huffmann, Helga, Kampf um freie Advokatur, Essen 1967, S. 21.
471 Siegrist, Hannes, Advokat, Bürger und Staat, 1. HBd., Frankfurt am Main 1996, S. 41.
472 Gneist, Rudolf, Freie Advokatur. Die erste Forderung aller Justizreform in Preußen, 2.Auflage, Berlin 1911, S.2.
473 Weißler, Adolf, Geschichte der Rechtsanwaltschaft, Leipzig 1905, S. 371.

Die Forderung der Anwälte nach Entlassung aus der staatlichen Disziplinargewalt wurde immer lauter erhoben. Zugleich kam es im Vormärz zu einem Aufschwung des Advokatenstandes und, insbesondere in Süddeutschland, zur Gründung von Advokatenvereinen.[474]

Das Anliegen fiel bei Friedrich Wilhelm IV. auf fruchtbaren Boden. Der König besaß eine Vorliebe für genossenschaftliche Zusammenschlüsse. Schon im zweiten Jahr seiner Regierung wies er Justizminister v. Mühler in einer Kabinettsorder vom 12. Juli 1841 an:

„Zur Förderung und Erhaltung einer guten Justiz erscheint die Bildung eines tüchtigen Advokatenstandes, dem eine seinem Einflusse auf das Wohl der Parteien angemessene ehrenvolle Stellung zuzusichern ist, erforderlich. Leider sind nicht nur in neuerer Zeit mehrere Fälle von ungetreuen Justiz-Kommissarien angestellt worden, worunter nothwendig deren Ansehn hat leiden müssen. Ich will deshalb Ihrer Erwägung anheimgeben, ob es nicht zweckentsprechend sein dürfte die Justiz-Kommissarien eines gewissen Distrikts zu einer Korporation oder Kollegium, wie bereits in der Allgemeinen Gerichtsordnung [...] vorgeschrieben ist, zu vereinigen [...]“.475

Das Vorhaben wurde jedoch zunächst ausgesetzt, nachdem v. Savigny daran erinnert hatte, dass die Gesetzrevision dem Advokatenstand ohnehin eine andere Stellung geben werde. Der König stimmte dem am 30. Mai 1843 zu.

Am 29. März 1844 erging das Disziplinargesetz für die gesamte Beamtenschaft. Danach konnten Beamte durch Beschluss des Staatsministeriums ihrer Stellen entsetzt, versetzt oder pensioniert werden. Das Gesetz galt auch für die Justizkommissare; dies allerdings nur für kurze Zeit. Denn am 30. November 1844 wandten sich einige Justizkommissare aus Essen und Mühlheim an den König mit der Bitte um Gewährung der in Aussicht gestellten korporativen Verfassung. Auch die westfälischen Justizkommissare schlossen sich dem an, und Bornemann gelang es, Uhden von der Dringlichkeit dieser Frage zu überzeugen.[476]. Am 20. Dezember 1844 forderte der König Uhden auf, die Frage der Einführung einer anwaltschaftlichen Standesorganisation erneut zu prüfen.[477] Diese Prüfung solle *„mit Rücksicht auf die inzwischen eingetretene Veränderung im Justizministerium“*[478] erfolgen. Dieser Zusatz bezog sich auf den inzwischen er-

---

[474] Schubert, Werner, Entstehung und Quellen der Rechtsanwaltsordnung von 1878, Frankfurt am Main 1985, S. 3.
[475] Zitiert nach: Weißler, Adolf, Geschichte der Rechtsanwaltschaft, Leipzig 1905, S. 372.
[476] Stölzel, Adolf, Brandenburg-Preußens Rechtsverwaltung und Rechtsverfassung, Band II, Neuauflage hrsg. von Jürgen Regge, Vaduz 1989, S. 575.
[477] Schubert, Werner, Gesetzrevision II, Bd. 11/I, Vaduz 1983, S. LII.
[478] Stölzel, Adolf, Brandenburg-Preußens Rechtsverwaltung und Rechtsverfassung, Band II, Neuauflage hrsg. von Jürgen Regge, Vaduz 1989, S. 568.

folgten Wechsel an der Spitze des Justizverwaltungsministeriums. Savigny erklärte am 8. Januar 1845, die Lage habe sich zwar nicht geändert, aber da der König auf die eingetretene Personalveränderung Bezug nehme, möge zunächst Uhden Stellung beziehen.[479] Nun lag es an Bornemann, dem Referenten des zu erstellenden Entwurfes, zu reagieren. Er überzog v. Savigny mit Kritik und tadelte vor allem, dass jener erst 1842, *„ehe er sich selbst die Sache irgend wie klar gemacht"*, eine Menge Justizkommissarien gehört und dadurch deren Wünsche zwar wachgerufen habe, dann aber von diesem Vorhaben zurückgeschreckt sei. Ferner seien v. Savignys Gründe für die Aussetzung des Vorhabens *„durchaus theoretisch"*[480] und *„nicht haltbar"*[481]. Eine alsbaldige Lösung des Anliegens sei für die Justizkommissare von großem Interesse. Dies schon wegen der Lebhaftigkeit, mit der sie den Plan aufgegriffen hätten. Zudem hätten sie sich schon jetzt bedeutend heraufgearbeitet, und ihre alte untergeordnete Stellung sei nur mehr in der Theorie als in der Praxis vorhanden.[482]
Bornemann hatte politische Bedenken gegen die Einführung von Advokaten-Kollegien. Er fürchtete deren große moralische Macht, da die rhetorisch gewandten Advokaten eine enge Beziehung zu den einfachen Volksschichten hätten. Er war der festen Überzeugung, dass diese Kollegien ihre Stimme für die bekannten liberalen Forderungen erheben würden. Seine Besorgnis gründete sich auf Äußerungen, die bei Anwaltsversammlungen Anfang der 1840er Jahre gemacht worden waren. Dort hatte man Öffentlichkeit und Mündlichkeit des Verfahrens, die Aufhebung der Patrimonialgerichtsbarkeit und eine freie Presse gefordert.[483]
Das konnte ihnen nicht untersagt werden. Die Advokaten waren zwar an Gesetz und Verfahrensregeln gebunden, nicht aber den Weisungen der Gerichte unterworfen. So befürchtete Bornemann, dass die vom Staat eingesetzten Kollegien ein gefährliches politisches Gewicht gewinnen könnten:

„Man möge die Sache nicht leicht nehmen. Sie [ist] so wichtig, dass ich die Advokaten-Collegien als den gefährlichsten Feind ansehe, den sich die Regierung schaffen kann, wenn sie nicht selbst entschlossen ist den Weg zu gehen, den die Stimme der Advokaten als den allein heilsamen bezeichnen wird. Alles kommt darauf an, welchen Weg die Regierung gehen will. Hierüber muss man völlig im Klaren sein, ehe man Kollegien aus Männern bildet, die in ihrer Totalität die grössten Stützen und die gefährlichsten Widersacher des Ganges der Regierung sein können".[484]

---

479 ebenda.
480 Weißler, Adolf, Geschichte der Rechtsanwaltschaft, Leipzig 1905, S. 375.
481 Stölzel, Adolf, Brandenburg-Preußens Rechtsverwaltung und Rechtsverfassung, Band II, Neuauflage hrsg. von Jürgen Regge, Vaduz 1989, S. 568.
482 Weißler, Adolf, Geschichte der Rechtsanwaltschaft, Leipzig 1905, S. 375.
483 Biedermann, Karl, 1840-1870. Dreissig Jahre deutscher Geschichte, Band 1, Berlin 1932, S. 87.
484 Weißler, Adolf, Geschichte der Rechtsanwaltschaft, Leipzig 1905, S. 375.

Den Advokatenkollegien müsse daher *„eine Summe wesentlicher Rechte und eine möglichst freie Bewegung gegeben werden"*[485]. Hierdurch versuchte er, die Krone auf den Weg liberaler Reformen zu drängen.[486] Allerdings sollten die Rechte der Kollegien nicht umfassend ausgestaltet werden. Ein Kompromiss in dieser Frage sei die Einrichtung von Ehrenräten an den Oberlandesgerichten. Deren Aufgabe solle die Wahrung der Standesehre der Anwälte und die volle Disziplinargewalt über diese sein.[487] Nachdem sich Uhden mit v. Savigny über einen endgültigen Entwurf geeinigt hatte, wurde am 14. Februar 1846 dem König ein Entwurf übergeben, den dieser nach einigen Bedenken mit Kabinetts-Order vom 30. April 1847 vollzog. Nachdem auch einige Berliner Justizkommissare die Einführung eines dem rheinischen ähnlichen Disziplinarrats gefordert hatten, wurde im Gesetzblatt eine Verordnung zur Einführung eines Ehrenrates für die preußischen Anwälten verkündet. Dieser übertraf sein rheinpreußisches Vorbild weit und fiel freiheitlicher aus, als dies die Anwälte selbst zu fordern gewagt hatten.[488]

c. Verordnung über das Verfahren in Zivilprozessen

Bereits vor seinem Amtsantritt am 28. Februar 1842 hatte v. Savigny sich Gedanken über das Programm seiner Ministertätigkeit gemacht und *„Vorschläge zu einer zweckmäßigen Einrichtung der Gesetzrevision"*[489] entworfen. Nachdem er auf den herrschenden Rechtszustand eingegangen war, ging er auf die ihm gestellten Aufgaben ein. Dazu rechnete er die *„Revision des Landrechts"* und die *„Revision der Gerichts-Ordnung und der Criminal-Ordnung"*. Das Revisionsverfahren, welches bislang in vier Stufen[490] vollzogen werde, sei zu modifizieren. Dabei sei die erste Stufe von außerordentlicher Wichtigkeit.[491] Eine *„collegialisch eingerichtete Behörde"*[492] solle sich der Ausarbeitung eines Gesetzesentwurfs annehmen.

---

485 Stölzel, Adolf, Brandenburg-Preußens Rechtsverwaltung und Rechtsverfassung, Band II, Neuauflage hrsg. von Jürgen Regge, Vaduz 1989, S. 568.

486 Weißler, Adolf, Geschichte der Rechtsanwaltschaft, Leipzig 1905, S. 375.

487 ebenda, S. 376.

488 ebenda, S. 377.

489 GStA PK, I. HA, Rep. 89 (Geheimes Zivilkabinett) Nr. 16919, Bl. 142 ff.

490 Vgl. Stölzel, Adolf, Brandenburg-Preußens Rechtsverwaltung und Rechtsverfassung, Band II, Neuauflage hrsg. von Jürgen Regge, Vaduz 1989, S. 742: 1. Ausarbeitung im Justizministerium; 2. Vortrag und Prüfung im Staatsministerium; 3. Referat, Diskussion und Ausarbeitung eines Gutachtens in einer Abteilung des Staatsrates; 4. Vortrag, Diskussion und Beschlussfassung im Plenum des Staatsrates.

491 Arnswaldt, Wolf v., Savigny als Strafrechtspraktiker, Baden-Baden 2003, S. 112.

492 Stölzel, Adolf, Brandenburg-Preußens Rechtsverwaltung und Rechtsverfassung, Band II, Neuauflage hrsg. von Jürgen Regge, Vaduz 1989, S. 743.

„[So] können die in der Zeit liegenden Gegensätze der Meinungen schon hier an einander abgearbeitet werden und in eine höhere Einheit aufgelöst werden"[493].

Schlüssel einer umfassenden und erfolgreichen Gesetzesrevision sei ein breit angelegter Konsens, der durch Verschmelzung unterschiedlichster Meinung entstehen sollte:

„In unserer Zeit sind, mehr als jemals, die Ansichten der Menschen in großen Gegensätzen auseinander getreten, und wenngleich dieser Zustand oft große Schwierigkeiten in der Behandlung der Geschäfte mit sich bringt, so kann er doch auch, bei gehöriger Vorsicht, den Weg zu einer tieferen Ergründung der Wahrheit haben."[494]

Anlässlich v. Savignys Ernennung zum Gesetzgebungsminister am 28. Februar 1842 genehmigte Friedrich Wilhelm IV. die Einrichtung dieser Gesetzeskommission.[495] Das *„Collegium"* sollte unter seinem Vorsitz aus vom Minister der Gesetzrevision vorgeschlagenen und vom König zu berufenen Räten des Staatsrats bestehen.[496] Von diesen solle *„vorzugsweise der Beitrag eigenthümlicher Ansichten und Kenntnisse, also auch die Vertretung der überhaupt in der Gegenwart vorkommenden entgegengesetzten Meinungen, zu erwarten sein."*[497] Mit Kabinettsorder vom 24. April 1842[498] genehmigte der Regent v. Savignys Personalvorschläge und ernannte den Kammergerichts-Chef-Präsidenten v. Grolman, die Geheimen Oberjustizräte Duesberg, Ruppenthal und Bötticher sowie die Ober-Tribunalsräte Zettwach und Eichhorn zu Mitgliedern der Gesetzes-Kommission.

Mit Schreiben vom 19. November 1842 zeigte v. Savigny dem König das Ausscheiden des Kommissionsmitglieds v. Grolman an[499], der sich von Anfang an mit geringer Freude den Aufgaben der Gesetzeskommission gewidmet und mannigfach um Enthebung aus diesem Amt gebeten hatte[500]. Statt seiner bat er:

„um Erlaubniß, für die durch jenen Austritt leer gewordene Stelle, den Geheimen Ober=Finanzrat=Rath Bornemann ehrerbietigst in Vorschlag bringen [zu dürfen]. Derselbe

---

493 ebenda.

494 ebenda.

495 Kabinetts-Order vom 28.02.1842, Punkt Nr. 3 Genehmigung der Gesetzkommission; abgedruckt in Auszügen bei: Stölzel, Adolf, Brandenburg-Preußens Rechtsverwaltung und Rechtsverfassung, Band II, Neuauflage hrsg. von Jürgen Regge, Vaduz 1989, S. 530 f.

496 Arnswaldt, Wolf v., Savigny als Strafrechtspraktiker, Baden-Baden 2003, S.121.

497 GStA PK, I. HA, Rep. 89 (Geheimes Zivilkabinett) Nr.16852, Bl. 59.

498 GStA PK, I. HA, Rep. 84 II 3 Nr. 67, Bl. 35.

499 Schreiben von Savigny an Friedrich Wilhelm IV. vom 19. November 1842 in: GStA PK, I. HA, Rep. 89 (Geheimes Zivilkabinett) Nr. 16852, Bl. 70.

500 Stölzel, Adolf, Brandenburg-Preußens Rechtsverwaltung und Rechtsverfassung, Band II, Neuauflage hrsg. von Jürgen Regge, Vaduz 1989, S. 551.

eignet sich dazu, nach meiner Überzeugung, zunächst in hohem Grade durch seine persönlichen Eigenschaften, indem er in seinen bisherigen mannigfaltigen amtlichen Stellungen gründliche Kenntniß, scharfe Urtheilskraft und ausgebreitete Erfahrung in gleichem Maaße berührt hat."[501]

Allerdings kam es erst ein halbes Jahr später zu dem im November geplanten Wechsel innerhalb der Kommission. Kammergerichtspräsident v. Grolman zeigte v. Savigny im Mai 1843 sein Ausscheiden an, woraufhin v. Savigny in einem Bericht an den Monarchen den Antrag vom 19. November 1842 erneuerte:

„Aber auch ohne Rücksicht auf den bevorstehenden Austritt des Präsidenten von Grolman würde ich mich zu dieser Ernennung [...] veranlaßt gesehen haben. Der Geheime Ober=Finanzrath Bornemann versieht die Stelle des Staats=Sekretär [im Staatsrat] und der ehrerbietigste Antrag auf seine definitive Ernennung zu diesem Posten ist bereits eingeleitet. Die Gesetz=Commission steht aber mit dem Protokollführer des Staatsraths in einer so nothwendigen und ununterbrochenen Geschäftsverbindung, daß es zur größten Förderung der Arbeit gereicht, wenn derselbe zugleich Mitglied der Commission ist."[502]

Bornemann sollte danach für die Beschleunigung der Revisionsarbeit durch Straffung und Bündelung des Geschäftganges sorgen. Mit diesem Schritt hoffte v. Savigny bereits auf der ersten Stufe der Revision die Mitwirkung des Staatsrats einzuholen, um die Kommissionsarbeit im Weg durch die Instanzen überzeugender vortragen zu können. Durch Meinungsvielfalt in der Kommission schon im Anfangsstadium der Gesetzgebungsarbeit sollte Beschleunigung im Endstadium des Revisionsgeschäftsganges erreicht werden.[503] Die Kommission sollte sich vor allem der Revision des Zivilprozessrechts, des Strafrechts, Bergrechts, Wechsel- und Eherechts widmen.[504] Jedoch blieb der große Erfolg wegen der Spannungen zwischen den beiden Justizministerien aus. So kam es bei Reform des Zivilprozesses zu harten Auseinandersetzungen. Am 25. Januar 1845 ließ v. Savigny seinen Entwurf der Zivilprozessnovelle Uhden zugehen. Er bestand aus etwa 400 Paragraphen und sollte insoweit die Allgemeine Gerichtsordnung (AGO) ersetzen. In seinem Votum zu dem Entwurf schrieb Uhden:

„[...] nach sorgfältiger Erwägung muß ich auf die dort aufgestellten Sätze zurückkommen, daß nämlich a) die Verordnung für eine Novelle zu viel, für eine Prozessordnung zu wenig,

---

[501] Schreiben von Savigny an Friedrich Wilhelm IV. vom 19. November 1842 in: GStA PK, I. HA, Rep. 89 (Geheimes Zivilkabinett) Nr. 16852, Bl. 71.

[502] Bericht des Justiz=Ministers von Savigny an den König, betreffend die Ernennung des Geheimen Ober=Finanz=Raths Bornemann zum Mitglied der Gesetz=Commission, in: GStA PK, Rep. 89 (Geheimes Zivilkabinett) Nr. 16852, Bl. 79f.

[503] Arnswaldt, Wolf v., Savigny als Strafrechtspraktiker, Baden-Baden 2003, S.123.

[504] Schubert, Einführung in: Regge, Jürgen / Schubert, Werner, Gesetzrevision, I. Abt., Bd. I, Vaduz 1981, S. XXI.

bei der weiteren Berathung sowohl als in der Praxis und in der öffentlichen Meinung auf kaum zu überwindende Hindernisse stoßen wird [...]"[505]

Ein nachträgliches Gutachten, mit dem sich die Gesetzeskommission in den folgenden zwei Monaten beschäftigte, sollte das beabsichtigte Vorgehen rechtfertigen.[506] Seit Mitte Februar blieb Bornemann den Kommissions-sitzungen zunehmend ohne Angabe von Gründen fern.[507] Mit Schreiben vom 13. Februar, 6. und 13. März 1845 berief er sich auf „*Unpäßlichkeit*".[508]
Als Uhden sich mit einem Bericht direkt an den König wandte, kam es zur offenen Konfrontation. „*Voraussichtlich*", schrieb jener vorwurfsvoll, „*werden noch mehrere Jahre darüber hingehen, ehe die Vorfragen und Principien eines neuen Proceßsystems legislativ festgestellt sind.*"[509] Wenn daher die Allerhöchste Order vom 23. Juni 1842 den Minister v. Savigny angewiesen habe, die erforderliche Einführung eines mündlichen Verfahrens beim Obertribunal mit der Revision der Prozessordnung in Verbindung zu bringen, so sei dabei unzweifelhaft die baldige Beendigung der Revision des Prozesses vorausgesetzt worden. Stattdessen seien Jahre verflossen und noch nicht einmal der Entwurf einer revidierten Prozessordnung sei zur Beratung des Staatsministeriums gelangt.[510] Der Konflikt zwischen den Ministerien war endgültig, als es zur Beratung des von Bornemann und Kisker ausgearbeiteten Entwurfs einer Prozessordnung kam und Uhden dafür eine eigene „Praktiker-Kommission" unter dem Vorsitz Bornemanns einsetzte.[511]
Während die Kommission des Revisionsministeriums nahezu ausschließlich aus Theoretikern bestand, gehörten der Gesetzeskommission des Justizverwaltungsministeriums ausschließlich Praktiker an. Bornemann konnte nun nicht mehr in der Savigny-Kommission verbleiben. Am 29. Mai 1845 zeigte er an, dass er durch andere sehr dringende Arbeiten abgehalten werde, in der Konferenz der Gesetzkommission zu erscheinen. Da er sich als ein nutzloses Mitglied jener Kommission betrachten müsse, möge man ihn durch ein nützlicheres Mitglied ersetzen.[512] Da v. Savigny vor dem Antritt eines längeren Kuraufenthalts stand, legte er das Schreiben Bornemanns bis zu seiner Rückkehr zur Seite.

---

[505] Schreiben von Uhden an Savigny vom 5. Juni 1845, zitiert in: Schubert, Werner, Gesetzrevision, II. Abt., Bd. 11, Teil 1, S. 819 f.
[506] Stölzel, Adolf, Brandenburg-Preußens Rechtsverwaltung und Rechtsverfassung, Band II, Neuauflage hrsg. von Jürgen Regge, Vaduz 1989, S. 569.
[507] ebenda.
[508] ebenda.
[509] ebenda, S. 570.
[510] ebenda.
[511] Schubert, Werner, Gesetzrevision II, Bd. 11/I, Vaduz 1983, S. XL.
[512] Stölzel, Adolf, Brandenburg-Preußens Rechtsverwaltung und Rechtsverfassung, Band II, Neuauflage hrsg. von Jürgen Regge, Vaduz 1989, S. 573.

Es zeichnete sich mehr und mehr ab, dass Uhden mit Bornemann gemeinsame Sache machte und die Initiative in die Hand nahm. Am 5. Juni 1845 legte Bornemanns Mitarbeiter Kisker ein Votum über die Zivilprozessnovelle verbunden mit dem ausgearbeiteten Gesetzesentwurf vor. Der Entwurf ging mit einem kurzem Votum Uhdens an v. Savigny. Uhden führte insbesondere aus, dass v. Savignys Entwurf für eine Novelle zuviel, für eine Prozessordnung zu wenig enthalte. Es bleibe unklar, was von der AGO bestehen bleiben solle.[513] Savigny lehnte den Entwurf ab und beklagte sich in einem Schreiben an Uhden vom 23. Juli 1845 lebhaft, dass jener das Versprechen nicht halte, die Geschäfte im mündlichen Verkehr zu leiten.[514] Mit einem Seitenhieb auf die Unselbständigkeit Uhdens und auf den spürbaren Einfluss Bornemanns fügte v. Savigny hinzu, mündlicher Verkehr setze eigene Überzeugung voraus und sei dazu angetan, *„eine Ueberzeugung dieser Art auf beiden Seiten zu entwickeln.“*[515]
Nach Rückkehr v. Savignys aus seinem Bade- und Kururlaub schrieb er am 29. September 1845 an Bornemann und machte seinen abweichenden Standpunkt über die Ehrenräte deutlich. Ehe Uhden und Bornemann, die *„handfesten Geschäftsmänner der Justizverwaltung“*[516], hierauf reagierten, ließ Uhden von Kisker und Bornemann eine Denkschrift über v. Savignys Prozessnovelle anfertigen. Diese umfasste 177 Seiten und war eine vernichtende Kritik der gesamten Vorgehensweise v. Savignys in der Zivilprozessfrage.[517] Jener habe die Sache nicht hinreichend vorbereitet an den Staatsrat gelangen lassen wollen. Er habe einen *„nur theilweise von der Gesetzcommission berathenen Entwurf, um vorläufig über einige Principienfragen Beschluß zu fassen“* [518], vorgelegt. Zudem sei der Entwurf nicht zunächst dem Justizverwaltungsministerium mitgeteilt worden, wo doch *„kaum irgend ein Gegenstand mehr [das Ministerium] berühre als die Form des gerichtlichen Verfahrens“*.[519] Schließlich ging das Votum auf Einzelheiten ein. Man glaube,

> *„billig fragen zu dürfen, welche Gründe denn erheblich gewesen, daß sie die Gesetzgebung bestimmen mögen, die umfassenden und vortrefflichen Vorarbeiten zu einer Prozeßordnung bei Seite zu legen und die Revision trotz dieser Bedenken mit einem Stückwerk zu beschließen“*[520].

---

[513] Schubert, Werner, Gesetzrevision II, Bd. 11/I, Vaduz 1983, S. XL.
[514] Stölzel, Adolf, Brandenburg-Preußens Rechtsverwaltung und Rechtsverfassung, Band II, Neuauflage hrsg. von Jürgen Regge, Vaduz 1989, S. 576.
[515] ebenda, S. 576.
[516] Treitschke, Heinrich v., Deutsche Geschichte, Band V, Königstein 1981, S. 600.
[517] Stölzel, Adolf, Brandenburg-Preußens Rechtsverwaltung und Rechtsverfassung, Band II, Neuauflage hrsg. von Jürgen Regge, Vaduz 1989, S. 576.
[518] ebenda, S. 576.
[519] ebenda, S. 579.
[520] ebenda.

Ihren Gipfel erreichte die Kritik mit der Feststellung Bornemanns und Kiskers, die geplante Reform sei *„nicht nur nicht wünschenswerth, sondern ein größerer Uebelstand als das Fortbestehen des bisherigen Zustandes“*[521].
Anschließend ging Bornemann auf eine Personalfrage ein, die v. Savigny zum Gegenstand seines Schreibens vom 29. September 1845 gemacht hatte. Denn als jener aus der Kur zurückgekehrt war, hatte er Bornemann noch in seiner Kommission halten wollen. Dieser schien ihm, wie v. Savigny Bornemann schrieb, einen *„ungemeinen Gewinn“* für die Geschäftsbehandlung zu bieten.[522] Bornemann jedoch wollte aus der Gesetzeskommission ausscheiden. Als Grund gab er diesmal das drückende Bewusstsein an, seinen Pflichten in derselben wegen seiner sonstigen Arbeiten nicht gehörig obliegen zu können. Er scheute dabei nicht vor dem offenen Bekenntnis zurück, dass bei ihm immer tiefer *„die Ueberzeugung von der Unmöglichkeit einer ersprießlichen gesetzgeberischen Thätigkeit unter den gegenwärtigen Verhältnissen wurzele“*[523]. Er sei sonst kein Gegner des Kodifikationsgedankens, aber ihn dränge seine Ansicht

> *„zu einem Widerstreben gegen jede Codification und gegen jede einigermaßen durchgreifende Legislation, weil er lieber der Zukunft überlassen möchte, was gegenwärtig doch nur auf wenig befriedigende Weise gelöst werden könne“*[524].

Daher sei er unter diesen Umständen kaum ein geeigneter Vermittler zwischen den beiden Justizministerien.
Im November 1845 kam es zu einer Aussprache der beiden Justizminister, um den immer größer werdenden Differenzen entgegenzuwirken. Savigny notierte über diese Unterredung anschließend, sie habe seinen *„in manchen Augenblicken fast verschwundenen Muth zur Verfolgung seiner nächsten und wichtigsten amtlichen Aufgaben“*[525] belebt. Zunächst stellte v. Savigny in einem amtlichen Schreiben ungewöhnlich selbstkritisch, fast kleinlaut, fest, der von ihm bei seinem Amtsantritt eingeführte Weg des Gesetzgebungsverfahrens sei *„[...] nicht der angemessene, um zu einem Resultate zu gelangen“*[526] und legte sodann Uhden, statt wie vorher zuerst der Gesetzeskommission, Fragen zur Reform des Strafprozesses vor. Die Hoffnung auf Versöhnung hielt allerdings nicht lange. Uhden war keineswegs gewillt, dem Verlangen v. Savignys entsprechend, seinen Gegenentwurf zur Zivilprozessnovelle zurückzuziehen. In den Beratungen

---

[521] ebenda, S. 580.
[522] ebenda, S. 578.
[523] ebenda, S. 580.
[524] ebenda.
[525] ebenda, S. 581.
[526] Schreiben vom 22. November 1845, zitiert nach: Stölzel, Adolf, Brandenburg-Preußens Rechtsverwaltung und Rechtsverfassung, Band II, Neuauflage hrsg. von Jürgen Regge, Vaduz 1989, S. 581.

der Staatsratskommission gelang es v. Savigny nicht, den Entwurf Uhdens durch einige Erweiterungen zu einem umfassenderen Prozessgesetz auszubauen. Sämtliche Anträge von ihm wurden mit deutlicher Mehrheit abgelehnt. Uhden und Bornemann setzten sich schließlich auf ganzer Linie durch. Lediglich kleine Änderungen wurden an ihrem Entwurf vorgenommen.[527] Zudem forderte die Kommission von Uhden eine Stellungnahme über den wünschenswerten weiteren Gang der Prozessreform. Dies bedeutete das Ende der Savignyschen Vorlage und war ein Affront gegen den eigentlich zuständigen Gesetzgebungsminister.[528]
Am 21. Juli 1846 trat die Verordnung über das Verfahren in Zivilprozessen in Kraft. Mit knappen Sätzen ersetzte sie weitgehend die AGO mit deren Inquisitionsmaxime und stellte die gemeinrechtliche Verhandlungs- und Eventualmaxime, wie sie vor 1781 in Preußen schon bestanden hatte, wieder her. Zudem dehnte sie den summarischen Prozess auf sämtliche Zivilprozesse überhaupt aus und bereitete dem Nebeneinander des ordentlichen Prozesses nach der AGO ein Ende. Der Bagatellprozess wurde insoweit abgeändert, dass nunmehr auch ein Schriftwechsel der Parteien bis zur Duplik zugelassen war. Schließlich sollte das mündliche Verfahren nicht mehr ausgeschlossen werden können.[529] Der Fortschritt der Verordnung war bedeutend. Nun war eine einheitliche Regelung des Zivilprozesses für ganz Deutschland möglich geworden.

d. Öffentlichkeit und Mündlichkeit im Gerichtsverfahren

In den rheinischen Gebieten Preußens waren durch die napoleonische Herrschaft Mündlichkeit und Öffentlichkeit des Gerichtsverfahrens bereits früh eingeführt worden und hatten zunehmend die Aufmerksamkeit des übrigen Preußens auf sich gezogen. Die anhaltende Begeisterung der rheinischen Juristen für ihr Verfahren „ohne Akten“ machte die Juristen für die Neuerung aufgeschlossen.[530]
1842 wies Friedrich Wilhelm IV. v. Savigny an, eine endgültige Entscheidung über die Frage der Mündlichkeit herbeizuführen. Dieser machte sie zum Gegenstand der Gesetzeskommission und der Revision der Zivilprozess-ordnung. In einer Denkschrift beschrieb er die Aufgabe *„der allgemeinen Durchführung des vollständiger ausgebildeten mündlichen Verfahrens“*.[531] Die bestehende Gerichtsverfassung solle zunächst bestehen bleiben, um zunächst praktische Erfah-

[527] Kirchmann, Julius Hermann von: Das Preußische Civil-Prozeß-Gesetz vom 21. Juli 1846, Nachdruck der Ausgabe von 1847, Einführung von Schubert, Werner, Goldbach 1994 . S.XI.
[528] Stölzel, Adolf, Brandenburg-Preußens Rechtsverwaltung und Rechtsverfassung, Band II, Neuauflage hrsg. von Jürgen Regge, Vaduz 1989, S. 583.
[529] Kirchmann, Julius Hermann von: Das Preußische Civil-Prozeß-Gesetz vom 21. Juli 1846, Nachdruck der Ausgabe von 1847, Einführung von Schubert, Werner, Goldbach 1994, S. X.
[530] Kip, Hans-Gerhard, Das so genannte Mündlichkeitsprinzip, Köln und Berlin 1952, S. 37.
[531] Stölzel, Adolf, Brandenburg-Preußens Rechtsverwaltung und Rechtsverfassung, Band II, Neuauflage hrsg. von Jürgen Regge, Vaduz 1989, S. 553 f.

rungen machen zu können. Das Staatsministerium beschloss demgemäß, dass neben der Mündlichkeit des Verfahrens auch die Öffentlichkeit in das Gerichtsverfahren einzuführen sei.[532] Savigny verzögerte jedoch eine endgültige Entscheidung. Schließlich wurde ihm diese abgenommen. Mit dem Inkrafttreten der wesentlich von Bornemann entwickelten Verordnung über das Verfahren in Zivilprozessen vom 21. Juli 1846 zog die verbindliche Mündlichkeit in das Zivilverfahren ein. Am 7. April 1847 wurde auch die Öffentlichkeit im Zivilprozess eingeführt,[533] nachdem sich Bornemann in der Sitzung des Staatsrats einen Tag zuvor nochmals deutlich für deren Einführung ausgesprochen hatte.[534] So gelangten die Prinzipien von Mündlichkeit und Öffentlichkeit in Preußen zum Durchbruch. Eine frühliberale Forderung fand ihre Erfüllung.
Zu Beginn des Jahres 1848 befassten sich Uhden und Bornemann mit Arbeiten zur Ausdehnung des Gesetzes über das mündliche und öffentliche Strafverfahren auf alle Teile der Monarchie, so wie mit der Umgestaltung der Gerichtsverfassung und der eine solche bedingenden Änderung der gutsherrlichen Patrimonialgerichte. Doch die Ereignisse des März unterbrachen die erfolgreich begonnene Reformgesetzgebung.[535]

In seiner 1856 erschienen Schrift *„Die Rechtsentwicklung in Deutschland und deren Zukunft, mit besonderer Hinsicht auf Preußen"* zog Bornemann die Summe der Revisionstätigkeit. Zwar äußerte er sich wohlwollend über die wissenschaftlichen Leistungen v. Savignys[536], stellte dann aber fest:

„mit der Zeit [hat sich] die Abneigung einflußreicher Männer gegen jede Kodifikation überwiegend geltend [gemacht] und [...] das Fortschreiten der schon ziemlich weit gediehenen Revision unserer allgemeinen Gesetzgebung [gehemmt]."[537]

Das war eine klare Abrechnung mit der Historischen Schule. Die Theoretiker um v. Savigny waren nach Bornemann letztlich für das Scheitern der Revisionstätigkeit mitverantwortlich. *„Zu einem heutigen Recht"*, resümierte er die Revision, *„hat sie uns nicht verholfen [...]"*[538]

---

[532] ebenda, S. 554.
[533] Weißler, Adolf, Geschichte der Rechtsanwaltschaft, Leipzig 1905, S. 370.
[534] GStA PK, I. HA, Rep. 84 a, Nr. 9769, Bl. 148-163.
[535] Friedberg, Heinrich, Zum Gedächtnis an Ferdinand Wilhelm Ludwig Bornemann, Vortrag, gehalten vor der Juristischen Gesellschaft zu Berlin 1864, S 10.
[536] Rosenberg, Matthias v., Friedrich Carl von Savigny (1779-1861) im Urteil seiner Zeit, Frankfurt a. M. 2000, S. 102.
[537] Bornemann, Friedrich Wilhelm, Rechtsentwicklung, S. 60.
[538] ebenda, S. 50.

Fünfter Teil: Revolution und Ministerverantwortlichkeit (1848-1849)

I. Die Revolution

Im März 1848 strebten die revolutionären Kämpfe ihrem Höhepunkt zu. Am 13. März erfasste die Revolution die österreichische Hauptstadt Wien. Der Sieg der Wiener Revolutionäre über die eingesetzten Truppen besiegelte den Sturz Metternichs, des Symbols der absolutistischen Reaktion.
In Berlin entwickelte sich die Revolution seit dem 6. März aus einer Reihe von Volksversammlungen heraus. Immer mehr Menschen strömten wiederholt im Tiergarten zusammen und bekannten sich zu den Märzforderungen. Berlin als Residenz und politischer Mittelpunkt Preußens brachte der Revolution die stärkste Dynamik.
Als am 18. März die Volksmassen vor das Schloss zogen und auf Umsetzung der *„Märzforderungen"* drangen, entschloss sich der Regent zu einem Patent. Dieses wurde am Morgen desselben Tags gedruckt und um die Mittagsstunden des verhängnisvollen Tages in den Straßen von Berlin verteilt. Deutschland sollte danach aus einem Staatenbund in einen Bundesstaat verwandelt werden:

„Die dazu erforderliche Reorganisation der Bundesverfassung kann nur im Verein der Fürsten mit dem Volke ausgeführt werden. Eine solche Bundesrepräsentation aber erheischt nothwendig eine konstitutionelle Verfassung aller deutschen Länder, damit die Mitglieder jener Repräsentation ebenbürtig nebeneinander sitzen."[539]

In der Nacht vom 18. zum 19. März gab Friedrich Wilhelm IV. den Befehl, von weiteren militärischen Maßnahmen abzusehen. Am Morgen des 19. März erschien der Aufruf des Königs *„An meine lieben Berliner!"*[540], in dem er zu friedlichen Verständigung aufrief. Die konservative Reaktion war durch die Erfolge der Revolutionäre wie gelähmt und in den stärksten deutschen Staaten Preußen und Österreich machtlos. Die Fürsten hatten überall den liberalen Forderungen nachgeben müssen. Allerdings war die Reaktion nicht vollends zerschlagen worden, da die Aufständischen vor den Thronen halt gemacht hatten.[541]
Seit dem 12. März hatte Minister v. Bodelschwingh (1794-1854)[542] wiederholt vorgeschlagen, mit einem freiwilligen Ministerwechsel einem durch die Revolu-

---

[539] Jäger, Oskar/Moldenhauer, Franz, Auswahl wichtiger Aktenstücke zur Geschichte des 19. Jahrhunderts, Berlin 1893, S. 211.
[540] Huber, Ernst Rudolf, Dokumente zur Deutschen Verfassungsgeschichte, Band 1, Stuttgart 1978, S. 447, Nr. 151.
[541] Hofmann, Jürgen, Das Ministerium Camphausen-Hansemann, Berlin 1981, S. 41.
[542] Vgl. zu Ernst Albert v. Bodelschwingh, NDB Bd. 2, S. 350 f.

tion erzwungenen zuvorzukommen.[543] Bodelschwingh schrieb am 15. und 17. März dem Regenten, dieser müsse einen anderen Mann an seine Stelle berufen. Einen, der die öffentliche Meinung in der Verfassungssache nicht gegen sich habe.[544] Erst jetzt entschloss sich Friedrich Wilhelm IV. eine Kabinettsumbildung vorzunehmen.

II. Das Kabinett Arnim-Boitzenburg

Am 19. März 1848, einen Tag nach Ausbruch der Revolution, betraute Friedrich Wilhelm IV. den Grafen Arnim-Boitzenburg[545], der schon von 1842 bis 1845 Innenminister gewesen war, mit der Bildung eines neuen Kabinetts. Mit dieser Personalentscheidung stellte der Regent unter Beweis, dass er nur mit Vorbehalten auf die Forderungen der öffentlichen Meinung und der Revolution eingehen wollte. Die Kabinettsumbildung war der Versuch der Krone, dem herrschenden Misstrauen in das alte Regime zu begegnen. Die Regierungsgeschäfte sollten aber dennoch in den Händen des Adels verbleiben.
Mit der Berufung gemäßigt-liberaler Adelsvertreter, wie v. Auerswald, versuchte der Regent, dem Ministerium einen liberalen Anstrich zu geben. Allerdings waren schon am 18. März, insbesondere aus den Rheinprovinzen, Stimmen laut geworden, die Männer wie die Rheinländer Camphausen und Beckerath gefordert hatten.[546] Der Ministerwechsel erschien als halbe, nicht aufrichtig gemeinte Maßnahme. Daher dachte v. Arnim frühzeitig an die Wahl von prominenten Liberalen des ersten Vereinigten Landtags von 1847, nämlich Camphausen, Graf Schwerin und v. Auerswald.[547] Die beiden letzteren kamen dem Ruf nach und übernahmen die Ressorts Kultus und Inneres. Eine Neuerung war das Amt eines Ministerpräsidenten an der Spitze des Staatsministeriums, da seit Erlöschen des Hardenbergschen Staatskanzleramts im Staatsministerium das Kollegialsystem gegolten hatte. Außenminister wurde Heinrich v. Arnim-Suckow, Innenminister Alfred v. Auerswald, Finanzminister Ludwig Kühne und General v. Reyher übernahm das Kriegsministerium. Das Misstrauen gegen das alte Regime konnte damit jedoch nicht ausgeräumt werden. Die öffentliche Meinung verlangte ein Ministerium aus Vertretern der Landtagsopposition von 1847.

---

[543] Hofmann, Jürgen, Das Ministerium Camphausen-Hansemann, Berlin 1981, S. 48; vgl. auch Anlage Nr. 1.

[544] Hansen, Joseph, König Friedrich Wilhelm IV. und das liberale Märzministerium der Rheinländer Camphausen und Hansemann im Jahr 1848, in: Westdeutsche Zeitschrift für Geschichte und Kunst, Trier 1913, S. 164.

[545] Adolf Graf v. Arnim-Boitzenburg (1803-1868), Neffe des Fhr. vom Stein, Regierungspräsident in Stralsund, Aachen und Merseburg (1833-1838), dann Oberpräsident in Posen. Von 1842-1845 Innenminister.

[546] Kölnische Zeitung, Nr. 82 vom 22. März 1848.

[547] Bergengrün, Alexander, David Hansemann, Berlin 1901, S. 421.

1. Bornemann wird Justizminister

Mit Bekanntmachung vom 21. März 1848 wurde Bornemann zum Justizminister berufen.[548] Ausschlaggebend für diese Ernennung waren neben seiner erfolgreichen reformorientierten Arbeit als Direktor des Ministeriums auch seine Integrationsfähigkeit und das Ansehen des liberalen Mannes. Als seine Stellvertreter wurden die Justizräte Dr. Simon und Kisker bestellt. Letzterer sollte Bornemann später als Justizminister nachfolgen.[549] Den beiden Geheimen Justizräten wurde die Geschäftsverwaltung des Ministeriums anvertraut, da Bornemann sich vorzugsweise den *„wichtigen allgemeinen Landesangelegenheiten"* widmen müsse.[550]

In der Bekanntmachung, die Bornemann am gleichen Tag den oberen Gerichtsbehörden zugehen ließ, formulierte er seine Zielsetzung für das neue Amt:

> *„[...] Es wird mein eifrigstes Bestreben sein, daß Interesse der Justiz=Minister und ihrer Beamten nach Möglichkeit zu fördern, und den großen Anforderungen, welche die gegenwärtigen Zeitverhältnisse an meine Stellung machen, nach meinen besten Kräften zu entsprechen. Ich glaube dagegen mit Sicherheit darauf rechnen zu dürfen, daß die Gerichtsbehörden mir mit Vertrauen entgegen kommen, und mich in meinen Bestrebungen zum Wohle des Vaterlandes durch thätige und kräftige Mitwirkung unterstützen werden.*
> *Vor allen Dingen ist mein Wunsch auch darauf gerichtet, die Unabhängigkeit des Richterstandes aufrecht zu erhalten und fester zu begründen."*[551]

Mit dem Amtsantritt Bornemanns wurden die zwei bislang existierenden Justizministerien miteinander verschmolzen. Eine besondere Verfügung hierüber gab es nicht. Allein die Entlassung der Minister Uhden und v. Savigny und die gleichzeitige Ernennung Bornemanns wurden bekannt gegeben.[552]

Der Präsident des Oberlandesgerichts Frankfurt/Oder erwiderte auf das Rundschreiben Bornemanns:

> *„Mit Recht bezeichnen Eure Excellenz als ersten Gegenstand Ihrer Aufmerksamkeit die Unabhängigkeit des Richterstandes; denn ohne fest begründete Unabhängigkeit der Richter ist keine unparteiische Rechtspflege zu erwarten, diese aber ist die sicherste Stütze unter allen Stützen des Staates"*[553]

---

[548] Justizministerialblatt 1848, Num. 15, S. 107.

[549] Stölzel, Adolf, Brandenburg-Preußens Rechtsverwaltung und Rechtsverfassung, Band II, Neuauflage hrsg. von Jürgen Regge, Vaduz 1989, S. 629

[550] Gürtner, Franz, 200 Jahre Dienst am Recht, Berlin 1938, S. 107; Justizministerial-Blatt 1848, S. 108, 119.

[551] Justizministerialblatt 1848, Num. 15., S. 107.

[552] ebenda.

[553] Stölzel, Adolf, Brandenburg-Preußens Rechtsverwaltung und Rechtsverfassung, Band II, Neuauflage hrsg. von Jürgen Regge, Vaduz 1989, S. 629.

Das Königsberger Tribunal begrüßte Bornemanns Ernennung als eine frohe Botschaft, die überall mit Jubel begrüßt werde, weil sie zu den schönsten Hoffnungen für die Stellung des Richterstandes berechtige.[554]
Das Kollegium des Oberlandesgerichts Glogau antwortete:

„[...] Es hat uns zur besonderen Freude gereicht, daß die Hoheit Seiner Majestät einen Mann zum Chef der Justiz bestellt hat, dessen Ruf auch in Bezug auf Wissenschaft, Intelligenz und Erkennen des Zeitgemäßen durch alle Stadien seiner Laufbahn fest begründet ist, [...] und dem schon als Direktor in dem uns vorgesetzten Ministerium unsere besondere Hochachtung zugewandt war."[555]

Als Kultusminister Graf Schwerin am 21. März während einer Veranstaltung in der Aula der Berliner Universität bekannt gab, dass Bornemann an diesem Tag zum Justizminister ernannt worden sei, erntete er rauschenden Beifall von den Studenten.[556] Die Umbildung des Kabinetts schien für jeden den lang erhofften Durchbruch des Bürgertums anzuzeigen.[557] Die Kölnische Zeitung schrieb über die Ernennung Bornemanns:

„Die heutigen berliner Zeitungen haben außer der Nachricht von dem Aufhören des Blutvergießens in der Hauptstadt keine freudigere Botschaft gebracht, als die Ernennung des Justiz=Ministerial=Direktors Bornemann zum Minister der Justiz. Auf der Höhe der Wissenschaft stehend, durch seine Stellung als praktischer Richter, dann Finanzrath und Staatssekretär mit allen Zuständen des Landes vertraut, huldigt derselbe in Staat, Kirche, Recht und, was mehr als Alles ist, im Leben selbst den freisinnigsten, edelsten Grundsätzen. Schlicht und einfach nur der Sache sich hingebend, lebt in ihm ein jugendlich begeistertes Streben für das köstlichste, leider so oft verkümmerte Kleinod im Staate: das R e c h t ! Durch sein Wirken bei den Vereinen für die arbeitende Klassen hat er bewiesen, daß sein Herz auch für die Leiden der Niederen im Volke schlägt, und es unterliegt keinem Zweifel, daß ihn auch der bäuerliche Grundbesitz mehr interessiert, als ein verderbliches Fidei=Commiß. Gewiß wird nun die Justiz bald von allen Feudal=Ueberresten und von allen Schlacken befreit werden. Vielleicht sind die langgehegten Wünsche des Volkes für Aufhebung der Patrimonial=Gerichte, des eximirten Gerichtstandes, Errichtung von Provincial=Appellhöfen, Schwurgerichten, völlige Unabhängigkeit der Richter und deren höhere angemessenere Besoldung, völlige Emancipation des Advocatenstandes von der widernatürlichen bureaukratischen Suprematie der Gerichte näher, als wir glauben ! – Leichter und doch mit doppeltem Eifer und Erfolge wandeln die Pfleger des Rechtes ihre mühselige Bahn unter dem humansten, liebenswürdigsten und tüchtigsten Chef. Möge seine Gesundheit, die früher oftmals schwankend war, sich stärken in dem schönsten und wahrscheinlich fruchtbarsten Berufe !"[558]

---

554 ebenda, S. 629.
555 GStA PK, I. HA, Rep. 84 a, Nr. 40116, Bl. 14.
556 Wolff, Adolf, Berliner Revolutionschronik. Darstellung der Berliner Bewegungen im Jahre 1848, Bd. I, Berlin 1851, S. 290.
557 Siemann, Wolfram, Die deutsche Revolution von 1848/49, Frankfurt 1985, S. 76.
558 Kölnische Zeitung, Nr. 84 vom 24. März 1848.

Der Demokrat Paul Boerner urteilte über das neue Ministerium:

„Der Graf und der Baron führten jetzt, von Anfang an wenig einig, das Steuerruder, da Schwerin so unbedeutend ist, daß man ihm kein großes Gewicht im Ministerrat zuschreiben kann und Bornemann sowohl als Kühne sich rein mit den Details ihrer Ministerien beschäftigten".[559]

Diese Beschreibung Bornemanns traf zu. Er war kein politischer Stratege, den es in den Vordergrund drängte und kein großer weltläufiger Staatsmann noch kühl berechnender Taktierer, der Karriere machen wollte. Er fühlte sich vielmehr als Diener des Staates. So beschrieb ihn Ernst Landsberg, der als Rechtshistoriker in der Tradition der Historischen Schule stand und deshalb deutliche Abneigung gegen Bornemann zeigte[560], als

„einen kleinen blinden Bewunderer des preußischen Wesens und seines Bureaukratismus, den geborenen Feind jeder Romantik und nun gar ihrer Übertragung auf die königlich-preußischen Rechts- und Justizministerialverhältnisse". „[...] nicht fähig über das unmittelbar Nützliche und über die Aufgaben der amtlichen Stellung hinauszusehen."[561]

Bornemann war sich schon früh im Klaren, dass die Amtsübernahme für ihn schwerwiegende Folgen haben könne. Schon vorher hegte er Zweifel, ob er der richtige Mann für das Amt des Justizministers sei und bemerkte später in einem Schreiben an Camphausen:

„Als des Königs Majestät mich am 21. März d.J. als Justizminister berufen, erklärte ich auf Grund einer langen vorhergegangenen Selbstprüfung, daß mir, abgesehen von anderen Mängeln, die politische und parlamentarische Ausbildung fehle, die gegenwärtig jeder Minister besitzen müsse, und daß ich daher nicht der geeignete Mann sei. [...] Ich besorge dabei nicht, daß E.[ure] E.[xzellenz] oder andere mir das Ausscheiden aus dem Ministerium als Mutlosigkeit auslegen werden. Ein Beamter, der in einer vergangenen Zeit in das Ministerium zu treten den Mut gehabt hat, kann unmöglich als mutlos bezeichnet werden, wenn er zur Zeit der allmählich wiederkehrenden Ordnung ausscheidet."[562]

---

559 Boerner, Paul, Erinnerungen eines Revolutionärs, Erster Band, Leipzig 1920, S. 212

560 Landsbergs abwertenden Ausführungen trugen wohl wesentlich dazu bei, dass Bornemann in den gängigen Darstellungen der neueren Privatrechtsgeschichte nirgends auftaucht; vgl. auch Landau, Peter, Ferdinand Wilhelm Ludwig Bornemann und die Tradition des preussischen Rechts, in: Quaderni Fiorentini, Band 23 (1994), S. 63.

561 Landsberg, Ernst, Geschichte der deutschen Rechtswissenschaft, Bd. III/2, München/Berlin 1910, S. 609.

562 Schreiben von Bornemann an Camphausen vom 23. April 1848; das Original trägt irrtümlich das Datum des 23. Mai 1848; zitiert nach der Abschrift J. Hansens von einer nicht mehr im Nachlass Camphausens befindlichen Ausfertigung in: Hansen, Joseph, Rheinische Briefe und Akten 1848, Köln-Bonn, Nachdruck 1976, S.82.

Bereits am 22. März überwies der König dem neuen Ministerium einen Fragenkatalog, der auf Antworten wartete. Eine auf denselben Tag datierte Order verlangte Vorschläge über Maßregeln zur Sicherstellung der persönlichen Freiheit und des Versammlungsrechts, zur Begründung einer Bürgerwehr, zur Einführung der Ministerverantwortlichkeit und der Geschworenengerichte, zur Feststellung der Unabhängigkeit des Richterstandes und Aufhebung der patrimonialen wie der eximierten Gerichtsbarkeit. Ziel sei dabei eine *„constitutionelle Verfassung auf breitester Grundlage"*. Dieses Werk sollte vorbereitet werden durch *„ein volksthümliches auf Urwahlen gegründetes Wahlgesetz"*[563]. Zuvor hatte Friedrich Wilhelm IV. in seiner Proklamation vom 21. März *„An mein Volk und an die deutsche Nation"*[564] versprochen:

> *„[...] Allgemeine Einführung wahrer constitutioneller Verfassungen, mit Verantwortlichkeit der Minister in allen Einzelstaaten, öffentliche und mündliche Rechtspflege, in Strafsachen auf Geschworenengerichte gestützt, gleiche politische und bürgerliche Rechte für alle religiöse Glaubensbekenntnisse und eine wahrhaft volksthümliche, freisinnige Verwaltung werden allein solche höhere und innere Einheit zu bewirken und zu befestigen im Stande sein."*[565]

Wie bereits das Patent vom 18. März bezüglich der beschleunigten Einberufung des vereinigten Landtags am 2. April[566], verhieß auch diese Proklamation die Einführung einer konstitutionellen Verfassung. Seit dem 20. März wurde der Ruf danach immer lauter. Der antiquierte Vereinigte Landtag sei ein völlig unzureichendes und reaktionäres Unternehmen gewesen. Nun solle der König unter Umgehung des Landtags ein Wahlgesetz oktroyieren. Das zu wählende Parlament solle sich rasch konstituieren, um die Verfassung auszuarbeiten.[567] Das Staatsministerium hielt jedoch am Grundsatz der Rechtskontinuität fest und wollte den Landtag nicht umgehen. Damit grenzte es sich gegen die radikale demokratische Bewegung ab. Um aber die Gemüter zu beruhigen, übergab die Regierung einer Deputation der Städte Breslau und Liegnitz am 22. März einen Bescheid, der die geforderte Konkretisierung der zukünftigen Verfassung enthielt: Sicherstellung der persönlichen Freiheit, ein freies Vereinigungs- und Versammlungsrecht, Verantwortlichkeit der Minister, Unabhängigkeit des Richter-

---

[563] Stölzel, Adolf, Brandenburg-Preußens Rechtsverwaltung und Rechtsverfassung, Band II, Neuauflage hrsg. von Jürgen Regge, Vaduz 1989, S. 630.

[564] Huber, Ernst Rudolf, Dokumente zur Deutschen Verfassungsgeschichte, Band 1, Stuttgart 1978, Nr. 152, S. 448.

[565] ebenda.

[566] ebenda, Nr. 150, S. 445.

[567] Bergengrün, Alexander, David Hansemann, Berlin 1901, S. 426.

standes und die Vereidigung des Heeres auf die Verfassung waren die zentralen Aussagen über die zukünftige Verfassung.[568]
Das Ministerium v. Arnim war angesichts seiner Machtlosigkeit und um weiteren Aufruhr zu verhindern gezwungen, über die Verkündung vom 18. März hinausgehende Zusagen zu machen. Die Proklamation des Königs, auf welcher der ministerielle Bescheid beruhte, war allerdings nur ein taktischer Kniefall der Krone vor den Revolutionären. Der König wollte den Weg zu einer Verfassung und zur Wahl einer Konstituante nur nach vorheriger Anhörung des Vereinigten Landtags beschreiten.[569]

Noch vor der Eröffnung des zweiten Vereinigten Landtags am 2. April musste das Kabinett v. Arnim am 29. März abdanken und machte den Weg für das liberale Kabinett Camphausen-Hansemann frei.

2. Abdankung des Kabinetts Arnim-Boitzenburg

Arnim hatte bereits nach wenigen Tagen angesichts der fundamentalen innenpolitischen Veränderungen um seinen Rücktritt gebeten. Er könne *„nicht mit Überzeugung der Vertreter des jetzigen politischen Systems“*[570] sein. Zudem setzte sich allmählich im höheren Beamtenapparat, bei dem Militär und in den Ratgeberkreisen der Krone die Einsicht durch, dass es günstiger wäre, dem liberalen Regierungsanspruch nachzugeben, anstatt sich der Gefahr auszusetzen, von der Revolution gänzlich entmachtet zu werden.[571]

Das Volk strebte nach einer Regierung, die mit Männern ihres Vertrauens besetzt war. Die Kölnische Zeitung verlangte die *„Vertretung der Krone durch ganze Volksmänner“*. Graf Arnim sei nicht der Mann des Augenblicks. Der rheinische Liberale Ludolf Camphausen[572], der für viele das Symbol des liberalen Wandels war, verweigerte am 24. März den Eintritt in das Kabinett, ebenso

---

[568] Huber, Ernst Rudolf, Dokumente zur Deutschen Verfassungsgeschichte, Band 1, Stuttgart 1978, S. 449, Nr. 153.
[569] Schwentker, Wolfgang, Konservative Vereine und Revolution in Preussen 1848/49, Düsseldorf 1988, S. 57.
[570] Rücktrittsgesuch vom 29. März 1848 in: GStA PK, BPH Rep. 50 J, Nr. 55, Bl. 28.
[571] Hofmann, Jürgen, Das Ministerium Camphausen-Hansemann, Berlin 1981, S. 50.
[572] Ludolf Camphausen (1803-1890), gründete 1826 mit seinem Bruder ein Bankhaus in Köln; seit 1833 war er Mitglied und von 1839-1847 Präsident der Kölner Handelskammer; seit 1843 gehörte er als Lenker der rheinischen Liberalen dem Provinziallandtag an; 1847/48 dem Vereinigten Landtag.

wie David Hansemann[573]. Sie bemängelten, dass der Präsident des Ministeriums keinen volkstümlichen Hintergrund hatte.[574]
Schon kurz nach dem Amtsantritt des Kabinetts machte sich darüber hinaus auch eine personelle Spaltung im Staatsministerium bemerkbar. Evident wurde diese am Beispiel der unterschiedlichen Ansichten zu den Angelegenheiten des Großherzogtums Posen und der dänischen Frage. Auerswald und Bornemann forderten, den General Willisen zur Befriedung der Provinz Posen einzusetzen, wohingegen der Ministerpräsident v. Arnim die Gefahr der Einmischung Russlands sah und dem Ansinnen entschieden entgegentrat.[575] Darüber hinaus sollte nach der Vorstellung des Außenministers v. Arnim das Herzogtum Schleswig-Holstein in seinem Konflikt mit der dänischen Regierung mit einem preußischen Armeecorps unterstützt werden. Dagegen wandte der Präsident des Staatsministeriums v. Arnim ein, einer

„friedlichen Ausgleichung der Differenz der dänischen Regierung mit den Herzogthümern Zeit zu lassen, und den letztern hiebei die moralische Unterstützung des Rückhalts an Preußen durch ein an dessen Gränze zu sammelndes Observationscorps zu gewähren [...].“[576]

Auerswald und Bornemann traten der Forderung nach militärischer Unterstützung des Außenministers bei. Die Spaltung übertrug sich zunehmend auch auf andere Fragen Der Rücktritt v. Arnims war eine politische Notwendigkeit.

III. Kabinett Camphausen-Hansemann

Nachdem Friedrich Wilhelm IV. am 29. März 1848 das Rücktrittsgesuch v. Arnims nach nur zehn Amtstagen angenommen hatte, trat in Preußen ein liberales „Märzministerium“ an die Stelle des bürokratischen Übergangsministeriums.[577] An die Spitze des Staatsministeriums wurde Camphausen berufen, der damit erster bürgerlicher Ministerpräsident Preußens wurde. Der neue Finanzminister David Hansemann kam ebenfalls aus dem Kreise der liberalen Rheinländer. Bornemann blieb im Amt.

---

[573] David Hansemann (1790-1864) war seit 1817 Wollhändler und Kaufmann in Aachen tätig; seit 1845 war er Mitglied des rheinischen Provinziallandtags.
[574] Hansen, Joseph, König Friedrich Wilhelm IV. und das liberale Märzministerium der Rheinländer Camphausen und Hansemann im Jahr 1848, in: Westdeutsche Zeitschrift für Geschichte und Kunst, Trier 1913, S. 181.
[575] Wolff, Adolf, Berliner Revolutionschronik, Berlin 1854, S. 468.
[576] ebenda, S. 469.
[577] Huber, Ernst Rudolf, Deutsche Verfassungsgeschichte seit 1789, Band II, Stuttgart 1988, S. 579.

Selten hatte ein Ministerium in einer derartigen Krise, wie sie das Ministerium Camphausen bei Amtsantritt vorgefunden hatte, die Gunst der Umstände, insbesondere der Bevölkerung, so auf seiner Seite.
Allerdings wurde auch umgehend die Rivalität der beiden Führungsfiguren im Kabinett, Camphausen und Hansemann, offensichtlich, da sich der selbstbewusste Hansemann nicht mit einer untergeordneten Rolle zufrieden geben wollte. Die übrigen Minister, so auch Bornemann, widmeten sich unterdessen mit großem Tatendrang ihren Ressorts. Hansemann berichtete über die Ausgangslage:

„[dass] am 29. März nicht nur der Mangel zuverlässiger Machtmittel in Berlin, welcher die schwache Stellung des Grafen von Arnim erklärt, fortbestand, sondern daß während des Ministeriums desselben die radicalen, revolutionären und anarchischen Ideen noch weit mehr Boden und Verbreitung gefunden, und folglich die Verhältnisse sich weit ungünstiger als am 19. März gestaltet hatten. Um es sehr gelinde zu sagen, waren das monarchische Prinzip und jedes Fundament der staatlichen Ordnung im höchsten Grade erschüttert und geschwächt."[578]

Die gemeinsame Zielsetzung des Kabinetts bestand darin, den preußischen Staat auf der Grundlage eines Kompromisses zwischen der Monarchie und der bürgerlichen Bewegung in Form der konstitutionellen Monarchie mit Repräsentativsystem und rechtsstaatlichen Freiheitsgarantien neu zu gestalten.[579]
Bergengrün stellte hinsichtlich des neuen Staatsministeriums zutreffend fest:

„Ihrer Begabung, ihrem Charakter, ihrer politischen Vergangenheit nach hätten sie die richtigen Reformminister sein können, wenn der König aus freiem Willen und aus Überzeugung sie zu dieser Aufgabe herangezogen hätte. Es war aber das Verhängnis Preußens und ihr eigenes Verhängnis, daß sie erst nach einer Revolution in ihre Ämter gelangten. Ohne den vorausgehenden Barrikadenkampf hätte der König die Führer der früheren Landtagsopposition nie ins Ministerium berufen. Dieser Revolutionsgeruch blieb nun mal an den Ministern hängen und bestimmte das Urteil der extremen Parteien sowohl von der rechten wie von der linken Seite über sie."[580]

Das Kabinett Camphausen hatte mit Amtsantritt zwei grundsätzliche Aufgaben zu erfüllen: Einerseits musste es ihm gelingen, die anarchischen Verhältnisse einzudämmen und dem geltenden Recht wieder zur Anerkennung zu verhelfen. Andererseits mussten freiheitliche und konstitutionelle Reformen auf den Weg gebracht und umgesetzt werden. Camphausen versprach mit Blick auf die gro-

---

578 Hansemann, David, Das Preußische und Deutsche Verfassungswerk. Mit Rücksicht auf mein politisches Wirken, Berlin 1850, S. 89.
579 Huber, Ernst Rudolf, Deutsche Verfassungsgeschichte seit 1789, Band II, Stuttgart 1988, S. 580.
580 Bergengrün, Alexander, David Hansemann, Berlin 1901, S. 423.

ßen Herausforderungen stellvertretend für das Kabinett: *„Ich werde tun zur Rettung des Staates was ich vermag [...].“*[581]

1. Zweiter Vereinigter Landtag

Eine breite Protestbewegung hatte sich gegen die Einberufung des Vereinigten Landtags gebildet, der sich vom 2. bis zum 10. April 1848 versammelte und eigentlich ausschließlich ein Wahlgesetz für die verfassungsgebende Versammlung entwerfen sollte. Man forderte eine *„echte“* Volksvertretung und verknüpfte die Ablehnung der alten ständischen Institution mit der Forderung nach einem sofortigen Wahlgesetz und der Wahl einer demokratischen Volksvertretung.[582] Bereits am 31. März und 1. April 1848 trafen sich etwa 300 bis 400 Abgeordnete im Berliner Hotel „Russie“ zu Vorberatungen. Während dieser Konsultationen versuchten immer wieder demokratisch gesinnte Landtagsmitglieder den Zusammentritt dieses Organs noch zu verhindern. Vor allem der aus Liegnitz angereiste Bruder Bornemanns, Adolph, versuchte mit einigen Gleichgesinnten, die Versammelten zu einer Inkompetenzerklärung zu bewegen und so den Zusammentritt des Landtags in letzter Minute noch zu verhindern.[583] Sie scheiterten jedoch am Widerstand der Majorität. Auch eine Beschränkungserklärung, nur das Wahlgesetz zu beraten, kam nicht zustande.
Allerdings traten auch, überwiegend in größeren Städten, Vertreter des liberalen Bürgertums den Protesten entgegen und beschworen den *„gesetzlichen Weg zur Reform der ständischen Verfassung“*[584]. Auch für die Vossische Zeitung war der Landtag *„bis auf diesen Augenblick das einzige gesetzmäßige Organ“*[585].
Das Ministerium Camphausen verständigte sich bereits in den ersten Stunden seiner Amtstätigkeit darauf, es als eine Frage seiner Existenz anzusehen, dass der einberufene Landtag tatsächlich und ungeachtet der dagegen eingegangen Petitionen zusammentrete.[586] In einem Brief vom 10. April 1848 schrieb Camphausen:

„[...] Im Gegenteil hat das Ministerium sich unmittelbar darüber als über eine Lebensfrage geeinigt, daß der damals zusammenberufene Vereinigte Landtag [...] wirklich zusammentreten und daß aus der Verfassung heraus, mit den gesetzlichen Mitteln, welche sie darbot, in

---

[581] HA Köln, Best. 1023 (Nachlass Camphausen) L 118 a.
[582] Hofmann, Jürgen, Das Ministerium Camphausen-Hansemann, Berlin 1981, S. 59.
[583] ebenda, S. 65.
[584] Hansen, Joseph, Rheinische Briefe und Akten zur Geschichte der politischen Bewegung 1830-1850, Band 2.1., Düsseldorf 1946, S. 636.
[585] Vossische Zeitung, Nr. 72 vom 25.3.1848.
[586] Verhandlungen der constituierenden Versammlung für Preußen. Hrsg. von Eduard Bleicher, Berlin 1848, Band 1, S. 185.

die neue hinübergegangen werde, ohne das Band abzuschneiden, welches die alte mit der neuen verknüpft [...]."[587]

Das Festhalten der Regierung Camphausen an dem Vereinigten Landtag machte deutlich, dass sie unter keinen Umständen gewillt war, den geltenden Rechtsboden und –zustand zu verlassen.[588] Camphausen verteidigte diese „Rechtsbodentheorie":

„Wir bedürfen seiner [des Landtags], um die Reform unsres Staatsgebäudes auf jenem gesetzlichen Wege zu bewirken, den wir nicht verlassen dürfen, ohne der Anarchie Vorschub zu leisten, welche der Reaktion die größte Aussicht auf Erfolg bieten würde."[589]

Diese Ansicht entsprach auch der Grundüberzeugung Bornemanns, für den zeitlebens die Anerkennung von Recht und Ordnung die Richtschnur seines Handelns bildete. Er lehnte trotz seiner grundsätzlichen Sympathien für die geforderten antifeudalen Veränderungen, den Weg der Umgehung des gesetzmäßigen Organs Landtag ab.
Für das Staatministerium sollte der Vereinigte Landtag vor allem dazu dienen, die *„Revolution in die Bahn der Reform zu leiten [...]*"[590].
Durch die Entscheidung Friedrich Wilhelms IV., das erforderliche Wahlgesetz für die verfassungsgebende Nationalversammlung nicht zu oktroyieren, sondern mit dem Vereinigten Landtag zu beraten, wählte er den Weg der „staatsrechtlichen Legalität und Kontinuität"[591]. Eine *„lückenlose Gesetzlichkeit"*[592] sollte auch nach dem Willen des Königs den Wandel zum konstitutionellen Staat vollziehen. Er verweigerte ebenso wie das gemäßigt-liberale Kabinett Camphausen die Anerkennung eines Urrechts des Volks auf Revolution, wie die radikaldemokratische Ideenlehre es behauptete.
Als der Vereinigte Landtag am 2. April zusammentrat, herrschte große Mutlosigkeit. Die liberalen und demokratischen Kreise sahen den Landtag als Gremium des alten reaktionären Systems an und befürchteten ein Wiedererstarken der konservativen Kräfte.
Das Kabinett um Bornemann strebte jedoch die revolutionäre Umgestaltung der sozialen und politischen Verhältnisse über einen Kompromiss mit den alten Gewalten an. Camphausen wies in seiner Eröffnungsrede auf die Ereignisse des letzten Jahres hin und nannte die politische Berechtigung der Bürger im Staate

---

[587] Caspary, Anna, Ludolf Camphausens Leben, Stuttgart 1902, S. 196.
[588] So auch Hofmann, Jürgen, Das Ministerium Camphausen-Hansemann, Berlin 1981, S. 61.
[589] Stahr, Adolf, Die Preußische Revolution, Erster Band, Oldenburg 1851, S. 191.
[590] Kölnische Zeitung, Nr. 94 vom 3.4.1848.
[591] Huber, Ernst Rudolf, Deutsche Verfassungsgeschichte seit 1789, Band II, Stuttgart 1988, S. 582.
[592] ebenda.

ein um so lebhafter empfundenes Bedürfnis, *„als das Volk eine Stufe der Bildung erstiegen hätte, die es anderen, unter freien Verfassungsformen lebenden Völkern mindestens gleichstellte“*[593]. Die gegenwärtige Situation sei schwer zu beklagen, allein ein Trost müsse darin gefunden werden,

> *„daß die letzten Wochen viel verborgene Wunden aufgedeckt und Belehrung gegeben haben, daß und wie ihre Heilung erstrebt werden solle.“*[594]

Schwerpunkte des Regierungsprogramms sei es, das Vertrauen zu beleben, den geschwächten Kredit zu heben und auf den Aufschwung der Gewerbe und der lohnenden Arbeit hinzuwirken.[595]
Camphausen ging jedoch weder auf die angestrebte Errichtung einer konstitutionellen Monarchie noch auf die beabsichtigte Politik der Vereinbarung ein, weil er sich nicht unmittelbaren Angriffen der demokratischen Öffentlichkeit aussetzen wollte. Diese wichtigen Ziele wurden indes von dem Staatsministerium in den Propositionsdekreten versteckt, um so durch die Abstimmung derselben im Landtag eine ausufernde Debatte zu verhindern und sich zugleich den gesetzlich verbindlichen Auftrag der Versammlung für diese Politik geben lassen zu können. Eine konstitutionelle Verfassung sollte somit der Krone nicht abgetrotzt, sondern mit ihr vereinbart werden.
Die Vorlagen des Staatsministeriums für den Vereinigten Landtag fanden große Billigung und Unterstützung, vor allem in weiten Teilen des bürgerlichen Lagers. Die Kölnische Zeitung versicherte namens des Bürgertums, dem Kabinett, solange es diese Richtung weiter verfolgen werde, volles Vertrauen entgegenzubringen und es *„mit Wort und Tat zu unterstützen“*[596] zu wollen.
Eine folgende Adressdebatte sprach der Regierung Camphausen das Vertrauen aus, verbunden mit der Aufforderung,

> *„[das] Gefühl der Einheit zwischen der Nation und ihren Fürsten [zu] kräftigen, das Vertrauen in Handel und Gewerbe neu [zu] beleben [...] und [...] auf gesetzlichem Wege dem in manchen Landestheilen eingetretenen gesetzwidrigen Zustande ein Ende [zu] machen.“*[597]

Die Deutsche Zeitung forderte Bornemann und seine Kabinettskollegen auf:

---

[593] Mähl, Hans, Die Überleitung Preussens in das konstitutionelle System durch den Zweiten Vereinigten Landtag, München und Berlin 1909, S. 138.
[594] Verhandlungen des am 2. April 1848 zusammen berufenen Vereinigten Landtags (VL), Hrsg. Eduard Bleich, Band 1, S. 3 ff.
[595] ebenda.
[596] Kölnische Zeitung, Nr. 97 vom 6. April 1848.
[597] Verhandlungen des am 2. April 1848 zusammen berufenen Vereinigten Landtags (VL), Hrsg. Eduard Bleich, Band 1, S. 27.

„[fortzufahren], wohltätige Maßnahmen zu ergreifen, volkstümliche Ordnungen zu schaffen, freisinnige Gesetze zu geben [...], aber in derselben Faust, die diese Spenden auswirft, halte man fest die Zügel gepackt [...].“[598]

Nach einer Zirkularverfügung des Innenministers v. Auerswald vom 3. April 1848, in der er anordnete,

„daß die Exzesse und Gesetzwidrigkeiten [...] unter Mitwirkung der Militär- und Justizbehörde unterdrückt und in den gesetzlichen, aber vielleicht zu beschleunigenden Verfahren an den Schuldigen gesühnt werden“[599],

erließ Bornemann einen Tag später eine Anordnung an alle königlichen Obergerichte. Darin machte er auf die in neuerer Zeit in manchen Gegenden vorgekommenen Exzesse aufmerksam und mahnte die Gerichte:

„[Es bestehe] die besondere Pflicht [...] gegen derartige Gesetzesübertretungen mit aller Energie einzuschreiten und die Schuldigen so schleunig als möglich der verdienten Strafe entgegenzuführen“.[600]

In diesem Zusammenhang wies er die Gerichte an, den vormärzlichen Gesetzen *„überall [...] Geltung zu verschaffen“*[601]. Gemeint war zuerst die Anwendung des preußischen Landrechts, welches auch nach den revolutionären Ereignissen die Rechtsgrundlage blieb. Bornemann wollte so die Gefahren für das junge Kabinett durch die immer wieder aufkeimenden Tumulte und anarchischen Tendenzen bannen.
Es war der Regierung unterdessen gelungen, die Zustimmung des Landtags sowohl zu den königlichen Märzverheißungen als auch zu der Regierungspolitik herbeizuführen. Obwohl das Kabinett angekündigt hatte, mittels des Landtags lediglich ein Wahlgesetz für die verfassungsgebende Nationalversammlung entwerfen lassen zu wollen, legte es am 6. April 1848 zusätzlich den Entwurf einer „Verordnung über die Grundlagen der künftigen preußischen Verfassung“[602] vor. In diesem war die Verknüpfung von antiabsolutistischer Reformpolitik mit der Ablehnung von zu demokratischen Tendenzen zu erkennen; mithin ein Aufbrechen der feudalen Strukturen, ohne sich jedoch den demokratischen und revolutionären Anhängern zu sehr zu nähern.

---

598 D.Z., Nr. 116 vom 26.04.1848; zitiert in: Hofmann, Jürgen, Das Ministerium Camphausen-Hansemann, Berlin 1981, S. 88.
599 GStA PK, I.HA, Rep 77 tit. 500 Nr.1 Bd.2, Bl. 138.
600 Hofmann, Jürgen, Das Ministerium Camphausen-Hansemann, Berlin 1981, S. 196 f.
601 Vossische Zeitung, Nr. 82 vom 06.04.1848; ebenda, Nr. 90 vom 15.04.1848.
602 abgedruckt in: Huber, Ernst Rudolf, Dokumente zur Deutschen Verfassungsgeschichte, Band 1, Stuttgart 1978, S. 451.

Presse- und Religionsfreiheit, ein Zustimmungsrecht der künftigen Volksvertretung zu allen Gesetzen und zum Staatshaushalt und das Steuerbewilligungsrecht fanden ihren Niederschlag. Mit Einschränkungen versehen wurde auch das Versammlungs- und Vereinigungsrecht gewährt.
Trotz einiger Differenzen erreichte dieser Entwurf die allgemeine Zustimmung des Landtags.[603]
Mit ihrer Strategie der Vermittlung hatten die Staatsminister einen beachtlichen Ausgleich zwischen den verschiedenen politischen Strömungen erreicht.

2. Der Umgang mit der Preußischen Nationalversammlung

a. Eröffnung und die ersten Verhandlungen der Versammlung

Im April 1848 war in Anknüpfung an den königlichen Erlass vom 27. März eine Ministerialkommission gebildet und mit der Vorbereitung eines Verfassungsentwurfes betraut worden.[604] An dieser Kommissionsarbeit nahm neben Camphausen und Hansemann auch Bornemann teil.[605]

Am 1. Mai 1848 fanden in Preußen die Wahlen zur preußischen Nationalversammlung statt. Daraufhin bestellte das Staatsministerium durch ein königliches Patent *„die zur Vereinbarung der preußischen Staatsverfassung gewählten Vertreter"* für den 22. Mai nach Berlin ein.[606]

Der inzwischen von der Kommission ausgearbeitete und am 16. Mai vorgelegte Verfassungsentwurf stieß auf entschiedene Ablehnung des Königs. Man hatte sich seitens der Kommissionsmitglieder an der sehr fortschrittlichen belgischen Verfassung von 1831 zu orientieren versucht, die der Regent mit den Worten *„elendes belgisches, schlecht ins preußische übersetztes Machwerk"*[607] abqualifizierte. Vor allem für die rheinischen Liberalen verkörperte die belgische Verfassung die gewünschte Teilnahme des Bürgertums an der politischen Macht. Es kam zu der Grundsatzfrage, ob eine ständisch geprägte oder liberal-konstitutionelle Verfassungsentwicklung eingeschlagen werden müsse.[608] Eine

---

603 Hofmann, Jürgen, Das Ministerium Camphausen-Hansemann, Berlin 1981, S. 73.
604 Hansen, Joseph, Rheinische Briefe und Akten zur Geschichte der politischen Bewegung 1830-1850, Band 2.2., Düsseldorf 1946, S. 92.
605 Es bestehen jedoch weder Protokolle noch andere Überlieferungen der Kommissions- arbeit, vgl. Hofmann, Jürgen, Das Ministerium Camphausen-Hansemann, Berlin 1981, S. 124.
606 GStA PK, I. HA, Rep. 77 (Innenministerium), Tit. 495 a, Nr. 4, Bd. 1, Bl. 71.
607 Seitz, Johannes, Entstehung und Entwicklung der preußischen Verfassungsurkunde im Jahre 1848, Greifswald 1909, S. 52.
608 Brandenburg, Erich, Untersuchungen und Aktenstücke zur Geschichte der Reichsgründung, Leipzig 1916, S. 79 ff.

Patt-Situation war die Folge, denn die „*Vereinbarungstheorie*" als fortwährendes Verfassungsprinzip, belastete den Entwurf erheblich. Als die Minister geschlossen am 19. Mai 1848 dem König gegenüber für eine konstitutionelle Verfassung eintraten, ließen sie es auf eine Konfrontation mit dem Monarchen ankommen. Dieser drohte sogar mit Abdankung und berichtete am 21. Mai empört seinem Vertrauten v. Radowitz:

„Ich glaubte vorgestern in der desfallsigen Ministerialsitzung vor Schmerz, Kränkung und Indignation zu sterben !"[609]

Das Staatsministerium entschloss sich daraufhin, einen Konsens herbeizuführen und versuchte Friedrich Wilhelm IV. entgegenzukommen. Zwar entzog der Verfassungsentwurf dem König die absolute Verfügungsgewalt über die Gesetzgebung, jedoch verzichtete man darauf, ihn an die Verfassung zu binden. Auch sollte ihm das faktisch absolute Vetorecht und die Gewalt über das Militär eingeräumt werden. Insbesondere dem Vetorecht standen aber auch die liberalen Kreise kritisch gegenüber, da man die Beeinträchtigung des bürgerlichen Einflusses besonders auf die Gesetzgebung fürchtete. *„Es ist ein gefährliches Recht, was man der Krone beilegt!"*[610]
Das Ergebnis der Bemühungen um einen Kompromiss war schließlich ein modifizierter Verfassungsentwurf. Dieses nach den Worten des Königs *„verhängnisvolle, schicksalsschwere Papier"*[611] wurde von ihm am 20. Mai widerwillig unterzeichnet.
Auf den Tag genau 33 Jahre nach dem unerfüllten Verfassungsversprechen seines Vaters vom 22. Mai 1815 eröffnete Friedrich Wilhelm IV. die verfassungsgebende Nationalversammlung im Weißen Saal des Berliner Schlosses:

„Sie werden dem Volke eine ausgedehnte Theilnahme an den Angelegenheiten des Staates zusichern. [...] Die Einheit Deutschlands ist Mein unverrückbares Ziel, zu dessen Erreichung Ich Ihrer Mitwirkung Mich versichert halte." [612]

In § 13 des Wahlgesetzes, das der Vereinigte Landtag am 8. April 1848 beschlossen hatte, waren die Aufgaben und Befugnisse der Versammlung beschrieben:

---

609 Meinecke, Friedrich, Radowitz und die deutsche Revolution, Berlin 1913, S. 174.
610 Vossische Zeitung, Nr. 122 vom 27. Mai 1848.
611 Brandenburg, Erich, König Friedrich Wilhelm IV. Briefwechsel mit Ludolf Camphausen, Berlin 1906, S. 107.
612 Stenographische Berichte über die Verhandlungen der zur Vereinbarung der preußischen Staats-Verfassung berufenen Versammlung (Nationalversammlung), Erster Band, erste bis 38. Sitzung, vom 22. Mai bis 11. August 1848, S. 1.

„Die [...] Versammlung ist dazu berufen, die künftige Staatsverfassung durch Vereinbarung mit der Krone festzustellen und die seitherigen reichsständigen Befugnisse namentlich in Bezug auf die Bewilligung von Steuern und Staatsanleihen für die Dauer ihrer Versammlung interimistisch auszuüben".

Mit diesem Passus im Wahlgesetz waren auf die Nationalversammlung die Rechte und Kompetenzen des Vereinigten Landtags übergegangen und begründeten den Charakter einer konstituierten Volksvertretung.[613] Dieser verlieh ihr auch den Anspruch, gegen ihren Willen weder verlegt, vertagt noch aufgelöst werden zu dürfen.[614] Allerdings wurde die Versammlung im Wahlgesetz ausdrücklich zur „Vereinbarung" der Verfassung einberufen, so dass man von gleichrangigen „Verhandlungspartnern" ausgehen musste, die eine Entscheidung gleich welcher Art nicht isoliert treffen konnten.[615]

Die Märzverheißungen des Monarchen, im Wesentlichen die Proklamation vom 22. März 1848 an die Deputationen der Städte Breslau und Liegnitz und schließlich die auf Vorschlag des Ministeriums Camphausen vom Zweiten Vereinigten Landtag verabschiedeten Aprilgesetze[616], umfassten generelle, das konstitutionelle Verfassungsrecht substantiell bedingende Zusagen für die zu vereinbarende preußische Verfassung.[617] Diese Kompetenzen waren das Äquivalent zu dem der Krone zustehenden Recht des absoluten Vetos, dem der Vereinigte Landtag durch seinen Beschluss, die Nationalversammlung zur „Vereinbarung der preußischen Staatsverfassung" einzuberufen, bewusst Ausdruck verliehen hatte.[618]

Das Staatsministerium war sich unterdessen sicher, *„ohne Zusammenkunft der Volksvertretung nicht die zu ihrem Bestande erforderliche Stärke behalten oder erlangen"*[619] zu können. Darüber hinaus wollte das Kabinett Camphausen nicht im Schatten des Frankfurter Parlaments stehen oder sich auch nur dem Druck auf ihre Beschlüsse ausgesetzt sehen.[620] Ein Gegengewicht sollte geschaffen werden, um *„den Einfluß dieser gefürchteten Körperschaft zu schwächen"*[621].

---

[613] Botzenhart, Manfred, Deutscher Parlamentarismus 1848-1850, Düsseldorf 1977, S. 515.
[614] ebenda.
[615] ebenda.
[616] Vgl. Huber, Ernst Rudolf, Dokumente zur Deutschen Verfassungsgeschichte, Band 1, Stuttgart 1978, S. 366 ff.
[617] Grünthal, Günther, Parlamentarismus in Preußen, Düsseldorf 1982, S. 36.
[618] ebenda.
[619] Hansen, Joseph, Rheinische Briefe und Akten zur Geschichte der politischen Bewegung 1830-1850, Band 2.2., Düsseldorf 1946, S. 85 f.
[620] Hofmann, Jürgen, Das Ministerium Camphausen-Hansemann, Berlin 1981, S. 118.
[621] HA Köln, Best. 1023 Nachlass Camphausen, G 6-G 9.

An diesem 22. Mai 1848 wurde der Versammlung auch der Verfassungsentwurf vorgelegt, ohne nochmalige Einwände des Regenten berücksichtigt zu haben. Die Minister wollten keine weiteren Zugeständnisse an die Krone machen. Die öffentliche Kritik an dem vorgelegten Entwurf war allerdings groß:

„Niemand im Volke war auch nur irgendwie befriedigt, kurz – alle Hoffnungen waren getäuscht; denn der Entwurf war weit hinter Aller Erwartungen zurückgeblieben. Man hielt Strafgericht in Reden über den Entwurf und unter den Linden ward auf einem improvisirten Scheiterhaufen von Vossischen Zeitungsblättern ein Exemplar des Verfassungsentwurfs verbrannt".[622]

Es kam zu spontanen Protestkundgebungen:

„Überall, wohin man an jenem Abende in Berlin auch kam, hörte man Worte des Zornes und der Entrüstung, überall Schmähungen und Verwünschungen auf die Regierung."[623]

In einem politisch gebildeten Land wäre das Ministerium in der ersten Sitzung der Versammlung gefallen, mutmaßte der Abgeordnete Unruh.[624] Allerdings bekannte sich die große Majorität zu dem Kabinett Camphausen. Man vertraute besonders Camphausen, v. Auerswald und Bornemann.[625]
Dennoch kam es bereits einen Tag nach der Eröffnung der Versammlung, am 23. Mai, zu einem ersten Rücktrittsgesuch Bornemanns.
In einem Schreiben an Camphausen teilte er mit, dass sein Ausscheiden aus zwei Gründen notwendig sei: Erstens wolle er sich nicht zur Verfolgung politischer Verbrechen hergeben. Man beschuldige ihn der Furchtsamkeit, was unrichtig sei:

„Gern will ich aber gestehen, daß ich nicht stark genug bin, das, was ich für Unrecht halte, dessen ungeachtet im gouvernementalen Interesse auszuführen und meine bisher gewahrte Integrität dadurch zu vernichten. Meine Auffassung mag unrichtig sein, sie ist aber unwandelbar."[626]

Zweitens wisse er, dass der Plan bestehe, das Kultusministerium mit dem Justizministerium zu vereinigen. Einer solchen Arbeitslast fühle er sich nicht gewachsen.[627] Es scheint so, als habe Bornemann noch von Camphausen besch-

---

[622] Steinmann, Friedrich, Geschichte der Revolution in Preußen, Berlin 1849, S. 437.
[623] Streckfuß, Adolph, Die Staatsumwälzungen der Jahre 1847 bis 1848, Berlin 1848, S. 697.
[624] Unruh, Hans-Viktor v, Skizzen aus Preußens neuester Geschichte, Magdeburg 1849, S. 33.
[625] ebenda.
[626] Nachlass Camphausen, zitiert nach: Brandenburg, Erich, König Friedrich Wilhelm IV. Briefwechsel mit Ludolf Camphausen, Berlin 1906, S.165.
[627] Hansen, Joseph, Rheinische Briefe und Akten zur Geschichte der politischen Bewegung 1830-1850, Band 2.2., Düsseldorf 1946, S. 82.

wichtigt werden können. Denn es finden sich keine Anzeichen dafür, dass der König vor dem 11. Juni von Bornemanns Demissionsgesuch etwas erfahren hatte.

Am 31. Mai, nachdem bereits einige Anträge, Interpellationen und Petitionen von politischer Brisanz gestellt worden waren,[628] initiierte die Regierung eine Adresse an den König, um die politischen Fronten innerhalb der Versammlung, aber auch in dem Dreiecksverhältnis Regent, Versammlung und Ministerium abzustecken. In der anschließenden Debatte betonte Camphausen, dass zwischen der Mehrheit der Versammlung und dem Ministerium notwendigerweise eine *„Solidarität“* bestehen müsse und im Zweifel bedürfe es nur einer einzigen Abstimmung, um *„diese Harmonie der Versammlung mit der Regierung sofort herzustellen“*.[629] Diese Äußerung löste bei allen Abgeordneten lebhaften Beifall aus. Die Mitglieder des Staatsministeriums versuchten so, schrittweise eine parlamentarische Basis für ihre Regierung zu schaffen. Sie hatten die erste sich bietende Möglichkeit genutzt, um ihre parlamentarische Verantwortung gegenüber der Nationalversammlung zu erklären. Auch die positiv abgestimmte Vertrauensfrage zielte in diese Richtung.[630] Das Staatsministerium konnte einen ersten parlamentarischen Sieg erringen.[631]

Am 8. Juni 1848 stand ein brisanter Antrag des Berliner Abgeordneten Julius Berends zur Debatte:

> *„Die hohe Versammlung wolle in Anerkennung der Revolution zu Protokoll erklären, daß die Kämpfer vom 18. und 19. März sich wohl ums Vaterland verdient gemacht haben“*[632]

Damit verdichteten sich alle vorangegangenen ähnlich lautenden Anträge zu einer prinzipiellen Grundsatzfrage, an deren Beantwortung die Versammlung nicht mehr vorbeikommen konnte. Berends begründete seinen Antrag:

> *„Es handle sich darum, daß die Versammlung es ausspreche, sie stehe auf dem Boden dieser Revolution, in welcher das Volk die unveräußerlichen Rechte der Selbstregierung und sich seine Gesetze selbst zu geben zurückgenommen hat“*.[633]

---

[628] Botzenhart, Manfred, Deutscher Parlamentarismus 1848-1850, Düsseldorf 1977, S. 516
[629] Sten. Bericht der Nationalversammlung, S. 68.
[630] ebenda, S. 70.
[631] Botzenhart, Manfred, Deutscher Parlamentarismus 1848-1850, Düsseldorf 1977, S. 519
[632] Kettner, Benno, Anerkennung der Revolution, Greifswald 1912, S. 21.
[633] Verhandlung der Nationalversammlung, Bd. 1, S. 450.

Damit griff er die von Camphausen erläuterten Grundsätze der amtierenden Regierung frontal an. Sowohl die Vereinbarungstheorie als auch das Rechtsbodenprinzip wurden durch diesen Antrag in Frage gestellt.
Die liberale Mehrheit besaß ein gespaltenes Verhältnis zu diesem Antrag. Einerseits wollte sie es vermeiden, bei einer Ablehnung neue revolutionäre Auseinandersetzungen zu provozieren, die die angestrebte Wiederherstellung der öffentlichen Ordnung aussichtslos gemacht hätten. Andererseits lehnten sie mehrheitlich die Revolution als Instrument für die Durchsetzung der verfolgten antifeudalen Reformen ab.[634] Daher bemühte man sich, den Antrag so zu verwässern, das ihm problemlos zugestimmt werden konnte. Das Staatsministerium stand vor dem Dilemma, den *„Boden der Revolution"* anzugreifen, dem sie ihr Dasein verdankte.[635]
Die liberalen Minister um Bornemann gingen dennoch energisch gegen den Antrag vor, da sie ihre zentralen Regierungsprinzipien bedroht sahen.[636] Camphausen verwahrte sich dagegen, dass der Staat und die Staatsgewalt ihre rechtliche Begründung verloren hätten und dass ein Umsturz der bestehenden Gewalt stattgefunden habe[637]. Das Staatsministerium beriet sich noch am gleichen Abend. Allerdings stand die Beratung unter dem Druck des Regenten, der angeordnet hatte, dass er, sofern der Antrag *„per majora"* durchgehe, die sofortige Auflösung (oder Verlegung) der Versammlung befehlen werde.[638] Friedrich Wilhelm IV. war also darauf vorbereitet, dass die Debatte um die Anerkennung der Revolution zum offenen Kampf eskalieren konnte. Zu v. Gerlach sagte er zu jener Zeit, wenn die Minister nicht seinem Befehle gemäß Ordnung machten, werde er selbst es tun.[639]
Weil das Staatsministerium gerade die Vermittlung zwischen König und Nationalversammlung als Grundlage ihres Handelns bekundet hatte, wurde bis zum Morgen des 9. Juni 1848 ein Kompromissvorschlag entwickelt. Man verzichtete auf die Verwendung des Begriffs Revolution und sprach von „großen Märzereignissen", denen man den gegenwärtigen staatsrechtlichen Zustand verdanke. Darüber hinaus erkannte man die Verdienste der Märzgefallenen an und verwies darauf, dass die Aufgabe der Versammlung in der Vereinbarung der Verfassung liege und man zur Tagesordnung zurückkehren solle.[640] Nun konnte man den

---

634 Hofmann, Jürgen, Das Ministerium Camphausen-Hansemann, Berlin 1981, S. 148.
635 Siemann, Wolfram, Die deutsche Revolution von 1848/49, Frankfurt 1985, S. 77.
636 Hofmann, Jürgen, Das Ministerium Camphausen-Hansemann, Berlin 1981, S. 148.
637 Verhandlung der Nationalversammlung, Bd. 1, S. 457.
638 Brandenburg, Erich, König Friedrich Wilhelm IV. Briefwechsel mit Ludolf Camphausen, Berlin 1906, S. 156.
639 Gerlach, Agnes v. (Hrsg.), Denkwürdigkeiten aus dem Leben Leopold von Gerlachs – nach seinen Aufzeichnungen, Band I, Berlin 1891, S. 168.
640 Verhandlung der Nationalversammlung, Bd. 1, S. 479.

Antrag Berends ablehnen, ohne über ihn tatsächlich abgestimmt zu haben.[641] An jenem 9. Juni wurde der Antrag dann auch positiv abgestimmt. Dieses Ergebnis war insofern von großer Tragweite, als die Versammlung erstmalig das Vereinbarungsprinzip der Regierung offiziell anerkannte.

Die eigentliche Verfassungsarbeit, zu der man zusammengekommen war, hatte bis dahin noch nicht begonnen. Allerdings wurden seit Beginn der Versammlung zahlreiche Änderungsanträge zu dem Regierungsentwurf eingebracht.[642] Es wurde immer deutlicher, dass der vorgelegte Entwurf von der Mehrheit der Versammlung als unbefriedigend erachtet werde. Diese vermisste die konsequente Berücksichtigung der Märzforderungen und der revolutionären Errungenschaften. Der Regierungsentwurf erschien vielen als zu dürftig und spiegelte für die meisten nicht das wider, was man nach den Märzereignissen zu fordern berechtigt sei. Doch die liberale Mehrheit verzichtete zunächst auf die Beratung dieser Anträge, denn sie *„wollte diesen Schritt, mit welchem sie an Popularität gewonnen, aber das Ministerium gestürzt hätte, vermeiden“*[643].
Am 15. Juni 1848 stellte der Demokrat Waldeck gemeinsam mit dem Abgeordneten Wachsmuth einen Dringlichkeitsantrag. Gegenstand dieses Antrags war die Bildung einer Kommission, die mit der Beratung respektive Ausarbeitung eines auf alle bisherigen Entwürfe und Anträge gestützten Entwurfs beauftragt werden sollte.[644] Dieser Antrag stellte eine indirekte Ablehnung des Regierungsentwurfs dar und kam einem Misstrauensvotum gleich. Er wurde angenommen und der Abgeordnete Waldeck zum Vorsitzenden der Kommission gewählt. Der Regierungsentwurf als Grundlage der Vereinbarung war damit hinfällig. Das Schicksal des Ministeriums Camphausen, das die „Vereinbarung“ zum Prinzip ihres Handelns erklärt hatte, war besiegelt.

b. Ministerkrise und Rücktritt des Ministeriums Camphausen

Camphausen hatte bereits seit längerem erkannt, dass der Unmut über seine Regierung nicht nur in der Bevölkerung stark ausgeprägt war, sondern auch innerhalb der Versammlung stetig wuchs. Das Klima verschärfte sich. Mehrfach erfolgten sogar tätliche Übergriffe auf Abgeordnete durch die aufgebrachte Menge. Anfang Juni hatte Camphausen mit seinen Ministerkollegen das Begehren Friedrich Wilhelms IV. nach Ausnahmeregeln zum Schutze der Versammlung

---

[641] Hofmann, Jürgen, Das Ministerium Camphausen-Hansemann, Berlin 1981, S. 148.
[642] Botzenhart, Manfred, 1848/49: Europa im Umbruch, Paderborn 1998, S. 147.
[643] Unruh, Hans-Viktor v, Skizzen aus Preußens neuester Geschichte, Magdeburg 1849, S. 36.
[644] Biermann, Wilhelm, Franz Leo Benedikt Waldeck, Paderborn 1928, S. 113.

und zur Aufrechterhaltung der öffentlichen Ordnung erwogen.[645] Anlässlich eines Antrags des Präsidenten der Nationalversammlung, dass die Regierung für ausreichenden Schutz der Beratungsfreiheit sorgen sollte, hatte das Ministerium durch den Polizeipräsidenten und den Bürgerwehrkommandanten die Ansammlung größerer Menschenmengen vor der Singakademie verbieten lassen. Darüber hinaus war noch an ein besonderes Tumultgesetz gedacht worden. Allerdings versperrte sich der zuständige Bornemann einem solchen Gesetz.
Als strenger und gewissenhafter Jurist war er gegen jede Maßregel, die den Anschein von Willkür oder von Durchbrechung des geltenden Rechts zugunsten politischer Rücksichten hätte erwecken können. Da nun aber im Ministerium beständig politische Erwägungen diesen Rechtsstandpunkt durchkreuzten, hatte Bornemann bereits am 23. Mai 1848 sein Rücktrittsgesuch eingereicht. Über die Verhältnisse im Justizministerium hatte sich das Mitglied des Rheinischen Kassationshofes v. Oppen schon am 5. April bei Hansemann beklagt: man wolle alles aus sich selbst herausbilden, *„aus den knarrenden Rädern einer alten Maschine, die schon längst in der Rumpelkammer sein sollte"*; weder hinsichtlich der Patrimonalrichter, noch des eximierten Gerichtsstandes und der neuen Gerichtseinteilung sei etwas geschehen. Bornemann sei von Leuten umgeben, die alle regieren wollten, aber kaum verwalten könnten.[646] Jetzt erneuerte Bornemann sein Begehren. Die kräftige Anwendung der bestehenden Gesetze genüge zur Aufrechterhaltung der Ordnung. Ein Tumultgesetz könne derzeit nur als ein auf bestimmte Vorkommnisse gemünztes Maßnahmegesetz erscheinen.[647] Friedrich Wilhelm IV. reagierte empört auf diese Äußerung Bornemanns. Der Regent wollte *„sogar und unbedenklich für den Preis des Verlustes des Justiz=Ministers Bornemann"*[648] ein solches Tumultgesetz durchsetzen. Er sah darin keinen Widerspruch zu seiner an die Minister gerichteten Aufforderung solidarisch zusammenzuhalten:

„Die Uneinigkeit nemlich, die ich bekämpfe ist eine innere, eine Zerfallenheit, die in Nichts mit einem Zwiespalt des Ministerii mit dem Landtage zu thun hat. – Bornemanns Opposizion ist aber keine innere, sondern eine reine Opposizion gegen die Majorität des Landtages. [...] Solche Opposizion ist in ***jeder Hinsicht*** *höchst bedenklich ! [...] Der Minister, der sich den wohlbegründeten und höchst willkommenen Begehren der guten Majorität des Landtages wi-*

---

[645] Brandenburg, Erich, König Friedrich Wilhelm IV. Briefwechsel mit Ludolf Camphausen, Berlin 1906, S. 164.
[646] GStA PK, I. HA, Rep. 92, Nl. Hansemann, Bl. 15.
[647] Brandenburg, Erich, König Friedrich Wilhelm IV. Briefwechsel mit Ludolf Camphausen, Berlin 1906, S. 165.
[648] Schreiben König Friedrich Wilhelms IV. an Camphausen vom 11. Juni 1848, zitiert nach: Brandenburg, Erich, König Friedrich Wilhelm IV. Briefwechsel mit Ludolf Camphausen, Berlin 1906, S. 166 f.

dersetzt und so einen eminenten Grad von politischer und Raisonnements=Unfähigkeit an den Tag legt muß ***weichen***. *“*[649]

Dies nahm Bornemann zum Anlass, sein Rücktrittsgesuch zu erneuern. Graf Schwerin hatte schon am 10. Juni um seine Demission ersucht. Camphausen versuchte die Autorität seiner Regierung durch Berufung neuer Minister aus dem Kreise der Versammlung zu steigern. Allerdings zeigten die Abgeordneten insgesamt wenig Interesse, in ein Ministerium Camphausen einzutreten, dem sie Mangel an Entschiedenheit und Tatkraft vorwarfen.[650] Das „Ministerium der Vermittlung“ war gescheitert.

Die Politik der Restriktion der demokratischen Bewegung, der Eindämmung der Revolution und der Zugeständnisse an die Krone hatte das Ministerium Camphausen in einen unauflösbaren Widerspruch zu dem Volk gebracht.[651] Der Versuch, im Ausgleich zwischen Bürgertum und Krone zu regieren, scheiterte an der Missachtung der Volksinteressen. Mangelnde Gesetzesinitiativen, die unterlassene Umstrukturierung des Verwaltungs-apparats und die aus dem Vereinbarungsprinzip resultierende Verhandlungsmühsal waren zu Kernpunkten der bürgerlichen Unzufriedenheit geworden. Die Folge war eine zunehmende Isolation. Besonders hart traf das Ministerium das Ausbleiben der vorbehaltslosen Unterstützung durch die Berliner Nationalversammlung.[652] Man konnte und wollte nicht gegen den Willen der Versammlung regieren. Es entstand zunehmend ein zermürbendes Wechselspiel von Kooperation und Konfrontation, das in der faktischen Ablehnung des bürgerlichen Verfassungsentwurfes am 15. Juni 1848 ihren vorläufigen Höhepunkt fand. Die Minister sahen sich einer rasch wachsenden Opposition gegenüber, die die Hoffnung auf Regierungsmehrheiten unerfüllt ließ.
Die Flut von Anträgen der Nationalversammlung setzte das Ministerium einem stetigen Druck aus und veranlasste es, entgegen seiner bislang eher zurückhaltenden Politik Versprechungen und Zusagen abzugeben. So versicherte Hansemann der Versammlung, das Ministerium beabsichtige *„wesentliche Veränderungen“* in der Staatsverwaltung, und verwies auf die Ankündigung eines Gesetzes über die Kommunalverwaltung und die Bürgerwehr.[653] Auerswald kündigte beschwichtigend an, dass *„die Grundzüge der neuen Gemeindeverfassung sehr bald mitgeteilt werden können und in kurzer Frist der Entwurf derselben*

---

649 Brandenburg, Erich, König Friedrich Wilhelm IV. Briefwechsel mit Ludolf Camphausen, Berlin 1906, S. 167.
650 Bergengrün, Alexander, David Hansemann, Berlin 1901, S. 488.
651 Hofmann, Jürgen, Das Ministerium Camphausen-Hansemann, Berlin 1981, S. 154.
652 ebenda, S. 154.
653 Hofmann, Jürgen, Das Ministerium Camphausen-Hansemann, Berlin 1981, S. 155 f.

vollendet [...] sein wird."[654] Bornemann gab am 8. Juni 1848 in der Adresskommission auf eigenes Ersuchen Erklärungen über beabsichtigte Reformen im Justizwesen und der Verwaltung ab. Das Staatsministerium versuchte damit, das entstandene Misstrauen des bürgerlichen Lagers innerhalb der Versammlung zu reduzieren.

Mitte Juni 1848 stand das Ministerium Camphausen allerdings endgültig vor dem Scherbenhaufen seiner Politik. Die Kölnische Zeitung schrieb am 1. Juni 1848:

„Das Ministerium Camphausen befindet sich offenbar in einer schiefen Stellung, aus der es nur durch seine Auflösung oder eine bedeutende Modification heraus kommen kann. Wir glauben nicht, daß Hr. Camphausen, Hansemann und Auerswald mit dem Verfassungs=Entwurfe, der hier überall Tadler findet, persönlich einverstanden sind. Derselbe wurde ihnen, wie hier von gut unterrichteten Personen angenommen wird, von der Majorität und von der reactionären Partei, die noch immer von ihrer alten Macht träumt, aufgedrungen. Zwar wäre es Pflicht der Minorität gewesen – und wir trauen ihr wohl diesen bürgerlichen Mut zu- ihren Abschied zu nehmen. Diesem Schritte stand aber der Umstand entgegen, daß sie kurz vorher erklärt hatten, es dem Lande in dieser bedenklichen Zeit schuldig zu sein, ihre Stellung nicht zu verlassen. Einen festen Gang wird aber das Ministerium nicht nehmen können, bevor nicht alle Gegner desselben [...] entfernt worden sind. Diese wird auch die erste Bedingung sein, die bei einer Modification oder Auflösung desselben wird gestellt werden müssen.[655]

Am 17. Juni 1848 traten die Minister v. Patow, Graf Schwerin, v. Canitz und v. Arnim zurück. Am 19. Juni meldete die Kölnische Zeitung, dass die Ministerkrise beendet sei. Das Staatsministerium werde von nun an durch die Herren Rodbertus (Innen), v. Schleinitz (Außen) und v. Schreckenstein (Krieg) ergänzt und sei somit wieder vollständig. Ferner verkündet die Zeitung:

„daß der Justizminister Bornemann folgende vier wichtigen Gesetzesvorlagen schon fertig hat und schon morgen oder übermorgen der Kammer vorlegen wird: 1) einen Gesetzentwurf wegen allgemeiner Einführung der Schwurgerichte im ganzen Staate. 2) einen Gesetzentwurf wegen Einführung der Civilehe und der Civilstandsregister im ganzen Staate. 3) einen Gesetzentwurf wegen Aufhebung der agnatischen Rechte (hiermit würde Fidei=Commission selbst fallen). 4) einen Gesetzentwurf wegen Aufhebung, respective Auflösung der lehnsherrlichen Rechte und Verhältnisse. Auch die neue Hypothekenordnung soll soweit fertig sein, daß sie nur noch einer letzten Superrevision bedarf."[656]

---

[654] Sten. Bericht der Nationalversammlung, S. 559.
[655] Kölnische Zeitung Nr. 153 vom 01. Juni 1848.
[656] Kölnische Zeitung Nr. 174 vom 22. Juni 1848.

Die Hoffnung auf eine Stabilisierung des Staatsministeriums sollte jedoch kurz darauf endgültig weichen. Nur einen Tag später titelte die Kölnische Zeitung erneut mit „*Minister-Krise*"[657]:

„Nachdem wir so eben noch geglaubt haben, das glückliche Ende der ersten Minister=Krise unseres jungen constitutionellen Staatslebens melden zu können, hatten wir wenige Stunden später den Beginn einer neuen, ernsteren anzuzeigen. Das Ministerium Camphausen besteht nicht mehr; die Nachricht von einer gelungenen Ergänzung desselben war voreilig ! [...] Wir [...] bedauern es lebhaft."

In einem am 24. Juni 1848 erschienen Leitartikel wurden die Gründe für das unausweichliche Ende des Kabinetts Camphausen beleuchtet:

„[...]Die Gründe für die Auflösung des Ministeriums Camphausen liegen nicht in verborgenen Einflüssen, sondern für jeden, der Augen hat, um öffentliche Zustände zu beobachten, und ein gesundes politisches Urtheil über den Gang einer constitutionellen Regierung zu fällen im Stande ist, liegen diese Gründe offen vor. Für das Ministerium Camphausen gab es in der National=Versammlung keine feste Majorität, das ist eine erste unläugbare Wahrheit, die Niemandem entgangen sein kann, welcher dem Gange der Berathungen seit 3 Wochen gefolgt, welcher die Gruppierungen der Versammlung in Parteien und das Verhalten dieser Parteien bei den verschiedenen Abstimmungen beobachtet hat.[658]

Camphausen teilte am 20. Juni den Rücktritt des gesamten Kabinetts mit. Sechs Tage später ergriff er als einfacher Abgeordneter vor der Versammlung nochmals das Wort und gab eine persönliche Erklärung zu seinem Rücktritt ab:

„[...] Es war ein Ministerium, nach seiner persönlichen Zusammensetzung geeignet, den Staat ohne lebensgefährliche Zuckungen über die Kluft, welche das alte System von dem neuen trennte, hinüberzuführen, und das ist die Aufgabe, welche ich mir gestellt habe. Wollen Sie einen Namen suchen für die Sache, so nennen Sie die Verwaltung, an deren Spitze ich stand, ein Ministerium der Vermittlung, des Ueberganges [...].
[...] Das Ministerium der Vermittelung mußte sich in ein Ministerium der Ausführung umwandeln, und dazu bedurfte es einer festen Majorität in der Versammlung, die ich ohne Verstärkung aus ihr selbst nicht für gesichert hielt. Dies ist der wesentlichste Grund meines Rücktritts aus dem Ministerium [...].[659]

In seiner Betrachtung der Regierungszeit des Kabinetts Camphausen resümierte Hansemann:

„Möge man auch mit mehr oder weniger Recht das Ministerium tadeln [...], so steht doch fest: daß es ohne materielle Machtmittel in der Hauptstadt, nur mit moralischer Kraft ausge-

---

[657] Kölnische Zeitung Nr. 175 vom 23. Juni 1848.
[658] Kölnische Zeitung Nr. 176 vom 24. Juni 1848.
[659] Sten. Bericht der Nationalversammlung, S. 658 f.

rüstet, den Grundstein zur Wiederherstellung des in seinem Innersten erschütterten Staatsgebäude gelegt hat; daß es nicht ein Ministerium der Konzessionen, sondern vielmehr des Widerstandes gewesen ist; daß es den Staat vor den weitern tiefen Erschütterungen bewahrt hat, mit welchen während der Zeit vom April bis zum Juni 1848 Preußen [...] bedroht gewesen ist. Dieses Resultat ist erreicht, während Erwerb und lohnende Arbeit beinahe verschwunden waren, der Verkehr stockte und die Noth allgemein und groß war."[660]

Die Märzrevolution hatte den „Souverän von Gottes Gnaden" keineswegs der Volkssouveränität untergeordnet. Sie hatte lediglich die Krone, mithin den absolutistischen Staat gezwungen, sich mit dem Bürgertum zu einigen. Die Krone sollte dem Bürgertum den Adel, das Bürgertum im Gegenzug der Krone das Volk opfern. Das war das Geheimnis der Vereinbarungstheorie. Dieser Theorie stand allerdings von Beginn an ein Hindernis im Wege: das Volk mit seiner Revolution. Das Volk gründete Ansprüche auf die Revolution und sah sie als Rechtstitel gegenüber der Krone an. Das Ministerium Camphausen hatte diesen Rechtstitel nicht anerkannt, die preußische Nationalversammlung konstituierte sich als Repräsentant des Bürgertums und als Vereinbarungsversammlung. So wurde der Rechtstitel des Volks nach und nach vernichtet. Die Rechtsbodentheorie führte schließlich dazu, dass die Revolution ihren Nährboden verlor, die alte Gesellschaft den Boden dagegen nicht. Die Umwälzungen der Märztage gaben nur den Anstoß zu der bereits im Vorfeld verbreiteten Überzeugung der Krone, einen Ausgleich zwischen dem alten preußischen Staat und dem Bürgertum zu finden. Das „Ministerium des Übergangs" musste daher, obgleich es zunächst große Unterstützung besaß, scheitern.

3. Ergebnisse der Ministerzeit Bornemanns

Bornemanns ministeriale Tätigkeit einer Beurteilung zuzuführen, fällt schwer. Die nur dreimonatige Amtszeit lässt ein Urteil über ihn fast unmöglich erscheinen.
Einer seiner leitenden Grundsätze war für Bornemann, die richterliche Unabhängigkeit „*aufrecht zu erhalten und fester zu begründen*"[661] Vor dem Hintergrund einer bis dahin immer wieder aufkeimenden Einspruchs- und Kabinettsjustiz war dies ein ehrgeiziges Ziel.
Bornemann hielt vollkommene richterliche Unabhängigkeit für einen wesentlichen Pfeiler der Justiz und dieses Ziel auch für erreichbar. Deshalb wollte er die Disziplinargesetze von 1844 für die Richterschaft außer Kraft gesetzt haben.

---

660 Hansemann, David, Das Preußische und Deutsche Verfassungswerk. Mit Rücksicht auf mein politisches Wirken, Berlin 1850, S. 95.
661 Justizministerialblatt 1848, Num.15., S. 107.

„Die Gesetze vom 29. März 1844 sind ein Unsegen gewesen. Sie haben uns in die Gefahr gebracht, das Vertrauen in dem Richterstande zu erschüttern und das Vertrauen zu dem Richterstande zu untergraben. Die größte Last aber sind sie für den Justizminister gewesen, der dadurch in die üble Lage gekommen ist, selbst mitzuwirken für Entsetzung der Richter. Ich bin der erste, der dafür stimmt, sie abzuschaffen."[662]

Diese Gesetze hatten die unfreiwillige Versetzung ohne Einkommensverlust als eine zulässige Verwaltungsmaßregel vorgesehen, für Versetzungen mit Einkommensverlust aber als Disziplinarstrafe ein Untersuchungsverfahren, das bei richterlichen Beamten von Landesjustizkollegien und dem Obertribunal durchzuführen war.[663] Dabei war der Richterstand in dem Gesetz nur an wenigen Stellen besonders erwähnt worden. In der Gleichbehandlung der Richter mit den Verwaltungsbeamten lag für diese eine doppelte Gefährdung ihrer Unabhängigkeit.[664] Sie war durch das ALR besonders streng gegen willkürliche Eingriffe der Regierung geregelt worden:

„Wer ein richterliches Amt bekleidet kann nur bei den vorgesetzten Gerichten oder Landescollegiis wegen seiner Amtsführung belangt, in Untersuchung genommen, bestraft, oder seines Amtes entsetzt werden."[665]

Bornemann hatte dem Vereinigten Landtag mit dem Gesetz über die „Grundlagen der künftigen preußischen Verfassung" auch einen Paragraphen vorgelegt, der die Disziplinargesetze des Jahres 1844 *„in Beziehung auf den Richterstand [...] zur Sicherheit der Unabhängigkeit des Richterstandes"* außer Kraft setzten sollte.[666] Der Berliner Staatsanwalt Temme, ein Freund Bornemanns, beschrieb in seinen „Augenzeugenberichten" eindrucksvoll, welche Bedeutung die Unabhängigkeit der Justiz für Bornemann hatte:

„Noch in anderem war Bornemann der volle Gegensatz des Justizministers Mühler. Aus dem Ministerium Mühler's kamen täglich Rescripte; Bornemann griff nie in den Gang der Justiz ein. Er war darin peinlich zurückhaltend. Die Staatsanwaltschaft in Preußen ist jetzt ein völlig abhängiges, willenloses Organ des Justizministers. Bornemann ertheilte mir nie einen Befehl oder eine Anweisung, und wenn ich sie wünschte, so erhielt ich zur Antwort, ich sei selbständig! Mündlich – ich sah ihn als Mitglied der Nationalversammlung fast täglich in deren

---

662 Mähl, Hans, Die Überleitung Preussens in das konstitutionelle System durch den Zweiten Vereinigten Landtag, München und Berlin 1909, S. 157.

663 Plathner, Günther, Der Kampf um die richterliche Unabhängigkeit, Breslau 1935, 2. Abschnitt, S. 9.

664 Eberty, Felix, Geschichte des Preußischen Staats, Bd. 7, Breslau 1873, S. 231.

665 Allgemeines Landrecht für die Preußischen Staaten, Theil II., Tit. 7, § 99.

666 Stölzel, Adolf, Brandenburg-Preußens Rechtsverwaltung und Rechtsverfassung, Band II, Neuauflage hrsg. von Jürgen Regge, Vaduz 1989, S. 631; Gesetzes-Sammlung für den Königlich Preußischen Hof und Staat 1848, § 3, S. 87.

Sitzungen – durfte ich mich mit ihm besprechen und er theilte mir gern seine Ansichten mit."[667]

Bornemann zeigte sich während der revolutionären Umwälzungen auch gegenüber den konservativen Vertretern des Richterstands zurückhaltend. Am 23. März 1848 besprach er sich mit dem Magdeburger Oberlandesgerichtspräsidenten Ernst Ludwig v. Gerlach und forderte ihn auf, in Berlin zu bleiben. Es sei nicht Zeit zum Widerstande, die Zeit des Rekonstruierens aber werde kommen.[668] Eine Anordnung zur Aufgabe seines Amtes durch v. Gerlach gab es seitens Bornemanns nicht. Stattdessen betraute er jenen in Berlin mit der Ausarbeitung einer neuen Hypothekenordnung:

„*Von ihrer Pflichttreue erwarte ich, daß Sie sich in keinem Falle von hier entfernen.*"[669]

Gerlach weigerte sich jedoch beharrlich und trat die Heimreise nach Magdeburg an. Bornemann, der nicht ohne Respekt für diese Haltung v. Gerlachs war, stand vor einem Dilemma. Der Druck auf eine Ablösung v. Gerlachs erhöhte sich zunehmend, und Bornemann lief Gefahr, seine Amtsautorität zu verlieren und selbst in das Visier der Revolutionäre zu geraten. Sein Verweilen in Berlin hätte „*alle OL Gerichte unter die Gewalt der hiesigen Radicalen*" gebracht, schrieb v. Gerlach in einem Brief an seinen Bruder Leopold:

„*Ein Recht mir zu befehlen hierzubleiben, nahm er [Bornemann] nicht in Anspruch – ich würde es auch nicht anerkennen*".[670]

Auch eine Aufforderung Bornemanns am 30. März 1848, v. Gerlach solle nach Berlin zurückkehren, lehnte dieser ab. Leopold erfuhr, dass man gegen seinen Bruder ein Disziplinarverfahren einleiten wolle und schrieb ihm am 31. März nach Magdeburg:

„*Bornemann soll Drohbriefe erhalten, wenn er Dich nicht wegschaffe, würde man sich an ihn halten*".[671]

---

667 Temme, Jodocus, Augenzeugenberichte, neu hrsg. von Michael Hettinger, Darmstadt 1996, S. 137.

668 Diwald, Hellmut (Hrsg.), Von der Revolution zum Norddeutschen Bund – Politik und Ideengut der preußischen Hochkonservativen 1848-1866. Aus dem Nachlass von Ernst Ludwig v. Gerlach, Göttingen 1970, Bd. II: Briefe, Denkschriften und Aufzeichnungen, S. 86.

669 ebenda, S. 489.

670 Gerlach, Agnes v. (Hrsg.), Denkwürdigkeiten aus dem Leben Leopold von Gerlachs – nach seinen Aufzeichnungen, Bd. I, Berlin 1891, S. 517.

671 Diwald, Hellmut (Hrsg.), Von der Revolution zum Norddeutschen Bund – Politik und Ideengut der preußischen Hochkonservativen 1848-1866. Aus dem Nachlass von Ernst Ludwig v. Gerlach, Göttingen 1970, Bd. II: Briefe, Denkschriften und Aufzeichnungen, S. 501.

Diese Situation war bezeichnend für die revolutionären Märztage. Bornemann kam dadurch selbst in eine schwierige Lage. Als Mitglied des liberalen Märzkabinetts Camphausen unterstützte er wesentliche liberale Forderungen der Zeit. Zugleich war er Richter und wollte die Unabhängigkeit der preußischen Richterschaft respektieren.
Sein wesentliches Ziel, den Ausbau und die Sicherung der richterlichen Unabhängigkeit, konnte Bornemann während seiner kurzen Amtszeit nicht erreichen. Allerdings gelang es ihm mit seinem Vorschlag einer Abschaffung der Disziplinargesetze hinsichtlich des Richterstandes, wichtige Schritte zur Stärkung einer unabhängigen Justiz einzuleiten. Er war einer der maßgeblichen Wegbereiter der Gesetze vom 10. und 11. Juli 1849, die für den Richterstand eine Sonderstellung im Disziplinarrecht vorsahen.[672]

Wie viele andere seiner Zeitgenossen war Bornemann von den Umwälzungen überrascht worden. Er trat am 19. März 1848 mit großen Hoffnungen das Amt des Justizministers an, um nach Kräften, den Anforderungen der Zeit gerecht zu werden und den akuten Problemen durch pragmatische und schnelle Lösungen Abhilfe zu schaffen. Zugleich wollte er aber auch dauerhafte Reformen auf den Weg bringen und berief dafür rechtlich umfassend gebildete Hilfskräfte.[673] Daran zeigt sich, dass Bornemann mit einer längeren Amtszeit gerechnet hatte. Es war jedoch nicht das Wiedererstarken der Reaktion, die Bornemanns Zeit als Minister so schnell beendete. Deshalb war er trotz seiner gemäßigt liberalen Gesinnung keiner postrevolutionären Verfolgung ausgesetzt.
Schließlich war es seine angeschlagene Gesundheit, die ihn das im neuen Kabinett Auerswald-Hansemann wieder angebotene Justizministerium ablehnen ließ. Heinrich Friedberg führte zu Bornemanns Ministerzeit aus:

„Eine billige und gerechte Beurtheilung aber ist freilich nicht immer das Loos abtretender Minister, zumal wenn sie, wie Bornemann, in politisch=aufgeregter und von politischen Leidenschaften bewegter Zeit an der Spitze der Geschäfte gestanden haben. Und so hat auch er die Ungunst politischer Parteibeurtheilung in reichem Maaße erfahren müssen; nicht genug, da getadelt zu werden, wo dieser Tadel vielleicht ein berechtigter war, ist es ihm nicht erspart geblieben, sich selbst da bezweifelt und angefeindet zu sehen, wo er sich mit Recht am Wenigsten angreifbar erachten durfte:
in dem Glauben an seine hingebende Gesinnung für den König, und an seine Treue für die wahren Interessen des Königthums."[674]

---

[672] Abgedruckt in: Gesetzes-Sammlung für den Königlich Preußischen Hof und Staat 1849, S. 253 ff., Verordnung, betreffend die Dienstvergehen der Richter und die unfreiwillige Versetzung derselben auf eine andere Stelle oder in den Ruhestand.
[673] Bornemann berief beispielsweise den bekannten Landrechtskommentator Christian Friedrich Koch in das Justizministerium.
[674] Friedberg, Heinrich, Zum Gedächtnis an Ferdinand Wilhelm Ludwig Bornemann, Vortrag, gehalten vor der Juristischen Gesellschaft zu Berlin 1864, S. 12.

4. Mitglied der Nationalversammlung bis zum Verfassungsoktroi

Im August wurde Bornemann als Nachfolger Kirchmanns im Wahlkreis Berlin in die Nationalversammlung gewählt. Anfang September trat er dem sogenannten „Zentrum Harkort“ bei und war bald neben dem westfälischen Industriepionier und Namensgeber Friedrich Harkort (1793-1880)[675] und Zachariae[676] ein Führer der Fraktion.[677] Mitte August hatte sich von der Rechten ein Teil ihrer liberalen Mitglieder abgesondert und zusammen mit dem bisherigen Anhänger des linken Zentrums des Justizkommissars Zachariae unter Führung des Altliberalen Harkort das „Zentrum Harkort“ gegründet.[678] Dieser hatte als bekannter Liberaler alsbald gegen die Revolution Partei ergriffen. Ihn hatten die monarchische Tradition und die stolze Erinnerung an die Befreiungskriege geprägt. Ein fester Sinn für die gesetzliche Ordnung verband ihn mit Bornemann.
Die Fraktion Harkort blieb sehr klein.[679] Sie erschien nach außen als ein Anhänger der Rechten, die sich von jener allerdings durch eine liberalere und nationalere Haltung, bessere Disziplin und eine energische Öffentlichkeitsarbeit unterschied.[680] Sie hatte erklärt, nur nach sachlichen Gesichtspunkten ohne bedingungslose Unterstützung oder Opposition gegen die Regierung stimmen zu wollen und sich dadurch noch mehr von den Rechten abzugrenzen. Die Zusammenkünfte der Fraktionsmitglieder fanden anfangs im Englischen Haus in der Mohrenstraße und ab Ende Oktober in Harkorts Wohnung, in der Mauerstraße 62, statt.[681]
Innerhalb der Fraktion herrschte so etwas wie Fraktionsdisziplin. Das „Zentrum Harkort“ gab sich als einzige Partei in der Nationalversammlung eine Geschäftsordnung. Danach durften die Mitglieder keine Anträge und Interpellationen unterstützen, über die die Fraktion nicht vorher Beschluss gefasst hatte. Die Minderheit hatte sich der Majorität zu beugen. Nur in dem Fall einer Unvereinbarkeit von Beschlüssen mit dem Gewissen eines Abgeordneten war er nach vorheriger Anzeige befugt, vom Mehrheitsbeschluss abzuweichen. Nach drei-

---

675 Vgl. zu Harkort, ADB, Bd. 50, S. 1 ff.

676 Vgl. zu Zachariae, Schrader, Richard, Die Fraktionen der Preußischen Nationalversammlung von 1848, jur. Diss, Leipzig 1923, S. 186.

677 ebenda, S. 187.

678 ebenda.

679 Die Fraktion bestand wohl aus 29 Mitgliedern, vgl. Berger, Louis, Der alte Harkort, Leipzig 1890, S. 375; Reichensperger, Peter, Erlebnisse eines alten Parlamentariers im Revolutionsjahr 1848, Berlin 1882, S. 68.

680 Schrader, Richard, Die Fraktionen der Preußischen Nationalversammlung von 1848, jur. Diss, Leipzig 1923, S. 183.

681 Berger, Louis, Der alte Harkort. Ein westfälisches Lebens- und Zeitbild, Leipzig 1890, S. 395.

maliger Abstimmung gegen den Fraktionsbeschluss galt das Mitglied als ausgeschieden.[682]

Bornemanns Gewissenhaftigkeit, sein mildes, offenes, vertrauenerweckendes Wesen[683] machten ihn in der Nationalversammlung zu einer einflussreichen moralischen Autorität, nach deren Vorbild sich auch andere Abgeordnete richteten.[684] Allerdings war er wegen seiner vorsichtigen und juristischen Gewissenhaftigkeit kein für die turbulenten revolutionären Zeiten prädestinierter Politiker. Er hielt sich im Hintergrund und bat auch nur gelegentlich um das Wort im Plenum. Auch nahm er häufig eine unentschiedene Haltung ein, weil er zwischen seiner monarchischen Prägung und den eigenen liberalen Überzeugungen hin- und herschwankte. Von Leopold v. Gerlach musste er sich deshalb einen *„feigen Revolutionär"* titulieren lassen.[685]

Bis zum Spätherbst 1848 tagte die verfassungsgebende Versammlung in regelmäßigen Abständen. Die Verfassungskommission unter dem Vorsitz Waldecks hatte bis zum 26. Juli einen Entwurf, die „Charta Waldeck", verfasst. Allerdings vermochte es die Nationalversammlung nicht damit, die „Vereinbarung der Verfassung" zu erreichen. Sie erging sich zunehmend in Übertreibungen und anarchischen Beschlüssen. Mehrmals musste gegen ihren Protest die Sicherheit und Ordnung im Sitzungssaal wiederhergestellt werden. Ihr Ansehen in der Öffentlichkeit schwand zunehmend. So erhielt die wieder erstarkende Reaktion die Möglichkeit, durch Auflösung von Nationalversammlung und Bürgerwehr ihre Macht zu festigen. Bis zuletzt konnte man sich über nicht mehr als die Eingangsformel und die ersten vier Artikel der Verfassung einigen.[686]

Am 4. November 1848, kurz nach Ernennung des erzkonservativen Kabinetts Brandenburg, forderte Bornemann den Präsidenten Unruh auf, dieser möge um Privat-Audienz beim Könige nachsuchen, um die gegen die Nationalversammlung und deren Absichten ausgestreuten Verleumdungen widerlegen zu können und den König zu überzeugen, dass die große Majorität der Versammlung zwar außer Stande sei, von den der Nation im März zugestandenen Rechten etwas zu

---

[682] Schrader, Richard, Die Fraktionen der Preußischen National-versammlung von 1848, jur. Diss, Leipzig 1923, S. 183 f.

[683] Temme, Jodocus, Erinnerungen, hrsg. von Stefan Born, Leipzig 1883, S. 231 f., 272.

[684] Schrader, Richard, Die Fraktionen der Preußischen Nationalversammlung von 1848, jur. Diss, Leipzig 1923, S. 187.

[685] Gerlach, Agnes v. (Hrsg.), Denkwürdigkeiten aus dem Leben Leopold von Gerlachs – nach seinen Aufzeichnungen, Bd. I, Berlin 1891, S. 202, 217.

[686] Stölzel, Adolf, Brandenburg-Preußens Rechtsverwaltung und Rechtsverfassung, Band II, Neuauflage hrsg. von Jürgen Regge, Vaduz 1989, S. 652.

vergeben; dass sie aber dringend wünsche, einen Konflikt mit der Krone zu vermeiden.[687]

Es gehörte zu Bornemanns Staatsverständnis, dass der König die Meinung der Kammer zumindest anhören sollte. Deshalb bemühte er sich um das Zustandekommen der Audienz. Unruh erinnerte sich:

„Es ist ein alter Gebrauch in allen wirklich constitutionellen Staaten, daß die Krone nach dem Abgange eines Ministeriums, so wie in großen Krisen die Meinung des Präsidenten der Kammer anhört, ohne an dessen Rath, wie sich von selbst versteht, gebunden zu sein. Der gewählte Präsident der Kammer ist aus der Majorität hervorgegangen; es liegt in seiner Stellung, daß er die Majorität und ihre Parteien und die hervorragenden Mitglieder derselben genau kennt, also am geeignetsten dazu ist, der Krone vollständig Auskunft zu geben, welche doch unter keinen Umständen, am wenigsten in einer so schwierigen Lage, wie die damalige, ohne Bedeutung ist. Selbst die Absichten eines Feindes kennen zu lernen, ist von Wichtigkeit."[688]

Der Regent lehnte die Bitte um Gewährung einer Audienz jedoch ab und bedauerte, die *„Herren nicht sprechen zu können, da [Seine Majestät] sehr beschäftigt wären"*[689].

Am 9. November 1848 ließ Friedrich Wilhelm IV. die preußische Nationalversammlung durch den Ministerpräsidenten Graf Brandenburg vertagen und für den 27. November nach Brandenburg wieder einberufen.[690] Der König hatte am 8. November 1848 erklärt:

„[...] Die Erfüllung unseres lebendigen, von dem Lande getheilten Wunsches, daß demselben sobald als möglich, die auf Grund unserer Verheißungen zu erbauende constitutionelle Verfassung gewährt werde, kann unter solchen Verhältnissen nicht erfolgen, und darf von den Maßregeln nicht abhängig gemacht werden, welche geeignet sind, im gesetzlichen Wege die Ordnung und Ruhe in der Hauptstadt wieder herbeizuführen. Wir finden uns daher bewogen, den Sitz der zur Vereinbarung der Verfassung berufenen Versammlung von Berlin nach Brandenburg zu verlegen und haben Unser Staats=Ministerium beauftragt, die dazu nöthigen Vorkehrungen zu treffen, daß die Sitzung vom 27. d.Mts. ab in Brandenburg gehalten werden können."[691]

---

[687] Unruh, Hans-Viktor v., Skizzen aus Preußens neuester Geschichte, Magdeburg 1849, S. 109.

[688] ebenda, S. 109 f.

[689] ebenda.

[690] Sten. Bericht der Nationalversammlung, 1848, S. 2574.

[691] In: Königliche Botschaft an die zur Vereinbarung der Verfassung berufene Versammlung vom 8. November 1848.

Dadurch sollte angeblich die Versammlung dem Druck und Einfluss der Straße entzogen und die Kompromissbereitschaft der von den Protestlern unterstützten Gruppierungen gestärkt werden.
Bornemann widersprach dieser Maßnahme energisch und stellte in der Sitzung vom 8. November 1848 den Antrag:

„Die Versammlung möge beschließen, daß das Ministerium zu ersuchen sei, die Zurücknahme der königlichen Botschaft über die Verlegung des Sitzungslokales schleunigst zu bewirken.“[692]

Wenngleich das Lokal der Nationalversammlung mehrere Male von Volkshaufen umlagert gewesen sei und die Abgeordneten bedroht worden seien, könne dennoch nicht behauptet werden, dass die Mitglieder der Versammlung sich dadurch in ihren Abstimmungen hätten leiten lassen. Zum Beweis führte er Abstimmungen an, die unter solchen Verhältnissen gegen den Volkswillen gefasst worden waren. Zudem sei der Präsident der Versammlung ermächtigt, die Bürgerwehr für entsprechende Maßnahmen einzusetzen. Auch seien die Störungen und Unruhen wesentlich dem Umstand zuzuschreiben, dass die Regierung in letzter Zeit Ministerien anvertraut worden seien, die nach der Meinung des Volks einer reaktionären Richtung huldigten. Dies habe allgemein Aufregung verursacht. Deshalb hätten einerseits die Minister, um den Schein der Reaktion von sich abzuwenden, zu einer konsequenten Leitung der Angelegenheiten nicht haben gelangen können, sowie andererseits die Versammlung oder doch ein großer Teil derselben jede Handlung dieser Minister mit Misstrauen aufzufassen sich gedrungen gefunden.[693] Nur ein aus kräftigen Männern zusammengesetztes Ministerium könne die Freiheit und Ordnung fördern. Eine Verlegung der Versammlung, um die Freiheit der Beratung zu wahren, erscheine für jetzt unnötig. Sie könne vielmehr, wenn man die Möglichkeit eines Einflusses von außen überhaupt voraussetze, nur die Folge haben, dass die Freiheit der Beratung nach einer anderen Seite hin in Frage gestellt und dadurch der gegenwärtige Zustand der Unsicherheit verlängert und gesteigert werde. Diese Betrachtung genüge, um die Maßregel für jetzt als eine äußerst bedenkliche und gefährliche erscheinen zu lassen.[694]

Nachdem Bornemann seine Motive offen gelegt hatte, kam es zur Abstimmung über seinen Antrag. Diesem wurde mit großer Mehrheit zugestimmt. In der Folge ignorierte deshalb ein beschlussfähiger Teil der Abgeordneten die Verta-

---

[692] Extra-Blatt der Preußische Parlaments=Zeitung vom 9. November 1848.
[693] Jakoby, Johann, Heinrich Simon. Ein Gedenkbuch für das Deutsche Volk, 2. Auflage, Berlin 1865, S. 243.
[694] Sten. Bericht der Nationalversammlung, 97. Sitzung vom 09. November 1848, S. 2029.

gungsanweisung und verhandelte in verschiedenen Berliner Lokalitäten weiter. Zu diesen zählte auch Bornemann.

In der Morgensitzung des 12. Novembers wurde Bornemann zum Vizepräsidenten der Nationalversammlung gewählt.[695] Die konservative „Neue Preußischen Zeitung" kommentierte das Verbleiben Bornemanns in Berlin:

„Aber welche eines Staatsmannes würdigen Gründe hat Bornemann dazu aufzuweisen ? Sollen wir an eine Abhängigkeit von der Linken, sei es die der Furcht oder die der Hoffnung, glauben ? Oder wäre es denkbar, daß er Angesichts eines drohenden Bürgerkrieges sich von der Empfindlichkeit über die Zurückweisung seines ganz unpraktischen Vorschlages wegen Bildung eines Coalitions-Ministeriums aus allen Fraktionen der Kammer habe beherrschen lassen ? An die vorgeschützten Rechtsbedenken können wir bei einem so scharfsinnigen Juristen, wie Bornemann, nun einmal nicht glauben. War es doch unter seinem Ministerium, daß die Krone, ohne erst die Abgeordneten zu fragen, die Versammlung nach Berlin berief [...]. Damals hat Bornemann nicht gegen das Recht der Krone protestiert, den Ort der Versammlung zu bestimmen. [...] Aber Bornemann ist nie ein Mann von zuverlässigem politischen Charakter gewesen. Im Jahre 1831 dedicirt er sein Civilrecht dem Minister v. Kamptz, in welchem er das Landrecht als die Frucht der christlich=germanischen Idee rühmt, und etliche Jahre später sehen wir ihn an der Spitze der politisch=religiösen Opposition in der Hauptstadt gegen den christlich=germanischen Staat. Im Staatsrathe als Vertheidiger der freisinnigen Ideen bekannt, gewinnt er es über sich, in das Ministerium Uhden als Direcktor einzutreten. Als Präsident des höchsten Gerichtshofes stimmt er für die entgeltliche Wegnahme des Eigenthums der Jagdberechtigten; und als ehemaliger Minister der Krone, als Vertheidiger des Königthums von Gottes Gnaden, verläßt er im entscheidenden Augenblicke seinen König, und stellt sich auf die Seite der erklärten Anhänger der rothen Republik. Durch den Klang seines Namens sind Tausende geirrt und verführt. Aber die Zeit der politischen Seiltänzerei ist vorbei. Das Land will Männer. Die Binde des Irrthums wird nicht ewig lasten und die Geschichte wird richten."[696]

Bornemann galt in den konservativen Kreisen also als im höchsten Maße inkonsequent. Ihnen war er ein prinzipienloser und fahnenflüchtiger Opportunist und dies nur, weil er sich zeitlebens niemals bedingungslos einer politischen Richtung angeschlossen hatte.
Am 12. November 1848 wurde der Belagerungszustand für Berlin verkündet und alle Gewalt fortan dem militärischen Oberbefehl unterstellt. Der Kampf gegen die Klubs, die Presse, die Bürgerwehr und vor allem gegen die Nationalversammlung sollte nun bis zu deren Vernichtung oder Auflösung durchgeführt werden.[697] Die Versammlung flüchtete von einer Tagungsstätte zur nächsten und wurde überall durch das Militär aufgehoben. Ihre letzte Sitzung in Berlin,

---

[695] Landesarchiv Berlin, F Rep. 310, 3506 c, S.32; Reichensperger, Peter, Erlebnisse eines alten Parlamentariers im Revolutionsjahr 1848, Berlin 1882, S. 206.
[696] Neue Preußische Zeitung 1848, Beilage zu Nr. 120.
[697] Valentin, Veit, Geschichte der Deutschen, Köln 1979, S. 271.

am 15. November im Mielentzschen Saal Unter den Linden, wurde von 227 Mitgliedern besucht und war somit beschlussfähig. Dort fasste sie den so genannten „Steuerverweigerungsbeschluss“:

„Die Nationalversammlung stellt fest, dass das Ministerium Brandenburg nicht berechtigt ist, über Steuergelder zu verfügen und Steuern zu erheben, solange die Nationalversammlung nicht ungestört ihre Beratungen fortzusetzen vermag.“[698]

Das alte parlamentarische Recht der Steuerbewilligung war von Friedrich Wilhelm IV. in der „Verordnung über einige Grundlagen der künftigen Preußischen Verfassung“[699] vom 6. April 1848 geregelt worden. Danach durfte das Staatsministerium nach einer vom Parlament verweigerten Steuerbewilligung keine Steuern erheben. Der Beschluss über die Steuerverweigerung wurde von der Regierung als Aufruf von Privatpersonen angesehen, die sich ein Amt angemaßt hatten.[700] Der Steuerverweigerungsbeschluss war der Versuch einer Machtdemonstration der weitertagenden Versammlung gegenüber dem Staatsministerium.[701] Er scheiterte aber, da sich das Bürgertum, die Hauptsteuerzahler, nicht daran hielten.

Am 27. November 1848 sollte die Versammlung in Brandenburg weiter tagen. An diesem Tag erklärte Ministerpräsident Brandenburg die Versammlung für wiedereröffnet, aber der Alterspräsident Brünneck musste nach dem Namensaufruf die Beschlussunfähigkeit feststellen. Auch in den folgenden Sitzungen bis zum 30. November konnte keine Beschlussfähigkeit hergestellt werden. Bornemann befand sich schon nicht mehr unter den Brandenburger Abgeordneten, da er den Antrag auf Rücknahme der Verlegung gestellt hatte. Am 1. Dezember erschien eine größere Zahl von Abgeordneten der Opposition in Brandenburg, so dass Beschlussfähigkeit nun festgestellt werden konnte. Eine von 76 Mitgliedern unterzeichnete Erklärung wurde verlesen, die der Krone ein Recht zur Verlegung der Nationalversammlung bestritt, man aber dennoch erschienen sei, um *„alle deren Rücksichten dem Wohle des Landes opfernd nun auch hier die Rechte desselben zu wahren“*.[702] Es war zuvor im Rumpfparlament in Berlin zur Auseinandersetzung hinsichtlich des künftigen Verhaltens gekommen.[703]

---

698 Huber, Ernst Rudolf, Dokumente zur Deutschen Verfassungsgeschichte, Band 1, Stuttgart 1978, S. 330.
699 Gesetzes-Sammlung für den Königlich Preußischen Hof und Staat 1848, S. 87, 88.
700 Kötschau, Uwe, Richterdisziplinierung in der Preußischen Reaktionszeit –Verfahren gegen Waldeck und Temme-, Kiel 1976, S. 16.
701 ebenda.
702 Reichensperger, Peter, Erlebnisse eines alten Parlamentariers im Revolutionsjahr 1848, Berlin 1882, S. 221.
703 ebenda, S. 222.

Bornemann gehörte zu jenen, die am 1. Dezember in Brandenburg erschienen waren, weil er inzwischen davon überzeugt war, dass das Wohl des Vaterlandes vor allem die Bildung einer beschlussfähigen Versammlung in Brandenburg erfordere, und dass es die Pflicht jedes Abgeordneten sei, hierzu die Hand zu bieten.[704] Er erklärte öffentlich, mit *„vollem Herzen und mit voller Hingebung, ohne Vorbehalt"* gekommen zu sein, unbesorgt um die Beschuldigung der Inkonsequenz, welche sein Erscheinen möglicherweise nach sich ziehe.[705]

Bereits am 2. Dezember wurde das Verhalten Bornemanns von der rechten Fraktion politisch genutzt. In einer Ansprache an das Land brachte sie in pathetischen Worten zum Ausdruck, dass immer diejenigen handeln werden:

„[denen] das Heil des Ganzen höher steht als der Triumph einer formellen juristischen Rechthaberei; welche wissen, daß in einem so verhängnißvollen Augenblicke, wo Alles wankt, Selbstverleugnung eine Pflicht ist, welche das Vaterland gebieterisch auferlegt und über deren Erfüllung vor dem Richterstuhle Gottes und der Geschichte Rechenschaft gefordert wird. So hat auch ein Mann gehandelt, den es uns geschmerzt hat, einige Zeit in unseren Reihen zu vermissen – Bornemann, dessen Beispiel auch diesmal Viele hätten folgen sollen."[706]

Auch in einem undatierten offenen Brief wurde Bornemann massiv öffentlich angegangen:

„Sie, als Rechts-Autorität, als Ober-Tribunals-Präsident, dürfen nicht Theil haben an dem Vorrechte der Unkundigeren oder Schwankenden, die Meinung zu ändern und die Partei zu wechseln. [...]. Ihr Name, in die Wagschale des Konflikts geworfen, hat unsägliches Unheil möglich gemacht. Der Theil des Landes, der gewohnt ist, solchen Vorbildern zu folgen, wurde der Krone abwendig gemacht. [...]. Sie haben sich von der Fraktion Unruh wieder getrennt, weil Sie zurückschrecken vor den Konsequenzen des betretenen Abweges [...]. Hatten Sie die Ueberzeugung, daß die Krone im Unrechte sei, und wollten Sie gleichwohl der Fraktion Unruh, der Sie sich angeschlossen hatten, nicht über den Rubikon der Empörung folgen, so mußten Sie Ihr Mandat niederlegen.
Aber nicht erst am 27. November, sondern s o f o r t, klar und entschlossen."[707]

Es kam nun jedoch zu keiner beschlussfähigen Versammlung mehr. Die nächste Sitzung der Nationalversammlung sollte am 7. Dezember stattfinden, doch die Versammlung wurde durch Verordnung vom 5. Dezember 1848 aufgelöst. In deren Einleitung hieß es, der König habe aus dem abgedruckten Bericht des

---

[704] Stölzel, Adolf, Brandenburg-Preußens Rechtsverwaltung und Rechtsverfassung, Band II, Neuauflage hrsg. von Jürgen Regge, Vaduz 1989, S. 652.
[705] Sten. Bericht der Nationalversammlung, Bd. 3, S. 452.
[706] Reichensperger, Peter, Erlebnisse eines alten Parlamentariers im Revolutionsjahr 1848, Berlin 1882, S. 225.
[707] „Fliegende Blätter", Nr. 20, Offener Brief an Herrn Bornemann [1848], Landesarchiv Berlin, F Rep. 310, 3325 c.

Staatsministeriums über die letzten Sitzungen zu seinem tiefen Schmerze die Überzeugung gewonnen, dass:

„das große Werk, zu welchem diese Versammlung berufen ist, mit derselben, ohne Verletzung der Würde Unserer Krone und ohne Beeinträchtigung des davon unzertrennlichen Wohles des Landes, nicht länger fortgesetzt werden kann.“[708]

Noch am selben Tag wurde die Verfassungsurkunde vom 5. Dezember mit einem Wahlgesetz für die Bildung der ersten und zweiten Kammer oktroyiert. Nun war das Vereinbarungsprinzip endgültig gescheitert. Das preußische Volk wollte

„das hohe Gut verfassungsmäßiger Freiheit lieber aus der Hand seines Königs empfangen, als von dem mindestens zweifelhaften Erfolg einer blutigen Empörung erwarten [...].“[709]

Der Erlass der *„konstitutionellen Notverfassung“*[710] führte durch den Dualismus von königlicher Regierung und gewählter Volksvertretung ein konstitutives Strukturelement im preußischen Staat ein. Die Exekutive lag allein beim König, während die Verantwortlichkeit für die königlichen Exekutivakte den Ministern zugewiesen war. Durch ihre Gegenzeichnung sollten die Regierungsakte des Monarchen Gültigkeit erlangen.[711]

Das Scheitern der preußischen Nationalversammlung war zum größten Teil auf deren eigene Inkonsequenz und Zerrissenheit zurückzuführen. Zudem weckte der Steuerverweigerungsbeschluss das Misstrauen vieler Gemäßigter und Besonnener, weil er letztlich keinen Erfolg hatte und sich als stumpfes Schwert gegenüber der Regierung erwies. Hansemann betrachtete diesen Beschluss als *„rebellischen Akt“*, welcher der *„Regierung auf diese Weise eine unzweifelhaft rechtmäßige Veranlassung zur gewaltsamen Auflösung“*[712] gegeben habe. Die innere Spaltung der Fraktionen führte alsbald dazu, dass sich auch die meisten Radikalen, mit Ausnahme der Linken, resigniert abwandten. Das Erscheinen eines Großteils des Rumpfparlaments in Brandenburg hatte zur Folge, dass die Versammlung endgültig ihre Glaubwürdigkeit und den aus der Revolution gezogenen Machtanspruch verlor. Auch Bornemann erkannte schließlich, dass

---

[708] Gesetzes-Sammlung für den Königlich Preußischen Hof und Staat 1848, S. 371.

[709] Reichensperger, Peter, Erlebnisse eines alten Parlamentariers im Revolutionsjahr 1848, Berlin 1882, S. 228.

[710] Huber, Ernst Rudolf, Dokumente zur Deutschen Verfassungsgeschichte, Bd. 1, 3. Auflage, Stuttgart 1978, S. 751 ff.

[711] Holtz, Bärbel, Protokolle des Preußischen Staatsministeriums 1817-1934/38, Bd. 4/1, Hildesheim 2003, S. 9.

[712] Hansemann, David, Das Preußische und Deutsche Verfassungswerk, Berlin 1850, S. 151.

sich die Versammlung selbst in eine Sackgasse manövriert hatte und versuchte durch sein Erscheinen in Brandenburg doch noch eine Verfassung zum „*Wohle des Vaterlandes*“ zu vereinbaren.

5. Mitglied in der Ersten Kammer des preußischen Landtags

Mit der am 5. Dezember 1848 einseitig verkündeten Verfassung hatte Friedrich Wilhelm IV., auf den Rat seiner gemäßigt-konservativen Regierung hörend, den Turbulenzen des Jahres 1848 um den Übergang Preußens zu einem Verfassungsstaat anscheinend ein Ende bereitet: Die Verfassung hielt sich in weiten Teilen an den Entwurf, den die Konstituierende Versammlung erarbeitet und zu erheblichen Teilen schon beschlossen hatte.

Artikel 65 der Verfassungsurkunde vom 5. Dezember 1848 bestimmte, eine aus allgemeinen, aber indirekten Wahlen hervorgehende Erste Kammer zu bilden, deren Mitglieder das 40. Lebensjahr erreicht haben mussten.[713]

Durch die am 6. Dezember erlassenen Wahlgesetze für die beiden Kammern des preußischen Landtags wurde für die Erste Kammer der 29. Januar 1849 zum Tag der Urwahlen (Wahl der Wahlmänner) und der 12. Februar zum Tag der Abgeordnetenwahlen bestimmt. Gleich nach der Eröffnung beider Häuser des Landtags am 23. Februar zeigte sich, dass die Zweite Kammer keineswegs gewillt war, die Regierungspolitik mit zu tragen.

Als diese dann am 21. April 1849 die Annahme der Reichsverfassung verabschiedete, wurde die parlamentarische Versammlung kurzerhand durch einen königlichen Erlass wieder aufgelöst und am 30. Mai 1849 ein Drei-Klassen-Wahlrecht angeordnet. Bei den darauf folgenden Landtagswahlen vom 17. Juli 1849 hatten dann nur noch konservative und gemäßigt liberale Kräfte Chancen auf einen Sitz im Parlament. Die Erste Kammer wurde bis zu diesem Zeitpunkt vertagt.

Neben v. Auerswald, Stahl, v. Gerlach und Hansemann war auch Bornemann der Eintritt in die Erste Kammer gelungen. Damit setzte sich seine in der Nationalversammlung begonnene parlamentarische Tätigkeit fort.

Die Aufgaben der Kammern waren von Anfang an vorgezeichnet: Neben der Revision der Verfassung und der ergangenen Notverordnungen, mussten die in der Verfassung angekündigten Gesetze beraten werden. Zur Bearbeitung dieser Vorhaben wurden 20 Kommissionen gebildet.

Am 15. August 1849 übernahm Bornemann den Vorsitz der Kommission, die über die Hauptgesetze, nämlich die der Gerichtsorganisation, des Strafverfahrens und der richterlichen Dienstvergehen, zu beraten hatte. Allerdings entbrannte unmittelbar nach dem Zusammentreten der Kommission ein Streit um die Richtung der Revision. Der rheinische Abgeordnete Friedrich Ammon bean-

---

[713] Botzenhart, Manfred, Deutscher Parlamentarismus 1848-1850, Düsseldorf 1977, S. 441.

tragte als Berichterstatter, an Stelle der Verordnung vom 3. Januar 1849[714] eine einheitliche Strafprozessordnung zu setzen.[715] Die anderen Mitglieder der Kommission, so auch Bornemann, wollten jedoch zunächst die Revision der Verordnung durchführen.[716] Dieser Dissens führte dazu, dass die Arbeiten der Kommission zunächst unerledigt blieben.

Zeitgleich befassten sich die Kammern mit der Revision der Verfassung. Die Verhandlungen schieden sich äußerlich in zwei Teile: Bis Mitte Dezember 1849 wurden sämtliche Verfassungsartikel in beiden Kammern beraten, und es wurden die übereinstimmenden sowie die divergierenden Beschlüsse festgestellt.[717] Dann erfolgte eine dreiwöchige Pause, während der sich die Regierung mit den gestellten Anträgen auseinandersetzte. Am 7. Januar 1850 verkündete eine Allerhöchste Botschaft, wie der König das Werk zu Ende geführt sehen wollte. Hieran schloss sich eine zweite Beratung an, die am 31. Januar zu der revidierten Verfassung führte.

Zu großen Differenzen zwischen und innerhalb der Kammern kam es bei der Frage des zukünftigen Umgangs mit dem Notverordnungsrecht des Regenten, wie es in Art. 105 der oktroyierten Verfassung normiert war. Dieser Verfassungsgrundsatz war nach Ansicht vieler Abgeordneten zu weit ausgedehnt worden, so dass das Gesetzgebungsrecht der Kammern faktisch aufgehoben wurde. Die Zweite Kammer beschloss eine Einschränkung des Notverordnungsrechts auf die Fälle der Erhaltung der öffentlichen Sicherheit und Ordnung.[718] Einige Abgeordnete beider Kammern bezweifelten, dass es überhaupt eine solche Dringlichkeit gebe, welche den Erlass von solchen Verordnungen gebiete.[719] Der Zentralausschuss der Ersten Kammer kehrte hingegen zu der allgemeinen Formulierung der oktroyierten Verfassung zurück und stellte noch einen weiteren Aspekt zur Debatte: Den Ausschluss des richterlichen Prüfungsrechts gegenüber verkündeten Gesetzen und Verordnungen. Der Ausschuss hielt es für erforderlich, nur den Kammern und nicht den Richtern ein Urteil darüber zu gestatten, ob bei den *„gehörig publicirten Gesetzen"* die verfassungsgemäße

---

[714] Gesetzes-Sammlung für den Königlich Preußischen Hof und Staat, 1849, S. 14 ff. „Verordnung über die Einführung des mündlichen und öffentlichen Verfahrens mit Geschworenen in Untersuchungssachen".
[715] Stölzel, Adolf, Brandenburg-Preußens Rechtsverwaltung und Rechtsverfassung, Band II, Neuauflage hrsg. von Jürgen Regge, Vaduz 1989, S. 672.
[716] Kommissionsbericht der 1. Kammer vom 20. Februar 1850 in: Drucksachen der 1. Kammer, Bd. 7, Nr. 640.
[717] Stölzel, Adolf, Brandenburg-Preußens Rechtsverwaltung und Rechtsverfassung, Band II, Neuauflage hrsg. von Jürgen Regge, Vaduz 1989, S. 677.
[718] ebenda, S. 689.
[719] Stenographische Berichte der 2. Kammer, 1849, Bd. 2, S. 588 ff.

Mitwirkung der Kammern beachtet worden sei.[720] Auch die Zweite Kammer sprach sich für die Beschränkung des richterlichen Prüfungsrechts auf die Frage der gesetzlichen Veröffentlichung aus. Allerdings lehnte sie eine Verbindung mit dem Notverordnungsrecht ab.[721]
Der Zentralausschuss der Ersten Kammer beschloss schließlich, in einer von Bornemann vorgeschlagenen Fassung auszusprechen, dass den Richtern und Bürgern ein Urteil in dieser Sache nicht zu gestatten sei, und dass Anträge, welche sich gegen die Gültigkeit von Gesetzen wendeten, ausschließlich an die Kammern zu richten seien.[722] Eine Einigung zwischen den Kammern konnte nicht erzielt werden.
Schließlich setzte sich Bornemanns Vorschlag durch.[723] In Art. 106 der revidierten Verfassung wurde er schließlich normiert. Er sah unterdessen die richterliche Unabhängigkeit dadurch nicht gefährdet, wie einige Abgeordnete es geltend gemacht hatten.

Auf seine Fachkenntnisse, die er als Finanzrat erworben hatte, konnte Bornemann als Mitglied der Finanzkommission zurückgreifen. Gegenstand der Kommissionsarbeit war ein Gesetzentwurf zur Einführung der Einkommens- und Klassensteuer. Seit 1842 hatte sich der Druck auf die preußische Abgabenverfassung vom 30. Mai 1820 ständig erhöht. Insbesondere die Benachteiligung der städtischen Bevölkerung, deren Steuerlast bis zu 300 Prozent höher war als die der Landbewohner[724], hatte Protest und die Forderung nach Reformen ausgelöst.[725] Daraufhin wurde die Beseitigung der Mahl- und Schlachtsteuer angestrebt. Die revidierte Verfassung vom 31. Januar 1850 verpflichtete den Gesetzgeber zudem in Anlehnung an die liberalen Märzforderungen zur *„Revision der Steuergesetzgebung"* und zur Beseitigung *„jeder Bevorzugung".*[726]
So wurde in die beiden Kammern des Landtags im Februar 1850 ein Gesetzentwurf des Staatsministeriums eingebracht, der die Einführung einer Einkommen- und Klassensteuer vorsah.[727] Die Zweite Kammer hatte ihn bereits mit einigen Änderungen angenommen, während die Erste Kammer das Gesetzgebungswerk ablehnte.[728] Die Finanzkommission der Ersten Kammer erarbeitete unterdessen

---

720 Stenographische Berichte der 1. Kammer, 1849, Bd. 3, S. 1310 ff.
721 Stenographische Berichte der 2. Kammer, 1849, Bd. 2, S. 544 f.
722 Stenographische Berichte der 1. Kammer, 1849, Bd. 3, S. 1311 f, 1326 f.
723 Stenographische Berichte der 1. Kammer, 1849, Bd. 4, S. 2030.
724 Teschemacher, Hans, Die Einkommensteuer und die Revolution in Preußen, Tübingen 1912, S. 25.
725 Thier, Andreas, Steuergesetzgebung und Verfassung in der konstitutionellen Monarchie. Staatssteuerformen in Preußen 1871-1893, Frankfurt am Main 1999, S. 51.
726 ebenda, S. 53.
727 Bornemann, Friedrich Wilhelm, Die Einkommensteuerfrage, Berlin 1850, Vorwort.
728 Stenographischer Bericht der 1. Kammer, 1851, S. 815.

einen eigenen Entwurf, der die Mahl- und Schlachtsteuer sowie eine modifizierte Klassensteuer beibehalten sollte. Der Bericht der Kommission wurde von Bornemann erstattet.[729] Hierin führte Bornemann aus:

„[dass] durch ein auf diesen Grundlagen gegründetes Gesetz das Interesse des Steuerfiskus, der Steuerpflichtigen und der Kommunen gleichmäßig gewahrt, und dem wahrhaft praktischen Bedürfnisse möglichst entsprochen werde, ohne die jedenfalls für jetzt bedenkliche Aufhebung der Mahl- und Schlachtsteuer und die nicht minder bedenkliche Einführung einer Einkommensteuer herbeizuführen.“[730].

Durch die von der Kommission in Vorschlag gebrachten

„Erleichterung in der untersten Steuerstufe der Klassensteuer einerseits, so wie durch die von ihr vorgeschlagene Einrichtung der vierten Klasse dieser Steuer anderseits, [werde] dem wohlbegründeten Verlangen eine Erleichterung der ärmeren Einwohnerklassen, und einer stärkeren Heranziehung der wohlhabenderen Einwohnerklassen volle Rechnung getragen“[731].

Bornemann warnte vor einem radikalen Systemwechsel, da man keinerlei Erfahrungswerte mit der Einkommensteuer besitze.[732] Zudem würde diese Steuer ein Absinken der Staatsfinanzen zur Folge haben. In seiner umfassenden Schrift „Die Einkommensteuer-Frage“, die er dem eilig entworfenen Kommissionsbericht folgen ließ, räumte er Mängel des von ihm bevorzugten Systems ein. Dem sollte durch eine gerechtere Belastung der Steuerpflichtigen, Schaffung differenzierterer Steuerklassen und Heraufsetzung des steuerpflichtigen Alters abgeholfen werden. Ein Vorteil der direkten Klassensteuer für die ländlichen Regionen und einige Städte sei, dass man in den meist dünn besiedelten Gebieten Kontrollpersonal einsparen und auch lästige Überprüfungen verhindern könne. Die indirekte Mahl- und Schlachtsteuer in den Städten sei eine praktikable Steuererhebungsmethode, weil die Einschätzung der Stadtbewohner wegen ihres steten Wechsels *„in die verschiedenen Klassen der Klassensteuer [...] äußerst weitläufig und unsicher sein werde“*[733]
Ein Nachteil der Einkommensteuer sei vor allem die Angabepflicht des Steuerzahlers, auf dessen Ehrlichkeit die Behörden vertrauen müssten. Schließlich bestehe bei *„einer großen Anzahl von Personen ein nicht zu besiegendes Widerstreben gegen die Kundgebung ihrer Vermögens-Verhältnisse [...]“*[734].

---

729 Bornemann, Friedrich Wilhelm, Einkommensteuerfrage, Berlin 1850, Vorwort.
730 ebenda, S. 3.
731 ebenda.
732 ebenda, S. 9 f.
733 ebenda, S. 4 f.
734 ebenda, S. 29.

Das bestehende Steuersystem sei daher mit einigen Modifikationen angemessen. Eine erhöhte Klassensteuer für Wohlhabende müsse allerdings die ärmeren Steuerpflichtigen entlasten und den mahl- und schlachtsteuerpflichtigen Personen zugute kommen, zumal diese *„schon jetzt verhältnismäßig mehr aufbringen als die klassensteuerpflichtigen Orte.“*[735].

Nachdem die Erste Kammer ihren neuen Gesetzentwurf verabschiedet hatte, wurde dieser an das Staatsministerium weitergeleitet. Unterdessen lehnte sich auch die Zweite Kammer eng an die Beschlüsse der Ersten Kammer an. So wurde die Mahl- und Schlachtsteuer beibehalten, was sich letztlich als erfolgreich erwies.[736]

Bornemann blieb bis 1852 Mitglied der Ersten Kammer.

IV. Am Preußischen Obertribunal

1. Entstehungsgeschichte des höchsten preußischen Gerichtshofs

Das Geheime Obertribunal war am 30. November 1782 im Rahmen der Justizreform des Großkanzlers v. Carmer gebildet worden und setzte so die Funktionen des Oberappellationsgerichts (1703-1748) respektive des Tribunals als 4. Senat beim Kammergericht (1748-1782) als selbstständiges gesamtpreußisches Gericht fort.

Durch § 27 der Verordnung vom 2. Januar 1849 wurde das „Geheime Obertribunal“ in „Obertribunal“ umbenannt, da zu diesem Zeitpunkt bereits die Öffentlichkeit in das Gerichtsverfahren eingeführt worden war.[737]
Die revidierte Verfassung vom 31. Januar 1850 postulierte in Artikel 92 einen einheitlichen obersten Gerichtshof in Preußen.[738] Allerdings existierte zu dieser Zeit noch der Rheinische Revisions- und Kassationshof, der seit seiner Gründung im Jahr 1819 für rheinische Rechtssachen zuständig war. Erst im Jahre 1852 wurden der Kassationshof und das Obertribunal miteinander vereinigt, wobei ein Rheinischer Senat am Obertribunal vorgesehen wurde.[739] Mit der Auf-

---

[735] ebenda, S. 34.
[736] Thier, Andreas, Steuergesetzgebung und Verfassung in der konstitutionellen Monarchie. Staatssteuerformen in Preußen 1871-1893, Frankfurt am Main 1999, S. 56.
[737] Sonnenschmidt, Friedrich Hermann, Geschichte des Königlichen Ober-Tribunals zu Berlin, Berlin 1879, S. 309.
[738] Schubert, Werner, Preußische Gesetzrevision II, Bd. 11/I, Vaduz 1983, S. LVI.
[739] Schubert, Werner, Die Aufhebung des Berliner Obertribunals im Jahre 1879 und die Übertragung des Präsidiums des Reichsgerichts an Eduard von Simson, in: Köbler (Hrsg.), Wege europäischer Rechtsgeschichte. Festschrift für Karl Kroeschell, Frankfurt a. M. 1987, S. 422.

lösung des Kassationshofs schien die Schaffung eines einzigen obersten Gerichtshofs, den Bornemann immer wieder gefordert hatte, verwirklicht zu sein. Otto Bähr bemerkte hierzu:

„Aber in diesem Obertribunal bargen sich unter dem Namen 'Senaten' eine Reihe selbständig erkennender Gerichtshöfe. Von einer wahrhaft einheitlichen Rechtsprechung konnte nicht die Rede sein, theils wegen Verschiedenheit des anzuwendenden Rechtes, theils wegen mangelnder einheitlicher Organisation des Gerichts in seinem Innern. Und fast die einzige praktische Folge davon, daß diese verschiedene Gerichtshöfe äußerlich einer hingestellt waren, erwies sich darin, daß die Mitglieder zwar [...] unversetzbar, wohl aber im Justizverwaltungswege aus einem in den anderen Senat verschiebbar waren."[740]

Von dieser Versetzungsmöglichkeit wurde in der Reaktionszeit dann auch Gebrauch gemacht und die politische Gesinnung wurde unter den Justizministern Simons und zur Lippe ein entscheidendes Kriterium bei der Stellenbesetzung.[741] Außerdem bestand der Verdacht politischer Gefälligkeitsentscheidungen, worüber es in der Zeit nach Bornemann wiederholt zu scharfen Debatten im Abgeordnetenhaus kam.[742]

2. Die Berufung Bornemanns zum Zweiten Präsidenten

Unmittelbar nach seinem Ausscheiden als Justizminister wurde Bornemann am 5. Juli 1848 zum Zweiten Präsidenten des Obertribunals bestellt.[743] Er stand im Rang somit unmittelbar unter dem Präsidenten und ehemaligen Justizminister v. Mühler und übernahm zunächst den Vorsitz im II. Senat, erhielt aber bald danach den Vorsitz im III. Senat. Jeder Senat bestand aus einem Präsidenten und der entsprechenden Zahl an Ober-Tribunal-Räten. In dem III. Senat, dem Bornemann als Präsident vorstand, gab es acht Räte.[744]

Dem Obertribunal gehörten an: der Erste und Zweite Präsident, zwei Vizepräsidenten und 32 Räte. Außerdem wurden noch sieben Hilfsrichter beschäftigt. Die Staatsanwaltschaft wurde von einem Oberstaatsanwalt versehen. Zugelassen waren 13 Rechtsanwälte.[745]

---

[740] Bähr, Otto in: Preußische Jahrbücher, Band 82, Berlin 1868, S. 625 f.

[741] Schubert, Werner, Die Aufhebung des Berliner Obertribunals im Jahre 1879 und die Übertragung des Präsidiums des Reichsgerichts an Eduard von Simson, in: Köbler (Hrsg.), Wege europäischer Rechtsgeschichte. Festschrift für Karl Kroeschell, Frankfurt a. M. 1987, S. 422.

[742] Schubert, Werner, Preußische Gesetzrevision II, Bd. 11/I, Vaduz 1983, S. LVI.

[743] Sonnenschmidt, Friedrich Hermann, Geschichte des Königlichen Ober-Tribunals zu Berlin, Berlin 1879, S. 277.

[744] Dies waren Seligo, Scholz, Pabst v. Ohain, Graf v. der Schulenburg, Löwenberg, Metzke, Brunnemann und Körte.

[745] Sonnenschmidt, Friedrich Hermann, Geschichte des Königlichen Ober-Tribunals zu Berlin, Berlin 1879, S. 303.

Die Präsidenten und Räte wurden auf Vorschlag des Justizministers vom König ernannt. Es durften nur Justizbeamte bestellt werden, die mindestens vier Jahre entweder Vortragende Räte im Justizministerium, Richter oder Oberstaatsanwälte bei den Appellationsgerichten oder Direktoren eines Kreis- oder Stadtgerichtes gewesen waren. Auch ordentliche Professoren einer deutschen juristischen Fakultät konnten nach vierjähriger Amtszeit berufen werden.
Am 17. März 1852 erging das Gesetz zur Vereinigung der beiden obersten Gerichtshöfe und Bornemann übernahm erneut das Amt des Zweiten Präsidenten. Er besaß sehr genaue Vorstellungen vom Auftrag des höchsten preußischen Gerichts und seiner Aufgabe als dessen Angehöriger:

„Das Obertribunal ist [...] berufen [...] vermöge des Einflusses seiner Autorität die Rechtsrichtung der übrigen Gerichte, ohne Beeinträchtigung ihrer Selbständigkeit, zu bestimmen, in Folge dessen aber die Einheit in den Rechtsgrundsätzen herbeizuführen und zu erhalten.“[746]

Ausdruck von Bornemanns unverändert liberaler Haltung war der Hinweis auf die Selbständigkeit der Untergerichte und die Betonung, dass das *„Obertribunal [...] freilich das Gesetz nicht brechen“*[747] dürfe. Eine weitere wichtige Aufgabe war ihm die Rechtsfortbildung, die angesichts des an manchen Stellen veralteten Landrechts möglich sein musste:

„Die Rechtsentwicklung steht [...] nicht still und lässt sich nicht fesseln. Das werdende Recht verlangt dem gewordenen gegenüber Raum und Anerkennung, die Forderungen des in fortschreitender Läuterung und Entwicklung begriffenen Rechtsbewußtseins wollen verwirklicht sein. Das Obertribunal ist mithin für die meisten Verhältnisse im Stande, durch scharfes Zusammenfassen und Vergleichen der allgemeinen und besonderen Rechtsbestimmungen, ohne Bruch des Gesetzes, das rechte Recht zum sichtbaren Recht werden zu lassen, für andere Verhältnisse wenigstens die Härten einer buchstäblichen Anwendung zu beseitigen [...][748].

Das Obertribunal sei zur Einwirkung auf die Rechtsanwendung und zu fortbildender Tätigkeit in der Regel bei weitem geeigneter, als eine durch Novellen nachhelfende Gesetzgebung.[749] Denn das Tribunal könne aus

„einer Reihe von Fällen den Rechtsgrundsatz schöpfen, den es schließlich als solchen feststellt, nachdem durch wiederholte Prüfung das, was bei dem ersten Falle angenommen worden, seine Bestätigung oder eine schärfere und dem wahren Rechte mehr entsprechende Fassung erhalten hat“[750].

---

[746] Bornemann, Friedrich Wilhelm, Rechtsentwicklung, S. 72.
[747] ebenda.
[748] ebenda.
[749] ebenda.
[750] ebenda, S. 73.

Zu den Grundsätzen seines Wirkens am Obertribunal sagte Bornemann:

„Der Buchstabe tödtet, nur der Geist macht lebendig. Von dem in ihm lebenden Rechtsbewußtsein aus muß daher das Obertribunal die Rechtsverhältnisse auffassen, und mit einem durch dieses Rechtsbewußtsein geschärften Blick, unbeirrt durch den scheinbar entgegen stehenden Buchstaben, zu dem rechten Rechte zu dringen suchen, wozu die allgemeinen und besonderen Bestimmungen unserer Gesetzgebung, bei gehöriger Zusammenstellung und Vergleichung, in der Regel die Mittel gewährt werden".[751]

Anlehnend an das allgemeine Rechtsbewusstsein sah Bornemann in der Auslegung der kodifizierten Gesetzgebung die wichtigste Aufgabe des Obertribunals. Wegen der fortlaufenden Entwicklung des Rechtsbewusstseins und der Rechtsverhältnisse sei bei Berücksichtigung der allgemeinen und besonderen Bestimmungen dieses Vorgehen notwendig.

Am 20. Dezember 1854 wurde v. Mühler auf eigenen Wunsch vom König in den Ruhestand versetzt. Am 08. Januar 1855 wurde in einer Plenarsitzung als dessen Nachfolger der ehemalige Justizminister Uhden eingeführt.[752] Am 30. Dezember 1859 verfügte dieser einen neuen Geschäftsverteilungsplan. Danach wurden dem I. Senat das Personenrecht, dem II. und III. Senat das Sachenrecht und dem IV. Senat das Obligationenrecht zugewiesen. Der dritte Senat unter dem Vorsitz Bornemanns sollte über alle Streitigkeiten, die mit dem unmittelbaren Erwerb des Eigentums an beweglichen oder unbeweglichen Sachen zusammenhingen, befinden. Ferner war der Senat für das gesamte Hypothekenrecht, alle dinglichen und persönlichen Rechte auf fremdes Eigentum, Nießbrauch, Leih-, Miet- und Pachtverträge, Pfändungen, Straßen- und Bergbaurecht zuständig.[753]

Die zivilrechtliche Rechtsprechung des Obertribunals hatte ein hohes Niveau und trug so zu einer wichtigen Weiterentwicklung des preußischen Rechts bei.

„Hervorragende Präsidenten wie [...] Friedrich Wilhelm Ludwig Bornemann haben dem Gerichtshof eine beherrschende Stellung im preußischen Rechtsleben zu erkämpfen gewusst."[754]

Bornemann wollte durch die Spruchpraxis auch die Rechtsvereinheitlichung in Deutschland befördern. Es liege in der Natur der Sache, dass die höchsten Gerichtshöfe der deutschen Staaten nicht in allen Punkten übereinstimmten. Wirke

---

[751] ebenda, S. 77.

[752] Sonnenschmidt, Friedrich Hermann, Geschichte des Königlichen Ober-Tribunals zu Berlin, Berlin 1879, S. 314.

[753] ebenda, S. 329.

[754] Döhring, Erich, Geschichte der deutschen Rechtspflege seit 1500, Berlin 1953, S. 29.

man dem nicht entgegen, so müsse sich aus der gemeinsamen Gesetzgebung mit der Zeit wieder ein besonderes Recht für jeden Staat bilden und die Gemeinsamkeit am Ende ganz verloren gehen.[755] Um dies zu vermeiden schlug er die Gründung eines höchsten gesamtdeutschen Gerichtshofs vor, der zumindest in Konflikten zwischen den höchsten Gerichten der Staaten durch Plenarbeschlüsse entscheiden solle.[756]

Mit seiner Tätigkeit am Obertribunal war Bornemann in seine berufliche Heimat zurückgekehrt. Nach den an seiner schwachen Gesundheit zehrenden und turbulenten Jahren in der Politik, konnte er sich nun wieder ganz der Rechtswissenschaft und Rechtsprechung widmen. Bis zu seinem Tod, insgesamt 16 Jahre, blieb er am Obertribunal als Zweiter Präsident tätig.

---

[755] Bornemann, Friedrich Wilhelm, Rechtsentwicklung, S. 78 f.
[756] ebenda, S. 80.

Sechster Teil: Reaktionszeit und rastloser Lebensabend (1850-1864)

I. Verfahren gegen Temme und Waldeck

Auf die kurze Zeit revolutionärer Begeisterung folgten die Jahre der Reaktion, die bei Hofe von der um den König gescharten Kamarilla unter Führung der Brüder v. Gerlach geführt wurde. Insbesondere Beamte, die eine Wahrung politischer Treuepflicht mit der Wahrnehmung politischer Freiheiten zu vereinen gesucht und womöglich noch in der Öffentlichkeit agierten hatten, sahen sich in den kommenden Jahren bis zu der so genannten „Neuen Ära" vielfach Restriktionen seitens des Staates ausgesetzt.[757] Bei Beförderungen, Gehaltsverbesserungen oder Wiedereinstellungen von Beamten, Geistlichen oder Lehrern, die *„in den Jahren 1848 und 1849 sich in irgendeiner Weise politisch oder kirchlich vergangen haben"*, duldete Friedrich Wilhelm IV. prinzipiell keine Nachsicht und behielt sich die *„spezielle ausdrückliche Genehmigung"* vor.[758]
Die Hof-Kamarilla bemächtigte sich zunehmend des bisweilen orientierungslos wirkenden Regenten und versuchte, aus der „königlichen Sphäre" die verloren gegangene Macht zurückzugewinnen. Ernst Ludwig v. Gerlach legte sein politisches Programm in einem Schreiben an Leopold im August 1848 vor:

„Meine Politik [...] ist jetzt folgende. Der König ist jetzt noch so mächtig, so reell, daß nur er, nicht aber Minister und Versammlung den Preuß. Staat definitiv zu Grund richten können [...] Daraus folgt, daß er sich jetzt hüten muß, Grund stürzende Gesetze zu vollziehen (Communalordnung, Constitution etc.) er soll zögern, Zeit gewinnen [...] Gelingt es ihm, den Geist und Bestand der Armee aufrecht zu halten, so ist jeder Tag, der ins Land geht, ein Zuwachs seiner Macht. Die Revolution brennt in sich aus, sie wird täglich schwächer. Die Reaktion mächtiger. – Frankfurt rennt sich fest, wenn Preußen auch nur seine jetzige Stellung behauptet [...] Also lasse man ruhig die Minister, die Rechte und die Linke in Berlin sich beißen und fressen. Wer auch unterliegt, der König gewinnt immer"[759]

Man müsse nun zwei Dinge tun:

„Abwarten, bis dem Könige reife Früchte in den Schoß fallen und inzwischen: Vorbereitung eines Ministerii (Brandenburg, Prittwitz, Alvensleben, Bismarck)"[760]

---

[757] Holtz, Bärbel, Die Protokolle des Preußischen Staatsministeriums 1817–1934/38, Bd. 4/I, Hildesheim/Zürich/New York 2003, S. 18.
[758] GStA PK, I. HA, Rep. 90, Nr. 2322, Bl. 79.
[759] Gerlach-Archiv/Erlangen, Nachlass Leopold, Band 18, S. 71 (Ernst-Ludwig an Leopold von Gerlach, 27.8.1848); zitiert nach: Kraus, Hans-Christof, Ernst Ludwig von Gerlach, Göttingen 1994, S. 433.
[760] ebenda.

Dann setzten die disziplinarischen Maßnahmen gegen die Revolutionäre ein, an denen auch Bornemann beteiligt war.

1. Der Fall Temme[761]

Während seiner kurzen Ministerzeit im Frühjahr 1848 hatte Bornemann den freisinnigen Tilsiter Richter Temme, mit dem er auch freundschaftlich verbunden war,[762] für das Amt des Staatsanwalts am Kriminalgericht zu Berlin vorgesehen. Er teilte Temme bereits im Vorfeld mit, dass er *„in Wahrheit keinen Andern wisse"*[763] und bat ihn dringend, das Amt anzunehmen. Dabei war ihm die politische Bedeutung des Amtes wie seines Vorschlags wohl bewusst, zumal Temme in die preußische Nationalversammlung gewählt worden war. Mit Temme wollte er dem Amt liberalen Geist vermitteln. Bei seinem Antrittsbesuch im Justizministerium machte Temme den Minister erneut darauf aufmerksam, dass er vermöge seiner

„politischen Ueberzeugung der äußersten liberalen Partei angehören werde, die nur in der Nationalversammlung sich bilden könne, und daß meine Stellung als Staatsanwalt mich nie davon zurückhalten solle"[764].

Er könne in die Lage kommen, als Abgeordneter einer Regierung Opposition zu machen, deren Organ er als Beamter sei[765]. Bornemann entgegnete ihm, er werde Temmes politischer Gesinnung nie Zwang antun und sei davon überzeugt, dass dieser seine Pflichten als Beamter mit der Überzeugung als Abgeordneter zu vereinigen wisse.
Am 16. Mai 1848 trat Temme das Amt an, musste aber bald erkennen, dass ihm seine liberale Gesinnung die Amtsführung trotz des freundschaftlichen Verhältnisses zum Justizminister nahezu unmöglich machte. Besonders kritisch war die Weigerung der polizeilichen Exekutivbehörde mit ihm zusammen zu arbeiten. Temme bemerkte dazu rückblickend:

„Die Staatsanwaltschaft hatte keine von ihr allein abhängige exekutiven Organe, sie war für ihre Nachforschungen [...] angewiesen lediglich auf die Beamten des Polizeipräsidiums , denen sie zum Theil Anweisungen ertheilen durfte, die sie aber meist requiriren mußte, und die sämmtlich unter der Disziplinargewalt des Polizeipräsidiums standen. [...] Ich erhielt aber

---

761 Vgl. Kötschau, Uwe, Richterdisziplinierung in der Preußischen Reaktionszeit –Verfahren gegen Waldeck und Temme-, Diss. jur. Kiel 1976.
762 Temme, Jodocus, Augenzeugenberichte, neu hrsg. von Michael Hettinger, Darmstadt 1996, S. 137.
763 ebenda, S. 159.
764 ebenda, S. 161.
765 ebenda.

von der Polizei in den meisten Fällen, in denen es auf ihr Einschreiten wesentlich ankam, keine Hülfe, sah mich in manchen geradezu durch sie in meiner Thätigkeit gehemmt."[766]

Temme wandte sich deswegen an Bornemann, hatte damit aber keinen Erfolg:

„*Er konnte nur mit den Achseln zucken, er hatte keine Macht und wußte es. Niemand hatte Macht, als wer zur Potsdamer Kamarilla gehörte und ihr für die Zwecke der Reaktion diente, die von Tag zu Tag an Macht und an Zuversicht wuchs und nur den geeigneten Moment abwartete, in dem sie aus ihrer stillgeschäftigten Verborgenheit plötzlich mit ihrem ganzen wiedergewonnen Gewichte zu jenem Schlag hervortreten könne, der die Revolution mit Einem Male zu Boden werfen und die alte königliche Gewalt wieder herstellen sollte.*"[767]

Trotz Schwierigkeiten wollte Temme sein Amt nach bestem Wissen und Gewissen ausführen:

„*Ich that meine Pflicht, schritt nicht ein, wo ich es nach dem Gesetze nicht durfte, wie auch alle Organe der Reaktion auf mich einstürmten und mich angreifen mochten, schritt ein, wo das Gesetz es forderte, wenn es auch die Verfolgung des erklärtesten Schützlings der Reaktion galt. Freilich war bald bei Hofe [...] mein Name der gehaßtesten einer.*"[768]

Temme erhielt Drohbriefe und wurde von konservativen Zeitungen als Verräter des Königs diffamiert. Schließlich bekam der dem Hofe ergebene Präsident des Kammergerichts Leopold Strampff den geheimen Auftrag, das amtliche Wirken Temmes genauestens zu überprüfen. Der Justizminister Bornemann erlangte von diesem Auftrag keine Kenntnis, obwohl er Temmes Vorgesetzter war. Bornemann galt bereits als politisch unzuverlässig. Stampffs Untersuchungen führten jedoch zu keinem für die Kamarilla befriedigendem Ergebnis. Daraufhin wurde das Ministerium unter dem Vorwand, Temmes Kräfte würden zu stark durch die Tätigkeit in der Nationalversammlung gebunden, angewiesen, einen zweiten Staatsanwalt zu berufen. Der neue Kollege sollte Temme allmählich aus dem Amt drängen.

Obwohl Temme sich dem erfolgreich zur Wehr setzte, konnte er das Amt bald nicht länger ausführen und schied bald darauf aus dem staatsanwaltschaftlichen Dienst aus. Nun widmete er sich umso tatkräftiger der Oppositionsarbeit in der preußischen Nationalversammlung.

Am 9. Dezember wurde dem Justizminister Rintelen von seinem Kollegen des Innern Manteuffel eine Liste überreicht, in der 55 Richter aufgeführt waren, die für den Steuerverweigerungsbeschluss vom 15. November in der Nationalver-

---

[766] Temme, Jodocus, Augenzeugenberichte, neu hrsg. von Michael Hettinger, Darmstadt 1996, S. 164.

[767] ebenda, S. 165.

[768] ebenda, S. 165 f.

sammlung gestimmt und damit diesen *„Unsinn"* unterstützt hatten.[769] Zu ihnen gehörte auch Temme.

Nach einem Beschluss des Staatsministeriums sollte jeder Minister gegen die seinem Ressort angehörigen Beamten disziplinarrechtlich vorgehen. Temme war einer der ersten, gegen den ein Verfahren eingeleitet wurde. Er bekleidete mittlerweile das Amt des Oberlandesgerichtsdirektors in Münster. Offenbar hatte der Justizminister dem Präsidenten des Gerichts zu verstehen gegeben, dass man in Berlin die Suspendierung Temmes wünsche.[770] Die Räte des Gerichts verfassten am 9. Dezember 1848 ein Schreiben und forderten vom König mit Bezug auf Temmes Rolle in der Nationalversammlung dessen Ablösung:

„Ew. Königl. Majestät fühlen wir uns daher in unserem Gewissen gedrungen, den dringenden Wunsche: uns außer aller amtlichen Beziehung zu dem Direktor Temme gesetzt zu sehen, alleruntertänigst auszusprechen"[771].

Rintelen ließ in der Hoffnung, Temme werde seinerseits Konsequenzen ziehen, diesem eine Abschrift des Schreibens übermitteln. Dieser erklärte jedoch seinen Kollegen, dass

„seiner Meinung nach Männer, die Kraft und Mut in sich fühlten, dem Unrecht entgegenzutreten, in der gegenwärtigen Zeit doppelt und dreifach die Verpflichtung hätten, auf ihrem Posten auszuharren."[772]

Am 23. Dezember sprach das Plenum des Gerichts Temmes Suspension aus, obwohl Art. 86 der oktroyierten Verfassung vorschrieb, dass Richter nur *„durch Richterspruch aus Gründen, welche die Gesetze vorgesehen und bestimmt haben, ihres Amtes entsetzt [...] werden"*[773] konnten. Zeitgleich erging Haftbefehl gegen ihn. Nach einem mehrfach seitens der Justiz verschleppten Verfahren und Verzögerungen wegen seines Mandats in der Frankfurter Nationalversammlung wurde er schließlich am 6. April 1850 von einem Geschworenengerichtshof freigesprochen,[774] jedoch disziplinarrechtlich aus dem Staatsdienst unter Verlust der Pensionsberechtigung entlassen.

---

[769] Schütz, Wolfgang, Einwirkungen des preußischen Justizministers auf die Rechtspflege, Diss. jur. Marburg 1970, S. 122.
[770] ebenda, S. 124.
[771] Temme, Jodocus, Erinnerungen, hrsg. von Stefan Born, Leipzig 1883,S. 321.
[772] ebenda, S. 322.
[773] Gesetzes-Sammlung für den Königlich Preußischen Hof und Staat 1848, S. 386.
[774] Temme, Jodocus, Erinnerungen, hrsg. von Stefan Born, Leipzig 1883, S. 388 ff.

2. Der Fall Waldeck

Auch der am Steuerverweigerungsbeschluss beteiligt gewesene Rat am Obertribunal Benedikt Waldeck wurde von seinen Kollegen brieflich zum Rücktritt aufgefordert:

„Ew. Hochwohlgeboren haben leider dem Ihnen im Namen der Mitglieder des Ersten Senats des Geheimen Obertribunals ausgesprochenen Wunsche, sich bis auf Weiteres an den Sitzungen dieses Senates fernzuhalten, nicht Folge geleistet. [...] In einer anderen Stellung haben Sie sich zu Ansichten bekannt und diese mit Beharrlichkeit durchzusetzen gesucht, welche mut den Auffassungen, die wir über Recht, Pflicht und Treue haben und unbedingt festhalten werden, in dem Maaße entschieden und schroff in Widerspruch stehen, daß es uns wie Ihnen nur auf das Äußerste peinlich sein könnte, eine Gemeinschaft äußerlich fortzusetzen, die innerlich nicht mehr besteht.
[...]"[775]

Obwohl Bornemann nun dem Obertribunal angehörte, war er an dem Beschluss nicht beteiligt worden:

„Ich soll Sie daher auf einstimmiges Verlangen sämtlicher Mitglieder des Kollegiums, mit Ausnahme des nicht zugegenen Präsidenten Bornemann dringend auffordern und ersuchen, Ihrerseits Schritte zu thun, welche zur Auflösung dieser Gemeinschaft führen können."[776]

Die treibende Kraft und der Initiator der Maßnahme gegen Waldeck war August Wilhelm Goetze. Dieser war in der Zeit der Revolution Vizepräsident am Obertribunal gewesen und hatte dort dem IV. Senat vorgesessen. Er galt als guter Jurist, allerdings war er von sich sehr eingenommen,[777] ein Studienfreund Ludwig v. Gerlachs und den Konservativen zugetan. Temme charakterisierte ihn als den *„hohlsten und anmaßendsten jener Rescriptionsfabrikanten*[778] *des Ministeriums, der willigste Diener der Reaktion"*[779]. Götze wollte am Obertribunal wieder konservativen Geist einführen. Mit seiner Berufung in die Erste Kammer und Bestellung zum Kronsyndikus durch die „Verordnung wegen der Bildung der Ersten Kammer" vom 12. März 1854 wurde er vom König dafür belohnt.[780]

---

[775] GStA PK, I. HA, Rep. 84 a, Nr. 2792, Bl. 8 f.
[776] ebenda.
[777] ebenda, Bl. 86.
[778] Rescripte waren ministerielle Anordnungen mittels denen das Ministerium in die Justiz eingreifen konnte.
[779] Temme, Jodocus, Augenzeugenberichte, neu hrsg. von Michael Hettinger, Darmstadt 1996, S. 117.
[780] Kötschau, Uwe, Richterdisziplinierung in der Preußischen Reaktionszeit –Verfahren gegen Waldeck und Temme-, Kiel 1976, S. 21.

Als Waldeck nach seiner parlamentarischen Pause am 10. Dezember 1848 den Präsidenten v. Mühler aufsuchte, um ihm mitzuteilen, dass er seinen Dienst am Obertribunal wieder aufnehmen wolle, verwehrte dieser ihm in Absprache mit seinen Kollegen die Rückkehr in das Gremium nicht. Man legte ihm nahe, seinerseits vom Wiedereintritt Abstand zu nehmen, bis feststehe, dass der Staatsanwalt gegen ihn keine Anklage wegen der Mitwirkung am Steuerverweigerungsbeschluss erhebe.[781] Mit Schreiben vom 11. Dezember 1848 teilte v. Mühler Waldeck den Beschluss der Richter mit und beurlaubte ihn zugleich.[782] Waldeck nahm den Vorschlag nicht an und erklärte, seine Tätigkeit in der Nationalversammlung habe mit jener beim Obertribunal nichts zu tun.[783] Damit schien die Angelegenheit für v. Mühler zunächst erledigt zu sein.
Goetze allerdings widersprach den Ausführungen Waldecks und beantragte beim Präsidenten v. Mühler eine Sitzung der Obertribunalsräte, die unauffällig in v. Mühlers Wohnung stattfinden solle. Danach sollten sich lediglich der Präsident v. Mühler, der Vizepräsident Busse und die Obertribunalsräte zu der Sitzung einfinden.[784] Die Versammlung sollte demzufolge ohne den Vizepräsidenten Bornemann stattfinden, den man weiterhin für politisch unzuverlässig hielt. Dieses Urteil über Bornemann verfestigte sich. Im November 1848 erschien eine Mitteilung in der Presse, das Obertribunal habe auf Antrag Bornemanns festgestellt, dass die vom Ministerium Brandenburg gegen die Nationalversammlung veranlassten Schritte als ungesetzlich zu erachten seien:[785]

„Wir erfahren so eben, dass das Königliche Ober=Tribunal, nachdem Herr Bornemann demselben die Frage vorgelegt: Ob der Krone das Recht zustehe, die hier Namens des ganzen Landes versammelte National=Versammlung zu vertagen, zu verlegen oder zu schließen, einstimmig mit NEIN ! geantwortet habe.“[786]

Allerdings lässt sich die Wahrheit dieser Nachricht nicht mit Sicherheit feststellen. Man kann nur mutmaßen, ob Bornemann diese Meldung verursacht hat oder ob sie von seinen politischen Gegnern erfunden wurde, um ihn zu diskreditieren. Die Meldung wurde umgehend von dem Präsidenten v. Mühler dementiert:

„Als Chef=Präsident [...] sehe ich mich hierdurch veranlasst, zur Vermeidung von Missverständnissen, pflichtgemäß zu erklären:
daß an dieser ganzen Zeitungs=Nachricht kein wahres Wort ist.

---

[781] ebenda, S. 21.
[782] ebenda, S. 21 f.
[783] ebenda, S. 22.
[784] ebenda, S. 23.
[785] Augsburger Allgemeine Zeitung 1848, S. 5040.
[786] Berliner Zeitungshalle 1848 Nr.263, Ausgabe vom 11. November 1848.

Herr Bornemann hat dem Geheimen Ober=Tribunal jene Frage nicht vorgelegt, das Geheime Ober=Tribunal hat daher keine Antwort ertheilt."[787]

Trotzdem blieb Bornemann politisch verdächtig.[788] Unterdessen wiederholte Goetze am 13. Dezember 1848 dringlich seine Forderung nach Einberufung der Mitglieder. Mühler verfasste daraufhin ein Rundschreiben an die Räte:

„In Folge dieses Antrages lade ich die Herren Präsidenten und Räthe des Geheimen Ober=Tribunals auf nächsten Sonnabend [den 16ten d.M.] zu einer Besprechung auf dem Geh. ObTrib. Um 11 Uhr ein."[789]

Zwar hatte v. Mühler *„die Präsidenten und Räthe"* des Obertribunals eingeladen, doch nahm Bornemann an der Sitzung nicht teil[790], weil er davon nicht informiert worden war. Auf dem Schreiben v. Mühlers befindet sich der Vermerk: *„vorzulegen exclusive Bornemann und Waldeck".*[791] Goetze hatte sich also durchgesetzt.
Das Ergebnis der Sitzung war das eingangs zitierte Schreiben an Waldeck vom 16. Dezember 1848, in dem Waldeck der Abschied aus dem Staatsdienst nahe gelegt wurde. Dieser wies in einem Schreiben vom 18. Dezember 1848 auf die Gefahren hin, die ein politisches Vorgehen des höchsten preußischen Gerichtshofes in sich berge:

„[...] Der höchste Gerichtshof hat wahrlich nicht den leisesten Grund zu der Besorgnis, meine Mitwirkung könne der Vermutung Raum geben, daß Recht und Gerechtigkeit werde gefährdet werden. Aber von anderer Stelle droht dem Lande die ernstliche Gefahr, wenn die Gerichtshöfe sich [...] in die Arena der politischen Bestrebungen einlassen, wenn sie die Nichtübereinstimmung der Ansichten, wenn sie den geschlossenen Widerstand eines Volksvertreters gegen das jeweilige konstitutionelle Ministerium als Grund der Entfernung aus dem Amte betrachten wollen ! [...] Ich kann demnach auf den mir gemachten Vorschlag nicht eingehen. Ich habe die heilige Pflicht, mein Amt zu behaupten:

im Interesse des ganzen Richterstandes,
im Interesse des höchsten Gerichtshofes selbst;
im Interesse des bei der Rechtspflege beteiligten Publikums;
im Interesse der Volksvertretung !"[792]

---

787 Berliner Zeitungshalle 1848 Berichtigung zu Nr.263 vom 12. November 1848.
788 Kötschau, Uwe, Richterdisziplinierung in der Preußischen Reaktionszeit –Verfahren gegen Waldeck und Temme-, Kiel 1976, S. 24.
789 ebenda, S. 21.
790 ebenda, S. 25.
791 ebenda.
792 Biermann, Wilhelm, Franz Leo Benedikt Waldeck, Paderborn 1928, S. 242.

Gegen diese klaren Sätze vermochten die Kollegen zunächst nichts vorzubringen.[793] Die für das Obertribunal beschämende Angelegenheit war damit nach außen hin erledigt. Aufgrund der Veröffentlichung des Briefes an Waldeck und dessen überzeugender Reaktion konnte das Volk an der Standhaftigkeit und konsequenten Haltung Waldecks teilhaben. Das Vertrauen in eine unabhängige und unparteiische Justiz wurde wieder gestärkt.[794]
Entgegen dem öffentlichen Eindruck schwelte die interne Auseinandersetzung aber weiter, denn ohne dessen Wissen führte man die *„politische Akte Waldeck"*[795] fort. Zudem wurde er Anfang 1849 dem Senat Goetzes zugewiesen, so dass er künftig mit dem Mann zusammenarbeiten musste, der das Verfahren am Obertribunal veranlasst hatte.

II. Bornemanns letzte Schriften

Trotz aller persönlichen Unabhängigkeit und seiner politisch verdächtigen Gesinnung musste Bornemann selbst keine Sanktionen in den Jahren der Reaktion hinnehmen. Dies hatte im Wesentlichen zwei Ursachen: Bornemann hatte in der revolutionären Zeit nicht offen Partei gegen den Staat genommen. Er gehörte nicht zu jenen schillernden Figuren, die aus ideologischem Antrieb der Revolution Nahrung gaben. Bornemann zählte vielmehr zu den energischen Befürwortern von Verfassung, Justizreform und innerpolitischen Liberalisierung,[796] jedoch verblieb er dabei in der Vorstellung des Gesetzesstaats monarchisch-aufgeklärter Prägung. Selbstverständlich blieb er, wie die Mehrheit der Justizjuristen, zuerst und vor allem Staatsdiener.[797]
Auch sein (spätes) Erscheinen in der nach Brandenburg verlegten Nationalversammlung verhinderte, dass er in den Fokus der Reaktion geriet.
Schließlich erkannte man Bornemanns Verdienste um das preußische Recht an, die sich der König einige Jahre später im Zusammenhang mit wichtigen Reformaufgaben nochmals zunutze machen sollte. Bornemann blieb in den folgenden Jahren zunächst ausschließlich seinem Amt am Obertribunal verpflichtet.

Im Jahr 1855 erschienen Bornemanns „Erörterungen auf dem Gebiete des preußischen Rechts". Dieses Werk bezeichnete er als das Ergebnis praktischer Erfahrungen, welche er aus gedruckten und ungedruckten Entscheidungen des Ober-

---

[793] ebenda, S. 242.
[794] ebenda, S. 243.
[795] GStA PK, I.HA, Rep. 84 a, Nr.431; „Acta des Königlichen Obertribunals betreffend die Betheiligung des Herrn Geh. ObertribunalsRaths Dr. Waldeck bei den politischen Wirren".
[796] Hodenberg, Christina v., Die Partei der Unparteiischen. Der Liberalismus der preußischen Richterschaft 1815-1848/49, Göttingen 1996, S. 326.
[797] Hattenhauer, Hans, Die geistesgeschichtlichen Grundlagen des deutschen Rechts, Kiel 1996, S. 137.

tribunals geschöpft habe.[798] An der Spitze der ersten Abhandlung stellte er die leitenden Grundsätze: „*Neuen Gesetzen ist keine rückwirkende Kraft beizulegen*" und „*durch neue Gesetze werden erworbene Rechte nicht berührt*".[799] Allerdings erkannte Bornemann Ausnahmen dieser Regel an. So sei eine Rückwirkung möglich, wenn der Gesetzgeber dies ausdrücklich bestimmt habe oder es sich ausschließlich um öffentliches Recht handele. Ferner, wenn die neuen Gesetze nicht nur gegen die weitere Entstehung, sondern auch gegen die Fortdauer gewisser Rechtsverhältnisse gerichtet seien und wenn sie ein bestimmtes Rechtsinstitut nicht in allen, sondern nur in einzelnen Beziehungen umwandelten, und die fraglichen Rechtsverhältnisse unbegrenzte oder auf längere Dauer angelegte seien.[800] Mit den letzten drei Ausnahmen trat Bornemann der absoluten Unterscheidung entgegen, die v. Savigny zwischen solchen Rechtssätzen anstellte, die den Erwerb und Verlust von Rechten betreffen und denjenigen, die das Bestehen oder den Inhalt des Rechtsinstituts angehen.[801]
In seinen folgenden Ausführungen behandelte Bornemann die Frage, nach welchen Rechtssätzen die Verjährung, insbesondere die Klageverjährung, zu behandeln sei.[802] Diese wichtigen Verjährungsfragen waren derzeit lediglich in einigen Einzelbestimmungen normiert worden. Für Bornemann bestimmte sich der Beginn der Verjährung nach der alten Rechtslage. Ob sie weiterlaufe, hänge dann von der neuen ab. Allerdings richte sich die Dauer nach der entsprechend längeren Frist.
Auch mit der Form der Rechtsgeschäfte und dem entsprechenden Gerichtsstand befasste sich Bornemann. Er stellte die Entscheidung darüber, welches örtlich geltende Recht Anwendung finde und somit die Form des Rechtsverhältnisses definiere, dem erkennenden Richter anheim.[803] So solle dieser im Einzelfall ermitteln, welchem Recht sich die Parteien bei Vertragsschluss unterworfen hätten.
In der dritten und letzten Abhandlung ging Bornemann auf die schriftliche Form der Verträge, insbesondere der Rechtsgeschäfte ein.[804] Nachdem er die einzelnen Lehren des preußischen Rechts hierzu behandelt hatte, kam er zu dem Ergebnis, dass die entsprechenden Vorschriften dringend der gesetzgeberischen Form bedürften. So sei die Notwendigkeit des Schriftformerfordernisses immer noch

---

[798] Bornemann, Friedrich Wilhelm, Erörterungen im Gebiete des preußischen Rechts, Berlin 1855, S. 3.
[799] ebenda, S. 4.
[800] ebenda, S. 23.
[801] Goldschmidt, Levin, Kritische Zeitung für die gesamte Rechtswissenschaft, Bd. 3, Heidelberg 1856, S. 470.
[802] Bornemann, Friedrich Wilhelm, Erörterungen im Gebiete des preußischen Rechts, Berlin 1855, S. 37.
[803] ebenda, S. 98 ff.
[804] ebenda, S. 144.

nicht bis ins Volk gedrungen. Zudem seien die Versuche durch das Formerfordernis den Rechtszustand zu sichern, bislang gescheitert und hätten zu einer Art von Gesetzlosigkeit geführt. Nachdem er die seiner Ansicht nach wenig konsequenten Regelungen des code civile verworfen hatte, stellte er fest, dass neben der grundsätzlichen Formlosigkeit die Beibehaltung der schriftlichen Form für bestimmte Rechtsgeschäfte wünschenswert erscheine. Dies seien insbesondere Grundstücksverträge und Handelsgeschäfte. Bemerkenswert an diesen Ausführungen war, dass Bornemann, der bisher an die fehlende Schriftform lediglich ein Beweisproblem geknüpft hatte, nun die Unwirksamkeit dieser Rechtsgeschäfte erkannte.[805]

Im folgenden Jahr 1856 veröffentlichte er seine letzte bedeutende Schrift und zog mit den 80 Seiten dieses Werks die Bilanz der bisherigen Rechtsentwicklung in Deutschland. Beginnend mit dem römischen Recht und der Rechtssitte setzte er sich mit der Rezeption des römischen Rechts bis hin zur Fortbildung der deutschen Gesetzgebung auseinander und nutze seine Schrift zudem für eine letzte Auseinandersetzung mit v. Savigny.
Über das geltende Recht stellte er fest, dass es die römische Färbung in manchen Beziehungen noch nicht in dem Umfang abgestreift habe, in welchem das deutsche Rechtsbewusstsein solches fordere, und dadurch hier und da dem „zurückromanisieren" einen bedenklichen Spielraum gelassen habe.[806]
Das Ende der Abhandlung bildete schließlich ein Ausblick auf die *„geschichtlich nothwendige Fortbildung unserer, so wie jeder anderen neuen deutschen Gesetzgebung"*.[807] Grundlage seiner Ansicht vom künftigen Recht war die Tatsache, dass die *„deutschen Staaten und Stämme"* ursprünglich durch das gemeine Recht miteinander verbunden gewesen seien. Allerdings habe sich diese Gemeinsamkeit zunehmend durch die Gesetzgebungen der Einzelstaaten aufgelöst. Dies sei ein großer Verlust, dem es durch ein *„höheres gemeinsames Band"* entgegenzuwirken gelte. Die Lösung der Einzelstaaten von dem gemeinen Recht sei jedoch der *„nothwendige Uebergang zu einem gemeinsamen höheren Bande"* gewesen. Die Rechtsentwicklung in den Staaten sei eine produktive Kraft, weil sie irgendwann zu der Einsicht führen werde, dass auf vielen Gebieten eine gemeinsame einheitliche Gesetzgebung unentbehrlich werde. Durch die stetig wachsenden Widersprüche der einzelstaatlichen Gesetzgebungen werde die Notwendigkeit einer Rechtsvereinheitlichung klar hervortreten. Zudem führe die rasante Entwicklung im Verkehrswesen, insbesondere der Bau der Eisenbahnen, und die Abschaffung der Zollschranken notwendig zu einer zumindest partiellen

[805] Goldschmidt, Levin, Kritische Zeitung für die gesamte Rechtswissenschaft, Bd. 3, Heidelberg 1856, S. 484.
[806] Bornemann, Friedrich Wilhelm, Rechtsentwicklung, S. 45.
[807] ebenda, S. 63.

Rechtseinheit. Beispielhaft hierfür seien die gemeinsame Wechselordnung von 1847 und das ihr folgende gemeinsame Handelsrecht.
Die neue Rechtseinheit werde insbesondere von denen gefährdet, die *„jeder Kodifikation, und damit auch einer gemeinsamen deutschen Rechtsgestaltung abgeneigt"* seien. Ihr Ziel sei daher

„[...] ein Rückschritt zu dem, was dem fortgeschrittenen Rechtsbewußtsein nicht entspricht, und den demselben bereits in einem gewissen Umfange überwunden ist, während die wahre Umkehr, die zugleich ein Fortschritt ist, auf Wiedergewinnung des verlorenen gemeinsamen Rechtsbandes durch eine edlere gemeinsame Rechtsgestaltung gerichtet sein muß."[808]

Die Rechtsentwicklung stehe nicht still und lasse sich auch nicht fesseln:

„Die Anerkennung und Feststellung dessen was innerhalb der Schranken des Gesetzes das wirkliche Recht der Gegenwart ist, muß daher der Rechtsanwendung in Verbindung mit der Rechtswissenschaft, und insbesondere dem höchsten Gerichtshofe, [...] überlassen und überwiesen werden."[809]

Wahre Rechtsfortbildung werde nur dann gelingen, wenn das *„fortgeschrittene Rechtsbewußtsein und das täglich gesteigerte Bedürfnis"*[810] dazu nötigten. Dies gelte in erster Linie für die seit Jahren beratene gemeinsame Gesetzgebung im Strafrecht und die den Rechtsverkehr wesentlich berührenden Teile des Vertragsrechts, besonders aber für das Handelsrecht. Entscheidend werde die Einführung eines höchsten Gerichtshofes der deutschen Staaten sein, der für Einheit der Rechtsauslegung der gemeinsamen Gesetzgebung sorgen solle. Der preußische Staat sei in der Pflicht, allen anderen deutschen Staaten in der *„Anbahnung eines vollendeteren gemeinsamen Rechtsbandes voranzugehen"*[811]. Die Verbesserung der deutschen Rechtszustände sei nur im Großen zu ermöglichen, und alles Flickwerk schädlich.
Dies war die innigste Überzeugung Bornemanns,[812] der seine Ausführungen mit den Worten schloss:

„Das Rechtsbewußtsein und das Bedürfnis drängen in allen deutschen Staaten, in denen wirklich Leben ist, nach einem Ziel, einer gemeinsamen deutschen Gesetzgebung"[813]

---

[808] ebenda, S. 65.
[809] ebenda, S. 77.
[810] ebenda, S. 81.
[811] Bornemann, Friedrich Wilhelm, Rechtsentwicklung, S. 82 f.
[812] Burchardi, Rudolf, Kritische Zeitschrift für die gesamte Rechtswissenschaft, Band 4, Heidelberg 1857, S. 35.
[813] Bornemann, Friedrich Wilhelm, Rechtsentwicklung, S. 78.

Bornemann, der in seiner „Systematischen Darstellung" von 1834 noch in dem modernen Staat das Gesetz als ausschließliche Rechtsquelle proklamiert hatte, setzte nunmehr weitgehend auf Rechtsfortbildung durch Gerichte und verwies auf das Modell des römischen Prätors.[814] Von einem gesetzespositivistischen Denken hatte sich Bornemann, vermutlich unter dem Eindruck seiner langen richterlichen Tätigkeit, weit entfernt.

III. Mitglied im preußischen Herrenhaus

1. Die Erste Kammer wird zum Herrenhaus

Die Einführung eines Zweikammersystems in Preußen war die logische Folge aus dem Wandel zum Verfassungsstaat. Im Europa des 19. Jahrhunderts stellte das zweigliedrige Kammersystem den Normalfall für die Verfassungsstaaten monarchischer wie republikanischer Observanz dar.[815]
Allerdings bestanden weiterhin große Differenzen über die Zusammensetzung der Kammern. Während die Liberalen eine föderale Kammerstruktur anstrebten, wollten die Konservativen ein so genanntes Vorschlagsrecht durchsetzen, um auf die Besetzung der Ersten Kammer entscheidenden Einfluss nehmen zu können. Die Konservativen um Friedrich Julius Stahl[816], der ein Oberhaus nach englischem Vorbild anstrebte[817], setzten sich schließlich durch. Durch die „Verordnung wegen Bildung der Ersten Kammer" vom 7. Mai 1853[818] wurde die Berufung der Kammermitglieder durch den König mit erblicher Berechtigung oder auf Lebenszeit festgelegt.[819] Der König stattete die Konservativen schließlich mit der Mehrheit der Mandate aus. In dieser Verordnung manifestierte sich die alte symbiotische Verflechtung zwischen dem konservativen Adel und der Preußischen Krone.[820]
Durch Gesetz vom 30. Mai 1855 erfüllte sich der König einen weiteren Wunsch und die Erste Kammer erhielt die Bezeichnung „das Herrenhaus" und die Zweite Kammer die Bezeichnung „das Haus der Abgeordneten".[821]

---

814 ebenda, S. 80.
815 Spenkuch, Herwin, Das Preußische Herrenhaus, Berlin 1996, S. 43.
816 Vgl. zu Stahl (1802-1862): Füssl, Professor in der Politik: Friedrich Julius Stahl (1802-1861), Göttingen 1988.
817 Stahl, Friedrich, Parlamentarische Reden, Berlin 1856, S. 174.
818 Gesetzes-Sammlung für den Königlich Preußischen Hof und Staat, 1854, S. 541.
819 Grünthal, Günther, Parlamentarismus in Preußen, Düsseldorf 1982, S. 313.
820 Spenkuch, Herwin, Das Preußische Herrenhaus, Berlin 1996, S. 50 f.
821 Roenne, Ludwig v., Das Staatsrecht der Preußischen Monarchie, 5. Auflage, neu bearbeitet von Philipp Zorn, Bd. 1, Leipzig 1899, S. 269 f.

2. Bornemann wird Mitglied und Kronsyndikus des Herrenhauses

Die mit dem Regierungsantritt Wilhelms I. so genannte „Neue Ära" begann im November 1858 mit der Berufung der gemäßigt liberalen Regierung Hohenzollern-Sigmaringen. Nach dem reaktionären Jahrzehnt bis 1858 stand ein politischer Kurswechsel bevor.[822] Dazu nötigte vor allem der überwältigende Erfolg der Liberalen bei den Wahlen zum Abgeordnetenhaus. Der neue Regent empfand die Verfassung zwar als *„abscheulich"*[823], war aber bereit, sie zu respektieren. Das Parlament war ihm ein notwendiges Übel. Ihm billigte er nur eine Kontrollfunktion zu, hielt die parlamentarische Gesetzgebung jedoch für vorteilhaft.[824]

Die Voraussetzungen für die politische Neuordnung Preußens waren günstiger denn je. Einerseits hatte die Monarchie nun ein liberales Kabinett adeliger Minister. Anderseits besaß das Herrenhaus derzeit eine erhebliche politische Autorität.[825] Ferner befanden sich in der preußischen Administration zahlreiche reformorientierte Beamte, adelige wie bürgerliche Liberale.[826]

Durch Königlichen Erlass vom 29. September 1860 wurde Bornemann aus *„besonderem Allerhöchsten Vertrauen"* unter gleichzeitiger Bestellung zum Kronsyndikus auf Lebenszeit erneut in die Erste Kammer berufen und nahm dort seine Tätigkeit am 14. Januar 1861 auf.[827] Die Kronsyndici wurden vom König bestellt, um wichtige Rechtsfragen zu begutachten. Ferner wurde ihnen die Prüfung und Erledigung rechtlicher Angelegenheiten des Hauses anvertraut.[828]

Alsbald nach seinem Eintritt in das Herrenhaus beteiligte Bornemann sich an dessen Debatten. Die erste Gelegenheit hierzu eröffnete der Ergänzungsentwurf zur Städteordnung. Bornemann stellte am 21. Februar 1861 einen Änderungsantrag zu § 50 der Ergänzung der Städteordnung. Dabei ging es um die Genehmigungspflichtigkeit der Veräußerung von städtischem Vermögen. Bornemann wollte sie dahingehend modifizieren, dass nur kleinere Städte mit weniger als 10.000 Einwohnern der Genehmigungspflicht durch die Regierung unterliegen sollten. Hingegen sprach er sich für die Veräußerungsfreiheit der größeren Städte aus, da diese eher in der Lage seien, keine von Einzelinteressen geleitete Ver äußerungspolitik zu betreiben.[829] In den größeren Städten träten „Sonderinteressen", die sich in kleinen Städten geltend machen könnten, im Verhältnis zu den

---

[822] Börner, Karl Heinz, Krise der preußischen Monarchie von 1858-1862, Berlin 1976, S. 39.

[823] Petersdorff, Hermann v., Kleist-Retzow: ein Lebensbild, Stuttgart 1907, S. 285.

[824] Börner, Karl Heinz, Krise der preußischen Monarchie von 1858-1862, Berlin 1976, S. 40.

[825] Spenkuch, Herwin, Das Preußische Herrenhaus, Berlin 1996, S. 58.

[826] ebenda.

[827] Crüger, Hermann, Chronik des Preußischen Herrenhauses, Berlin 1885, S. 34; Sitzungsprotokolle, Berlin 1861, S. 1 f.

[828] Rönne, Ludwig v., Das Staatsrecht der Preußischen Monarchie, Leipzig 1899, S. 45.

[829] Sten. Bericht über die Sitzungen der Ersten Kammer, Erster Band, Berlin 1861, S. 93 f.

allgemeinen Interessen zurück.[830] Zu fordern sei ein hohes Maß an kommunaler Selbstverwaltung und wirtschaftlicher Freiheit. Diese fände dort ihre Grenzen, wo die Selbstverwaltung zur Misswirtschaft und Überschuldung führe: *„[...] das Selfgovernment der Städte"*, so Bornemann in seiner mündlichen Antragsbegründung, *„[muß,] ein leitendes Prinzip bei jeder guten Deutschen Städte=Verordnung sein [...]."*[831] Dabei könne es leicht zum finanziellen Ruin bei kleinen Städten kommen, wenn ihnen der Verkauf von Grundstücken gänzlich freigestellt werde.[832] Der Antrag Bornemanns wurde schließlich nach langer Aussprache abgelehnt.

In der Sitzung vom 11. März 1861 kam es zu einer hitzigen Debatte um den Gesetzesentwurf zur Einführung der Zivilehe. Schon während seiner Amtszeit als Direktor im Justizministerium hatte sich Bornemann für die obligatorische Zivilehe ausgesprochen.[833] Eine vor einem Standesbeamten geschlossene Ehe solle volle Rechtswirksamkeit besitzen, während kirchliche Trauungen rechtlich unerheblich sein sollten. Bornemann begründete dies mit einem geschichtlichen Abriss über die Entwicklung der Eheschließung. Erst das Tridentinische Konzil (1545-1563) und die Reformation hätten die Mitwirkung eines Pfarrers bei der Eheschließung zur Pflicht gemacht. Dabei sei es jedoch nicht um die Begründung eines kirchenrechtlichen Verhältnisses gegangen, sondern um ein zuverlässiges Zeugnis über die Eheschließung.[834]

Die vom Herrenhaus eingesetzte Kommission erklärte sich in ihrem Bericht gegen jede Form der Zivilehe. Staat und Kirche seien keine isolierten Institutionen und daher beider Interessen nicht voneinander zu trennen.[835] Bornemann, selbst ein überzeugter Protestant, bekräftigte in seiner umfassenden Einlassung, dass beide Institutionen ohne Zweifel ein *„zusammengehörendes und zusammenwirkendes Ganzes"*[836] bildeten. Allerdings hätten Staat und Kirche unterschiedliche Aufgaben. So müsse der Staat für eine freie Entfaltung gesellschaftlichen Lebens sorgen. Dagegen sei die Kirche mit der Erweckung und Erleuchtung des inneren Menschen und folglich der Gesellschaft betraut. *„Ihre Mittel"*, so Bornemann, *„sind die Einwirkung auf das Gewissen, die Macht der Ueberzeugung in dem Glauben"*.[837] Zwischen beiden Institutionen bestehe eine symbiotische Beziehung. Die gesunde Entwicklung des Staatslebens *„äußert auch auf den inneren Menschen einen erhebenden Einfluß, und ebnet der Kirche die Wege"*[838].

---

[830] ebenda.
[831] ebenda.
[832] ebenda.
[833] ebenda, S. 156.
[834] ebenda, S. 154.
[835] ebenda, S. 156.
[836] ebenda.
[837] ebenda.
[838] ebenda.

Die Kirche fördere, indem „*sie die Unbändigkeit und Wildheit, die Hartherzigkeit der Menschen bricht, ein gesundes Staatsleben.*"[839] Die in dem Kommissions-Bericht hervorgehobene Gefahr für die Kirche, dass ein großer Teil der Brautleute nach Einführung der Zivilehe sich nicht mehr kirchlich trauen lassen werde, wies Bornemann entschieden zurück. Er hielt indessen die freiwillige Entscheidung der Brautleute für eine kirchliche Trauung, die „*aus innerem Triebe des Herzens, mit freier Hingebung zur Kirche gehen*"[840], für erstrebenswert, da die Menschen viel bedachter und aus tiefer Überzeugung den kirchlichen Akt vollzögen. Denn

> „*[...] wie tief stellen sie [die Kirche], [...] dass sie nicht die Macht, nicht die Welt überwindende Kraft haben werde, die Gewissen anders an sich zu ziehen, als wenn ihr der staatliche Zwang zu Hülfe kommt.*"[841]

Diese seine Auffassung entspreche den protestantischen Lehren, die „*in keiner Weise die kirchliche Trauung zur Begründung der Ehe*" forderten.[842] Luther selbst habe die kirchliche Eheschließung eine „*feine und christliche Ordnung*" genannt. Allerdings konnte er der kirchlichen Trauung keine andere Funktion zuschreiben, als dass durch sie eine schon bestehende, vollgültig geschlossene, rechtlich durchaus wirksame Ehe lediglich öffentlich bestätigt werde.[843]
Der Konflikt über das Institut der Ehe zwischen staatlicher Gesetzgebung und kirchlicher Lehre könne nur durch die obligatorische Zivilehe gelöst werden. Sie sei Ausdruck der Freiheit der Kirche, da diese „*jeden staatlichen Zwang zu ihrer Hülfe von sich weisen, und lediglich wirken muß durch die weltüberwindende Kraft der Ueberzeugung*"[844]. Zudem zeigte er sich überzeugt, dass „*ein Sehnen nach der kirchlichen Trauung auch alsdann entsteht, wenn vorläufig der Civilakt gewählt wird*"[845]. Schließlich gab er zu bedenken:

> „*Wie viele [...] gehen jetzt unbedacht, unüberlegt und [...] ohne die tiefen Gedanken, die jeden Menschen, wenn er zur Ehe geht, durchdringen sollten, in die Kirche und schütteln, wenn sie herauskommen, jeden Gedanken gleichgültig ab ! [...] Für den, der mit freier Hingabe zur kirchlichen Trauung geht, für den wird auch die Kraft der Weihe eine mächtige nachwirkende Kraft haben*"[846].

---

839 ebenda.
840 ebenda, S. 157.
841 ebenda.
842 Friedberg, Emil, Die Geschichte der Civilehe in: Virchow/v. Holtzendorff [Hrsg.] Sammlung gemeinverständlicher wissenschaftlicher Vorträge, V. Serie, Heft 97-120, Berlin 1870 und 1871, S. 781-820.
843 ebenda, S. 789.
844 Sten. Bericht über die Sitzungen der Ersten Kammer, Erster Band, Berlin 1861, S. 154.
845 ebenda, S. 157.
846 ebenda.

Am 16. März 1861 befasste sich das Herrenhaus mit der Vorlage zur Reform der Grundsteuer, die Vereinheitlichung der 33 Grundsteuerverfassungen im preußischen Staatsgebiet, die Abschaffung der Privilegierung des Adels und die Finanzierung der Heeresreform.[847] Bornemann forderte in der Debatte den Ausgleich der Grundsteuer zwischen den Provinzen:

„Der kleinste Mann, der ein Häuschen und das geringste Stück Gartenland hatte, muß jetzt mindestens 20 Silbergroschen zahlen [...]. Also, meine Herren, allerdings werden in Folge der Grundsteuer-Ausgleichung in der Provinz Brandenburg manche kleine Leute eine kleine Summe zahlen müssen, zu der sie bisher nicht verpflichtet waren, in vier anderen Provinzen werden sie aber bedeutend erleichtert werden."[848]

Allerdings hatte Bornemann in seiner 1848 erschienen Broschüre „Bedenken gegen den Entwurf eines Gesetzes der Grundsteuerbefreiung" noch ausgeführt, dass die Grundsteuer-Ausgleichung die steuerliche Gleichbehandlung der Bürger verletzen könne. Gleichheit könne nur dadurch erzielt werden, dass alle Verschiedenheiten der Provinzen in die Berechnung einbezogen oder vorher ausgeglichen werden:

„[Das] Eine wie das Andere ist aber, wenn auch eine allmälige Beseitigung der provinziellen Verschiedenheiten zu hoffen ist, doch für jetzt unmöglich."[849]

Insbesondere die unterschiedlichen örtlichen Verhältnisse, wie etwa günstige Verkehrsanbindungen, und der Ertragswert der Grundstücke müssten bei der Steuererhebung berücksichtigt werden.[850]
Nun aber sah Bornemann eine verfassungsrechtliche Verpflichtung zur Grundsteuer-Ausgleichung:

„Inzwischen [...] ist aber die Verfassungsurkunde ergangen und mit dem § 101[851]*, den ich nicht anders verstehen kann, als daß eine Grundsteuer-Ausgleichung erfolgen muß. [...] Die Paragraphen der Verfassung sind mir keine Phrasen[...], keine bloßen Verheißungen, deren Erfüllung nach Belieben ausgesetzt werden kann, sie sind für mich das Fundament, auf dem der feste Bau der Gesetzgebung errichtet werden soll; und darum [...], wie meine individuelle Ueberzeugung sein mag, die Verfassungsurkunde ist auch in dieser Beziehung mein Leitstern".*[852]

---

847 Spenkuch, Herwin, Das Preußische Herrenhaus, Berlin 1996, S. 63 ff.
848 Sten. Bericht über die Sitzungen der Ersten Kammer, Erster Band, Berlin 1861, S. 266.
849 ebenda, S. 269.
850 ebenda.
851 Art. 101: „[1] In Betreff der Steuern können Bevorzugungen nicht eingeführt werden. [2] Die bestehende Steuergesetzgebung wird einer Revision unterworfen und dabei jede Bevorzugung abgeschafft."
852 Sten. Bericht über die Sitzungen der Ersten Kammer, Erster Band, Berlin 1861, S. 271.

Bornemanns Wandel in der Grundsteuerfrage zeigte, wie entschlossen er, auch unter Aufgabe seiner persönlichen Ansicht, die bestehende Rechtsordnung verteidigte. Schließlich wurde die Ausgleichung der Grundsteuer vom Herrenhaus mit knapper Mehrheit verworfen. Mit dem Gesetz betreffend die anderweite Regelung der Grundsteuer vom 21. Mai 1861 wurden zumindest die Steuerprivilegien des Adels abgeschafft.

3. Kommissionsarbeit im Herrenhaus

Im Herrenhaus war Bornemann Berichterstatter der Fünfzehnten Kommission. Deren wichtigste Arbeit war 1861 die Beratung der Entwürfe eines Allgemeinen Deutschen Handelsgesetzbuchs und des zugehörigen Einführungsgesetzes. Nach der 1848 in Kraft getretenen Wechselordnung war dieses der wichtigste Schritt auf dem Wege der Rechtsvereinheitlichung in Deutschland. In dem am 21. Mai 1861 dem Herrenhaus vorgelegten Bericht sprach sich die Kommission zur unbedingten Annahme des auf den Handelskonferenzen in Nürnberg erarbeiteten Entwurfs eines Allgemeinen Deutschen Handelsgesetzbuches aus. Er sei eine

> *„unschätzbare Wiedergewinnung einer gemeinsamen Rechtsgrundlage für den täglich wichtiger werdenden Deutschen Handelsverkehr [und] zugleich die Anbahnung einer fortschreitenden Rechtsgemeinschaft, die Wiederanknüpfung des seit dem letzten Jahrzehnt des vorigen Jahrhunderts gelösten gemeinsamen Deutschen Rechtsbandes"*[853].

In der am 1. Juni 1861 folgenden Debatte im Plenum dankte Justizminister Bernuth zunächst den Kommissionsmitgliedern, dass sie *„diese umfassende Aufgabe trotz aller Schwierigkeiten, die sie darbot, in verhältnismäßig so kurzer Zeit gelöst hat"*[854]. Bornemann erstattete den Bericht und betonte die Notwendigkeit der Annahme dieses *„großen Werkes"*. Die Versammlung müsse dieses gemeinsame deutsche Gesetzbuch annehmen, denn:

> *„nimmt heute das hohe Haus das Handelsgesetzbuch nicht an, so hat der Preußische Staat einen unwiederbringlichen Verlust in den Augen Deutschlands zu erleiden [...]. Wenn auch zugegeben werden muß, daß einzelne Mängel in dem Gesetzbuche enthalten sein mögen [...], so muß dennoch ein Werk, welches im Großen und Ganzen, sowie in den meisten einzelnen Beziehungen das Bedürfnis einer großen Nation befriedigt, als ein ungemeiner Fortschritt betrachtet werden, als ein Fortschritt, der unschätzbar ist [...]."*[855]

---

[853] Bericht der Fünfzehnten Kommission, Anlage 45 zur 33. Sitzung, Steno. Bericht über die Sitzungen der Ersten Kammer, Erster Band, S. 358 f.
[854] Sten. Bericht über die Sitzungen der Ersten Kammer, Erster Band, Berlin 1861, S. 688.
[855] ebenda.

Die Mehrheit der Versammlung stimmte dem Antrag der Kommission zu und nahm das ADHGB an.

Bornemanns zunehmende Erkrankungen verhinderten seit 1862 seine Teilnahme an weiteren Reformvorhaben und Debatten. Er blieb zwar bis zu seinem Tod Mitglied des Herrenhauses, allerdings war er zumeist krankheitsbedingt abwesend.

4. Bornemann und die Judenfrage

Die Zulassung jüdischer Bewerber zum preußischen Staatsdienst wurde bis zum Jahre 1848 nicht oder nur sehr widerwillig gewährt. So erreichte kein einziger jüdischer Kandidat vor der Reichsgründung eine ordentliche Professur der Rechtswissenschaften in Preußen.[856] Das prägnanteste Beispiel ist das des Juristen Eduard Gans. Nach Studium und Promotion stellte er 1819 den förmlichen Antrag auf Zulassung zur akademischen Laufbahn. Die Zulassung wurde daraufhin von der juristischen Fakultät der Berliner Universität erwartungsgemäß abgelehnt. Insbesondere v. Savigny sprach sich entschieden gegen ein Fakultätsmitglied Gans aus. Auch der amtierende Kultusminister Altenstein nannte als primären Beweggrund für die Ablehnung die jüdische Religion, da mit der *„Aufrechterhaltung des christlichen Prinzips"* in Erziehung und Staat die Lehrtätigkeit eines Juden nicht zu vereinbaren sei.[857] Erst nachdem Gans sich hatte taufen lassen, konnte er seine Laufbahn fortsetzen. Bornemann war zeitlebens gegenüber den preußischen Juden aufgeschlossen und pflegte regen Kontakt zu jüdischen Juristen. Nachdem er Gans kennen gelernt hatte, bemerkte er ihre Verbundenheit in politischer und juristischer Hinsicht. Lebhaften Ausdruck fand diese in der Veröffentlichung der Abhandlung „Über die wahrhaft geschichtliche Entstehung und Bedeutung des preußischen Recht" in Gans` „Beiträgen zur Revision der Preußischen Gesetzgebung".[858]
Eine Freundschaft verband Bornemann darüber hinaus mit Heinrich Friedberg, der ihm als Hilfskraft des Staatsanwaltes beim Oberzensurgericht aufgefallen war und den er wenig später in das Justizministerium holte. Friedberg stammte aus einer jüdischen Familie, war aber schon in Kinderjahren getauft worden.
Mit dem „Gesetz über die Verhältnisse der Juden" trat am 23. Juli 1847 ein Gesetz in Kraft, das einheitliche Bestimmungen kodifizierte, aber noch keine Gleichstellung der Juden mit der christlichen Bevölkerung brachte.

---

[856] Strenge, Barbara, Juden im preussischen Justizdienst, München 1996, S. 75.
[857] Braun, Johann., Die „Lex Gans" – ein Kapitel aus der Geschichte der Judenemanzipation in Preußen, in: Zeitschrift der Savigny-Stiftung für Rechtsgeschichte. Germanistische Abteilung, Band 102, 1985, S. 91.
[858] Siehe S. 42.

Die am 6. April 1848 dem König abgerungene „Verordnung über einige Grundlagen der preußischen Verfassung" enthielt eine Bestimmung, die sowohl in der oktroyierten Verfassungsurkunde vom 5. Dezember 1848 als auch in der revidierten Verfassung vom 30. Januar 1850 wieder zu finden war. Sie besagte, dass die Ausübung bürgerlicher und staatsbürgerlicher Rechte fortan vom religiösen Bekenntnis unabhängig sei. Aber der formellen rechtlichen Gleichstellung musste nun noch die praktische folgen. Die Behörden taten sich nach wie vor schwer mit der Einstellung von Juden. Bornemann hatte seinen Anteil an der Verbesserung dieses Zustands. So stellte er in seiner Eigenschaft als Justizminister im Mai 1848 klar, dass der Eidesleistung jüdischer Geschworener nichts im Wege stehe. Er setzte sich ebenso intensiv dafür ein, dass jüdischen Absolventen nun auch die Zulassung zur Auskulatur zu gewähren sei. Ohne besondere Anträge abzuwarten, ließ er denjenigen jüdischen Rechtskandidaten, die sich seit dem Vorjahr durch Gesuche vergeblich darum bemüht hatten, mitteilen, dass sie die Prüfungen zum Eintritt in die Auskulatur ablegen könnten, da dem eine gesetzliche Schranke nicht mehr entgegen stehe.[859] Die Rechtsauffassung Bornemanns wurde schließlich mit dem Staatsministerialbeschluss vom 19. Oktober 1848 offiziell übernommen.[860]

Die Frage, ob ein Jude in der gleichen Weise wie die christlichen Mitbürger einen Eid vor einem Richter leisten dürfe, wurde in den folgenden Jahren nicht geklärt. Als es im Herrenhaus am 27. April 1861 nach zahlreichen Petitionen und nach einer lebhaften Debatte zu einer Abstimmung über einen Gesetzentwurf kam, lehnte die überragende Mehrheit eine Gleichstellung der Eidesleistung ab.[861] Bornemann war einer der Wenigen, die eine Gleichstellung befürwortet hatten.

IV. Bornemann wird Präsident der Kommission zur Revision des Zivilprozessrechts

Schon seit Jahren hatte das Bedürfnis bestanden, die nur gelegentlich und in Einzelfragen revidierte Gerichtsordnung einer umfassenden Revision zu unterziehen und durch ein neues Prozess-Gesetzbuch zu ersetzen. Ende 1860 ergriff Württemberg die Initiative zur Schaffung eines gesamtdeutschen Prozessrechts. Die preußische Regierung des Ministeriums Hohenzollern ging darauf bereitwillig ein und beschloss, da es zu Uneinigkeit über die Form des Gesetzeswerks kam, jedenfalls mit der Reform des preußischen Prozessrechts zu beginnen, gab

---

859 Spenersche Zeitung, Nr. 92 vom 17. April 1848.
860 GStA PK, I. HA, Rep. 90, Nr. 498, Bl. 101 f.
861 Sten. Bericht über die Sitzungen der Ersten Kammer, Erster Band, Berlin 1861, S. 351.

aber das Ziel und die Hoffnung auf ein allgemeines deutsches Gesetzbuch nicht auf.
Auf Antrag des Ministeriums Hohenzollern genehmigte ein Königlicher Erlass vom 25. Februar 1861[862], dass *„zur Revision unseres Civil=Prozeßrechtes, und - wenn möglich- zur Herbeiführung einer gemeinsamen deutschen Gesetzgebung auf diesem Rechtsgebiete – eine vom Justizminister zu berufende Kommission eingesetzt werde."*[863] Nachdem das preußische Staatsministerium in einer Denkschrift vom 6. Februar 1861 Bornemann als *„unbestritten zu den ersten Juristen Preußens"* gehörend bezeichnet hatte, dessen Ruf als Rechtsgelehrter auch *„im ganzen übrigen Deutschlands ein [...] fest begründeter"* sei,[864] berief ihn der König zum Präsidenten dieser Kommission.[865] Damit wurde ihm kurz vor seinem Tod noch einmal eine große Ehre zuteil, da

> *„es galt, an die Spitze eines Unternehmens, welches sich günstigenfalls auch auf die übrigen deutschen Lande erstrecken durfte, einen Mann zu stellen, dessen Name sich dem jedwedes besten Juristen im ganzen Deutschland ebenbürtig an die Seite stellen können"*[866].

Vom Tag der Übernahme des Präsidentenamts an hatte sich Bornemann

> *„der ihm gestellten Aufgabe mit der ganzen Kraft seines reichen Geistes und mit jenem Enthusiasmus, dessen die Aufgabe selbst werth war, ausschließlich gewidmet, ihr hat er die letzten Jahre seines Lebens gelebt, in ihrem Dienste ist er gestorben."*[867].

Im Oktober 1861 reisten Bornemann und andere Mitglieder der Kommission nach Hannover und Celle, um zwei Wochen lang das dort geltende Zivilprozessrecht in der Praxis kennen zu lernen.[868] Die Prozessordnung des Königreichs Hannover, die am 8. November 1850 in Kraft getreten war, galt als besonders fortschrittlich und gelungen.[869] Durch einen Vortrag Hannoveraner Juristen auf einer Sitzung der Juristischen Gesellschaft zu Berlin 1860 war das Interesse an dieser Prozessordnung, deren leitendes Prinzip die Mündlichkeit war, in ganz Deutschland geweckt worden.[870] Ihr Verdienst bestand hauptsächlich darin, dass

---

862 Justizministerialblatt 1861, S. 52.

863 Friedberg, Heinrich, Zum Gedächtnis an Ferdinand Wilhelm Ludwig Bornemann, Vortrag, gehalten vor der Juristischen Gesellschaft zu Berlin 1864, S. 13.

864 GStA PK, I. HA, Rep. 84 a, Nr. 48057, Bl. 114 f.

865 ebenda, Bl. 128.

866 Friedberg, Heinrich, Zum Gedächtnis an Ferdinand Wilhelm Ludwig Bornemann, Vortrag, gehalten vor der Juristischen Gesellschaft zu Berlin 1864, S. 13.

867 ebenda.

868 GStA PK, I. HA, Rep. 84 a, Nr. 48057, Bl. 212.

869 Leonhardt, Gerhard, Das Civilproceßverfahren des Königreichs Hannover, Hannover 1861, S. 1.

870 ebenda.

sie die Grundsätze des 1806 eingeführten französischen „code de procedure civile“ konsequent weitergeführt und mit dem bestehenden deutschen Prozessrecht vereinigt hatte.[871] Die Erfahrungen ihrer Reise hatten die Kommissionsmitglieder sehr beeindruckt, so dass insbesondere die Mündlichkeit des Prozesses übernommen wurde.
Ergebnis der Kommissionsarbeit war schließlich der „Entwurf einer Prozeßordnung in Bürgerlichen Rechtsstreitigkeiten für den Preußischen Staat“, der am 22. November 1864 von dem Justizminister Graf zur Lippe bekannt gegeben wurde. In den Motiven ihres Entwurfs bemerkten die Autoren:

„man habe in Anschlag bringen müssen, dass die neue Proceßordnung dem Verständnisse einer großen Zahl von Personen näher zu bringen gewesen sei, welche, zumal das System ihnen fremd, sich vielleicht schwer zurecht finden würden, falls das neue Gesetz sich vorwiegend darauf beschränkte, nur leitende Grundsätze auszusprechen.“[872]

Dessen Systematik lehnte sich dem „code de procedure civile“ an, obwohl in

„allen Materien auch das deutsche und preußische Recht sowie die deutsche und preußische Rechtswissenschaft sorgfältig benutzt und im Einzelnen zur Geltung gebracht worden sind“[873].

Der Entwurf *„darf mit Recht auf einen hohen wissenschaftlichen Werth sowohl in der Form als auch in der Sache Anspruch machen“*[874]. Diese bemerkenswerte Einschätzung der Kommissionsarbeit bezog sich allerdings lediglich auf das wissenschaftliche Werk. Allerdings war infolge dieses gut gemeinten Anliegens das Prozessrecht noch komplizierter geworden, so dass der Entwurf den praktischen Bedürfnissen der Zeit letztlich nicht gerecht werden konnte. Der hannoversche Justizminister Leonhardt übte Kritik:

„[in Folge] des Bestrebens, einen processualischen Gedanken klar zu legen und durchzuführen, verlaufen sich die Vorschriften des Entwurf nicht selten zu sehr ins Detail [...]“[875].

---

[871] ebenda, S. 3.
[872] Leonhardt, Gerhard, Zur Reform des Civilprocesses in Deutschland, Band 2 : Eine vergleichende Kritik der Grundprincipien des Entwurfs einer Civilprocessordnung für den preussischen Staat , Hannover 1865, S. 2.
[873] Struckmann, Johannes / Koch, Richard, Die Civilprozeßordnung für das Deutsche Reich, 2. Auflage, Berlin 1879, S. IX.
[874] Leonhardt, Gerhard, Zur Reform des Civilprocesses in Deutschland, Band 2 : Eine vergleichende Kritik der Grundprincipien des Entwurfs einer Civilprocessordnung für den preussischen Staat , Hannover 1865, S. 2.
[875] ebenda.

Zudem musste man feststellen, dass sich der neue Entwurf *„vom Boden des deutschen Processrechts"* zurückgezogen hatte, um den *„Boden des französischen Processrechts"* zu betreten.[876] So war auch der durch die Novelle vom 21. Juli 1846 eingeschlagene Weg wieder verlassen worden.
Die Ereignisse des Jahres 1866 und die Gründung des Norddeutschen Bundes drängten die Gesetzgebung sodann in eine andere Richtung. Eine der ersten Aufgaben der Bundesgesetzgebung war die Reform des Zivilprozesses.[877] Am 30. Januar 1877 trat die „Civilprozessordnung für das Deutsche Reich" zusammen mit den anderen Reichsjustizgesetzen in Kraft.

V. Gründung der Juristischen Gesellschaft, des Juristentags und der Savigny-Stiftung

Am 7. Oktober 1858 hatte Wilhelm I. die Regierungsgeschäfte seines erkrankten Bruders übernommen. Damit begann die Neue Ära, auf die vor allem die Bürgerlichen und Liberalen große Hoffnungen gesetzt hatten. Eine Frucht des Neubeginns war auch die Gründung der Juristischen Gesellschaft zu Berlin am 7. Mai 1859 durch Carl Christian Hiersemenzel und Graf Wartensleben. Hiersemenzel war Herausgeber der *„Preußischen Gerichtszeitung"*, die in der Folgezeit das Sprachrohr der Gesellschaft wurde. In einer zweiten Sitzung am 28. Mai 1859 wurde ein Statutenentwurf beraten und der Stadtrichter Simson mit der Schlussredaktion betraut.[878] Die Aufgabe des Vereins sollte die Förderung der Rechtswissenschaft sein, was in § 1 der Statuten normiert wurde. Dies sollte durch Vorträge, die Einrichtung von Lesekabinetten und einer Bibliothek und die Veröffentlichung der Sitzungsprotokolle geschehen. Mitglieder konnten gemäß § 6 sein: preußische Richter und Anwälte, Justizbeamte und Mitglieder der preußischen Zentralbehörden, Universitätslehrer sowie Referendare und Auskulatoren an den preußischen Gerichten.
Der zum Präsidenten gewählte Graf Wartensleben erläuterte anlässlich der dritten Sitzung am 11. Juni 1859 in seiner Eröffnungsrede die Aufgaben der Gesellschaft:

„Den Praktikern soll durch den Beitritt zur Gesellschaft die Gelegenheit geboten werden, von den neueren Erscheinungen auf dem Gebiet der Rechtswissenschaft Kenntnis zu erhalten und ihre Erfahrungen bei der Anwendung der Gesetze mitzuteilen; den Rechtslehrern dagegen, von jenen Erfahrungen Kenntnis zu nehmen und ihrerseits zur Verbreitung einer wissen-

---

[876] ebenda, S. 3.
[877] Struckmann, Johannes / Koch, Richard, Die Civilprozeßordnung für das Deutsche Reich, 2. Auflage, Berlin 1879, S. XVII.
[878] Preußische Gerichtszeitung 1859, Nr. 20, S. 3.

schaftlichen Behandlung des Rechts beizutragen. Kurz: Ziel ist eine belebende Wechselwirkung zwischen Praxis und Theorie."[879]

Ergänzend zu den in den Statuten festgehaltenen Zielen stand von Anfang an die Rechtsvereinheitlichung in Deutschland.[880]
Bornemann gehörte dem ersten provisorischen Vorstand der Gesellschaft nicht an, war aber dennoch Gründungsmitglied.[881] Die Gesellschaft war für ihn die Erfüllung dessen, was er sich Zeit seines juristischen Lebens gewünscht hatte, nämlich die Befestigung der Wechselwirkung zwischen Theorie und Praxis, die Förderung und Fortbildung der Rechtswissenschaft und die Gewinnung der Rechtseinheit Deutschlands.
Bereits das zweite Jahr des Vereins wurde eines der bedeutendsten seiner Geschichte. Am 3. März 1860 stellte das Vorstandsmitglied Franz v. Holtzendorff den Antrag, „*der Vorstand möge der Juristischen Gesellschaft in deren nächster Sitzung die Ausschreibung eines Deutschen Juristentages vorschlagen*"[882]. Das Echo auf diesen Vorschlag war begeistert, so dass bereits wenige Tage später der Vorstand ermächtigt wurde, die „*Berufung eines Deutschen Juristentages in die Hand zu nehmen und sie bis zur öffentlichen Ausschreibung vorzubereiten*".[883] Der Juristentag sollte eine Vereinigung zur Förderung des lebendigen Meinungsaustauschs, des persönlichen Verkehrs unter den deutschen Juristen bilden und eine einheitliche Rechtsentwicklung fördern.[884] Für den 28. August 1860 wurde zum ersten Deutschen Juristentag nach Berlin eingeladen. Fast 800 Juristen aus allen deutschen Ländern meldeten ihre Teilnahme an. Von vielen gingen bereits im Vorfeld „*Anträge*" zu den unterschiedlichsten Rechtsfragen ein.
Einige wichtige Anträge wurden als Drucksachen schon Wochen vorher an die Teilnehmer ausgegeben. Darunter befand sich auch ein „*Schreiben des zweiten Präsidenten des Königl. Obertribunals Dr. Bornemann zu Berlin an die Commission der Juristischen Gesellschaft für Ausschreibung eines Deutschen Juristentages*"[885]. In diesem brachte Bornemann zunächst sein Bedauern darüber zum Ausdruck, dass er sich wegen seiner „*angegriffenen Gesundheit*" einer „*Luft= und Traubenkur*" bis Ende September unterziehen müsse und deshalb nicht teil-

[879] Preußische Gerichtszeitung 1859, Nr. 25, S. 3.
[880] Fijal, Andreas, Die Geschichte der Juristischen Gesellschaft zu Berlin in den Jahren 1859 bis 1933, Berlin 1991, S. 16.
[881] ebenda, S. 45.
[882] Verhandlungen des Ersten Deutschen Juristentages, Berlin 1860, S. III.
[883] Conrad, Hermann, Der Deutsche Juristentag 1860 bis 1994, München 1997, S. 10.
[884] ebenda, S. 11.
[885] Verhandlungen des Deutschen Juristentages, Berlin 1860, S. IX.

nehmen könne.[886] Dennoch wolle er sich den Beratungen anschließen und seine Ansichten mitteilen:

„Die Menschheit ist in einer Mannigfaltigkeit von Urstämmen, Völkern und Völkergliederungen zur Erscheinung gekommen, welche mit besonderen Gaben und Kräften und einem daraus hervorgegangenen besonderen Volkscharakter und Bildungstriebe ausgerüstet sind."

Hieraus folgten zwei Konsequenzen. Zum einen ergebe sich die *„Verschiedenheit und Verwandtschaft der besonderen Volksrechte"* und zum anderen *„folgt daraus, daß kein Volk für sich allein das Ziel der Menschheit in seiner Allseitigkeit zu verwirklichen im Stande ist"*[887]. Dieses Ziel könne nur durch *„harmonisches Zusammenwirken aller berufenen Nationen verwirklicht werden"*. Allerdings müsse jede Nation dazu mit *„der ganzen Energie ihrer Nationalität als gleich berufen und gleichberechtigt"*[888] mitwirken. Auch in Deutschland rege sich dieses Einheitsstreben. Jedoch habe man als Juristentag natürlich *„nur das Recht in's Auge zu fassen"*.

Bei seinem Rechtsvergleich mit Frankreich sprach Bornemann davon, dass die *„Französische Nation der Deutschen weit vorausgeeilt sei"*[889]. Das zeige sich an der Zentralisierung des Rechts, wodurch alle provinziellen *„Rechtseigenthümlichkeiten"* mit wenigen Ausnahmen beseitigt worden seien. Auch in Deutschland werde von vielen ein allumfassendes Gesetzbuch gefordert. Er sei überzeugt davon, dass *„der Weg, der für die Französische Nation der richtige sein mag"* nicht *„unser Weg"* sei. Dem *„Deutschen Geiste"* widerstrebe eine *„die Selbstbestimmung der Gliederungen nicht bloß ordnende und zusammenfassende, sondern vernichtende Einheit"*.[890] Eine solche Einheit wäre Schwächung der *„Deutschen Nationalität"*.
Daher *„kann und darf eine Einheit, welche sich nicht bloß in den Grundzügen der Rechtssatzungen kund giebt, sondern in einer alle besonderen Rechtssatzungen beseitigenden allgemeinen Rechtsgestaltung darstellt, für Deutschland nur in Bezug auf die Kreise des Rechtsgebiets erstrebt werden, die sich ihrer Natur nach der eigenen Selbstbestimmung entziehen [...].*[891] Die Notwendigkeit von Rechtseinheit sah er im Wechselrecht, Handelsrecht und für andere *„den allgemeinen Verkehr wesentlich berührende Rechtsgebiete, insbesondere für das Prozessverfahren in Civilsachen [...]"* Vor allem das Prozessrecht bedürfe einer einheitlichen Gesetzgebung.

---

[886] ebenda, S. 66; siehe Anlage.
[887] ebenda, S. 67; siehe Anlage.
[888] ebenda.
[889] ebenda.
[890] ebenda, S. 68; siehe Anlage.
[891] ebenda.

Allerdings sei die Herstellung der Rechtseinheit auf den genannten Gebieten nicht ausreichend, wenn nicht zugleich ein oberster allgemeiner Gerichtshof errichtet werde. Beschränke man sich auf Herstellung einheitlichen Wechsel-, Handels- und Prozessrechts werde es bei den Gerichten zu unterschiedlicher Ausbildung der Rechtsanwendung kommen.
Dieses Schreiben Bornemanns wurde in der Vierten Abteilung des Juristentags behandelt. Man stimmte ihm grundsätzlich zu, sah es jedoch als verfrüht an, bei der bestehenden Rechtslage bereits einen allgemeinen obersten Gerichtshof zu errichten. Dessen Einrichtung sei für die schon bestehenden gemeinschaftlichen Gesetze wünschenswert. Der daraufhin vom Plenum des Juristentags beschlossene Antrag lautete:

„Der Juristentag wolle anerkennen: Zu einer Einheit in der Rechtsanwendung kann nur ein höchster Gerichtshof führen, dessen sofortige Einführung bezüglich des bereits bestehenden gemeinschaftlichen Deutschen Rechts (Wechsel=Ordnung), so wie des zu schaffenden (Handelsrechts) wünschenswerth erscheint"[892]

Einen solchen obersten Gerichtshof hatte bereits die gescheiterte Paulskirchenverfassung vorgesehen. Bornemann bestätigte hier das alte liberale Ideal.
Am 30. August 1860 standen Wahlen an. Nachdem man bereits Wächter zum Präsidenten des Deutschen Juristentages und dessen Stellvertreter gewählt hatte, beriet man die Wahl der Mitglieder der in § 10 des Statuts vorgesehenen Ständigen Deputation. Dieses Exekutiv-Organ sollte den Juristentag bis zu dessen nächsten Zusammentritt repräsentieren und seine Arbeiten vorbereiten. Zudem sorgte es für die Umsetzung der gefassten Beschlüsse. Trotz seiner Abwesenheit wurde Bornemann auf Vorschlag Wächters zum Präsidenten der Deputation gewählt.[893]

Am 17. November 1860 drang die Ständige Deputation erstmalig an die Öffentlichkeit. Bornemann hatte einen einstimmigen Beschluss herbeigeführt, dass *„seitens der beiden deutschen Großstaaten, Österreich und Preußen, schleunigst die Initiative wenigstens für eine gemeinsame deutsche Zivil- und Strafgesetzgebung ergriffen werde"*[894]. Jeweils eine Abschrift des Protokolls erhielten der Justizminister v. Bernuth und die österreichische Regierung. Die Reaktion des preußischen Justizministers wurde in der Preußischen Gerichtszeitung vom 20. März 1861 veröffentlicht:

---

892 Verhandlungen des Deutschen Juristentages, Berlin 1860, S. 347.
893 Verhandlungen des Deutschen Juristentages, 1862, S. 220 f.; Verhandlungen des Deutschen Juristentags, Berlin 1862, S. 503.
894 Neumann, Hugo, Die Geschichte der Juristischen Gesellschaft zu Berlin (1859-1903), Berlin 1984, S. 6.

„Der verehrlichen Redaktion der Preußischen Gerichtszeitung übersende ich in der Anlage Abschrift eines Allerhöchsten Erlasses vom 25. Februar d. J. über die Einsetzung einer Kommission zur Revision unseres Zivil- und Strafprozeßrechts und, -wenn möglich– zur Herbeiführung einer gemeinsamen Deutschen Gesetzgebung auf diesen Rechtsgebieten, mit dm Anheimstellen, denselben durch Ihr Blatt veröffentlichen zu wollen.
Berlin, den 12. März 1961 Der Justizminister
v. Bernuth

Anlage

„Einverstanden mit den in dem Berichte des Staatsministeriums vom 14. Februar d. J. aufgestellten Ansichten, genehmige ich, daß zur Revision Unseres Zivil- und Strafprozeßrechts und – wenn möglich – zur Herbeiführung einer gemeinsamen Deutschen Gesetzgebung auf diesen Rechtsgebieten eine von dem Justizminister zu berufende Kommission, zu deren Vorsitzenden Ich den zweiten Präsidenten des Obertribunals Dr. Bornemann hiermit ernenne, niedergesetzt werde.
Das Staatsministerium hat hiernach das Weitere zu veranlassen.
Berlin, den 25. Februar 1861.

Gez. Wilhelm"[895]

Dies war ein großer Erfolg für den ersten Deutschen Juristentag:

„Der Samen, den der erste Deutsche Juristentag ausgestreut, treibt mächtige Keime, noch ehe der zweite Juristentag sich versammelt".[896]

Der zweite Deutsche Juristentag tagte vom 26. bis 30. August 1861 in Leipzig Auch diesmal musste Bornemann krankheitsbedingt absagen. Dennoch brachte er einen umfassenden Antrag mit leitenden Grundsätzen zum Hypothekenwesen ein, der am 28. August in der Sitzung der ersten Abteilung behandelt wurde.[897] Vor allem den aus dem Römischen Recht übernommenen Grundsatz, dass die Hypothek akzessorisch zur Forderung sei, wollte er verankern. Dieser war derzeit in sein Gegenteil verkehrt worden und die Hypothek wurde als Hauptrecht angesehen, dem die Forderung akzessorisch war. Ferner sollte die Hypothek zwingend in ein *„Hypothekenbuch"* eingetragen werden. Dieser Grundsatz galt zwar bereits in der preußischen Hypothekenordnung vom 20. Dezember 1783, nicht dagegen in anderen deutschen Staaten. Schließlich verlangte Bornemann

---

[895] Neumann, Hugo, Die Geschichte der Juristischen Gesellschaft zu Berlin (1859-1903), Berlin 1984, S. 6 f.; Schreiben v. Bernuths an die Preußische Gerichtszeitung, in: Preußische Gerichtszeitung, 1861, S. 133.
[896] Neumann, Hugo, Die Geschichte der Juristischen Gesellschaft zu Berlin (1859-1903), Berlin 1984, S. 7.
[897] Antrag abgedruckt: Verhandlungen des Deutschen Juristentages, Berlin 1861, S.229 ff.

die umfassende Einführung des Publizitätsprinzips, das durch Einrichtung eines Hypothekenbuchs und zwingende Eintragung gesichert werden sollte.[898]
Die erste Abteilung des Zweiten Juristentags setzte sich in ihrer Sitzung ausgiebig und kontrovers mit dem Antrag auseinander. Man fasste schließlich den Beschluss, der Juristentag wolle *„zur Zeit"* nicht auf den Antrag eingehen, erkenne es aber als ein *„dringendes Bedürfnis"*, dass die *„Hypotheken-gesetzgebung in allen deutschen Ländern auf gemeinsamen Grundsätzen erfolge"*.[899] Daher beauftragte die Abteilung die Ständige Deputation, *„weiteres Material für diesen wichtigen Gegenstand zu sammeln und weitere Vorlagen zu machen"*.[900]
Deshalb gab die Deputation für den dritten Deutschen Juristentag im Jahr 1862 zwei Gutachten über den Bornemannschen Antrag in Auftrag. Der Gutachter Dr. Lührsen aus Hamburg kam schließlich zu dem Ergebnis:

> *„Das Resultat würde sein, daß den einzelnen Sätzen im Bornemannschen Antrage [...] im Allgemeinen die vollste Anerkennung und Zustimmung zu ertheilen sein möchte, daß indessen der Inhalt, wenn er geeignet sein soll, einer Deutschen Hypothekengesetzgebung zum Grunde gelegt zu werden, in der diesseits angegebenen Weise formuliert werden müsse."*[901]

Die erste Sitzung der vereinigten ersten und zweiten Abteilung des Dritten Deutschen Juristentages befasste sich am 26. August 1862 mit dem Antrag. Nach mehrstündiger Debatte wurden schließlich die von Bornemann formulierten Grundsätze als Empfehlungen des Juristentags beschlossen.[902]

Auch die Juristische Gesellschaft nahm sich des zu reformierenden Hypothekenwesens an. Geleitet von den Überlegungen Bornemanns legte sie nach dessen Tod am 12. Mai 1864 den Entwurf eines „Gesetzes über das Hypothekenwesen und einer Hypotheken-Ordnung für Preußen" vor.[903] Dies war die Reaktion auf eine Kabinettsorder vom 25. Februar 1863, die die rasche Aufnahme einer Hypothekenreform veranlasst hatte, um die praktischen Bedürfnisse des öffentlichen Verkehrs zu berücksichtigen.[904] Auf Beschluss der Gesellschaft wurde der Gesetzentwurf einer Kommission übergeben. Diese kam zu dem Ergebnis, das geltende Hypothekenrecht leide zwar an Mängeln, doch könnten diese

---

[898] Verhandlungen des Deutschen Juristentages, Erster Band, Berlin 1862, S. 75.
[899] ebenda, S. 74.
[900] ebenda, S. 75.
[901] Gutachten Nr. 3 H von Dr. Lührsen, in: Verhandlungen des Deutschen Juristentages, Erster Band, Berlin 1862, S. 96.
[902] Verhandlungen des Deutschen Juristentages, Zweiter Band, Berlin 1862, S. 186 ff.
[903] Deutsche Gerichtszeitung 1864, S. 98.
[904] Dernburg, Heinrich, Das Preußische Hypothekenrecht, 1. Band, Leipzig 1877, S. 56.

erst bei Revision des gesamten Zivilrechts beseitigt werden.[905] Diese Ausführungen fanden den Respekt des Justizministeriums. Der Bericht der Gesellschaft sei der wertvollste Beitrag zu den Gesetzesvorarbeiten und das Ministerium stimme mit dessen Schlussthesen in allen wesentlichen Punkten überein.[906] Schließlich kam es am 5. Mai 1872 zu einer umfassenden gesetzlichen Neuregelung der Hypothekenordnung.

Am 9. November 1861 beschloss die Juristische Gesellschaft, die Veranstaltung einer Gedächtnisfeier für den am 25. Oktober 1861 verstorbenen v. Savigny.[907] Sie fand am 29. November statt und wurde ein erster gesellschaftlicher Höhepunkt des Vereins. Es erschienen König Wilhelm I. mit seiner Gemahlin und dem Kronprinzen, Savignys Sohn Carl Friedrich und eine Reihe von Staatsministern, Angehörige des diplomatischen Corps und Wissenschaftler. Im Mittelpunkt der Veranstaltung stand ein Vortrag von Prof. Dr. Heydemann zu Leben und Werk v. Savignys.[908] Im Anschluss gab Wartensleben bekannt, man wolle eine „Savigny-Stiftung zur Förderung der vergleichenden Rechtswissenschaft“ gründen.[909] Der Präsident des Juristentags Wächter unterstützte diesen Plan nachhaltig, da:

„eine solche Stiftung das passendste und schönste Denkmal sei, das eine juristische Gesellschaft Savigny errichten könne [...]“.[910]

Im Dezember 1861 veröffentlichte die Preußische Gerichtszeitung die Einladung zur Beteiligung an der geplanten „Savigny-Stiftung“. Als Mitglied des Gründungskomitees hatte auch Bornemann sie unterzeichnet.[911] Nachdem die ersten Statutenentwürfe beraten worden waren, einigte sich das Gründungskomitee am 27. März 1863 auf die endgültige Fassung. Am 20. Juli erhielt die Stiftung vom König die Korporationsrechte verliehen. Ihr Zweck sollte sowohl die Förderung der wissenschaftlichen Arbeiten auf dem Gebiet des Rechts der verschiedenen Nationen als auch die Möglichkeit der Weiterbildung auf dem Gebiet fremder Rechtsinstitutionen besonders befähigten Rechtsgelehrten sein.[912]

---

905 Fijal, Andreas, Die Geschichte der Juristischen Gesellschaft zu Berlin in den Jahren 1859 bis 1933, Berlin 1991, S. 40.
906 Deutsche Gerichtszeitung 1864, S. 84.
907 Deutsche Gerichtszeitung 1861, S. 348.
908 ebenda, S. 361.
909 Zeitschrift der Savigny-Stiftung für Rechtsgeschichte, Erster Band, Germanistische Abteilung, Weimar 1880, S. IV f.
910 ebenda, S. V.
911 Deutsche Gerichtszeitung 1861, S. 367.
912 Zeitschrift der Savigny-Stiftung für Rechtsgeschichte, Erster Band, Germanistische Abteilung, Weimar 1880, S. VIII.

Tod und Nachrufe

Hochdekoriert starb Friedrich Wilhelm Bornemann am 28. Januar 1864 nach langer Krankheit im Alter von 65 Jahren. Als Wirklicher Geheimer Oberjustizrat bereits mit dem Prädikat „Excellenz“ ausgezeichnet bekam er 1860 den Stern zum Rothen Adler-Orden II. Klasse mit Eichenlaub verliehen. Noch auf seinem Sterbebett hatte er sich mit den Entwürfen seiner Kommission zum Zivilprozessrecht beschäftigt. In den Jahren zuvor waren bereits Friedrich Wilhelm IV., v. Savigny, Leopold v. Gerlach, Stahl, v. Thiele und v. Niebuhr verstorben. Das Ableben dieser wichtigen Protagonisten spiegelte auch das unwiderrufliche Ende einer ganzen Epoche, der Ära Friedrich Wilhelms IV., wider.[913]

Die Mitglieder des Obertribunals würdigten in einer amtlichen Bekanntmachung Bornemanns Lebenswerk:[914]

„Durch den am 28. d.M. erfolgten Tod des zweiten Präsidenten des Königlichen Ober=Tribunal, Wirklichen Geheimen Rathes Dr. Bornemann, hat der höchste Gerichtshof der Monarchie, dem der Verstorbene seit 1848 angehörte, einen tief zu beklagenden schweren Verlust erlitten.
Mit reichen, ungewöhnlichen Geistesgaben, die er durch vielseitige und gründliche Studien dergestalt ausgebildet hatte, daß er zu den ersten Zierden der Rechtswissenschaft sowohl, als der Rechtspflege gezählt werden durfte, verband er einen bis an sein Lebensende ungeschwächt bewährten Diensteifer und ein die Herzen gewinnendes, in der Tiefe des Gemüthes begründetes Wohlwollen. Bei dieser Geistes= und Gemühtsrichtung lebte er mit wahrer Freudigkeit, unter Aufopferung seiner schwachen Gesundheit, seinem Berufe in richterlicher und gesetzgeberischer Thätigkeit und seine Wirksamkeit war in allen den hohen Stellungen, zu denen er nach und nach gelangte, eine im höchsten Grade erfolgreiche, indem er die ihn beseelende Berufs=Freudigkeit und Berufs=Treue auch seiner Umgebung mithzutheilen wußte.
Mit riesem Schmerze haben wir die Trennung von einem so hervorragenden Manne, der bis an sein Lebensende in jeder Hinsicht ausgezeichnet gewesen ist, empfunden.“

Die Deutschen Gerichtzeitung veröffentlichte diesen Nachruf:[915]

„Es ist schwer – sagt Guizot in seinem Werke über Robert Peel – von den Toten zu sprechen, selbst von den Besten, in Gegenwart der Gefühle, welche an ihrem Sarge sich regen, wenn es scheint, dass sie selbst noch da sind und die Worte hören, deren Gegenstand sie sind.“ – Mag es daher einer späteren Zeit vorbehalten bleiben, das Bild des bedeutenden Mannes, der von uns geschieden, genauer zu zeichnen, seine Wirksamkeit in vollem Umfange zu beschreiben

---

[913] Kraus, Hans-Christof, Ernst Ludwig v. Gerlach, Göttingen 1994, S. 728.
[914] Die Präsidenten und Räte des Obertribunals in einer Amtlichen Bekanntmachung vom 29. Januar 1864, abgedruckt in: Neue Preußische Zeitung, Nr. 26 vom 31. Januar 1864.
[915] Deutsche Gerichtszeitung vom 03 Februar 1864.

und ihm den Platz anzuweisen, der ihm in der Entwicklung des vaterländischen Rechts gebührt. Uns aber sei es vergönnt, eine kurze Skizze seines Lebenslaufes zu entwerfen und den Eindruck zu schildern, welchen er bei allen zurückließ, die das Glück hatten, ihm näher zu treten. [...]
Seine schriftstellerische Tätigkeit hat seinen Namen weit über die Grenzen unseres engeren Vaterlandes bekannt gemacht. Er, der Erste, knüpfte das kodifizierte Partikularrecht Preußens, dessen systematischen Zusammenhang er klar legte, wieder an das gemeine Recht an und machte dadurch die Ergebnisse der Theorie und Praxis vergangener Zeiten sowie die Rechtsentwicklung im übrigen Deutschland auch für das Preußische Recht nutzbar. Als Denkmäler seiner Tätigkeit hinterlässt er namentlich das Buch: „Von den Rechtsgeschäften" (1825 und 1833), seine „Systematische Darstellung des Preußischen Civilrechts (1834 und 1842) und die „Erörterung im Gebiete des Preußischen Rechts" (1855). Den Abend seines Lebens beschäftigte die große Arbeit, deren Notwendigkeit er frühzeitig erkannt hatte. Mitwirkend bei der Gestaltung der Verordnung vom 21. Juli 1846, welche einem mündlichen Prozessverfahren, fühlte er deren Unzulänglichkeit für die Dauer. Kaum zum Minister ernannt, übertrug er neidlos und der ihm eigentümlichen Neigung folgend, strebsamen Kräften die Möglichkeit nutzbringender Tätigkeit und freier Bewegung zu gönnen, dem bekannten Rechtslehrer Dr. Koch die Anfertigung des Entwurfs einer Civil=Prozeß=Ordnung. Im Jahre 1861 wurde, wie schon erwähnt, Bornemann selbst berufen, Hand an dies Werk zu legen. Seitdem hat er unausgesetzt sich dieser Arbeit gewidmet; seine letzten Gedanken beschäftigten sich mit dem Abschlusse derselben. Die besondere Eigentümlichkeit seines Wesens beruhte in der Beweglichkeit seines Geistes, vermöge deren er nicht alterte, sondern fortschreitend mit den bewegenden Gedanken der Zeit und der Rechtsentwicklung immer auf der Höhe beider stand und allen bedeutsamen Erscheinungen auf dem Gebiete des Wissens, insbesondere der Rechtswissenschaft und der Gesetzgebung, seine Teilnahme zuwandte. Hierbei kam ihm die glückliche Anlage einer intuitiven Auffassung zu Statten. Es genügt an dieser Stelle, darauf hinzuweisen, dass er bei den Arbeiten, denen die Allgemeine Deutsche Wechselordnung ihre Entstehung verdankt, beteiligt war, dass er die Einführung des Allgemeinen Deutschen Handelsgesetzbuchs in Preußen lebhaft beförderte, dass er bei dem Entwurfe einer Prozessordnung für Preußen immer von dem Streben beseelt war, ein Gesetz zu schaffen, welches dem großen Deutschen Vaterlande zum Vorbilde und gemeinsamen Anhaltspunkte dienen könnte.
Wir vermögen nicht von dem Bilde des Entschlafenen zu scheiden, ohne des wohlwollenden Zuges, der seinen Charakter durchdrang, und der Leutseligkeit Erwähnung zu tun, welche ihn im amtlichen wie im außeramtlichen Verkehre auszeichnete. Die humanen Grundsätze, welche er sein Leben hindurch vertrat und welche ihn der heranwachsenden Generation von Juristen so teuer machten, werden mit seinem Andenken dauernd fortwirken."

Zu einer Gedächtnisfeier für Bornemann versammelten sich die Mitglieder der Juristischen Gesellschaft am 20. Februar 1864. Der Präsident eröffnete die Sitzung mit den Worten:

„Meine Herren ! Wir haben uns heute versammelt, um den Gefühlen der Pietät für den am 28. des vergangenen Monats aus unserer Mitte geschiedenen hochverehrten Freund einen Ausdruck zu verleihen und demselben die letzte wohlverdiente Huldigung darzubringen.
Gestatten Sie mir, hochgeehrte Herren, dass ich die Beziehungen des Dahingeschiedenen zu unserer Gesellschaft in einigen Worten näher hervorhebe. Der Präsident Bornemann gehörte

der Juristischen Gesellschaft seit ihrer Gründung als ein tätig-förderndes Mitglied an und hat sich an den Unternehmungen derselben in hervorragender Weise beteiligt.
Während des durch unsere Gesellschaft hervorgerufenen ersten Juristentages, am 28. August 1860, war er in Berlin nicht anwesend. Er schloß sich jedoch den Beratungen durch eine Zuschrift an. Die einleitenden Worte dieser Zuschrift sind so bezeichnend, dass ich mir erlaube, sie hier anzuführen. Er schreibt:

'Meine angegriffene Gesundheit nötigt mich leider zu einer Luft- und Traubenkur, die mich bis Ende September von Berlin fern halten wird, so dass ich zu meinem schmerzlichen Bedauern dem Juristentage, der zu großen Hoffnungen für unser Deutsches Gesamtvaterland berechtigt, nicht beiwohnen kann. Legen Sie es mir nicht als eine Anmaßung aus, sondern schreiben Sie es meiner Freude über das glückliche Zustandekommen des ersten Juristentages Deutschlandes und meiner innigen Teilnahme an demselben zu, wenn ich –obgleich fern von Ihnen- mich den Beratungen durch eine Zuschrift anschließe und die nachstehende Ansicht mitzuteilen mir erlaube.'

Der weitere Teil der Zuschrift ist nicht minder von Bedeutung. Es wird mit Rücksicht auf den Rechtszustand in Frankreich der Satz aufgestellt: dass dem Deutschen Geiste eine Einheit widerstrebe, welche die Selbstbestimmung der Gliederung nicht bloß ordne und zusammenfasse, sondern vernichte.

Eine solche Einheit würde die Deutsche Nationalität nicht in ihrer ganzen Energie hervortreten lassen, sondern im Gegenteil schwächen. Demgemäss könne und dürfe eine Einheit, welche sich nicht bloß in den Grundzügen der Rechtssatzungen kund gebe, sondern in einer alle besonderen Rechtssatzungen beseitigenden allgemeinen Rechtsgestaltung darstelle, für Deutschland nur in Beziehung auf die Kreise angestrebt werden, die sich ihrer Natur nach der eigenen Selbstbestimmung entziehen oder, mit anderen Worten, dem allgemeinen Verkehre angehören und für diesen maßgebend sind. Eine gemeinsame Rechtsgestaltung müsse daher nicht auf das Wechsel- und Handelsrecht beschränkt, sondern auch für andere, den allgemeinen Verkehr wesentlich berührende Rechtsgebiete, insbesondere für das Prozessverfahren in Civilsachen erstrebt werden, wenn auch mit Freilassung untergeordneter Modifikationen für einzelne Staaten und Landesteile.
Diese Zuschrift, veröffentlicht in den Verhandlungen des ersten Juristentages, erscheint uns jetzt, nach dem Tode des Verfassers, als ein teures Vermächtnis an die Mitglieder der Juristischen Gesellschaft nicht nur, sondern an alle deutschen Juristen, und als ein Mahnung: die Forderung der Zeit nach einheitlicher Deutscher Gesetzgebung angemessen zu beschränken.
Uns allen ist erinnerlich, dass der Präsident Bornemann durch das Vertrauen der Juristen aus allen Teilen Deutschlands, welche zum ersten Juristentage sich vereinigt hatten, in die ständige Deputation gewählt wurde. Von den Mitgliedern der Deputation einstimmig zu ihrem Präsidenten erkoren, leitete er nicht bloß die Beratungen derselben vom 22. bis 24. Mai 1861, sondern brachte auch mehrere wichtige Gesetzgebungsfragen in Anregung, welche nach erfolgter Begutachtung einen wesentlichen Teil der Beratung späterer Juristentage bildeten.
Während Bornemann als Präsident der ständigen Deputation des Deutschen Juristentages fungierte, wurde er an die Spitze einer Immediat-Kommission durch das Vertrauen Seiner Majestät unseres allergnädigsten Königs und Herrn mit der Aufgabe berufen, zur Revision unseres Civil- und Strafprozesses, sowie zur Herbeiführung einer gemeinsamen Deutschen Gesetzgebung auf diesen Rechtsgebieten mitzuwirken.

In demselben Jahre, und zwar am 29. November 1861, wurde von der Juristischen Gesellschaft bei Veranlassung der Gedächtnisfeier für Friedrich Carl v. Savigny eine Stiftung unter dessen Namen zwecks Förderung der vergleichenden Rechtswissenschaft in Anregung gebracht. Dem Gründungskomitee dieser Stiftung gehörte unser Bornemann gleichfalls an. Mit lebhafter Freude begrüßte er am 29. Dezember vergangenen Jahres die Ausführung dieses Unternehmens durch die Einsetzung des Kuratoriums der Stiftung.
So wirkte Bornemann in unserer Mitte!
Durch seinen Tod verliert die Juristische Gesellschaft ihren schönsten Schmuck. Dieser Verlust wird aber nicht nur hier, sondern in den weitesten Kreisen empfunden, in dankbarer Anerkennung der hohen Verdienste, die sich der Verstorbene in den verschiedensten Richtungen juristischer Tätigkeit erworben hat."

In einer Beilage der „Neuen Preußischen Zeitung" vom 27. Februar 1864 hieß es:[916]

„Man schreibt uns: Am Sonnabend, d. 20. Febr., Abends 7 Uhr, hielt die juristische Gesellschaft bei Meser Unter den Linden eine außerordentliche Sitzung zur Erinnerung an ihr geschiedenes Mitglied, den zweiten Ober=Tribunals=Präsidenten Dr. Bornemann. Die Versammlung war überaus zahlreich besucht; darunter der Wirkl. Geh. Rath Illaire, der Kammergerichtspräsident v. Strampff, der Unterstaatssecretär im Justizministerium Müller, Directoren und Mitglieder der hiesigen Gerichtshöfe, Rechtsanwälte u.s.w. Die Universität war neben mehreren Professoren durch den Rector Professor Trendelenburg, die Stadt durch den Bürgermeister Hedemann vertreten. Das treffliche Brustbild Bornemanns von Remy schmückte, zwischen blühenden Topfgewächsen aufgestellt, den Saal. Der Vorsitzende, Stadtgerichtsrath Graf v. Wartensleben, eröffnete die Sitzung mit einigen warmen Worten der Anerkennung für das Wesen und Wirken des Verewigten, welcher der juristischen Gesellschaft seit ihrer Gründung angehört und in welchem sie ihren schönsten Schmuck verloren habe. Hierauf ertheilte er dem Geh. Ober=Justizrath Dr. Friedberg das Wort, um die Gedächtnisrede zu halten.. Dr. Friedberg entwarf im knappen Rahmen ein getreuen Bild von dem vielseitigen Schaffen des Geschiedenen und seiner bedeutsamen Einwirkung auf das Rechtsleben des Preußischen Staats. Der Raum einer Zeitung gestattet daraus nur die Hauptmomente wiederzugeben; doch dürfte, wie wir hören, der Vortrag demnächst im Druck erscheinen.
Bornemann wurde - so berichtet der Vortragende – am 28. März 1798 geboren und bereits im 17. Lebensjahr mit dem Zeugnis der Reife zur Universität entlassen, welche er jedoch nicht sofort bezog, weil er als freiwilliger Jäger mit nach Paris ging. Nach der Rückkehr ließ er sich als studiosus philosophiae imatriculieren, weil er Cameralwissenschaften studiren wollte, um sich dem Verwaltungsdienste zu widmen, insbesondere dem Forstfache, worauf die Jagdleidenschaft seines Vaters, des durch seine plattdeutschen Jägerlieder bekannten Lotteriedirektors Bornemann nicht ohne Einfluß gewesen sein mochte. Der zufällige Umstand, daß gegen das Ende seines Studium eine Königliche Cabinetsordre den Verwaltungsbeamten auch das erste juristische Examen auferlegte, nöthigte ihn, sich nachträglich und gleichsam in der Hast auch noch mit der Jurisprudenz zu befassen. Dennoch bestand er das Auscultator=Examen mit besonderem Erfolge und dadurch ward sein juristischer Lebensberuf entschieden. 1823 legte er sein Assessor=Examen ab und kam als Hülfsarbeiter an das Oberlandesgericht zu Stettin, wo aus dem Verkehr mit einem Kreise junger Praktiker sein erstes,

[916] Neue Preußische Zeitung, Beilage zu No. 49 vom 27. Februar 1864.

zagend veröffentlichtes Werk über Rechtsgeschäfte hervorging. Der damalige Justizminister Danckelmann, hierdurch aufmerksam geworden, versetzte ihn nach Greifswald, wo er zum Dorctor honorarius ernannt wurde, sich gleichzeitig habilitirte und von 1825 bis 1831 als Richter, Lehrer und Schriftsteller steigenden Ruf erwarb. Zum Oberlandesgerichtsrath ernannt und demnächst im Jahre 1835 als Rath an des Kammergericht versetzt, erwarb er sich neue Verdienste als Examinator und ließ 1837 seine systematische Darstellung des Preußischen Landrechts erscheinen, die allen späteren Commentatoren als Grundlage gedient hat. In demselben Jahre schied er aus dem Justizdienst, um unter dem Finanzminister v. Alvensleben als vortragender Rath in das Finanzministerium zu treten, dem 1842 die königl. Berufung in den Staatsrath folgte. Eine neue bedeutsame Wirksamkeit erhielt er in der , bey heutigen Schriftstellern gewiß noch vielfach erinnerlichen Thätigkeit als Präsident des Obercensurgerichtes, bis er 1844 unter dem Justizminister Uhden als Ministerial=Director in den eigentlichen Justizdienst zurücktrat und von da an bis 1848 an der Gesetzrevision eine weitgreifende und einflußreiche Thätigkeit übte. Das Jahr 1848 sistirte diese Arbeit, um ihm dafür auf 3 Monate das Portefeuille des Justizministers zu übertragen. Nach dem Rücktritt wurd er zum zweiten Präsidenten des Geheimen Obertribunals ernannt und nahm seine theoretischen Studien wieder auf, wie seine Schrift über Erbverträge beweist. Des jetzt regierenden Königs Majestät ernannte ihn zum Kronsyndicus und berief ihn in das Herrenhaus, wo er jedoch nur einmal bei der Reform des Eherechts das Wort ergriff, weil seine Gesundheit bereits zu wanken begann. Im Jahre 1860 rege Württemberg die Idee eines allgemeinen Deutschen Proceßrechts an, und dies ward Veranlassung zur Bildung einer besonderen Commission unter Bornemanns Präsidium, welche sich mit der Revision des Preußischen Proceßrechts und wenn möglich mit der Durchführung einer allgemeinen Deutschen Proceßgesetzgebung beschäftigen sollte. Mit der Ausführung dieser Idee noch beschäftigt, ist er am 28. Januar 1864 gestorben.

Mit gespannter Aufmerksamkeit war der ebenso anziehende als lehrreiche Vortrag angehört und mit Dank gegen den Redner schloß der Vorsitzende die Sitzung. (Als Politiker gehörte Dr. Bornemann, dessen juristisches Wissen allbekannt ist, zur Partei der Altliberalen, - wenn`s eben classificirt sein soll. Seiner Naturanlage nach war er, wie man uns sagt, conservativ. D.Red.)"

Ergebnisse

Als Sohn des bekannten plattdeutschen Dichters Johann Jakob Bornemann in bürgerlichen Verhältnissen aufgewachsen, nahm Friedrich Wilhelm Bornemann nach der Teilnahme an den napoleonischen Befreiungskriegen das Studium der Kameralwissenschaften auf. Erst die Notwendigkeit für diese akademische Disziplin auch das erste juristische Staatsexamen ablegen zu müssen, führte ihn zur Rechtswissenschaft. Ausgebildet von v. Savigny, zog er als Assessor einen Kreis junger Praktiker in seinen Bann, denen er juristische Vorträge hielt. Als der Gerichtsrat v. Gerschow seine Manuskripte zufällig zu lesen bekam, erkannte er, welcher Schatz darin verborgen war. Er drängte Bornemann zur Veröffentlichung seines Erstlingswerks „Von Rechtsgeschäften". Der Erfolg dieser Schrift übertraf alle Erwartungen. Es war ein bahnbrechendes Muster für die Erforschung und wissenschaftliche Bearbeitung des preußischen Rechts entstanden. Mit seinen wenig später veröffentlichten „Systematischen Darstellungen des preußischen Civilrechts" wurde er endgültig zum ersten Juristen, dem die lange geforderte wissenschaftliche Behandlung des ALR gelang. Das hierdurch erworbene Ansehen würdigte die Universität zu Greifswald mit der Ehrendoktorwürde und der Möglichkeit zur Habilitation. Zunächst zum Kammergerichtsrat ernannt, wurde er vortragender Rat im Finanzministerium und aus besonderem königlichem Vertrauen Staatssekretär des Staatsrates. Seine besondere Befähigung führte ihn an die Spitze des neu gegründeten Oberzensurgerichts, das die bis dahin herrschende Zensurbeliebigkeit einer richterlichen Beurteilung unterwerfen sollte.

Auf Wunsch des Justizministers Uhden wechselte Bornemann 1844 als Direktor in das Justizverwaltungsministerium. Hier sollte er zwischen den zerstrittenen Ministern v. Savigny und Uhden vermitteln. Eine aus früheren Jahren nicht vergessene arrogante Behandlung und seine ablehnende Haltung gegenüber der Historischen Schule führten jedoch zu einer Allianz mit Uhden. Als v. Savigny 1848 zurücktrat, vereinigte Friedrich Wilhelm IV. die beiden Ministerien unter dem neuen Justizminister Bornemann. In bewegter Revolutionszeit hatte er dieses Amt drei Monate inne. Bornemann lehnte nach dem Rücktritt des Kabinetts Camphausen eine weitere Regierungsbeteiligung ab. Nachdem er hiernach bis zum Verfassungsoktroy in die preußische Nationalversammlung gewählt worden war, setzte er seine parlamentarische Tätigkeit in der Ersten Kammer des preußischen Landtags bis 1852 fort. Als zweiter Präsident des preußischen Obertribunals, Kronsyndikus im Herrenhaus und Mitglied zahlreicher Gesetzeskommissionen starb er im Jahr 1864.

Bornemann war ein bedeutender Repräsentant der preußischen Juristenelite des 19. Jahrhunderts. Erstaunlich ist insbesondere der Umstand, dass es ihm gelang, diese glanzvolle Karriere ohne Förderer und in Opposition zu dem großen v. Savigny zu machen. Geprägt von einer liberalen Gesinnung und der Treue zum

preußischen Staat, trat er zeitlebens für die Einführung der richterlichen Unabhängigkeit und die Rechteinheit Deutschlands ein. Er kritisierte die Unfähigkeit seiner Zeit, von dem „gesetzgeberischen Flickenteppich“ zu einer gesamtdeutschen Gesetzgebung zu kommen. Dies führte zu einer bis zu seinem Tode währenden respektvollen, aber kritischen Auseinandersetzung mit seinem ehemaligen Lehrer v. Savigny.
Er wurde noch 1875 in einer Gedenkschrift neben Svarez und Koch als einer der „drei Männer des preußischen Rechts“ gefeiert[917]. Selbst sein Kritiker Landsberg räumte ein:

„[...] man mag von der Beschäftigung mit seiner kleinlich geschickten Kriegsführung gegen den Gesetzgebungsminister Savigny her eine noch so ausgesprochene Befangenheit gegen ihn mitbringen: wenn man an sein eigentliches Werk herantritt, so wird man doch zugeben müssen, daß er `der Begründer wissenschaftlicher und über das literarische Handwerkertum hinausreichender Bearbeiter des preußischen Landrechts` geworden ist, und zwar auf eigenen Füßen stehend [...]. Immerhin ist durch ihn das preußische Recht auf eine erste, wennschon bescheidene Stufe wissenschaftlicher Kultur gehoben“.[918]

---

[917] Vgl. Anonym, „Svarez, Bornemann und Koch – die Männer des preußischen Rechts“; aus: Die deutsche Monatsschrift, 1875.
[918] Landsberg, Ernst, Geschichte der deutschen Rechtswissenschaft, Bd. III/2, München/Berlin 1910, S. 609 f.

Anhang

Quellen:

1. Aufruf zur Bildung eines Vereins für das Wohl der Hand= und Fabrikarbeiter vom 07. Oktober 1844

Die Gewerbe-Ausstellung der Deutschen Bundes- und Zollverein-Staaten hat in Berlin eine große Zahl von Industriellen und Gewerbsfreunden Deutschlands vereinigt. Unter denselben hat sich die Überzeugung von der Notwendigkeit fürsorglicher tätiger Einwirkung für das Wohl der Hand- und Fabrikarbeiter festgestellt. Die Unterzeichneten haben die nachstehenden Grundsätze eines für diesen Zweck zu bildenden Central-Vereins beraten und beehren sich zur Teilnahme an diesem Verein ergebenst einzuladen.

1. Die Verbesserung des sittlichen und wirtschaftlichen Zustandes der Hand- und Fabrikarbeiter ist eine dringende und sehr wichtige Aufgabe unserer Zeit.
2. Demgemäß ist während der Dauer der hiesigen Gewerbe-Ausstellung ein Verein zusammengetreten, dessen Bestreben dahin gehen wird, für den gedachten Zweck anregend und fördernd zunächst für Preußen zu wirken. (Nr.11)
3. In der Überzeugung, dass die Aufgabe wesentlich nur durch selbständige Lokal-Vereine in einer diese Selbständigkeit nicht beeinträchtigenden Verbindung mit Provinzial-Vereinen und einem Central-Verein dahin wirken, dass
   a) in jeder Provinz oder in jedem Regierungs-Bezirks ein Provinzial- oder Bezirks-Verein sich bildet,
   b) für einzelne Orte oder Distrikte Lokal-Vereine überall ins Leben treten, auch
   c) an diesen Vereinen die Hand- und Fabrikarbeiter möglichst Teil nehmen und bei deren Verwaltung tätig mitwirken.

4. Die Aufgabe eines jeden Lokal-Vereins wird es sein, in dem Bezirke, für welchen er errichtet worden, den sittlichen und wirtschaftlichen Zustand der Hand- und Fabrikarbeiter durch alle Mittel zu befördern, welche sich bereits praktisch bewährt haben oder in der Folge bewähren werden, und nach den örtlichen Verhältnissen anwendbar und zulässig erscheinen. Jeder Lokal-Verein wird in dieser Beziehung, sowie hinsichtlich seiner Einrichtung völlig selbständig handeln, die nachstehenden Punkte werden jedoch zur Berücksichtigung empfohlen:

a) die Errichtung von Spar- und Prämienkassen, welche für die Einlagen der zuzulassenden Personen möglichst hohe Zinsen und außerdem, wenn die Einlagen eine gewisse Summe erreicht haben, angemessene, die Sparsamkeit belohnende Prämien gewähren;
b) die Bildung von Kranken- und Sterbeladen, Unterstützungs- und Pensionskassen;
c) die Anlegung von Schulen für die Fortbildung der in den Fabriken beschäftigten Kinder und von Bewahranstalten für die Kinder der Fabrikarbeiter;
d) die Verbreitung gemeinnütziger Kenntnisse durch Schriften und mündlichen Vortrag, insbesondere seitens der Vereinsglieder;
e) die tätige Wirkung auch solcher Fabrik- und Handarbeiter, welche nicht Mitglieder des Vereins sind, bei Verwaltung der Institute desselben.

5. Jeder Lokal-Verein wird dahin zu streben haben, dass die zu den angedachten Zwecken erforderlichen Geldmittel teils durch Beiträge der Fabrikarbeiter und anderer Mitglieder des Vereins, teils durch freiwillige Unterstützungen aus den Mitteln der Gemeinden und Stiftungen aufgebracht werden. Soweit dies nicht möglich ist, werden die Provinzial-Vereine und der Central-Verein zu den für notwendig oder nützlich zu achtenden Einrichtungen nach ihren Kräften die fehlenden Geldmittel bereitwillig gewähren.
6. Um die Benutzung der Gelder, welche in die Sparkassen fließen, zu einem dem Zweck derselben entsprechenden Betrage möglich zu machen, wird der Central-Verein dahin zu wirken versuchen, dass in jeder Provinz eine Provinzialkasse errichtet wird, welche durch die Anlegung der ihr anvertrauten Gelder einen den gewöhnlichen Zinsfluß übersteigenden Ertrag zu erzielen vermag, und zugleich für die Sicherheit der anvertrauten Summe ausreichende Garantie gewährt. So lange keine solche Provinzial-Kasse besteht, werden die sub 5. bezeichneten Mittel dazu dienen müssen, für die Sparkassen-Einlagen angemessene Zinsen und Prämien zu gewähren. Insbesondere werden die Provinzial-Vereine und der Central-Verein die Lokal-Vereine hierbei nach Kräften zu unterstützen haben.
7. Die Aufgabe eines jeden Provinzialvereins wird es sein, für die Bildung von Lokal-Vereinen anregend und fördernd zu wirken, denselben auf Verlangen mit Rat und Tat nach Kräften entgegen zu kommen, und ihre Verbindung mit dem Central-Verein zu vermitteln. Die Mitgliedschaft wird von einem Beitrage abhängig zu machen sein, dessen Feststellung den Provinzial-Vereinen überlassen bleibt, der jedoch, um eine möglichst aus-

gedehnte Teilnahme hervorzurufen, nicht zu hoch, etwa auf mindestens 1 Taler jährlich, festzustellen sein wird.

8. Der Central-Verein wird, ohne die Selbständigkeit der Lokal- und Provinzial-Vereine irgend wir zu beeinträchtigen, nach allen Seiten hin anregend und fördernd wirken, den Provinzial-Vereinen, und durch Vermittlung derselben den Lokal-Vereinen mit Rat und Tat nach Kräften entgegenkommen, und über seine Wirksamkeit so wie über die der Lokal- und Provinzial-Vereine, im gleichen über die gesammelten Erfahrungen, soweit ihm die erforderlichen Nachrichten zugehen, von Zeit zu Zeit öffentliche Rechenschaft geben. Die Mitgliedschaft des Central-Vereins wird von einem jährlichen Beitrage von mindestens 4 Talern abhängig gemacht.

9. Da es von hohem Interesse ist, dass die Erfahrungen jedes Lokal- und Provinzial-Vereins Gemeingut werden und zu lebendiger Wechselwirkung und Nacheiferung anregen, so werden die Lokal-Vereine zur Mitteilung ihrer Statuten, der Erfolge ihrer Tätigkeit und der gesammelten Erfahrungen an die Provinzial-Vereine, und diese zur Beförderung dieser Mitteilungen und der ihrerseits erzielten Erfolge und gemachten Erfahrungen an den Central-Verein sich gedrungen fühlen. Letzterer wird dadurch in den Stand gesetzt werden, nicht nur von dem ganzen Wirken der Vereine eine ausreichende Übersicht zu gewinnen, sondern auch seine Veröffentlichungen vollständig und wahrhaft fruchtbringend zu machen. Jedem Mitglied des Central-Vereins, so wie jedem Verein werden diese Veröffentlichungen in einem Abdruck unentgeltlich mitgeteilt werden.

10. Mit Zuversicht lässt sich erwarten, dass der wohltätige Zweck die vielseitigste Anerkennung und Teilnahme finden wird und dass die Mittel der Vereine, insbesondere auch der Provinzial-Vereine und des Central-Vereins, nicht nur durch laufende Beiträge, sondern auch durch Vermächtnisse und Schenkungen nach und nach bedeutend anwachsen werden. Die Förderung großartiger und durchgreifender Einrichtungen, z.B. die Anlegung gesunder Wohngebäude für die Hand- und Fabrikarbeiter, Erwerbung von Ländereien zur billigen Überlassung an dieselben, Errichtung von Gewerbeschulen etc. bleiben alsdann vorbehalten.

11. Da, wie in Preußen, so auch in allen anderen deutschen Staaten, die Beförderung des sittlichen und wirtschaftlichen Wohles der Hand- und Fabrikarbeiter zu den wichtigsten Aufgaben der Zeit gehört, so wird sich der Central-Verein mit Männern aus allen deutschen Staaten in Verbindung setzen und dahin wirken, dass überall ähnliche Vereine, wie in Preußen, entstehen und sich mit ihm zu einem brüderlichen Zusammenwirken vereinigen. Er wird ferner dahin wirken, dass mit den Gewerbe-Ausstellungen der deutschen Zoll-Vereins-Staaten Generalversammlungen sämtlicher Central-Vereine Deutschlands verbunden und in denselben

die Erfahrung ausgetauscht, sowie über die Fortbildung des ganzen Instituts Beratungen gepflogen werden.

Berlin, den 7. Oktober 1844

Bornemann Goldschmidt v. Patow v. Rönne v. Viebahn Wiesenthal [...]

(Quelle: Mitteilungen des Central-Vereins für das Wohl der arbeitenden Klasse, Band 1, Berlin 1848/1849; neu hrsg. Köllmann/Reulecke, Hagen 1980, S. 19 f.)

2. Minister von Bodelschwingh an König Friedrich Wilhelm IV.

Berlin, den 17. März 1848: *„Zur Notwendigkeit von Reformen und eines Ministerwechsels"*

Allerdurchlauchtigster, großmütigster König. Allergnädigster König und Herr ! Schon am vorigen Sonntag erlaubte ich mir, Eure Königliche Majestät alleruntertänigst darauf aufmerksam zu machen, dass es mir unerlässlich erscheine, die neue Bahn, die Preußen jetzt notwendig gehen muss, wenn es sich selbst erhalten und Deutschland zum Stützpunkt werden soll, mit frischen, auf anderen Wegen noch nicht abgenützten Kräften zu betreten. Ich habe seitdem diese Notwendigkeit dreifach erkannt !!
Alle deutschen Fürsten –fast ohne Ausnahme- sind gezwungen, ihr Ministerium zu verändern, u. sich dem Radikalismus oder Ultraliberalismus in die Arme zu werfen. Gott verhüte, dass bei uns nichts ähnliches geschehe ! Es kann und wird aber nur verhütet werden, wenn Eure Königliche Majestät, so lange es noch Zeit ist, auch in dieser Beziehung die nötigen Reformen vornehmen !
Nach meiner besten, innigsten –von Gott geprüften Überzeugung- kann ich die Reformen nicht vornehmen oder vielmehr deren Ausführungen leiten, die ich für unerlässlich halte. Eure Königliche Majestät bedürfen dazu eines anderen Mannes, welcher die öffentliche Meinung auf diesem Punkte noch nicht gegen sich hat. Diesen müsste Eure Königliche Majestät schleunigst suchen, berufen u. an die Spitze des Ministerii stellen, mit ihm die nötige Personalveränderungen vornehmen !!
Dieser neue Minister kann dann auch die Stände unverzüglich berufen -; für uns fehlt es dazu an einem Vorwande dazu offiziell zu raten. Die Berufung würde unter uns als eine Schwäche erscheinen !

Gehen Eure Königliche Majestät auf diesen Vorschlag ein, wie ich dies zuversichtlich hoffe, so bin ich auch bereit, Personalvorschläge zu machen; zugleich werde ich dann aber auch meinen Kollegen vorschlagen, nicht wie es in den konstitutionellen Staaten heißt: Ihre Entlassung einzureichen, sondern Eurer Königlichen Majestät freieste Entschließung dadurch zu erleichtern, dass Sie sich unbedingt zu Allerhöchst deren Disposition stellen ! Indem ich schließlich die Bitte um die äußerste Beschleunigung wiederhole, da jeder Tag das zerstören kann, was heute noch ausführbar erscheint, damit ich die Versicherung empfange, dass meine Kräfte bis zum letzten Hauch Eurer Königlichen Majestät u. dem Vaterlande gewidmet sein werden.
In tiefster Ehrfurcht ersterbend, Eurer Königlichen Majestät alleruntertänigster Diener

Berlin, den 17. März 1848 Bodelschwingh

(Quelle: Nachlass Nl Thiele B. 8, Blatt 18-19)

3. Kölnische Zeitung vom 22. März 1848

„Orientierung der Bourgeoispolitik nach der Märzrevolution"
verfasst vom Chefredakteur K. H. Brüggemann

Das neue Patent und das Ministerium

Köln, 21. März

Als wir vor wenigen Tagen an dieser Stelle das königliche Patent vom 14. d. M. besprachen, da konnten und mochten wir es nicht ahnen, wie so bald unerwartete, ungeheure Ereignisse Deutschlands ganze Lage umgestalteten, alte Gefahren beseitigen und uns neue und größere Gefahren heraufführen sollten.
Wir konnten und mochten es vor wenigen Tagen noch nicht ahnen, wie schon in denselben Stunden, in denen zu Berlin jenes Patent vom 14. war erlassen worden, zu Wien eine rasche „Bewegung der Gemüter" jedem in jenem Patent vielleicht versteckten Hinterhaltsgedanken an einen absolutistischen Sonderbund in Deutschland so plötzlich das letzte Ankertau kappte, -woe dann ferner schon wenige Stunden nach dem Drucke unserer hoffenden Worte zu Berlin ein neues Patent erschien, in welchem Preußens König nunmehr wirklich unzweideutig seinem Volke versprach, sich selber an die Spitze der großen, alle deutschen Herzen hinreißenden Bewegung zu stellen, - und wie dann fast in demselben Augenblicke der Veröffentlichung dieser neuesten in Wahrheit großartigen Zu-

sagen urplötzlich in den Straßen von Berlin neue und furchtbare Ereignisse eintraten, die in ihrem Erfolge, so weit derselbe bisher ins Leben getreten und uns bekannt geworden, auf der einen Seite jene Zusagen bekräftigt, auf der anderen aber auch durch ganz andere neue Gefahren wesentlich bedroht haben.
Diese unerwarteten, ungeheuren Ereignisse haben in unserer Umgebung, haben ohne Zweifel in ganz Deutschland alle edlen Gemüter bis zum tiefsten Grund aufgeregt.
Ja, verkennen wir nicht, durch die Ereignisse von Wien, und noch mehr durch die folgenden von Berlin ist unsere heutige Lage und Aufgabe eine ganz neue und ganz andere geworden !
Einerseits ist uns nun feierlich zugesagt fast alles, was wir begehrt haben. Die Aufhebung der Zensur ist uns gegeben; für Preußen eine freie Verfassung, für das deutsche Volk die Vertretung am Bunde, Einheit der Gesetze, Einheit der Zölle, Einheit des Heeres, Einheit der Flotte ist uns verheißen – und Ereignisse sind eingetreten, welche für die volle Erfüllung dieser Verheißungen insofern eine unzweifelhafte Sicherheit geben, als sie den Widerstand von der einen, und zwar von der bisher am meisten gefürchteten, bemisstrauten Seite definitiv gebrochen haben. Die absolute Monarchie, in welcher härteren oder milderen Form sie auch auftrat, ist für Deutschland von nun an völlig tot ! Sie ist zu Wien am 14. d. M. besiegt worden, und am 19. d. M. hat sie auf den Straßen von Berlin den letzten, entscheidenden Todesstoß erhalten. Von Seiten der Fürstenmacht kann der Wiedergeburt Deutschlands nie mehr ein irgend zu fürchtendes Hindernis entgegengesetzt werden.
Andererseits aber wird es nunmehr der festesten Zusammenscharung aller einsichtigen Freunde des Vaterlandes um den bedrohten Thron bedürfen, wenn auf dem Straßenpflaster von Berlin nicht Edleres verbluten soll, als die moralisch längst gerichtete absolute Monarchie, wenn uns aus diesem Blute nicht die scheußlichen Schrecken der Anarchie, nicht das Chaos und die völlige Auflösung jenes Reiches, auf dessen Wiedergeburt wir begeistert hofften, erwachsen sollen.
Unser erstes und letztes Wort ist heute dasselbe, das es vor mehreren Tagen war: *„Ohne die Schöpfung einer auf breiter, volkstümlicher Grundlage beruhenden, von der vaterländischen öffentlichen Meinung hoch empor getragenen und mit der notwendigen Machtvollkommenheit verfassungsmäßig ausgerüsteten einheitlichen Bundesgewalt ist hinfort weder für den inneren noch für den äußeren ehrenvollen Frieden irgend eine Bürgschaft vorhanden."* – und für die Gründung dieser Bundesgewalt sehen wir keinen anderen Weg als den der Einigkeit der deutschen Fürsten und Völker überhaupt, insbesondere aber keinen anderen als den der Einigkeit zwischen dem Könige und dem Volke in Preußen !
Wir mögen heute auf das neue Patent unseres Königs, auf seine Zusagen und – leicht auszufüllenden – Lücken noch nicht näher eingehen; die Bedeutung des Patents ist wahrlich durch die nachfolgenden Ereignisse auf den Augenblick

ganz und gar für uns in den Hintergrund getreten. Es handelt sich *heute* für uns nur um Eines, - nur darum – wir sagen es noch einmal, -dass sich der ganze Kern des Volkes einmütig schare um den Thron; - dass der König sich seines Volkes, das Volk seines Königs neu versichere !

Das bisherige System der Lüge – die Zensur und Bürokratie und der ganze Mechanismus der verkörperten und öffentlich konstituierten Sünde wider den Geist der Wahrheit -, es hat den König und das Volk beide belogen und beide einander verdächtigt; es hat, indem es mit seiner Täuscherei und „Pfiffigkeit" das Vertrauen von Grund aus vergiftete, in allem edelsten Samen guter Unternehmungen die ganze Keimkraft erstickt, - es hat – wie des Dichters Wort sagt – „das Kind im Leibe der Mutter gemordet !" Dieses System gründlich und nach allen Seiten abzutun, das muss nun unsere erste Arbeit sein !

Die Presse ist endlich frei ! Wir holen Atem aus tiefer Brust. Kein Zwang, der uns verhindert, zu reden, kein Zwang, der uns nötigt, in verschleiernden Formen und Wendungen zu hüllen, was unsere Seele bewegt; kein Verdacht, dass beengende Rücksichten die Feder leiten oder zurückhalten.

Wir wenden zuerst unser Wort an den Thron und sagen: Das Vertrauen des Volkes, das köstliche Gut, das in diesen verhängnisvollen Augenblicken ganz allein noch Wert hat, ohne dessen Besitz alle Macht der Krone hinfort ohne Ohnmacht und aller gute Wille vergeblich ist, dieses Vertrauen folgt jetzt nur der ganzen Hingabe, und nur der Vertretung der Krone durch ganz Volksmänner. Der Graf Arnim, den man am Rheine von Aachen her kennt, an dessen Namen Deutschland die Ausweisung von Itzstein und Hecker knüpft, der auf dem Vereinigten Landtage die Inkarnation der gehassten und gefürchteten „Pfiffigkeit" war, der Graf Arnim ist nicht der Mann dieses Augenblicks ! Ein Ministerium Arnim ist jetzt nicht eine Quelle des Vertrauens zwischen Fürst und Volk, es ist geradezu, wenigstens hier am Rheine, eine Quelle des entschiedensten Misstrauens !!

Nicht administrative Talente, vor allem Vertrauen beim deutschen Volke, Ebenbürtigkeit der Ansichten mit denen eines v. Gagerns, Welcker etc., das ist es, was am meisten, was fast allein jetzt Not tut. Andere Bedürfnisse werden zu anderer Zeit ihre Befriedigung suchen. Wir wenden uns jetzt aber auch mit Offenheit an das Volk, und ihm sagen wir: Verkennen wir nicht, dass die einzige noch wirklich zu fürchtende Gefahr die Anarchie ist.

Die rasche Regeneration Deutschlands beruht ganz vorzüglich darauf, dass Preußen stark und mächtig, der König durch das Volk, das Volk durch den König gestützt, das Werk beginnen können.

Wir wollen als freie und treue Männer helfen, dass es erreicht werde; wir wollen im entscheidenden Augenblicke beweisen, was wir in anderer Zeit nicht aufgehört haben zu behaupten, dass die Rheinländer Verlangen tragen nach der Freiheit und dass dieses Verlangen im Bunde geht mit dem ernsten Entschlusse, festzuhalten an der Monarchie, festzuhalten an Preußen, festzuhalten an Deutschland.

Damit alles erreicht werde, ist nur eines erforderlich: die Aufrechterhaltung der gesetzlichen Ordnung während der Tage der Aufregung, und dieser Aufgabe wird die Rheinprovinz zu ihrer Ehre, zu ihrem Ruhme lösen, wie sie seither getan; die Kölner werden mit Stolz dessen gedenken, dass im vorigen Jahre, als die Not der Zeit in so vielen Städten der Monarchie Unruhen erzeugt, hier keinen Augenblick lang die Ruhe gestört war.
Dann dürfen wir auch die glücklichsten Wirkungen für die materiellen Interessen erwarten; in wenigen Wochen kann der öffentliche Kredit wiederbelebt und gesteigert sein; in wenigen Wochen kann der deutsche Zollverein das ganze Deutschland umfassen, und die stockende Gewerbstätigkeit wird zu neuer lebendiger Entfaltung emporgehoben werden, wenn ihr plötzlich ein neues, großes Gebiet erschlossen habt.
Wir rufen heute den Rheinländern aus innerster Seele zu: Lasset uns helfen; lasset uns dem König redlich helfen zu dem großen Werke, das er begonnen hat. Vergessen wir, dass wir dreißig Jahre warteten; seien wir eingedenk, dass auch das Volk der Passivität sich ergeben hatte und dass stets der Kraft die Großmut zur Seite stehen soll !

(Quelle: Kölnische Zeitung Nr. 82 vom 22. März 1848)

4. Verantwortlichkeitserklärung des Staatsministeriums vom 30. März 1848

Eure Königliche Majestät haben durch die Proklamation vom 21. März dem Volke den Willen zu erkennen gegeben, eine wahre konstitutionelle Verfassung mit Verantwortlichkeit der Minister einzuführen und damit frei und großes ausgesprochen, dass , wie Exr: Majestät seit dem Antritte Allerhöchst ihrer Regierung, lediglich von dem Wunsche geleitet waren, das Wohl des Volkes zu begründen und zu erhöhen, wie dazu die allmähliche Entwicklung der ständischen Verfassung zu freieren Staatsformen als der richtige Weg von Euer Majestät erkannt wurde, auch nunmehr derselbe Wunsch Ewr: Majestät beseele, hingegen die Überzeugung gewonnen sei, dass zu dessen Erfüllung der bisherige Weg verlassen und an die Umgestaltung der Verfassung mit Mut und Kraft die Hand angelegt werden müsse.
Ewr: Königliche Majestät fest entschlossen, mit der dem ganzen Volke bekannten Treue und Standhaftigkeit der gewonnenen Überzeugung entsprechend zu handeln, haben uns mit der Vorbereitung der notwendigen Maßregeln beauftragt und wir glauben den Absichten Ewr: Majestät zu begegnen, indem wir uns sofort für alle unsere Maßnahmen der künftigen Volksvertretung verantwortlich und den dieserhalb zu erlassenden Gesetzen unterworfen erklären. Wir sehen es als unsere erste Pflicht an, die Folgen des Rates, den wir erteilen werden, allein

auf unsere Häupter zu laden, damit Ewr: Majestät über das wogende Treiben des Augenblicks erhaben, in unantastbarer Ruhe die Entschließungen fassen können. Unverweilt werden wir die Ehre haben, Ewr: Majestät die zunächst erforderlichen Vorschläge rücksichtlich der Landesverfassung vorzulegen, und wenn inzwischen weiterhin, wie seither in reichem Maße geschehen, unmittelbare die Verfassung betreffende Anträge schriftlich oder mit der Bitte um persönliches Gehör eingehen, so stellen wir Ewr: Majestät gehorsamst anheim für jetzt uns zu ermächtigen, die Ansuchenden mit Vorbescheid zu versehen, damit auf uns diejenigen Gefühle sich richten, welche entstehen können, wenn den Anträgen nicht oder nicht unmittelbar willfahrt werden kann.

Berlin, den 30. März 1848

Camphausen Graf Schwerin Auerswald
Bornemann Hansemann F. Reyher

5. Rede des Ministerpräsidenten Camphausen anlässlich der Eröffnung des zweiten Vereinigten Landtags am 02. April 1848

„Hohe Versammlung !
Seine Majestät der König haben mir den Befehl erteilt, den zweiten Vereinigten Landtag in Allerhöchstihrem Namen zu eröffnen. Große Ereignisse haben ein Teil Europas erschüttert und unsere Vaterland nicht unberührt gelassen. Sie bedrohen uns mit wachsenden Gefahren, sie eröffnen uns eine große Zukunft. Preußen und Deutschland werden die Zeit des Übergangs bestehen, wenn sie mit besonnenem Mute, mit geordneter Kraft auf der neu erschlossenen Bahn sich bewegen. Die Einheit war seit langer Zeit das Ziel, auf welches alle Wünsche oft hoffnungslos sich richteten; nunmehr gehen wir ihm mit raschen Schritten entgegen, und Seine Majestät der König botem dazu eine Hand, der fünfzehn Millionen freudig zur Seite stehen. Die politische Berechtigung der Bürger im Staate war in Preußen ein um so lebhafter empfundenes Bedürfnis, als das Volk eine Stufe der Bildung erstiegen hatte, die es anderen, unter freien Verfassungsformen lebenden Völkern mindestens gleichstellte. Seine Majestät der König haben eine wahre konstitutionelle Verfassung verheißen, und schon sind wir versammelt, um zu ihrem dauerhaften Ausbau die Grundsteine zu legen. Hoffen wir, dass das Werk rasch hinaufsteige, dass es sich anschließe und einfüge dem großen Verfassungsgebäude für das gesamte deutsche Volk.
Tief zu beklagen ist es, dass in die neuen Zustände nicht übergegangen werden konnte ohne das Gefolge der Leiden, von welchen gegenwärtig die Gesellschaft getroffen ist. Nur darin mag ein Trost gefunden werden, dass die letzten Wochen

viel verborgene Wunden aufgedeckt und Belehrung darüber gegeben haben, dass und wie ihre Heilung erstrebt werden soll. Die Regierung erkennt die Aufgabe, die Staatsgewalt neu zu kräftigen, die Bande der gesetzlichen Ordnung zu festigen, das Vertrauen zu beleben, den geschwächten Kredit zu geben und auf den Wiederaufschwung der Gewerbe und der lohnenden Arbeit hinzuwirken. Sie wird sich bemühen, den Frieden nach außen, so lange es die Ehre Deutschlands gestattet, zu erhalten, den Frieden nach innen zur Ehre Deutschlands herzustellen. Sie rechnet hierbei auf die gesunde Kraft der Staatsbürger, welche nunmehr berufen sind, zu beweisen, dass sie reif waren für die Freiheit. Auch auf die Unterstützung des hohen Vereinigten Landtags rechnet die Regierung. Auf eine Unterstützung, die, wenn sie gewährt wird, in voller Freiheit der Beratungen und Überzeugungen gewährt werden möge. Niemand wird sich völlig dem Eindrucke zu entziehen begehren, den ein gewaltiger unverkennbarer Ausdrucke der öffentlichen Meinung auf die individuelle Anschauung zu äußern geeignet ist; niemand wird leugnen wollen, dass in bestimmter Zeit wohltätig und unentbehrlich werden kann, was in anderer Zeit gewissenhafter Überzeugung nicht ratsam erscheinen mochte. Unbezweifelt wird auch die hohe Versammlung bei ihren Beratungen den geänderten Zeitverhältnissen Rechnung tragen; allein es muß auch heute der freie Ausdruck ihrer Ansichten dem Land willkommen sein, so wie er Seiner Majestät dem König und den Räten der Krone willkommen sein wird. Das preußische Volk, indem es die freie Beratung seiner wichtigsten Angelegenheiten in der Presse und in öffentlichen Angelegenheiten angetreten hat, darf nicht verkennen, dass nur im Kampfe der Ansichten die Wahrheit durchbricht, das zur Wahrung der Freiheit jede Meinung mit voller Berechtigung und ungehindert sich muss äußern dürfen. Wenngleich der hohe Vereinigte Landtag, sowohl seiner Zusammensetzung als auch seiner Rechten nach, ungemein abweicht von der künftigen Volksvertretung, so legt doch die Regierung auch gegenwärtig auf seinen Beirat ein großes Gewicht, und in diesem Geiste übergebe ich die Allerhöchsten Propositionen ihrer hochgeneigten Prüfung und Beratung.“

Propositions=Decret

„Wir Friedrich Wilhelm, von Gottes Gnaden, König von Preußen entbieten unseren zum zweiten Vereinigten Landtage versammelten Ständen Unseren Königlichen Gruß.
Um die unserem getreuen Volke auf der breitesten Grundlage verheißene constitutionelle Verfassung in das Leben zu rufen, ist die Vereinbarung ihres Inhalts mit einer beschlussfähigen Versammlung freigewählter Volksvertreter erforderlich. Wir haben deshalb ein vorläufiges Wahlgesetz entwerfen lassen, welches die Vorschläge enthält, wonach diese Versammlung, welche, der Natur ihrer vo-

rübergehenden Aufgabe nach, eine Teilung in Kammern nicht zulässt, zu wählen und zu bilden sein wird. Indem Wir diesen Entwurf dem in der bisherigen Gestaltung zum letzten Male Vereinigten Landtage vorlegen lassen, empfehlen Wir dessen schleunige Erörterung, damit sich durch baldige Herstellung eines festen und volkstümlichen öffentlichen Rechtszustandes alle Segnungen erfüllen mögen, denen Wir unser treues und edles Volk durch volle und wahrhafte Entwicklungen einer freien Verfassung zuzuführen aufrichtig bestrebt sind. Diese Verfassung, deren Entwurf Wir der auf Grund des Wahlgesetzes neu zu bildenden Versammlung werden vorlegen lassen, soll nach Unserer Absicht, und, um ihren Zweck vollständig zu erreichen, ihrer Form nach der überwiegenden Mehrzahl der constitutionellen Verfassungen Deutschlands sich anschließen und mir den bis dahin getroffenen Vereinbarungen über die Bildung einer allgemeinen deutschen Bundes=Verfassung in Einklang stehen.

Gegeben Potsdam, 2. April 1848   Friedrich Wilhelm

Camphausen. Graf von Schwerin. von Auerswald. Bornemann. von Arnim. Hansemann. von Reyher."

(Quelle: Außerordentliche Beilage zu Nr. 95 der Kölnischen Zeitung vom 04. April 1848.)

6. Rede Friedrich Wilhelms IV. anlässlich der Eröffnung der Nationalversammlung am 22. Mai 1848

„Meine Herren Abgeordneten ! Mit freudigem Ernste begrüße Ich eine Versammlung, welche, aus allgemeiner Volkswahl hervorgegangen, berufen ist, mit Mir die Verfassung zu vereinbaren, die einen neuen Abschnitt in der Geschichte Preußens und Deutschlands bezeichnen wird. – Sie werden, davon bin ich überzeugt, indem sie das Werk beginnen, die doppelte Aufgabe sich stellen, dem Volke eine ausgedehnte Teilnahme an den Angelegenheiten des Staates zu sichern und zugleich die Bande enger schließen, welche seit mehr als vier Jahrhunderten Mein Haus mit den Geschicken des Landes unzertrennlich verwoben haben. Den Entwurf einer Verfassung wird Meiner Regierung ihnen vorgelegen. Mit ihnen zugleich haben sich in Frankfurt am Main die Vertreter des ganzen deutschen Volkes versammelt. – Gern hätte Ich das Ergebnis dieser Versammlung abgewartet, bevor ich die Vertreter Meines getreuen Volkes zusammenberief. – Das dringende Bedürfnis baldiger Feststellung des öffentlichen Rechtszustandes in unserem engeren Vaterlande hat dies nicht gestattet. – Die Einheit Deutschlands ist Mein unverrückbares Ziel, zu dessen Erreichung Ich ihrer Mitwirkung Mich versichert halte. Die innere Ruhe des Landes beginnt sich zu befestigen. – Die völlige Wiederherstellung des Vertrauens, mit ihr die Belebung des Verkehrs und der gewerblichen Tätigkeit ist wesentlich von dem Erfolge ihrer Wirksamkeit abhängig. – Mehrseitige Anstrengungen sind gemacht worden, um während der Stockung in vielen Gewerben Gelegenheit zur Arbeit zu schaffen. – Sie müssen fortgesetzt und ausgedehnt werden. – Dis jetzt hat der gestiegene Geldbedarf die Ersparnisse der Vergangenheit noch nicht erschöpft. Meinen Bemühungen, den Wünschen der polnischen Bevölkerung der Provinz Posen durch organische Einrichtungen zu entsprechen, ist es nicht gelungen, eine Auflehnung zu verhindern, die so tief Ich sie beklage, Mich nicht abgehalten hat, den eingeschlagenen Weg unter notwendiger Berücksichtigung der Ansprüche der deutschen Nationalität zu verfolgen. Ungeachtet der großen Erschütterungen der letzten Monate sind die friedlichen Beziehungen Meiner Regierung zu den fremden Mächten nur an Einem Punkte gestört worden. – Ich darf Mich der Hoffnung überlassen, dass eine gern angenommene freundliche Vermittlung wesentlich dazu beitragen werde, die Beendigung eines Kampfes zu beschleunigen, zu dem Preußen nicht herausgefordert hat, den Ich aber als deutscher Bundesfürst aufzunehmen nicht anstehen durfte, als die Marken des gemeinsamen Vaterlandes bedroht erschienen und der Ruf zur Wahrung eines anerkannten Rechtes vom deutschen Bund an Mich erging. Meine Politik wird sich auch in diesem Falle als eine uneigennützige und friedliche bewähren, eine Politik, der Ich, im innigen Vereine mit Deutschland, treu zu bleiben entschlossen bin."

(Quelle: Wolff, Berliner Revolutionschronik Band 3, S. 13 f.)

Verzeichnis benutzter Quellen und Literatur

Ungedruckte Quellen

A. Geheimes Staatsarchiv Preußischer Kulturbesitz Berlin-Dahlem

I. HA Repositur 76 (Kultusministerium)

Sekt. I, Gen. 1, Bd. 1: Zensur

I. HA Repositur 77 I (Innenministerium)

Nr. 43 vol. 1: Oberzensurgericht

I. HA Rep. 84 a: Justizministerium

Nr. 2792: Obertribunal

Nr. 40005: Betreffend die Verwaltung und Registratur im Justizministerium

Nr. 40116: Betreffend Staatsminister Dr. Bornemann und seine Amts-Nachfolger

Nr.40179: Betreffend den Justizminister von Uhden

Nr. 48057: Entwurf einer deutschen Zivil- und Strafprozessgesetzgebung

Nr. 48058: Entwurf einer deutschen Zivil- und Strafprozessgesetzgebung

Nr. 49556: Verordnung über das beim Kriminal- und Kammergericht einzuführendes Prozessverfahren

Nr. 50170: Betreffend "Aufruhr und Tumult"

I. HA Rep. 89: Geheimes Zivilkabinett

Nr. 15167: Betreffend die Verordnungen etc. in Censursachen 1844

Nr. 15187: Betreffend die Pressfreiheit und Pressgesetze

Nr. 16832: Betreffend Verwaltungsberichte 1843-46

Nr. 16852: Betreffend Kosten/Personal zur Revision der Gesetze 1825-1848

Nr. 16857: Betreffend das Obertribunal und sein Personal 1854-71

Nr. 16893: Betreffend Justizsachen, die Justizverfassung, das Justizwesen und Verordnungen 1834-49

Nr.17546: Betreffend die Civilprozessordnung

I. HA Rep. 90 a: Staatsministerium

Nr. 2350: Betreff: Verhandlungen über Erneuerung und Rücktritt des gesamten oder eines Teils des Staatsministeriums 1848

Nr. 887: Betreff: Staatssekretär und Stellvertreter im Staatsrat

I. HA Rep. 97 A: Obertribunal

Nr. 142: Betreffend die Besetzung der Präsidenten- und Mitgliederstellen des Obertribunals 1834-76

Nr.185: Personalakte Bornemann

I. HA Rep. 101 J: Innenministerium (Oberzensurkollegium und Oberzensurgericht)

Nr. 1 vol. 1: Betreffend die materielle Korrespondenz des Gerichts mit dem Justizministerium, der Zensurverwaltung und anderen Behörden

Nr. 1 vol. 2: Betreffend die materielle Korrespondenz des Gerichts mit dem Justizministerium, der Zensurverwaltung und anderen Behörden

Nr. 2: Betreffend die Geschäftseinrichtung und die Führung des Büros 1843-47

Nr. 3: Betreffend die Besetzung und den Etat des Büros

Nr. 4: Betreffend die Jahresberichte des Oberzensurgerichts 1843-47

Nr. 6: Betreffend das Oberzensurgericht

I. HA Rep. 101 E lit. G: Oberzensurkollegium

Nr. 16: Dr. Eduard Gans

I. HA Rep. 101 D: Oberzensurkollegium

Nr.1: Betreffend die über das Zensurwesen erschienenen oder noch vorzuberei-tenden Verordnungen 1819-1842

I. HA Rep. 120 D XXII/1: Ministerium für Handel und Gewerbe

Nr.1 vol. 1: Centralverein für das Wohl der arbeitenden Klasse

I. HA Rep. 125: Innenministerium (Prüfungskommission für höher Verwaltungsbeamte)

Nr. 10: Oberexaminationskommission

I. HA Rep. 151: Finanzministerium

Nr.1992: Generallotteriedirektion

Brandenburgisch-Preußisches Hausarchiv Rep. 50 J

Nr. 55: König Friedrich Wilhelm IV.

B. Historisches Archiv (HA) Köln

Best. 1023: Nachlass Camphausen

C. Landesarchiv Berlin

F Rep. 310, 3506 c

D. Archiv der Ernst-Moritz-Arndt-Universität

UAG R 447: Lehrpläne Bornemanns 1831/32

Gedruckte Quellen

Periodika und Gesetzestexte

Augsburger Allgemeine Zeitung
Berliner Zeitungshalle
Deutsche Zeitung
Deutsche Gerichtszeitung
Elberfelder Zeitung
Gesetz-Sammlung für die Königlichen Preußischen Staaten
Hallische Jahrbücher für deutsche Wissenschaft und Kunst
Handbuch über den königlich preußischen Hof und Staat
Justizministerialblatt
Kölnische Zeitung
National-Zeitung
Neue Preußische Zeitung
Preußische Gerichtszeitung, ab 1861 umbenannt in Deutsche Gerichtszeitung
Schlesische Zeitung
Spenersche Zeitung
Stenographische Berichte über die Verhandlungen der zur Vereinbarung der preußischen Staatsverfassung berufenen Versammlung
Stenographische Berichte über die Verhandlungen der Ersten Kammer
Stenographische
Vossische Zeitung
Zeitschrift der Savigny-Stiftung für Rechtsgeschichte, Erster Band, Germanistische Abteilung, Weimar 1880

III. Literatur

Ammon, Friedrich von : Wahrheit ohne Dichtung. Erinnerungen von Friedrich von Ammon, Bonn 1878

Anonym: Svarez, Bornemann und Koch – die Männer des preußischen Rechts, in: Die Monatsschrift, Berlin 1875

Arndt, Ernst Moritz: Geist der Zeit, IV. Teil, Berlin 1818

Arnswaldt, Wolf Christian von: Savigny als Strafrechtspraktiker. Ministerium für die Gesetzesrevision (1842-1848), jur. Diss. Baden-Baden 2003

Beck, Friedrich / Henning, Eckart (Hrsg.): Brandenburgisches Biographisches Lexikon, Berlin und Potsdam 2002

Bergengrün, Alexander: David Hansemann, Berlin 1901

Berger, Louis: Der alte Harkort. Ein westfälisches Lebens- und Zeitbild, Leipzig 1890

Bergius, Carl Julius: Preußen in staatsrechtlicher Beziehung, Münster 1843

Biedermann, Karl: 1840-1870. Dreissig Jahre deutscher Geschichte, Band 1, Berlin 1932

Biermann, Wilhelm: Franz Leo Benedikt Waldeck. Ein Streiter für Freiheit und Gerechtigkeit, Paderborn 1928

Birtsch, Günter: Religions- und Gewissensfreiheit in Preußen von 1780-1817, in: Zeitschrift für historische Forschung, 11. Jahrgang, Berlin 1984

Blasius, Dirk: Bürgerliche Gesellschaft und Kriminalität. Zur Sozialgeschichte Preußens im Vormärz, in: Kritische Studien zur Geschichtswissenschaft, Band 22, Göttingen 1976

Blasius, Dirk: Friedrich Wilhelm IV. 1795-1861, Göttingen 1992

Bleek, Wilhelm: Von der Kameralausbildung zum Juristenprivileg, in: Historische und Pädagogische Studien, Bd. 3, Berlin 1972.

Bleicher, Eduard (Hrsg.): Verhandlungen der constituierenden Versammlung für Preußen. Band 1, Berlin 1848,

Börner, Karl Heinz: Die Krise der preußischen Monarchie von 1858-1862, Berlin 1976

Boerner, Paul: Erinnerungen eines Revolutionärs. Skizzen aus dem Jahre 1848, herausgegeben von Menke-Glückert, Leipzig 1920

Bornemann, Friedrich Wilhelm: Rechtsfälle und Rechtsbestimmungen gesammelt aus den Acten des Königl. Oberappellations= und Höchsten Gerichts zu Greifswald, vormaligen Tribunals zu Wismar, Berlin 1832

Bornemann, Friedrich Wilhelm: Rechtsentwickelung in Deutschland und deren Zukunft, mit besonderer Hinsicht auf Preußen, Berlin 1856

Bornemann, Friedrich Wilhelm: Von Rechtsgeschäften überhaupt und von Verträgen insbesondere, nach preußischem Rechte, Stettin 1825

Bornemann, Friedrich Wilhelm: Systematische Darstellung des preußischen Civilrechts, 6 Bände, 1. Auflage, Berlin 1834-1839

Bornemann, Friedrich Wilhelm: Ueber die wahrhaft geschichtliche Entstehung und Bedeutung des preußischen Rechts – ein Wink für die Revisoren, in: Gans, Eduard (Hrsg), Beiträge zur Revision der Preußischen Gesetzgebung, Berlin 1832

Bornemann, Friedrich Wilhelm: Erörterungen im Gebiete des preußischen Rechts, Erstes Heft, Berlin 1855

Bornemann, Friedrich Wilhelm: Die Einkommensteuerfrage, Berlin 1850

Bornemann, Johann Jakob: Einblicke in England und London im Jahre 1818, Berlin 1819

Bornemann, Johann Jakob: Der Turnplatz in der Hasenheide, Berlin 1812

Bornhak, Conrad: Preußische Staats- und Rechtsgeschichte, Berlin 1903

Bornhak, Conrad: Preußisches Staatsrecht 1, Berlin 1911

Botzenhart, Erich: Freiherr vom Stein, 7 Bände, Münster, Westfalen; Aschendorf 1931-1937

Botzenhart, Manfred: Deutscher Parlamentarismus in der Revolutionszeit 1848-1850, Düsseldorf 1977

Botzenhart, Manfred: 1848/49: Europa im Umbruch, Paderborn-München-Wien-Zürich 1998

Brandenburg, Erich: König Friedrich Wilhelm IV. Briefwechsel mit Ludolf Camphausen, Berlin 1906

Brandenburg, Erich: Untersuchungen und Aktenstücke zur Geschichte der Reichsgründung, Leipzig 1916

Braun, Johann: Die „Lex Gans" – ein Kapitel aus der Judenemanzipation in Preußen, in: Zeitschrift der Savigny-Stiftung für Rechtsgeschichte, Germanistische Abteilung, Band 102, S. 60-98, Wien-Köln-Graz 1985

Braun, Johann: „Schwan und Gans". Zur Geschichte des Zerwürfnisses zwischen Friedrich Carl von Savigny und Eduard Gans, in: Juristenzeitung 1979, S.769-775

Burchardi, Rudolf: Kritische Zeitschrift für die gesamte Rechtswissenschaft, Band 4, Heidelberg 1857

Bußmann, Walter: Zwischen Preußen und Deutschland: Friedrich Wilhelm IV. Eine Biographie, Berlin 1990

Canitz und Dallwitz, Carl Ernst Wilhelm von: Denkschriften. Aus dem Nachlass herausgegeben von seinen Kindern, Bände I und II, Berlin 1888

Caspary, Anna: Ludolf Camphausens Leben. Nach seinem schriftlichen Nachlass, Stuttgart und Berlin 1902

Conrad, Hermann / Dilcher, Gerhard / Kurland, Hans-Joachim: Der Deutsche Juristentag 1860 bis 1994, München 1997

Collin, Peter: „Wächter der Gesetze" oder „Organ der Staatsregierung"? Konzipierung, Einrichtung und Anleitung der Staatsanwaltschaft durch das preußische Justizministerium. Von den Anfängen bis 1860, in: Rechtsprechung. Materialien und Studien, Max-Planck-Institut, Frankfurt am Main 2000

Crüger, Hermann: Chronik des Preußischen Herrenhauses, Berlin 1885

Dernburg, Heinrich: Das Preußische Hypothekenrecht, 1. Band, Leipzig 1877

Dipper, Christof: Rechtskultur, Rechtswissenschaft, Rechtsberufe im 19. Jahrhundert Schriften zur Europäischen Rechts- und Verfassungsgeschichte, Band 35, Berlin 2000

Diwald, Hellmut (Hrsg.): Von der Revolution zum Norddeutschen Bund – Politik und Ideengut der preußischen Hochkonservativen 1848-1866. Aus dem Nachlass von Ernst Ludwig von Gerlach, Göttingen 1970, Bd. II: Briefe, Denkschriften und Aufzeichnungen

Döhring, Erich: Geschichte der deutschen Rechtspflege seit 1500, Berlin 1953

Dürre, Christian Leopold Eduard: Neues Jahrbuch, Berlin 1859

Eberty, Felix: Geschichte des Preußischen Staats, Siebenter Band 1815-1871, Breslau 1873

Eisenhardt, Ulrich: Der Deutsche Bund und das badische Pressegesetz von 1832, in: Beiträge zur Rechtsgeschichte - Gedächtnisschrift für Hermann Conrad, Bonn 1979

Eisenhardt, Ulrich: Die Garantie der Pressefreiheit in der Bundesakte von 1815, in: Der Staat, 1971

Elben, Otto: Der volkstümliche deutsche Männergesang. 2. Auflage, Tübingen 1887

Engels, Friedrich: Friedrich Wilhelm IV., König von Preußen, in: Georg Herwegh (Hrsg.), Einundzwanzig Bogen aus der Schweiz, Zürich und Winterthur 1843, Wiederabdruck in: Marx-Engels-Werke, Bd.1, Berlin-Ost 1976

Euler, Carl: Friedrich Ludwig Jahn, Stuttgart 1881

Ferguson, Niall: Die Geschichte der Rothschilds. Propheten des Geldes. Band I, 1798-1848 Stuttgart München, 2. Auflage 2002

Fijal, Andreas: Die Geschichte der Juristischen Gesellschaft zu Berlin in den Jahren 1859 bis 1933, Berlin-New York 1991

Fouquet-Plümacher, Doris: Jede neue Idee kann einen Weltbrand anzünden - Georg Andreas Reimer und die preußische Zensur während der Restauration, in: Sonderdruck aus dem Archiv für Geschichte des Buchwesens, Band 29, Frankfurt am Main 1987

Friedberg, Emil: Die Geschichte der Civilehe in: Virchow, Rudolph/ Holtzendorff, Franz v. (Hrsg.), Sammlung gemeinverständlicher wissenschaftlicher Vorträge, V. Serie, Heft 97-120, Berlin 1870 und 1871

Friedberg, Heinrich von: Zum Gedächtniß an Ferdinand Wilhelm Ludwig Bornemann, abgedruckter Vortrag, gehalten in der juristischen Gesellschaft zu Berlin am 20. Februar 1864, Berlin 1864

Füssl, Wilhelm: Professor in der Politik: Friedrich Julius Stahl (1802-1861), phil. Diss. in: Schriftenreihe der Historischen Kommission bei der Bayerischen Akademie der Wissenschaften, Göttingen 1988

Gans, Eduard (Hrsg): Beiträge zur Revision der Preußischen Gesetzgebung, Berlin 1832

Gasser, Simon Peter: Einleitung zu den Oeconomischen, Politischen und Cameral-Wissenschaften, Bd.1, Halle 1729

Gerlach, Agnes von (Hrsg.): Denkwürdigkeiten aus dem Leben Leopold von Gerlachs – nach seinen Aufzeichnungen, Bände I-II, Berlin 1891-1892

Gneist, Rudolf von: Freie Advokatur. Die erste Forderung aller Justizreform in Preußen, 2. Auflage, Berlin 1911

Goldschmidt, Levin: Bornemann, Erörterungen auf dem Gebiete des preußischen Rechte, in: Kritische Zeitung für die gesammte Rechtswissenschaft, Bd. 3, Heidelberg 1856

Grünthal, Günther: Parlamentarismus in Preußen 1848/49-1857/58. Preußischer Konstitutionalismus, Parlament und Regierung in der Reaktionsära, Düsseldorf 1982

Gürtner, Franz: 200 Jahre Dienst am Recht. Gedenkschrift aus Anlaß des 200 jährigen Gründungstages des Preußischen Justizministeriums, Berlin 1938

Haake, Paul: Die Einrichtung des preußischen Staatsrats im März 1817, in: Forschungen zur brandenburgischen und preußischen Geschichte, Band 27 (1914)

Hansemann, David: Das Preußische und Deutsche Verfassungswerk. Mit Rücksicht auf mein politisches Wirken, Berlin 1850

Hansen, Joseph: Rheinische Briefe und Akten zur Geschichte der politischen Bewegung 1830-1850, Bd. 2 Erste Hälfte, Düsseldorf 1942

Hansen, Joseph: König Friedrich Wilhelm IV. und das liberale Märzministerium der Rheinländer Camphausen und Hansemann im Jahre 1848, in: Westdeutsche Zeitschrift für Geschichte und Kunst, Trier 1913

Hassel, Paul: Joseph Maria von Radowitz, Band I, 1797-1848, Berlin 1905

Hattenhauer, Hans: Das ALR im Spiegel von Erwartung, Lob und Kritik, in: Gose, Walter/Würtenberger, Thomas (Hrsg.), Zur Ideen- und Rezeptionsgeschichte des Preußischen Allgemeinen Landrechts, Stuttgart 1999

Hattenhauer, Hans (Hrsg.): Allgemeines Landrecht für die Preußischen Staaten von 1794, 2. Auflage, Neuwied-Kriftel-Berlin 1994

Hattenhauer, Hans: Vom Reichsjustizamt zum Bundesministerium der Justiz, in: Vom Reichsjustizamt zum Bundesministerium der Justiz, Köln 1977

Hattenhauer, Hans: Die geistesgeschichtlichen Grundlagen des Deutschen Rechts, 4. Auflage, Kiel 1996

Hattenhauer, Hans / Kuhn, Robert: Deutsche Justizminister 1877-1977, Köln 1977

Hattenhauer, Hans: Das ALR im Widerstreit der Politik, in: Wolff (Hrsg.): Das Preußische Allgemeine Landrecht. Politische, rechtliche und soziale Wechsel- und Fortwirkung, Heidelberg 1995

Hegel, Georg Wilhelm Friedrich: Grundlinien der Philosophie des Rechts oder Naturrecht und Staatswissenschaft im Grundrisse, EA 1821, in:, Moldenhauer, Eva und Michel, Karl Markus (Hrsg.), Werke, Bd. 7, Frankfurt a. M. 1986.

Held, Otto: Johann Jacob Wilhelm Bornemann, in: Mitteldeutsche Lebensbilder, herausgegeben von der Historischen Kommission für die Provinz, Sachsen und Anhalt, Magdeburg 1928

Heller, Hermann: Hegel und der nationale Machtstaatsgedanke in Deutschland. Ein Beitrag zur politischen Geistesgeschichte, Leipzig-Berlin 1921

Historische Kommission der Bayrischen Akademie der Wissenschaften (Hrsg.): Neue Deutsche Biographie, Elektronische Version, Januar 2003

Historische Kommission der Bayrischen Akademie der Wissenschaften (Hrsg.): Allgemeine Deutsche Biographie, Elektronische Version, Januar 2003

Hodenberg, Christina von: Die Partei der Unparteiischen. De Liberalismus der preußischen Richterschaft 1815-1848/49, phil. Diss. Göttingen 1996

Hofmann, Jürgen: Die Innenpolitik der Regierung Camphausen-Hansemann, in: Bourgeoisie und bürgerliche Umwälzung in Deutschland 1789-1871, Berlin 1977

Hofmann, Jürgen: Das Ministerium Camphausen-Hansemann. Zur Politik der preußischen Bourgeoisie in der Revolution 1848/49, Berlin 1981

Holtz, Bärbel: Die Protokolle des Preußischen Staatsministeriums 1817–1934/38, Bd. 3: 9. Juni 1840 bis 14. März 1848, (= Acta Borussica Neue Folge, 1. Reihe: Die Protokolle des Preußischen Staatsministeriums 1817-1934/38, hrsg. von der Berlin-Brandenburgischen Akademie der Wissenschaften [vormals Preußische Akademie der Wissenschaften] unter der Leitung von Jürgen Kocka und Wolfgang Neugebauer), Hildesheim/Zürich/New York 2000

Holtz, Bärbel: Die Protokolle des Preußischen Staatsministeriums 1817–1934/38, Bde. 4/I und 4/II: 30. März 1848 bis 27. Oktober 1858, (= Acta Borussica Neue Folge, 1. Reihe: Die Protokolle des Preußischen Staatsministeriums 1817-1934/38, hrsg. von der Berlin-Brandenburgischen Akademie der Wissenschaften [vormals Preußische Akademie der Wissenschaften] unter der Leitung von Jürgen Kocka und Wolfgang Neugebauer), Hildesheim/Zürich/New York 2003

Holtze, Friedrich: Geschichte des Kammergerichts in Brandenburg=Preußen, IV. Teil, Das Kammergericht im 19. Jahrhundert in: Beiträge zur Brandenburg=Preußischen Rechtsgeschichte, Berlin 1904

Huber, Ernst Rudolf: Dokumente zur Deutschen Verfassungsgeschichte (1803 bis 1850), Band 1, Stuttgart 1978

Huber, Ernst Rudolf: Deutsche Verfassungsgeschichte seit 1789, Der Kampf um Einheit und Freiheit 1830 bis 1850, Band II, Stuttgart 1988

Huffmann, Helga: Kampf um freie Advokatur, Essen 1967

Jäger, Oskar / Moldenhauer, Franz (Hrsg.): Auswahl wichtiger Aktenstücke zur Geschichte des 19. Jahrhunderts, Berlin 1893

Jahn, Friedrich Ludwig: Deutsche Turnkunst, Berlin 1816

Jakoby, Johann: Vier Fragen beantwortet von einem Ostpreußen, Mannheim 1841

Jakoby, Johann (Hrsg.): Heinrich Simon. Ein Gedenkbuch für das deutsche Volk, Zweite Auflage, Berlin 1865

Kettner, Benno: Annerkennung der Revolution. Ein Beitrag zur Geschichte der preußischen Nationalversammlung im Jahre 1848, phil. Diss. Greifswald 1912

Kip, Hans-Gerhard: Das sogenannte Mündlichkeitsprinzip. Geschichte einer Episode des Deutschen Zivilprozesses, in: Prozessrechtliche Abhandlungen Heft 19, Köln und Berlin 1952

Kirchmann, Julius Hermann von: Das Preußische Civil-Prozeß-Gesetz vom 21. Juli 1846, Nachdruck der Ausgabe Berlin 1847, Biographische Einführung von Werner Schubert, Goldbach 1994

Kleinheyer, Gerd / Schröder, Jan: Deutsche Juristen aus fünf. Jahrhunderten, Heidelberg 1989

Kleinheyer, Gerd: Zensur zwischen Polizei und Staatsschutz, in: Kommunikation und Medien in Preußen vom 16. bis zum 19. Jahrhundert, Stuttgart 2002

Kloosterhuis, Jürgen und Heckmann, Dieter (Hrsg.): Karl Freiherr von Müffling. Offizier-Kartograph-Politiker (1775-1851), Berlin 2003

Kötschau, Uwe Lorenz: Richterdisziplinierung in der Preußischen Reaktionszeit - Verfahren gegen Waldeck und Temme - , jur. Diss. Kiel 1976

Koselleck, Reinhart: Preußen zwischen Reform und Revolution. Allgemeines Landrecht, Verwaltung und soziale Bewegung von 1791 bis 1848, Stuttgart 1975

Kraus, Hans-Christof:, Ernst Ludwig von Gerlach. Politisches Denken und Handeln eines Preussischen Altkonservativen, phil. Diss. 1. Teilband, Göttingen 1994

Kraus, Hans-Christof:, Ernst Ludwig von Gerlach. Politisches Denken und Handeln eines Preussischen Altkonservativen, phil. Diss. 2. Teilband, Göttingen 1994

Kroeschell, Karl: Deutsche Rechtsgeschichte 3, Opladen 1989

Krug, Wilhelm Traugott: Entwurf zur deutschen und Darstellung der englischen Gesetzgebung über die Preßfreiheit. Der hohen deutschen Bundesversammlung ehrerbietigst gewidmet, Leipzig 1818

Kuhlo, Hermann: Geschichte der Zelterschen Liedertafel von 1809 bis 1909, Berlin 1909

Landau, Peter: Ferdinand Wilhelm Ludwig Bornemann und die Tradition des preussischen Rechts, ein Beitrag zum zweihundertjährigem Jubiläum des Preußischen, in: Quaderni Fiorentini per la storia del pensiero guiridico moderno, Band 23 (1994), S.57-80

Landsberg, Ernst: Geschichte der deutschen Rechtswissenschaft, dritte Abteilung, zweiter Halbband (Text), München und Berlin 1910

Lehmann, Felix: Der Rote Adlerorden. Entstehung und rechtliche Grundlagen (1705-1918), Frankfurt am Main, 2002

Leonhardt, Gerhard: Zur Reform des Civilprocesses in Deutschland, Band 2 : Eine vergleichende Kritik der Grundprincipien des Entwurfs einer Civilprocessordnung für den preussischen Staat , Hannover 1865

Leonhardt, Gerhard: Das Civilproceßverfahren des Königreichs Hannover , Hannover 1861

Loening, Edgar: Gerichte und Verwaltungsbehörden in Brandenburg=Preußen. Ein Beitrag zur Preußischen Rechts= und Verfassungsgeschichte, Halle 1914

Luden, Heinrich: Nemesis. Zeitschrift für Politik und Geschichte, Bd.2, Weimar 1814

Mähl, Hans: Die Überleitung Preußens in das konstitutionelle System durch den zweiten Vereinigten Landtag, herausgegeben von der Redaktion der Historischen Zeitschrift, Band 23, München / Berlin 1909

Meinecke, Friedrich: Radowitz und die deutsche Revolution. Zugleich Schlussband von „Joseph Maria von Radowitz“ von Paul Hassel, Berlin 1913

Mügge, Theodor: Die Censurverhältnisse in Preußen, Leipzig 1845

Neumann, Hugo: Zur Geschichte der Juristischen Gesellschaft zu Berlin (1859-1903), Nachdruck in: Schriftenreihe der Juristischen Gesellschaft, Berlin 1984

Nipperdey, Thomas: Deutsche Geschichte 1800-1866. Bürgerwelt und starker Staat, München 1983

Obenaus, Herbert: Finanzkrise und Verfassungsgebung. Zu den sozialen Bedingungen des frühen deutschen Konstitutionalismus, in: Barbara Vogel (Hrsg.), Preussische Reformen 1807-1820, Königstein/Taunus 1980

Otto, Jochen: David Mevius, in: Stolleis, Michael (Hrsg.), Juristen. Ein biographisches Lexikon. Von der Antike bis zum 20. Jahrhundert, München 1995

Pannwitz, Kurt von: Die Entstehung der Allgemeinen Deutschen Wechselordnung, Frankfurt am Main 1999

Pauly, Walter: Hegel und die Frage nach dem Staat, in: Der Staat, Nr. 39 (2000)

Petersdorff, Hermann von: König Friedrich Wilhelm der Vierte, Berlin und Stuttgart 1900

Petersdorff, Hermann von: Kleist-Retzow: ein Lebensbild, Stuttgart 1907

Plathner, Günther: Der Kampf um die richterliche Unabhängigkeit bis zum Jahre 1848 unter besonderer Berücksichtigung Preußens, Breslau 1935

Rathgeber Christina: Die Protokolle des Preußischen Staatsministeriums 1817–1934/38, Bd. 2: 6. Januar 1830 bis 2. Juni 1840, Hildesheim/Zürich/New York 2004 (= Acta Borussica Neue Folge, 1. Reihe: Die Protokolle des Preußischen Staatsministeriums 1817-1934/38, hrsg. von der Berlin-Brandenburgischen Akademie der Wissenschaften (vormals Preußische Akademie der Wissenschaften) unter der Leitung von Jürgen Kocka und Wolfgang Neugebauer)

Radtke, Wolfgang: Die Preussische Seehandlung zwischen Staat und Wirtschaft in der Frühphase der Industrialisierung, Einzelveröffentlichung der Historischen Kommission zu Berlin, Band 30, Berlin 1981

Ramm, Thilo: Die friderizianische Gesamtkodifikation und der historische Rechtsvergleich, in: Wolff (Hrsg.): Das Preußische Allgemeine Landrecht. Politische, rechtliche und soziale Wechsel- und Fortwirkungen, Heidelberg 1995

Regge, Jürgen: Das Reformprojekt eines „Allgemeinen Criminalrechts für die Preußischen Staaten" (1799-1806), in: Hattenhauer/Landwehr (Hrsg.), Das nachfriderizianische Preußen 1786-1806. Rechtshistorisches Kolloquium 11.-13. Juni 1987, Christian-Albrechts-Universität Kiel, Heidelberg 1988

Regge, Jürgen / Schubert, Werner (Hrsg.): Quellen zur preußischen Gesetzgebung des 19. Jahrhunderts - Gesetzrevision (1825-1848). I. Abteilung: Straf- und Strafprozessrecht, Bd. 6. Straf- und Strafprozeßrecht (Ministerium Savigny 1845–1848), Vaduz 1996

Regge, Jürgen / Schubert, Werner (Hrsg.): Quellen zur preußischen Gesetzgebung des 19. Jahrhunderts - Gesetzrevision (1825-1848). I. Abteilung: Straf- und Strafprozessrecht, Bd. 1, Strafrecht (Ministerium Danckelmann 1827-1830), mit einer Einführung in die Gesamtedition von Jürgen Regge und Werner Schubert, Vaduz 1981

Reichensperger, Peter: Erlebnisse eines alten Parlamentariers im Revolutionsjahr 1848, Berlin 1882

Reissner, Hanns Günther: Eduard Gans. Ein Leben im Vormärz, Tübingen 1965

Reulecke, Jürgen: Sozialer Frieden durch soziale Reform. Der Centralverein für das Wohl der arbeitenden Klassen in der Frühindustrialisierung, Wuppertal 1983

Rödinger, Friedrich: Nationale Rechtserzeugung und Rechtsbildung in Deutschland. Ein Vortrag für die Versammlung der Advokaten in Mainz bestimmt, Stuttgart und Tübingen 1844

Roenne, Ludwig von: Das Staatsrecht der Preußischen Monarchie, 5. Auflage neu bearbeitet von Philipp Zorn, Erster Band, Leipzig 1899

Reyscher, August Ludwig: Ueber den Zweck dieser Zeitschrift, in: Zeitschrift für deutsches Recht und deutsche Rechtswissenschaft, Bd. 1, Leipzig 1839

Rosenberg, Mathias Freiherr von: Friedrich Carl von Savigny (1779-1861) im Urteil seiner Zeit, jur. Diss. Frankfurt am Main 2000

Rückert, Joachim: Idealismus, Jurisprudenz und Politik bei Friedrich Carl von Savigny, Ebelsbach 1984

Rückert, Joachim: August Ludwig Reyschers Leben und Rechtstheorie. 1802-1880, jur. Diss. Berlin 1974

Savigny, Friedrich Carl von: System des heutigen Römischen Rechts, Band I, Berlin 1840

Savigny, Friedrich Carl von: Vom Berufe unserer Zeit für Gesetzgebung und Rechtswissenschaft, in: Hattenhauer (Hrsg.), Thibaut und Savigny, 2. Auflage, München 2002

Schlosser, Hans: Grundzüge der Neueren Privatrechtsgeschichte, Heidelberg 1993

Schmoller, Gustav / Hintze, Otto (Hrsg.): Acta Borussica. Denkmäler der Preußischen Staatsverwaltung im 18. Jahrhundert, hrsg. von der Preußischen Akademie der Wissenschaften. Serie: Die Behördenorganisation und die allgemeine Staatsverwaltung im 18. Jahrhundert, Bd. IV/2, Berlin 1894

Schneider, Hans: Der Preussische Staatsrat 1817-1918. Ein Beitrag zur Verfassungs- und Rechtsgeschichte Preussens, München und Berlin 1952

Schneider, Hans: Die Entstehung des Preussischen Staatsrats 1806-1817. In: Zeitschrift die gesamte Staatswissenschaft, Band 102, Tübingen 1942/43

Schneider, Franz: Pressefreiheit und politische Öffentlichkeit, München 1965

Schönfeld, Walther: Grundlegung der Rechtswissenschaft, Stuttgart und Köln 1951

Schrader, Richard: Die Fraktionen der Preußischen Nationalversammlung von 1848, phil. Diss. (masch.) Leipzig 1923

Schröder, Rainer: Rechtsgeschichte, 5. Auflage, Münster 2000

Schubert, Werner: Die Aufhebung des Berliner Obertribunals im Jahre 1879 und die Übertragung des Präsidiums des Reichsgerichts an Eduard von Simson, in: Gerhard Köbler (Hrsg.), Wege europäischer Rechtsgeschichte. Festschrift für Karl Kroeschell zum 60. Geburtstag, Frankfurt am Main 1987

Schubert, Werner (Hrsg.): Die Entstehung und Quellen der Rechtsanwaltsordnung von 1878, Ius Commune Sonderheft 22, Frankfurt am Main 1985

Schubert, Werner (Hrsg.): Quellen zur preußischen Gesetzgebung des 19. Jahrhunderts - Gesetzrevision (1825-1848), II. Abteilung: Öffentliches Recht, Zivilrecht und Zivilprozeßrecht, Bd. 4., Wechselrecht, 2 Teilbände, Vaduz 1983

Schubert, Werner (Hrsg.): Quellen zur preußischen Gesetzgebung des 19. Jahrhunderts - Gesetzrevision (1825-1848), II. Abteilung: Öffentliches Recht, Zivilrecht und Zivilprozeßrecht, Bd. 11. Zivilprozeßrecht III und Justizverfassung; Novellen und Projekte (1833–1847), 2 Teilbände, Vaduz 1991

Schumann, Axel: Berliner Presse und Französische Revolution: Das Spektrum der Meinungen unter preußischer Zensur 1789-1806, phil. Diss. Berlin 2001

Schütz, Wolfgang: Einwirkungen des preußischen Justizministers auf die Rechtspflege. Ein Beitrag zur Geschichte des 19. Jahrhunderts, jur. Diss. Marburg 1970

Schwentker, Wolfgang: Konservative Vereine und Revolution in Preußen 1848/49, Düsseldorf 1988

Seitz, Johannes: Entstehung und Entwicklung der Preußischen Verfassungsurkunde im Jahre 1848, phil. Diss. Greifswald 1909

Siegrist, Hannes: Advokat, Bürger und Staat. Sozialgeschichte der Rechtsanwälte in Deutschland, Italien und der Schweiz (18.-20. Jahrhundert), Erster Halbband, Frankfurt am Main 1996

Siemann, Wolfram: Die deutsche Revolution von 1848/49, 1. Auflage, Frankfurt am Main 1985

Simhart, Florian: Bürgerliche Gesellschaft und Revolution. Eine ideologiekritische Untersuchung des politischen und sozialen Bewusstseins in der Mitte des 19. Jahrhunderts. Dargestellt am Beispiel einer Gruppe des Münchner Bildungsbürgertums, phil. Diss. München 1978

Simon, Heinrich: Preußisches Staatsrecht, Bd. 2, Berlin 1844

Sonnenschmidt, Friedrich Hermann: Geschichte des Königlichen Ober-Tribunals zu Berlin, Berlin 1879

Spenkuch, Herwin: Das Preußische Herrenhaus, Berlin 1996

Stahl, Friedrich Julius: Parlamentarische Reden, herausgegeben und mit einleitenden Bemerkungen versehen von J. P. M. Treuherz, Berlin 1856

Stahr, Adolf Wilhelm Theodor: Die Preußische Revolution, Erster Band, Oldenburg 1851

Stein, Julius: Geschichte der Stadt Breslau im neunzehnten Jahrhundert, Breslau 1884

Steinmann, Friedrich: Geschichte der Revolution in Preußen, Zwölf Bücher preußischer Geschichte für das deutsche Volk, Berlin 1849

Stiebel, Nora: Der Zentralverein für das Wohl der arbeitenden Klassen im vormärzlichen Preußen. Ein Beitrag zur Geschichte der sozialreformerischen Bewegung, jur. Diss. Heidelberg 1922

Stintzing, Robert von: Geschichte der Deutschen Rechtswissenschaft, Zweite Abteilung, München und Leipzig 1884

Stölzel, Adolf: Brandenburg-Preußens Rechtsverwaltung und Rechtsverfassung, dargestellt im Wirken seiner Landesfürsten und obersten Justizbeamten, neu herausgegeben von Jürgen Regge, Band 2, Vaduz 1989

Stoll, Adolf: Friedrich Karl von Savigny. Der junge Savigny. 1792-1810, Erster Band, Berlin 1927

Stoll, Adolf: Friedrich Karl von Savigny. Professorenjahre in Berlin 1810-1842, Zweiter Band, Berlin 1929

Stoll, Adolf: Friedrich Karl von Savigny. Ministerzeit und letzte Lebensjahre 1842-1861, Dritter Band, Berlin 1939

Streckfuß, Adolph Carl: Die Staatsumwälzungen der Jahre 1847 bis 1848, Berlin 1848

Strenge, Barbara: Juden im preussischen Staatsdienst 1812-1918. Der Zugang zu den juristischen Berufen als Indikator der gesellschaftlichen Emanzipation, München-New Providence-London-Paris 1996

Struckmann, Johannes / Koch, Richard: Die Civilprozeßordnung für das Deutsche Reich, 2. Auflage, Berlin 1879

Temme, Jodocus Deodalis Hubertus: Erinnerungen von Jodocus Deodalis Hubertus Temme, herausgegeben von Stephan Born, Leipzig 1883

Temme, Jodocus Deodalis Hubertus: Augenzeugenberichte der Deutschen Revolution 1848/49. Ein preußischer Richter als Vorkämpfer der Demokratie, neu herausgegeben von Michael Hettinger, Darmstadt 1996

Teschemacher, Hans: Die Einkommensteuer und die Revolution in Preußen. Eine finanzwissenschaftliche und allgemeingeschichtliche Studie über das preußische Einkommensteuerprojekt von 1847, Tübingen 1912

Thieme, Hans: Die preußische Kodifikation, in: Zeitschrift der Savignystiftung für Rechtsgeschichte, Germanistische Abteilung, Band 57, Berlin 1937

Thier, Andreas: Steuergesetzgebung und Verfassung in der konstitutionellen Monarchie. Staatssteuerformen in Preußen 1871-1893, jur. Diss. Frankfurt am Main 1999

Treitschke, Heinrich von: Deutsche Geschichte im 19. Jahrhundert, Band 5, Neudruck der Ausgabe von 1912, Königstein und Düsseldorf 1981

Unruh, Hans Victor von: Skizzen aus Preußens neuester Geschichte, 3. Auflage, Magdeburg 1849

Valentin, Veit: Geschichte der deutschen Revolution 1848-1849, Band II (Bis zum Ende der Volksbewegung von 1849), Neudruck der Ausgabe von 1931, Aalen 1968

Valentin, Veit: Geschichte der Deutschen, Nachdruck Köln 1979

Varnhagen von Ense, Karl August: Tagebücher, herausgegeben von Ludmilla Assing, Bände 1-4, Bern 1862-1972

Verhandlungen des Ersten Deutschen Juristentages 1860, herausgegeben von dem Schriftführer=Amt der ständigen Deputation, Erster Band, Berlin 1860

Verhandlungen des Zweiten Deutschen Juristentages 1861, herausgegeben von dem Schriftführer=Amt der ständigen Deputation, Erster Band, Berlin 1861

Verhandlungen des Dritten Deutschen Juristentages 1862, herausgegeben von dem Schriftführer=Amt der ständigen Deputation, Erster Band, Berlin 1862

Vierhaus, Rudolf: Das allgemeine Landrecht als Verfassungsersatz ?, in: 200 Jahre Allgemeines Landrecht für die preußischen Staaten. Wirkungsgeschichte und internationaler Kontext, herausgegeben von Barbara Dölemeyer und Heinz Mohnhaupt, Frankfurt am Main 1995

Weißler, Adolf: Geschichte der Rechtsanwaltschaft, Leipzig 1905

Wesenberg, Gerhard / Wesner, Gunter: Neuere deutsche Privatrechtsgeschichte im Rahmen der europäischen Rechtsentwicklung, Lahr 1985

Wieacker, Franz: Privatrechtsgeschichte der Neuzeit – unter besonderer Berücksichtigung der deutschen Entwicklung, Göttingen 1967

Willoweit, Dietmar: Die bürgerlichen Rechte und das gemeine Wohl, in: Ebel (Hrsg.), Gemeinwohl-Freiheit-Vernunft-Rechtsstaat. 200 Jahre Allgemeines Landrecht für die Preußischen Staaten, Symposium der Juristischen Gesellschaft zu Berlin 27.-29. Mai 1994, Berlin 1995

Wolf, Erik: Große Rechtsdenker in der deutschen Geistesgeschichte, Tübingen 1963

Wolff, Adolf: Berliner Revolutionschronik. Darstellung der Berliner Bewegungen im Jahre 1848, 3 Bände, Berlin (1851, 1852, 1854)

RECHTSHISTORISCHE REIHE

Band 23 Meent W. Francksen: Staatsrat und Gesetzgebung im Großherzogtum Berg (1806-1813). 1982.

Band 24 Gerd von Sonnleithner: Bearbeitung des Handelsrechts durch Ignaz von Sonnleithner in seinem "Leitfaden über das österreichische Handels- und Wechselrecht". 1982.

Band 25 Rudolf Palme: Rechts-, Wirtschafts- und Sozialgeschichte der inneralpinen Salzwerke bis zu deren Monopolisierung. 1983.

Band 26 Helen Bosshard: Pestalozzis Staats- und Rechtsverständnis und seine Stellung in der Aufklärung. 1983.

Band 27 Jens Jessen: Die Selbstzeugnisse der deutschen Juristen. Erinnerungen, Tagebücher und Briefe. Eine Bibliographie. 1983.

Band 28 Günter Martin Jensen: Das Domanium Waldeck. Die rechtliche Zuordnung eines Fürstenvermögens. 1984.

Band 29 Johann Heinrich Kumpf: Petitionsrecht und öffentliche Meinung im Entstehungsprozeß der Paulskirchenverfassung 1848/49. 1983.

Band 30 Sabine Frey: Rechtsschutz der Juden gegen Ausweisungen im 16. Jahrhundert. 1983.

Band 31 Dietrich Joswig: Die germanische Grundstücksübertragung. 1984.

Band 32 Andreas Baryli: Konzessionssystem contra Gewerbefreiheit. Zur Diskussion der österreichischen Gewerberechtsreform 1835 bis 1860. 1984.

Band 33 Gerhard Oberkofler: Studien zur Geschichte der österreichischen Rechtswissenschaft. 1984.

Band 34 Rudolf Lauda: Kaufmännische Gewohnheit und Burgrecht bei Notker dem Deutschen. Zum Verhältnis von literarischer Tradition und zeitgenössischer Realität in der frühmittelalterlichen Rhetorik. 1984.

Band 35 Jens Jensen: Die Ehescheidung des Bischofs Hans von Lübeck von Prinzessin Julia Felicitas von Württemberg-Weiltingen AD 1648-1653. Ein Beitrag zum protestantischen Ehescheidungsrecht im Zeitalter des beginnenden Absolutismus. 1984.

Band 36 Horst Schröder: Friedrich Karl von Savigny. Geschichte und Rechtsdenken beim Übergang vom Feudalismus zum Kapitalismus in Deutschland. 1984.

Band 37 Andreas Hatzung: Dogmengeschichtliche Grundlagen und Entstehung des zivilrechtlichen Notstands. 1984.

Band 38 Matthias Klasen: Das Billwerder Landrecht. Landrecht und Landgericht in den Hamburger Elbmarschen. 1985.

Band 39 Rainer Jamin: Aufbau, Tätigkeit und Verfahren der Auseinandersetzungsbehörden bei der Durchführung der preußischen Agrarreformen. 1985.

Band 40 Henry Winter: Teilschuld, Gesamtschuld und unechte Gesamtschuld. Zur Konzeption der §§ 420 ff. BGB - Ein Beitrag zur Entstehungsgeschichte des BGB. 1985.

Band 41 Hermann Eichler: Verfassungsbewegung in Amerika und Europa. 1985.

Band 42 Dagmar Bandemer: Heinrich Albert Zachariae. Rechtsdenken zwischen Restauration und Reformation. 1985.

Band 43 Eva-Christine Frentz: Das Hamburgische Admiralitätsgericht (1623-1811). Prozeß und Rechtsprechung. 1985.

Band 44 Karl Lillig: Rechtsetzung im Herzogtum Pfalz-Zweibrücken während des 18. Jahrhunderts. Ein Beitrag zur Geschichte der territorialen Rechtsbildung. 1985.

Band 45 Walter Weber: Die Entwicklung der Sparkassen zu selbständigen Anstalten des öffentlichen Rechts. Ein Beitrag zur Entwicklung des Anstaltsbegriffs im 19. Jahrhundert. 1985.

Band 46 Bärbel Baum: Der Stabreim im Recht. Vorkommen und Bedeutung des Stabreims in Antike und Mittelalter. 1986.

Band 47 Hans Popp: Die nationalsozialistische Sicht einiger Institute des Zivilprozeß- und Gerichtsverfassungsrechts. 1986.

Band 48 John Karl-Heinz Montag: Die Lehrdarstellung des Handelsrechts von Georg Friedrich von Martens bis Meno Pöhls. Die Wissenschaft des Handelsrechts im ersten Drittel des 19. Jahrhunderts. 1986.

Band 49 Volker D. Anhäusser: Das internationale Obligationenrecht in der höchstrichterlichen Rechtsprechung des 19. Jahrhunderts. 1986.

Band 50 Udo Beer: Die Juden, das Recht und die Republik. Verbandswesen und Rechtsschutz 1919-1933. 1986.

Band 51 Herbert Grziwotz: Der moderne Verfassungsbegriff und die "Römische Verfassung" in der deutschen Forschung des 19. und 20. Jahrhunderts. 1986.

Band 52 Ralf Conradi: Karl Friedrich Eichhorn als Staatsrechtslehrer. Seine Göttinger Vorlesung über "Das Staatsrecht der deutschen Bundesstaaten" nach einer Kollegmitschrift aus dem Wintersemester 1821/22. 1987.

Band 53 Dieter Dannreuther: Der Zivilprozeß als Gegenstand der Rechtspolitik im Deutschen Reich 1871 - 1945. Ein Beitrag zur Geschichte des Zivilprozeßrechts in Deutschland. 1987.

Band 54 Stephan Felix Pauly: Organisation, Geschichte und Praxis der Gesetzesauslegung des (Königlich) Preußischen Oberverwaltungsgerichtes 1875 - 1933. 1987.

Band 55 Rüdiger Schulz: Die Entstehung des Seerechts des Allgemeinen Deutschen Handelsgesetzbuches unter besonderer Berücksichtigung der Bestimmungen über die Reederei, den Schiffer und die Schiffsmannschaft. 1987.

Band 56 Reinhold Reis: Deutsches Privatrecht in den Weistümern der Zenten Schriesheim und Kirchheim. 1987.

Band 57 Jürgen Christoph: Die politischen Reichsamnestien 1918 - 1933. 1987.

Band 58 Gerhard Oberkofler/Eduard Rabofsky: Hans Kelsen im Kriegseinsatz der k.u.k.-Wehrmacht. Eine kritische Würdigung seiner militärtheoretischen Angebote. 1988.

Band 59 Arne Wulff: Staatssekretär Prof. Dr. Dr. h.c. Franz Schlegelberger. 1876-1970. 1991.

Band 60 Gerhard Köbler (Hrsg.): Wege europäischer Rechtsgeschichte. Karl Kroeschell zum 60. Geburtstag. 1987.

Band 61 Rüdiger Hütte: Der Gemeinschaftsgedanke in den Erbrechtsreformen des Dritten Reichs. 1988.

Band 62 Markus Göldner: Politische Symbole der europäischen Integration. Fahne, Hymne, Hauptstadt, Paß, Briefmarke, Auszeichnungen. 1988.

Band 63 Wolfgang Kröner: Freiheitsstrafe und Strafvollzug in den Herzogtümern Schleswig, Holstein und Lauenburg von 1700 bis 1864. 1988.

Band 64 Werner Gaile: Die Norder Theelacht. 1988.

Band 65 Karl v. Kempis: Andreas Gaill (1526 - 1587). Zum Leben und Werk eines Juristen der frühen Neuzeit. 1988.

Band 66 Wolf-Rüdiger Osburg: Die Verwaltung Hamburgs in der Franzosenzeit. 1811-1814. 1988.

Band 67 Christian Schudnagies: Hans Frank. Aufstieg und Fall des NS-Juristen und Generalgouverneurs. 1988.

Band 68 Otmar Jung: Senatspräsident Freymuth. Richter, Sozialdemokrat und Pazifist in der Weimarer Republik. Eine politische Biographie. 1989.

Band 69 Joachim Lohner: Das landeshauptmannschaftliche Gericht in Oberösterreich zu Beginn der Neuzeit. Eine Darstellung des oberösterreichischen Prozeßrechts am obersten Territorialgericht des Landes anhand der oberösterreichischen Landtafel.1989.

Band 70 Bernd Klemann: Rudolf von Jhering und die Historische Rechtsschule. 1989.

Band 71 Adalbert Langer: Männer um die österreichische Zivilprozeßordnung 1895. Zusammenspiel / Soziales Ziel. 1990.

Band 72 Robert-Dieter Klee: Die Landessuperintendentur Lauenburg. Ursprung und Entwicklung sowie Ende der Sonderstellung des Kirchenkreises Herzogtum Lauenburg durch die nordelbische Kirchenvereinigung. 1989.

Band 73 Heinrich Herrmann: Die Gehöferschaften im Bezirk Trier. 1989.

Band 74 Wilhelm Brauneder, Franz Baltzarek (Hrsg.): Modell einer neuen Wirtschaftsordnung. Wirtschaftsverwaltung in Österreich 1914 - 1918. 1991.

Band 75 Thomas Dreyer: Die "Assecuranz- und Haverey-Ordnung" der Freien und Hansestadt Hamburg von 1731. 1990.

Band 76 Bernhard Sendler: Die Rechtssprache in den süddeutschen Stadtrechtsreformationen. 1990.

Band 77 Brigitte Lehmann: Ehevereinbarungen im 19. und 20. Jahrhundert. 1990.

Band 78 Michael Sunnus: Der NS-Rechtswahrerbund (1928-1945). Zur Geschichte der nationalsozialistischen Juristenorganisation. 1990.

Band 79 Stefan Schulz: Die historische Entwicklung des Rechts an Bienen. (§§ 961 - 964 BGB). 1990.

Band 80 Gerhard Lingelbach, Heiner Lück (Hrsg.): Deutsches Recht zwischen Sachsenspiegel und Aufklärung. Rolf Lieberwirth zum 70. Geburtstag dargebracht von Schülern, Freunden und Kollegen, herausgegeben von Gerhard Lingelbach und Heiner Lück. 1991.

Band 81 Manfred Krohn: Die deutsche Justiz im Urteil der Nationalsozialisten 1920 - 1933. 1991.

Band 82 Angelika Kühn: Privilegierung nationaler Minderheiten im Wahlrecht der Bundesrepublik Deutschland und Schleswig-Holsteins. 1991.

Band 83 Georg Brun: Leben und Werk des Rechtshistorikers Heinrich Mitteis unter besonderer Berücksichtigung seines Verhältnisses zum Nationalsozialismus. 1991.

Band 84 Wolfgang Simon: Claudius Freiherr von Schwerin. Rechtshistoriker während dreier Epochen deutscher Geschichte. 1991.

Band 85 Friedrich-Carl Wachs: Das Verordnungswerk des Reichsdemobilmachungsamtes. Stabilisierender Faktor zu Beginn der Weimarer Republik. 1991.

Band 86 Jens-Uwe Petersen: Die Vorgeschichte und die Entstehung des Mieterschutzgesetzes von 1923 nebst der Anordnung für das Verfahren vor dem Mieteinigungsamt und der Beschwerdestelle. 1991.

Band 87 Ulrike Haibach: Familienrecht in der Rechtssprache. Die historische Entwicklung zentraler Ausdrücke des geltenden Familienrechts. 1991.

Band 88 Joern Christian Nissen: Die Beratungen des Seeversicherungsausschusses der Akademie für Deutsches Recht zu einem neuen Seeversicherungsgesetz (1934-1939). Ein Beitrag zur Entwicklung der allgemeinen Lehren des Seeversicherungsrechts unter besonderer Berücksichtigung des Handelsgesetzbuchs und der Allgemeinen Deutschen Seeversicherungs-Bedingungen 1919. 1991.

Band 89 Diethard Bühler: Die Entstehung der allgemeinen Vertragsschluß-Vorschriften im Allgemeinen Deutschen Handelsgesetzbuch (ADHGB) von 1861. Ein Beitrag zur Kodifikationsgeschichte des Privatrechts im 19. Jahrhundert. 1991.

Band 90 Gerhard Oberkofler: Die Vertreter des Römischen Rechts mit deutscher Unterrichtssprache an der Karls-Universität in Prag. Vom Vormärz bis 1945. 1991.

Band 91 Ulrich Andermann: Ritterliche Gewalt und bürgerliche Selbstbehauptung. Untersuchungen zur Kriminalisierung und Bekämpfung des spätmittelalterlichen Raubrittertums am Beispiel norddeutscher Hansestädte. 1991.

Band 92 Heinz Marcus Hanke: Luftkrieg und Zivilbevölkerung. Der kriegsvölkerrechtliche Schutz der Zivilbevölkerung gegen Luftbombardements von den Anfängen bis zum Ausbruch des Zweiten Weltkrieges. 1991.

Band 93 Kirsten Kraglund: Familien- und Erbrecht. Materielles Recht und Methoden der Rechtsanwendung in der Rechtsprechung des Oberappellationsgerichts der vier Freien Städte Deutschlands zu Lübeck. 1991.

Band 94 Reinhard Lorenz: Die politische und rechtliche Stellung des Proletariats in Preußen in der Zeit zwischen den Reformen und der Revolution 1848/49. 1991.

Band 95 Eric Hilgendorf: Die Entwicklungsgeschichte der parlamentarischen Redefreiheit in Deutschland. 1991.

Band 96 Hans J. Reiter: Die Handelsgesellschaft Villeroy & Boch von der Gründung 1836 bis zum Jahr 1878. 1992.

Band 97 Martin Johannes Heller: Reform der deutschen Rechtssprache im 18. Jahrhundert. 1992.

Band 98 Michael Kotulla: Die Tragweite der Grundrechte der revidierten preußischen Verfassung vom 31.01.1850. 1992.

Band 99 Michael Siefener: Hexerei im Spiegel der Rechtstheorie. Das crimen magiae in der Literatur von 1574 bis 1608. 1992.

Band 100 Andreas Ebert-Weidenfeller: Hamburgisches Kaufmannsrecht im 17. und 18. Jahrhundert. Die Rechtsprechung des Rates und des Reichskammergerichtes. 1992.

Band 101 Enno Bommel: Die Entstehung der Verwirkungslehre in der Krise des Positivismus. 1992.

Band 102 Ralph Steppacher: Die Berücksichtigung der bäuerlichen Postulate bei der Entstehung des ZGB und der Revision des OR. Ein Beitrag zur schweizerischen Kodifikationsgeschichte (1893 - 1912). 1992.

Band 103 Martin Fleckenstein: Die Todesstrafe im Werk Carl Joseph Anton Mittermaiers (1787 - 1867). Zur Entwicklungsgeschichte eines Werkbereichs und seiner Bedeutung für Theorie- und Methodenbildung. 1992.

Band 104 Jörn Eckert: Der Kampf um die Familienfideikommisse in Deutschland. Studien zum Absterben eines Rechtsinstitutes. 1992.

Band 105 Jörg Grotkopp: Beamtentum und Staatsformwechsel. Die Auswirkungen der Staatsformwechsel von 1918, 1933 und 1945 auf das Beamtenrecht und die personelle Zusammensetzung der deutschen Beamtenschaft. 1992.

Band 106 Andreas Rohde: Die Garantiehaftung des Vermieters und ihr Verhältnis zum Unmöglichkeitsrecht in dogmengeschichtlicher und modernrechtlicher Sicht. 1992.

Band 107 Tjark Siefke Kunstreich: Gesamtvertretung. Eine historisch-systematische Darstellung. 1992.

Band 108 Jürgen Krüger: Blindheit und Königtum. Die Blindheit des Königs Georg V. von Hannover als verfassungsrechtliches Problem. 1992.

Band 109 Wolfgang Putschek: Ständische Verfassung und autoritäre Verfassungspraxis in Österreich 1933-1938 mit Dokumentenanhang. Verfassung und Verfassungswirklichkeit. Mit einem Anhang: Denkschriften von Rechtsanwalt Dr. Erich Führer 1936/37. 1993.

Band 110 Klaus Hofmann: Die Verdrängung der Juden aus öffentlichem Dienst und selbständigen Berufen in Regensburg 1933-1939. 1993.

Band 111 Franz Kilger: Die Entwicklung des Telegraphenrechts im 19. Jahrhundert mit besonderer Berücksichtigung der technischen Entwicklung. Telegraphenrecht im 19. Jahrhundert. 1993.

Band 112 Wilhelm Brauneder (Hrsg.): Heiliges Römisches Reich und moderne Staatlichkeit. 1993.

Band 113 Thomas Heinrich: Das preußische Nichtehelichenrecht: Von der Aufklärung zur Reaktion. 1993.

Band 114 Gerald Kohl: Jagd und Revolution. Das Jagdrecht in den Jahren 1848 und 1849. 1993.

Band 115 Christian Schudnagies: Der Kriegs- oder Belagerungszustand im Deutschen Reich während des Ersten Weltkrieges. Eine Studie zur Entwicklung und Handhabung des deutschen Ausnahmezustandsrechts bis 1918. 1994.

Band 116 Elisabeth Bellmann: Die Internationale Kriminalistische Vereinigung (1889-1933). 1994.

Band 117 Julia Pfannkuch: Volksrichterausbildung in Sachsen 1945-1950. 1993.

Band 118 Jörg Offen: Von der Verwaltungsgemeinschaft des BGB von 1896 zur Zugewinngemeinschaft des Gleichberechtigungsgesetzes von 1957. 1994.

Band 119 Dorothee Kohlhas-Müller: Untersuchungen zur Rechtsstellung Theoderichs des Großen. 1995.

Band 120 Monika Rose: Das Gerichtswesen des Herzogtums Pfalz-Zweibrücken im 18. Jahrhundert. Ein Beitrag zur territorialen Gerichtsbarkeit im Alten Reich. 1994.

Band 121 Jörn Eckert / Hans Hattenhauer (Hrsg.): Bibel und Recht. Rechtshistorisches Kolloquium 9. - 13. Juni 1992 an der Christian-Albrechts-Universität zu Kiel. 1994.

Band 122 Robert Martin Mizia: Der Rechtsbegriff der Autonomie und die Begründung des Privatfürstenrechts in der deutschen Rechtswissenschaft des 19. Jahrhunderts. 1995.

Band 123 Walther Graf von Plettenberg: Das Fortleben des Liber Iudiciorum in Asturien/León (8. - 13. Jh.). 1994.

Band 124 Wolfgang Schulz: Das deutsche Börsengesetz. Die Entstehungsgeschichte und wirtschaftlichen Auswirkungen des Börsengesetzes von 1896. 1994.

Band 125 Frank Hagemann: Der Untersuchungsausschuß Freiheitlicher Juristen. 1949 – 1969. 1994.

Band 126 Andreas Rethmeier: "Nürnberger Rassegesetze" und Entrechtung der Juden im Zivilrecht. 1995.

Band 127 Edith Grether: Die Poesie der Throne. Die Juristen in der Fruchtbringenden Gesellschaft. 1995.

Band 128 Anna Bartels-Ishikawa: Der Lippische Thronfolgestreit. Eine Studie zu verfassungsrechtlichen Problemen des Deutschen Kaiserreiches im Spiegel der zeitgenössischen Staats. 1995.

Band 129 Jörg Schmidt: Otto Koellreutter 1883-1972. Sein Leben, sein Werk, seine Zeit. 1995.

Band 130 Christian Hattenhauer: Wahl und Krönung Franz II. AD 1792. Das Heilige Reich krönt seinen letzten Kaiser - Das Tagebuch des Reichsquartiermeisters Hieronymus Gottfried von Müller und Anlagen. 1995.

Band 131 Jutta v. der Decken: Das Seearbeitsrecht im Hamburger Stadtrecht von 1301 bis 1603. 1995.

Band 132 Detlev Schmidt: Die Reform des Rechts der Handelsvertreter von 1953. 1995.

Band 133 Gabi Roßdeutscher: Privatautonomie im Scheidungsrecht. Scheidungsbezogene Vereinbarungen in den letzten 200 Jahren. 1995.

Band 134 Harald Kahlenberg: Leben und Werk des Rechtshistorikers Walther Merk. Ein Beispiel für das Verhältnis von Rechtsgeschichte und Nationalsozialismus. 1995.

Band 135 Michael Steitz: Adelbert Düringer am Reichsgericht (1902-1915). Seine aktienrechtlichen Entscheidungen und sein Einfluß auf das Aktienrecht in Deutschland. 1995.

Band 136 Christian Becker: Beata Justorum Translatio. Juristen in schleswig-holsteinischen Leichenpredigten. 1996.

Band 137 Christoph Seiler: Vom Allgemeinen Landrecht zum Bürgerlichen Gesetzbuch. Dargestellt am Beispiel der höchstrichterlichen Judikatur zum kaufrechtlichen Sachmängelgewährleistungsrecht. 1996.

Band 138 Bernd Mayer: Die Vertrauensmännerausschüsse auf den preußischen Steinkohlegruben an der Saar. Entstehung und Wirken. Eine rechtshistorische Untersuchung. 1996.

Band 139 Rochus Scholl: Juden und Judenrecht im Herzogtum Pfalz-Zweibrücken. Ein Beitrag zur Rechtsgeschichte eines deutschen Kleinstaates am Ende des alten Reiches. 1996.

Band 140 Meike Bursch: Judentaufe und frühneuzeitliches Strafrecht. Die Verfahren gegen Christian Treu aus Weener/Ostfriesland 1720-1728. 1996.

Band 141 Markus Hillenbrand: Fürstliche Eheverträge. Gottorfer Hausrecht 1544 - 1773. 1996.

Band 142 Ulf Häder: Das gemeinschaftliche Oberappellationsgericht thüringischer Staaten in Jena. Ein Beitrag zur Geschichte des Gerichtswesens im 19. Jahrhundert. 1996.

Band 143 Andreas Bauer: Das Gnadenbitten in der Strafrechtspflege des 15. und 16. Jahrhunderts. Dargestellt unter besonderer Berücksichtigung von Quellen der Vorarlberger Gerichtsbezirke Feldkirch und des Hinteren Bregenzerwaldes. 1996.

Band 144 Christian Wirth: Der Jurist Johann Andreas Georg Friedrich Rebmann zwischen Revolution und Restauration. 1996.

Band 145 Stefanie Müller: Die Rechtsprechung des Hanseatischen Oberlandesgerichts zum persönlichen Eherecht in Hamburgischen Gerichtsfällen von 1879 -1900. 1996.

Band 146 Jean-Nicolas Morisset: Der Frachtvertrag in der *Ordonnance de la marine* von 1681. 1996.

Band 147 Dirk Lentfer: Die Glogauer Landesprivilegien des Andreas Gryphius von 1653. 1996.

Band 148 Wencke Mull: Die Haftung für Einsturzschäden nach den §§ 836-838 BGB in der Rechtsprechung des Reichsgerichts. 1996.

Band 149 Renate Zelger: Teufelsverträge. Märchen, Sage, Schwank, Legende im Spiegel der Rechtsgeschichte. 1996.

Band 150 Guido Kraß: Das Arrestverfahren in Frankfurt am Main im Spätmittelalter. 1996.

Band 151 F. Benedict Heyn: Die Entwicklung des Eisenbahnfrachtrechts von den Anfängen bis zur Einführung des Allgemeinen Deutschen Handelsgesetzbuches (ADHGB). 1996.

Band 152 Thomas Lang: Die Staats- und Verfassungslehre Carl Salomo Zachariaes. 1996.

Band 153 Michael Hebeis: Karl Anton von Martini (1726-1800). Leben und Werk. 1996.

Band 154 Gerald Hubert: Die Diskussion um die rechtliche Natur der Bizone in den Jahren 1947-1949. 1996.

Band 155 Christof Horn: Die Rechtsprechung des Reichsgerichts in Ehescheidungssachen der Jahre 1900 bis 1905. 1996.

Band 156 Hermann Nehlsen / Georg Brun (Hrsg.): Münchener rechtshistorische Studien zum Nationalsozialismus. 1996.

Band 157 Jan Otto Clemens Kehrberg: Die Entwicklung des Elektrizitätsrechts in Deutschland. Der Weg zum Energiewirtschaftsgesetz von 1935. 1997.

Band 158 Johannes Tradt: Der Religionsprozeß gegen den Zopfschulzen (1791-1799). Ein Beitrag zur protestantischen Lehrpflicht und Lehrzucht in Brandenburg-Preußen gegen Ende des 18. Jahrhunderts. 1997.

Band 159 Dietmar Olsen: Das kaufrechtliche Sachmängelgewährleistungsrecht des Code civil in der Rechtsprechung deutscher Gerichte im 19. Jahrhundert. Ein Beitrag zur Ablösung der Partikularrechte durch das BGB. 1997.

Band 160 Ulrich Bernhardt: Die Deutsche Akademie für Staats- und Rechtswissenschaft „Walter Ulbricht" 1948-1971. 1997.

Band 161 Claudia Susan Hoppe: Die Bürgschaft im Rechtsleben Hamburgs von 1600 bis 1900. 1997.

Band 162 Franz-Rudolf Ecker: Die Entwicklung des Bergrechts im Saarbrücker Steinkohlenrevier bis zum Ende des 18. Jahrhunderts. Ein Vergleich mit dem älteren deutschen Bergrecht. 1997.

Band 163 Anne Katrin Rückert: Politik und Privatrecht in der „konservativen Revolution". 1997.

Band 164 Gisbert Laube: Der Reichskunstwart. Geschichte einer Kulturbehörde 1919-1933. 1997.

Band 165 Nicolas Lührig: Die Diskussion über die Reform der Juristenausbildung von 1945 bis 1995. 1997.

Band 166 Regula Gerber Jenni: Die Emanzipation der mehrjährigen Frauenzimmer. Frauen im bernischen Privatrecht des 19. Jahrhunderts. 1997.

Band 167 Mischa A. Färber: Das gemeinschaftliche Testament in der höchstrichterlichen Rechtsprechung zum Allgemeinen Preußischen Landrecht und zum BGB. Ein Beitrag zur Ablösung der Partikularrechte durch das BGB. 1997.

Band 168 Catherine Antoinette Gasser: Philipp Lotmar 1850-1922. Professor der Universität Bern. Sein Engagement für das Schweizerische Arbeitsrecht. 1997.

Band 169 Lars Immisch: Der sozialistische Richter in der DDR und seine Unabhängigkeit. Der Versuch eines Rechtsvergleiches zum Unabhängigkeitsbegriff in der bundesdeutschen Rechtsordnung. 1997.

Band 170 Jessica Jacobi: Besitzschutz vor dem Reichskammergericht. Die friedenssichernde Funktion der Besitzschutzklagen am Reichskammergericht im 16. Jahrhundert, dargestellt anhand von Kameralisten. 1998.

Band 171 Ewald Hügemann: Die Geschichte des öffentlichen und privaten Mietpreisrechts vom Ersten Weltkrieg bis zum Gesetz zur Regelung der Miethöhe von 1974. 1998.

Band 172 Lutz Rentzow: Die Entstehungs- und Wirkungsgeschichte der Vernewerten Landesordnung für das Königreich Böhmen von 1627. 1998.

Band 173 Sabine Stürmer: Mühlenrecht im Herzogtum Pfalz-Zweibrücken während des 18. Jahrhunderts. Ein Beitrag zum Wirtschaftsrecht eines deutschen Kleinstaates im Alten Reich. 1998.

Band 174 Mario Bogisch: *Nemo testis in re sua*. Das Problem der Zeugnisfähigkeit bei der Anwendung der deutschen Zivilprozeßordnung von 1877. 1998.

Band 175 Rainer Oßwald: Pactane sunt servanda? Freiwilligkeit, Zwang und Unverbindlichkeitserklärungen im islamischen Vertragsrecht malikitischer Schule. 1998.

Band 176 Bettina Kern: Der preußische BGB-Entwurf von 1842. 1998.

Band 177 Inken Fuhrmann: Die Diskussion über die Einführung der fakultativen Zivilehe in Deutschland und Österreich seit Mitte des 19. Jahrhunderts. 1998.

Band 178 Annette Rieck: Der Heilige Ivo von Hélory (1247-1303). Advocatus pauperum und Patron der Juristen. 1998.

Band 179 Frank Bottenberg: Die Hamburgische Strafprozeßordnung von 1869. 1998.

Band 180 Matthias Krauß: Das kursächsische Postrecht von seinen Anfängen bis zum Ende des Alten Reichs. 1998.

Band 181 Torsten Schmidt: Die Entmündigung von den Anfängen des BGB bis zu ihrer Ablösung durch das Institut der Betreuung. 1998.

Band 182 Christian Nunn: Rudolf Müller-Erzbach. 1874-1959. Von der realen Methode über die Interessenjurisprudenz zum kausalen Rechtsdenken (Leben und Werk). 1998.

Band 183 Christian Ortloff: Das staatskirchenrechtliche System Wilhelm Traugott Krugs. Glaubens- und Gewissensfreiheit – eine Forderung der Vernunft. 1998.

Band 184 Christian Hattenhauer: Schuldenregulierung nach dem Westfälischen Frieden. Der sog. § *de indaganda* und seine Umsetzung im Jüngsten Reichsabschied (AD 1648 und 1654). 1998.

Band 185 Werner Schubert: Preußen im Vormärz. Die Verhandlungen der Provinziallandtage von Brandenburg, Pommern, Posen, Sachsen und Schlesien sowie – im Anhang – von Ostpreußen, Westfalen und der Rheinprovinz (1841-1845). 1998.

Band 186 Silvia Schumacher: Das Rechtsverhältnis zwischen Eltern und Kindern in der Privatrechtsgeschichte. 1999.

Band 187 Kai Sommer: Die Strafbarkeit der Homosexualität von der Kaiserzeit bis zum Nationalsozialismus. Eine Analyse der Straftatbestände im Strafgesetzbuch und in den Reformentwürfen (1871-1945). 1998.

Band 188 Jan Erik Backhaus: Volksrichterkarrieren in der DDR. 1999.

Band 189 Ralf Ruhnau: Die Fürstlich Thurn und Taxissche Privatgerichtsbarkeit in Regensburg. Ein Kuriosum der deutschen Rechtsgeschichte. 1999.

Band 190 Antonio Grilli: Die französische Justizorganisation am linken Rheinufer 1797-1803. 1999.

Band 191 Stephanie Kammerloher-Lis: Die Entstehung des Gesetzes über die religiöse Kindererziehung vom 15. Juli 1921. 1999.

Band 192 Jan Telp: Ausmerzung und Verrat. Zur Diskussion um Strafzwecke und Verbrechensbegriffe im Dritten Reich. 1999.

Band 193 Kurt von Pannwitz: Die Entstehung der Allgemeinen Deutschen Wechselordnung. Ein Beitrag zur Geschichte der Vereinheitlichung des deutschen Zivilrechts im 19. Jahrhundert. 1999.

Band 194 Sylvia Busch: Die Entstehung der Allgemeinen Gerichtsordnung für die Preussischen Staaten von 1793/95. Ein Beitrag zur Geschichte der Kodifikationsbewegung und der Reform des Zivilprozesses in Preußen im 18. Jahrhundert. 1999.

Band 195 Dirk Bieresborn: Klage und Klageerwiderung im deutschen und englischen Zivilprozeß. Eine rechtshistorische und rechtsvergleichende Untersuchung unter besonderer Berücksichtigung der Beeinflussung durch das römisch-kanonische Verfahren. 1999.

Band 196 Andreas Thier / Guido Pfeifer / Philipp Grzimek (Hrsg.): Kontinuitäten und Zäsuren in der Europäischen Rechtsgeschichte. Europäisches Forum Junger Rechtshistorikerinnen und Rechtshistoriker München 22.-24. Juli 1998. 1999.

Band 197 Franz Smola: Die Fürstlich Liechtenstein'sche Kunstsammlung. Rechtsfragen zur Verbringung der Sammlung von Wien nach Vaduz in den Jahren 1944/45. 1999.

Band 198 Frank Martin Krauss: Das geteilte Eigentum im 19. und 20. Jahrhundert. Eine Untersuchung zum Fortbestand des Teilungsgedankens. 1999.

Band 199 Matthias Frey: Die spanische Aktiengesellschaft im 18. Jahrhundert und unter dem Código de Comercio von 1829. 1999.

Band 200 Alexandra Gilde: Die Stellung der Frau im Reichsstrafgesetzbuch von 1870/71 und in den Reformentwürfen bis 1919 im Urteil der bürgerlichen Frauenbewegung. Eine Analyse ausgewählter Straftatbestände. 1999.

Band 201 Malte Dießelhorst / Arne Duncker: Hans Kohlhase. Die Geschichte einer Fehde in Sachsen und Brandenburg zur Zeit der Reformation. 1999.

Band 202 Jörg Hillmann: Territorialrechtliche Auseinandersetzungen der Herzöge von Sachsen-Lauenburg vor dem Reichskammergericht im 16. Jahrhundert. 1999.

Band 203 Carsten Engler: Die Kommanditgesellschaft (KG) und die stille Gesellschaft im Allgemeinen Deutschen Handelsgesetzbuch (ADHGB) von 1861. 1999.

Band 204 Vesta Hoffmann-Steudner: Die Rechtsprechung des Reichsgerichts zu dem Scheidungsgrund des § 49 EheG (EheG 1938) in den Jahren 1938-1945. 1999.

Band 205 Michaela Thiele: Die Auflösung von Arbeitsverhältnissen aufgrund Anfechtung und außerordentlicher Kündigung nach der Rechtsprechung des Reichsarbeitsgerichts (1927-1945). 2000.

Band 206 Peter Landau / Hermann Nehlsen / Mathias Schmoeckel (Hrsg.): Karl von Amira zum Gedächtnis. 1999.

Band 207 Marcus Flinder: Die Entstehungsgeschichte des Zivilgesetzbuches der DDR. 1999.

Band 208 Boris Franz Leo Bromm: Die Entstehungsgeschichte des Berufs des Handelsvertreters. Unter besonderer Berücksichtigung der Sozialgesetzgebung in den Jahren von 1871-1933. 2000.

Band 209 Winfried C. J. Eberstein: Das Tierschutzrecht in Deutschland bis zum Erlaß des Reichs-Tierschutzgesetzes vom 24. November 1933. Unter Berücksichtigung der Entwicklung in England. 1999.

Band 210 Patrick Deller: Der „nach dem Vertrage" vorausgesetzte Gebrauch (§ 459 Absatz 1 Satz 1 BGB). Eine kaufrechtliche Untersuchung unter Berücksichtigung rechtshistorischer wie rechtsvergleichender Grundlagen. 2000.

Band 211 Eckard Freiherr von Bodenhausen: Haftung des Geschäftsherrn für Verrichtungsgehilfen im Straßen- und Schienenverkehr. Eine Analyse der Entscheidungen des Reichsgerichts zu § 831 BGB (1900-1945). 2000.

Band 212 Birte Gast: Der Allgemeine Teil und das Schuldrecht des Bürgerlichen Gesetzbuchs im Urteil von Raymond Saleilles (1855-1912). 2000.

Band 213 Hansjörg Michael Huber: Koloniale Selbstverwaltung in Deutsch-Südwestafrika. Entstehung, Kodifizierung und Umsetzung. 2000.

Band 214 Ulf Björner: Die Verfassungsgerichtsbarkeit im Norddeutschen Bund und Deutschen Reich (1867-1918). Eine rechtshistorische Untersuchung über Gerichtsbarkeit im Spannungsfeld von Politik und Recht innerhalb der von Bismarck geschaffenen deutschen Bundesstaaten. 2000.

Band 215 Mathias Freiherr von Rosenberg: Friedrich Carl von Savigny (1779-1861) im Urteil seiner Zeit. 2000.

Band 216 Reinhard Binder-Krieglstein: Österreichisches Adelsrecht 1868-1918/19. Von der Ausgestaltung des Adelsrechts der cisleithanischen Reichshälfte bis zum Adelsaufhebungsgesetz der Republik unter besonderer Berücksichtigung des adeligen Namensrechts. 2000.

Band 217 Claudia-Regine Nerius: Johannes Lehmann-Hohenberg (1851-1925). Eine Studie zur völkischen Rechts- und Justizkritik im Deutschen Kaiserreich. 2000.

Band 218 Ludger Meuten: Die Erbfolgeordnung des Sachsenspiegels und des Magdeburger Rechts. Ein Beitrag zur Geschichte des sächsisch-magdeburgischen Rechts. 2000.

Band 219 Christoph Alexander von Wilcken: Die Reformbestrebungen zum Genossenschaftsgesetz in der Frühzeit der Bundesrepublik. Die Beratungen der Sachverständigenkommission zur Überprüfung des Genossenschaftsrechts 1954 bis 1958 und der Referentenentwurf von 1962. 2000.

Band 220 Verein Junger RechtshistorikerInnen Zürich (Hrsg.): ¿Rechtsgeschichte(n)? ¿Histoire(s) du droit? ¿Storia/storie del diritto? ¿Legal Histori(es)? Europäisches Forum Junger Rechtshistorikerinnen und Rechtshistoriker Zürich 28.-30. Mai 1999. 2000.

Band 221 Hans Christian Schüler: Die Entstehungsgeschichte der Bundesnotarordnung vom 24. Februar 1961. 2000.

Band 222 Nils-Eberhard Schramm: Die Vereinigung demokratischer Juristen (1949-1999). 2000.

Band 223 Silke Anke Torp: Das Rechtsverhältnis zwischen den Eltern und ihren Kindern. Dienstleistungspflicht, Aussteuer und Ausstattung. Eine Analyse der Rechtsprechung des Reichsgerichts und des Reichsarbeitsgerichts zu den Vorschriften der §§ 1616 bis 1625 des Bürgerlichen Gesetzbuches in der Zeit von 1900 bis 1945. 2000.

Band 224 Martin Jürgen Maaß: Die Geschichte des Eigentumsvorbehalts, insbesondere im 18. und 19. Jahrhundert. 2000.

Band 225 Stefanie Langer: Rechtswissenschaftliche Itinerarien. Lebenswege namhafter europäischer Juristen vom 11. bis zum 18. Jahrhundert. 2000.

Band 226 Ulrich Schmitz: Der Unterhaltsanspruch des nichtehelichen Kindes gegen seinen Erzeuger. Die rechtsgeschichtliche und dogmatische Entwicklung im deutschen Recht. 2000.

Band 227 Sebastian Günther: Friedrich Carl von Savigny als Grundherr. 2000.

Band 228 Henning Ibs: Hermann J. Held (1890-1963). Ein Kieler Gelehrtenleben in den Fängen der Zeitläufe. 2000.

Band 229 Matthias Rücker: Wirtschaftswerbung unter dem Nationalsozialismus. Rechtliche Ausgestaltung der Werbung und Tätigkeit des Werberats der deutschen Wirtschaft. 2000.

Band 230 Hendrik Sandmann: Die Entwicklung von Begriff und Inhalt des Wirtschaftchsrechts durch die Rechtswissenschaft in der Weimarer Republik. 2000.

Band 231 Sibylle Müller: Gibt es Menschenrechte bei Samuel Pufendorf? 2000.

Band 232 Karin Olechowski-Hrdlicka: Die gemeinsamen Angelegenheiten der Österreichisch-Ungarischen Monarchie. Vorgeschichte – Ausgleich 1867 – Staatsrechtliche Kontroversen. 2001.

Band 233 Johannes Mierau: Die juristischen Abschluß- und Diplomprüfungen in der SBZ/DDR. Ein Einblick in die Juristenausbildung im Sozialismus. 2001.

Band 234 Jörg Wolff (Hrsg.): Stillstand, Erneuerung und Kontinuität. Einsprüche zur Preußenforschung. 2001.

Band 235 Friedo Schröder: Die anwaltliche Tätigkeit während der nationalsozialistischen Herrschaft. Eine Analyse der anwaltlichen Argumentation in Zivilprozessen anhand der vorhandenen Prozeßakten der Landgerichte Frankenthal, Wiesbaden, Limburg und Frankfurt und der Handakten der *jüdischen Konsulenten* des OLG-Bezirks Frankfurt. 2001.

Band 236 Der Code pénal des Königreichs Westphalen von 1813 mit dem Code pénal von 1810 im Original und in deutscher Übersetzung. Herausgegeben und mit einer Einleitung versehen von Werner Schubert. 2001.

Band 258 Henning Kahmann: Die Bankiers von Jacquier & Securius 1933–1945. Eine rechtshistorische Fallstudie zur "Arisierung" eines Berliner Bankhauses. Mit einem Geleitwort von John Kornblum. 2002.

Band 259 Volker Friedrich Drecktrah: Die Gerichtsbarkeit in den Herzogtümern Bremen und Verden und in der preußischen Landdrostei Stade von 1715 bis 1879. 2002.

Band 260 Andreas Klass: Standes- oder Leistungselite? Eine Untersuchung der Karrieren der Wetzlarer Anwälte des Reichskammergerichts (1693-1806). 2002.

Band 261 Wolfgang Eder: Das italienische Tribunale Speciale per la Difesa dello Stato und der deutsche Volksgerichtshof. Ein Vergleich zwischen zwei politischen Gerichtshöfen. 2002.

Band 262 Albrecht Cordes / Bernd Kannowski (Hrsg.): Rechtsbegriffe im Mittelalter. 2002.

Band 263 Thomas Hildebrandt: Die Brandenburgischen Provinziallandtage von 1841, 1843, und 1845 anhand ausgewählter Verhandlungsgegenstände. 2002.

Band 264 Jan Finzel: Georg Adam Struve (1619–1692) als Zivilrechtler. 2003.

Band 265 Björn Carsten Frenzel: Das Selbstverständis der Justiz nach 1945. Analyse der Rolle der Justiz unter Berücksichtigung der Reden zur *Wiedereröffnung* der Bundes- und Oberlandesgerichte. 2003.

Band 266 Nils Reichhelm: Die marxistisch-leninistische Staats- und Rechtstheorie Karl Polaks. 2003.

Band 267 Raik Schneider: Altrechtliche Personenzusammenschlüsse. Ihre Entwicklung unter besonderer Berücksichtigung des Rechts des Großherzogtums Sachsen-Weimar-Eisenach sowie der Herzogtümer Sachsen-Meiningen und Sachsen-Gotha. 2003.

Band 268 Anke Meier: Die Geschichte des deutschen Konkursrechts, insbesondere die Entstehung der Reichskonkursordnung von 1877. 2003.

Band 269 Stefan Jens Jordan: Leben und Werk des Tübinger Rechtsprofessors Wilhelm Gottlieb Tafinger 1760–1813. 2003.

Band 270 Stefanie Hubig: Die historische Entwicklung des § 23 ZPO. Zum Ursprung und Fortleben des Vermögensgerichtsstandes im deutschen Prozeßrecht des 19. Jahrhunderts. 2003.

Band 271 Michael G. Perband: Der Grundsatz der freien Beweiswürdigung im Zivilprozeß (§ 286 ZPO) in der Rechtsprechung des Reichsgerichts. 2003.

Band 272 Mathias Bouveret: Die Stellung des Staatsoberhauptes in der parlamentarischen Diskussion und Staatsrechtslehre von 1848 bis 1918. 2003.

Band 273 Barbara Széchényi: Rechtliche Grundlagen bayerischer Zensur im 19. Jahrhundert. 2003.

Band 274 Sylvia Scharfenberg: Die Entstehungsgeschichte des Beurkundungsgesetzes vom 28. August 1969. 2003.

Band 275 Urte Nesemann: Die schwedische Familiengesetzgebung von 1734 bis zu den Reformgesetzen von 1915 bis 1920 und deren Einfluss auf die Gesetzgebungsprojekte der Weimarer Republik. Unter besonderer Berücksichtigung der Rechtsstellung der Frau und des unehelichen Kindes. 2003.

Band 276 Alexandra Brück: Die Polizeiordnung Herzog Christians von Braunschweig-Lüneburg vom 6. Oktober 1618. 2003.

Band 277 Torsten Landwehr: Das Kommissionsgeschäft in Rechtswissenschaft, Gesetzgebung und Rechtspraxis vom 16. bis zum Ende des 18. Jahrhunderts. 2003.

Band 278 Tassilo Wilhelm Maria Englert: Deutsche und italienische Zivilrechtsgesetzgebung von 1933–1945. Parallelen in der Rechtsetzung und gegenseitige Beeinflussung unter besonderer Berücksichtigung des Familien- und Erbrechts. 2003.

Band 279 Tobias Prang: Der Schutz der Versicherungsnehmer bei der Auslegung von Versicherungsbedingungen durch das Reichsgericht. 2003.

Band 280 Thorsten Lieb: Privileg und Verwaltungsakt. Handlungsformen der öffentlichen Gewalt im 18. und 19. Jahrhundert. 2004.

Band 281 Michael Rühling: Das Ladenschlussgesetz vom 28. November 1956. Vorgeschichte, Entstehung des Gesetzes und weitere Entwicklung. 2004.

Band 282 Kathrin Nawotki: Die schleswigsche Deichstavengerechtigkeit. Vom 17. Jahrundert bis in die Gegenwart. Eine gewohnheitsrechtliche Superfizies an nordfriesischen Deichgrundstücken und ihre Entwicklung. 2004.

Band 283 Erik Nils Voigt: Die Gesetzgebungsgeschichte der militärischen Ehrenstrafen und der Offizierehrengerichtsbarkeit im preußischen und deutschen Heer von 1806 bis 1918. 2004.

Band 284 Dorothea Riedi Hunold: Die Einführung der allgemeinen Wechselfähigkeit in der Schweiz in der zweiten Hälfte des 19. Jahrhunderts. Unter besonderer Berücksichtigung der politischen, wirtschaftlichen und sozialen Verhältnisse. 2004.

Band 285 Thomas Gergen: Pratique juridique de la paix et trêve de Dieu à partir du concile de Charroux (989–1250). Juristische Praxis der Pax und Treuga Dei ausgehend vom Konzil von Charroux (989–1250). 2004.

Band 286 Kathrin Bethkenhagen: Die Entwicklung des Luftrechts bis zum Luftverkehrsgesetz von 1922. 2004.

Band 287 Heiko Lüpkes: Die Verbrechen der Diener des Staats im Allgemeinen Landrecht für die Preußischen Staaten von 1794 und ihre Entwicklung zu den Vergehen und Verbrechen im Amte im Strafgesetzbuch für die Preußischen Staaten von 1851. 2004.

Band 288 Mirco Peter Hirsch: Von der Erbbescheinigung des Preußischen Rechts zum Erbschein des Bürgerlichen Gesetzbuchs. 2004.

Band 289 Bettina Günther: Die Behandlung der Sittlichkeitsdelikte in den Policeyordnungen und der Spruchpraxis der Reichsstädte Frankfurt am Main und Nürnberg im 15. bis 17. Jahrhundert. 2004.

Band 290 Seunghyeon Seong: Der Begriff der *nicht gehörigen Erfüllung* aus dogmengeschichtlicher und rechtsvergleichender Sicht. 2004.

Band 291 Steffen-Werner Meyer: Bemühungen um ein Reichsgesetz gegen den Büchernachdruck. Anläßlich der Wahlkapitulation Leopolds II. aus dem Jahre 1790. 2004.

Band 292 Ulrich Löffler: Instrumentalisierte Vergangenheit? Die nationalsozialistische Vergangenheit als Argumentationsfigur in der Rechtsprechung des Bundesverfassungsgerichts. 2004.

Band 293 Norbert Koch: Die Entwicklung des deutschen privaten Immissionsschutzrechts seit Beginn der Industrialisierung. Unter besonderer Berücksichtigung des Einflusses der höchstrichterlichen Rechtsprechung. 2004.

Band 294 Julius Ludwig Pfeiffer: Das Tierschutzgesetz vom 24. Juli 1972. Die Geschichte des deutschen Tierschutzrechts von 1950 bis 1972. 2004.

Band 295 Bert-Hagen Strodthoff: Die richterliche Frage- und Erörterungspflicht im deutschen Zivilprozeß in historischer Perspektive. 2004.

Band 296 Tim Kannewurf: Die Höfeordnung vom 24. April 1947. Entstehungsgeschichte und Einordnung in die Entwicklung des Anerbenrechts. 2004.

Band 297 Steffi Heine: Die Methodendiskussion nach Inkrafttreten des Bürgerlichen Gesetzbuches und die Gründung des Vereins *Recht und Wirtschaft*. 2004.

Band 298 Anne Marlene Simon-Holtorf: Geschichte des Familienwahlrechts in Frankreich (1871 bis 1945). 2004.

Band 299 Jürgen Busch: Das Germanenbild der deutschen Rechtsgeschichte. Zwischen Wissenschaft und Ideologie. Mit einem Vorwort von Herwig Wolfram. 2004.

Band 300 Jan Kohlmann: Der Marsch zu den Gräbern von Karl und Rosa. Geschichte eines Gedenktages. 2004.

Band 301 Christian Rainer Schlicht: Die kumulative Schuldübernahme in der Rechtsprechung des Reichsgerichts und in der zeitgenössischen Literatur. 2004.

Band 302 Hans Peter Glöckner: Positive Vertragsverletzung. Die Geburt eines Rechtsinstituts. 2006.

Band 303 João Manuel Azevedo Alexandrino Fernandes: Die Theorie der Interpretation des Gesetzes bei Francisco Suárez. 2005.

Band 304 René Funk: Die Wahlprüfung der volksgewählten Abgeordneten der Volksvertretungen im Frühkonstitutionalismus. Eine Untersuchung der Wahlprüfung in den Kammern der Abgeordneten des Großherzogtums Baden, des Königreichs Württemberg und des Großherzogtums Hessen. 2005.

Band 305 Carolin O'Sullivan. Die Ahndung von Rechtsbrüchen der Seeleute im mittelalterlichen hamburgischen und hansischen Seerecht (1301–1482). 2005.

Band 306 Martin Jürgens: Staat und Reich bei Ernst Rudolf Huber. Sein Leben und Werk bis 1945 aus rechtsgeschichtlicher Sicht. 2005.

Band 307 Florian G. Dürselen: Franz Beyerle (1885–1977). Leben, Ära und Werk eines Rechtshistorikers. 2005.

Band 308 Kai Bandilla: Urheberrecht im Kaiserreich. Der Weg zum Gesetz betreffend das Urheberrecht an Werken der Literatur und Tonkunst vom 19. Juni 1901. 2005.

Band 309 Stefan Mieth: Die Entwicklung des Denkmalrechts in Preußen 1701–1947. 2005.

Band 310 Catharina Lodemann: Die Geschichte des französischen *acte de gouvernement*. 2005.

Band 311 Christina Wicke: Kodifikationsbestrebungen und Wissenschaft in Hessen-Darmstadt im vorkonstitutionellen Zeitalter. Zu der Beteiligung der Gießener Rechtsprofessoren an den Gesetzgebungsarbeiten in Hessen-Darmstadt in der Zeit zwischen 1769 und 1820. 2005.

Band 312 Christiane Chlosta: Nur dem Gesetz unterworfen? Eine rechtsgeschichtliche Untersuchung zu Idee und Wirklichkeit richterlicher Gesetzestreue unter besonderer Berücksichtigung der Aufwertungsrechtsprechung und des richterlichen Prüfungsrechts. 2005.

Band 313 Kathrin Dirr: Hoheitsrechtliche Streitigkeiten zwischen den Kölner Erzbischöfen und der Stadt Köln auf Grundlage reichskammergerichtlicher Verfahren des 16. und 17. Jahrhunderts. 2005.

Band 314 Michael Racky: Die Diskussion über Gewaltenteilung und Gewaltentrennung im Vormärz. 2005.

Band 315 Petra Thiemrodt: Die Entstehung des Staatshaftungsgesetzes der DDR. Eine Untersuchung auf der Grundlage von Materialien der DDR-Gesetzgebungsorgane mit zeitgeschichtlichen Bezügen. 2005.

Band 316 Julius F. Reiter: Entstehung und staatsrechtliche Theorie der italienischen *Carta del Lavoro*. 2005.

Band 317 André Book: Die Justizreform in der Frühzeit der Bundesrepublik. Die Beratungen der Kommission zur Vorbereitung einer Reform der Zivilgerichtsbarkeit in den Jahren 1955 bis 1961. 2005.

Band 318 Frank Zentz: Das amerikanische Strafverfahren als Element der Besatzungspolitik in Deutschland. Erziehung zur Demokratie durch den *Court of Appeals* 1948–1955. 2005.

Band 319 Friederike Quaisser: Mietrecht im 19. Jahrhundert. Ein Vergleich der mietrechtlichen Konzeptionen im Allgemeinen Landrecht für die Preußischen Staaten von 1794 und dem gemeinen Recht. 2005.

Band 320 Stefan Burghard: Professor Dr. Wilhelm Kahl – Leben zwischen Wissenschaft und Politik. 2005.

Band 321 Günter Baranowski: Die *Russkaja Pravda* – ein mittelalterliches Rechtsdenkmal. 2005.

Band 322 Christina Schneider: Die SS und „das Recht". Eine Untersuchung anhand ausgewählter Beispiele. 2005.

Band 323 Werner Schubert (Hrsg.): Zivilprozessreform in der Weimarer Zeit. Quellen zur Emminger-Zivilprozessverordnung vom 13.2.1924 und zu den Arbeiten der Zivilprozesskommission des Reichsjustizministeriums (1922–1930). Eingeleitet und herausgegeben von Werner Schubert. 2005.

Band 324 Felix Gaul: Der Jurist Rudolf Isay (1886–1956). Ein verantwortungsbewusster Vermittler im Spannungsfeld zwischen dynamischer Rechtsschöpfung, ökonomischem Wandel und technischem Fortschritt. 2005.

Band 325 Konstanze Braun: Dr. Otto Georg Thierack (1889–1946). 2005.

Band 326 Eckart Klein / Stefan Chr. Saar / Carola Schulze (Hrsg.): Zwischen Rechtsstaat und Diktatur. Deutsche Juristen im 20. Jahrhundert. 2006.

Band 327 Stefan Botor: Das *Berliner Sühneverfahren* – Die letzte Phase der Entnazifizierung. 2006.

Band 328 Andreas Köhler: Die Sorgerechtsregelungen bei Ehescheidung seit 1945. Scheidungsstrafe und verordnete Gemeinsamkeit. 2006.

Band 329 Lars Düwel: Die Nichtigkeit und Anfechtbarkeit der Ehe in der Rechtsprechung des Reichsgerichts zwischen 1900 und 1945. 2006.

Band 330 Katalin Polgar: Das Oberappellationsgericht der vier freien Städte Deutschlands (1820–1879) und seine Richterpersönlichkeiten. 2006.

Band 331 Julia Schweitzer: Schiffer und Schiffsmann in den Rôles d'Oléron und im Llibre del Consolat de Mar. Ein Vergleich zweier mittelalterlicher Seerechtsquellen. 2006.

Band 332 Diana-Catharina Kurtz: Das Institut der Adoption im preußischen Allgemeinen Landrecht und im französischen Code civil zwischen Rezeption römisch-rechtlicher Prinzipien und verändertem Familienverständnis. 2006.

Band 333 Dino Joakim Duderstadt: Spiel, Wette und Differenzgeschäft (§§ 762–764 BGB) in der Rechtsprechung des Reichsgerichts und in der zeitgenössischen Literatur. 2006.

Band 334 Ronald Hoffmann: Die Domänenfrage in Thüringen. Über die vermögensrechtlichen Auseinandersetzungen mit den ehemaligen Landesherren in Thüringen nach dem Ersten Weltkrieg. 2006.

Band 335 Joachim Windmüller: *Ohne Zwang kann der Humanismus nicht existieren...* – „Asoziale" in der DDR. 2006.

Band 336 Sven Christian Gläser: Die Mediatisierung der Grafschaft Wertheim. Der juristische Kampf eines kleinen Reichsstandes gegen den Verlust der Landesherrschaft und seine Folgen. 2006.

Band 337 Benjamin Schleyer: Friedrich Wilhelm Bornemann (1798–1864). Eine Juristenkarriere im Preußen des 19. Jahrhunderts. 2006.

FSC
www.fsc.org
MIX
Papier | Fördert
gute Waldnutzung
FSC® C083411

Kolibri 360 GmbH
Ferdinand-Jühlke-Straße 7
99095 Erfurt, Deutschland
produktsicherheit@kolibri360.de

Druck:
CPI Druckdienstleistungen GmbH
im Auftrag der
Kolibri 360 GmbH
Ferdinand-Jühlke-Str. 7
99095 Erfurt